Pase el Examen de CDL

Todo lo que usted necesita saber

Pase el Examen de CDL

Todo lo que usted necesita saber

Van O'Neal

Alice Adams

THOMSON

DELMAR LEARNING

Australia Canada Mexico Singapore Spain United Kingdom United States

THOMSON

™

DELMAR LEARNING

Pase el Examen de CDL
Todo lo que usted necesita saber
Van O'Neal and Alice Adams

EQUIPO EN DELMAR:
Directora ejecutiva de la unidad comercial:
Susan L. Simpfenderfer

Director de adquisiciones:
Paul Drougas

Editora de desarrollo:
Patricia Gillivan

Gerente de producción:
Wendy A. Troeger

Diseño de la portada:
Pomona Artworks

Fotografía de la portada:
Erik Berthelsen

Gerente de mercadotecnia:
Donna J. Lewis

Gerente de canales:
Wendy E. Mapstone

NOTA PARA EL LECTOR

Contenido

Prefacio

Cuando apruebe sus exámenes para la licencia comercial de conductor *(Commercial Driver's License, CDL)*, se convertirá en un integrante de una de las profesiones más importantes de este país. Los conductores profesionales satisfacen muchas de las necesidades básicas de todos y cada uno de los habitantes de este país, no importa cuan ricos o pobres, jóvenes o viejos.

El dicho "Si te lo dieron, ¡lo trajo un camionero!" conviene a todos, desde las esquinas más oscuras de los centros urbanos hasta los suburbios más ricos de la tierra. Todos los artículos de consumo que el público estadounidense necesita y usa a diario está a su alcance porque fue cargado en un camión y entregado en andenes, almacenes y tiendas de todo el país.

Escribimos este libro para ayudarlo a aprobar el examen de la CDL. Más importante, lo escribimos para que usted sea "el experto" en lo que se refiere a camiones, destrezas de manejo y responsabilidades de un conductor profesional.

Pero este libro es más que una guía de estudio. Es una ventana para asomarse a la industria del transporte que proporciona información actualizada sobre el "mundo real" del conductor profesional. Al final de cada capítulo y en los apéndices encontrará información valiosa y que será útil hoy o dentro de cinco años.

Tómese el tiempo para conocer las numerosas oportunidades de esta industria y saber más de sus beneficios. ¿Qué ofrecen hoy las compañías que no ofrecían hace cinco años? Conozca el negocio. Conozca a los principales participantes.

Mientras estudia el libro, tenga presente a las legiones de hombres y mujeres que allanaron el camino para los conductores profesionales de la actualidad. Recuerde también que como conductor profesional hay comunidades enteras que cuentan con que haga su mejor trabajo, que entregue a tiempo y que resguarde la seguridad con todas las cargas y en todos los caminos que recorra.

La calidad de vida de los Estados Unidos depende de usted, de sus conocimientos de las leyes y de sus destrezas de manejo. La responsabilidad de los conductores profesionales es entregar artículos, desde suministros médicos de emergencia hasta dulces de Halloween, y la toman muy en serio, como debe hacerlo usted.

Nosotros, los autores, le damos la bienvenida a esta profesión habilidosa y respetada. Le deseamos buena suerte en la autopista de la vida.

PARTE I

Los fundamentos

1 Todo lo que necesita saber sobre la CDL—antes de comenzar a estudiar

En un momento u otro, usted ha tenido que estudiar para un examen.

No importa si salió de la escuela hace dos años o hace 20, prepararse para su examen CDL requiere dos cosas: (1) un plan de estudio constante, y (2) aferrarse a dicho plan.

Sugerimos que divida los 18 capítulos de esta guía de estudio en secciones accesibles de información. Si lo desea, aborde un capítulo por semana o acaso decida dedicar dos semanas a cada uno. Así, dependiendo de cuánto tiempo tenga para estudiar, trace su plan de estudio y aférrese a él. Si se atrasa, póngase al corriente y trate de no perder de vista su objetivo.

Cómo aprovechar al máximo su tiempo de estudio

En general, se aprovecha más el estudio en breves periodos. No quiera "atiborrarse" de información sobre la CDL en el curso de pocos días.

Decida, pues, cuánto tiempo tiene para estudiar: tres sesiones a la semana, cinco sesiones a la semana o más. Estudie durante 30 minutos, descanse y estudie otros 30 minutos. Estudie a su propio ritmo y se sorprenderá de los rápidamente que pasa el tiempo.

Casi todas las personas aprenden más si leen la información y luego la escriben. Los autores recomendamos que lea cada capítulo y subraye la información más importante. A continuación, vuelva al principio y anote lo que subrayó. De esta manera, revisará automáticamente la información dos veces.

Después de leer, subrayar y tomar notas de los capítulos, al final de cada uno encontrará 10 preguntas de repaso, para que verifique que asimiló la información importante. Lea cada pregunta y señale la respuesta correcta. Enseguida compruebe sus respuestas. Si necesita estudiar más un tema, vuelva atrás y lea de nuevo la sección de información pertinente.

Una semana antes de presentar su examen, retome los capítulos subrayados, repase sus notas y realice los exámenes finales de muestra. Con ello debe estar listo para salir adelante.

¿Ve qué fácil es?

A. Lea el libro y subraye la información más importante.
B. Vuelva al comienzo de cada capítulo y anote la información subrayada.
C. Realice el examen al final de cada capítulo y verifique sus respuestas. Repase el material que no le quede claro.
D. Antes de presentar el examen de la CDL, repase los capítulos, lea sus notas y realice los exámenes de muestra al final del libro.

Y ahora, ¡manos a la obra!

Qué es la CDL y por qué es importante?

La licencia comercial de conductor clase A (Commercial Driver's Licence, CDL) autoriza legalmente al tenedor para operar ciertos vehículos que incluyen:

- Vehículos con Peso vehicular bruto combinado (Gross vehicle weight rating, GVWR) de 26,001 libras o más.
- Remolques con GVWR de 10,001 libras o más.
- Vehículos que transportan materiales peligrosos.
- Vehículos (autobuses) con capacidad para 15 o más personas (incluyendo al conductor).

Qué clasificación de CDL escoger?

Es una decisión fácil. Las clasificaciones de CDL se dividen en tres categorías:

Clase A.   Combinación

Todos los conductores de tractocamiones deben tener una CDL clase A si el peso vehicular bruto combinado (Gross vehicle weight rating, GVWR) del remolque (el peso para el que fue diseñado el vehículo) es de más de 10,000 libras. Así, cuando sume el peso del tractor el peso vehicular bruto combinado es de más de 26,000 libras.

Si va a conducir remolques dobles o triples, debe tener una CDL de clase A.

En ciertos estados, si un operador de tractorremolques arrastra vehículos que exceden un GVWR de 10,000 libras o si la combinación del remolque y el vehículo remolcado supera las 26,000 libras, se requiere una CDL de clase A. Investigue los requisitos específicos en la división de licencias de conducir (Driver License Division, DLD) de su estado. En la Figura 1-1 se muestran los vehículos de Clase A.

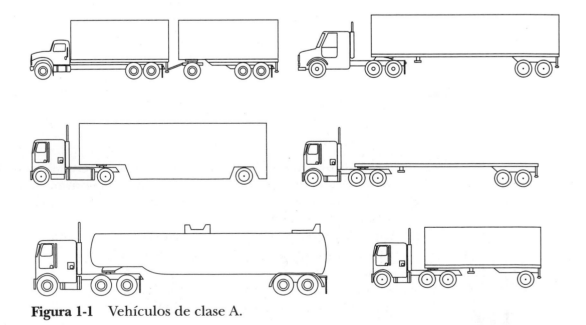

Figura 1-1   Vehículos de clase A.

Figura 1-2 Camiones compactos (clase B).

Figura 1-3 Autobuses.

Clase B.   Camión pesado compacto o autobús

Si va a operar un camión o autobús compacto con un GVWR de 26,000 libras o más, necesita una CDL de clase B. Puede acarrear un remolque siempre que el GVWR no supere las 10,000 libras. Los camiones articulados pertenecen también a esta categoría. En la Figura 1-2 se muestran los vehículos de clase B y en la Figura 1-3 los tipos de autobuses.

Clase C.   Vehículos pequeños

Quien conduce una furgoneta, o van, minibus o coche requiere una CDL de clase C, dependiendo del tipo de carga, no del peso.

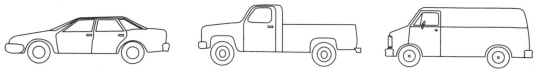

Figura 1-4   Vehículos de clase C.

- Si transporta materiales peligrosos que requieren letreros de advertencia (HazMat: hazardous materials), necesita una CDL de clase C sin que importe si su vehículo es ligero o pesado.
- Si opera un vehículo pequeño o uno destinado a transportar más de 15 personas, incluyéndolo a usted (el conductor), necesitará una CDL de clase C. En la Figura 1-4 se muestran algunos tipos de vehículos de clase C.

Cómo es el examen de la CDL

El examen de la CDL se divide en dos partes: exámenes de conocimientos y exámenes de destrezas.

Los exámenes de conocimientos

Los exámenes de conocimientos se presentan por escrito. Investigue en la división de licencias para conducir de su estado de residencia legal cuándo y dónde se presentan los exámenes de conocimientos, cuánto tiempo se requiere para presentarlos y cuánto cuestan. Para aprobar los exámenes de conocimientos debe acertar el 80 por ciento de las preguntas.

NOTA: *La licencia para su vehículo se obtiene en el departamento de vehículos motorizados (Department of Motor Vehicles, DMV), que no es siempre el lugar donde se presentan los exámenes.*

Hay siete exámenes de conocimientos:

Examen de conocimientos generales

Todos los solicitantes de una CDL deben presentar este examen. Ahí se repasan las reglas generales de seguridad al conducir un vehículo comercial que transporta diversas clases de carga.

El examen de conocimientos generales está compuesto por 50 preguntas de verdadero o falso o de opción múltiple con cuatro respuestas posibles. Debe acertar la respuesta de 40 preguntas para aprobar. Si aprueba el examen de conocimientos generales, tiene derecho a presentar el examen de destrezas, a menos que el vehículo que conduzca durante este examen requiera uno de las siguientes permisos:

Examen de vehículo combinado. Es un examen para vehículos articulados o si usted piensa conducir un remolque. El examen de permiso de combinación está compuesto por aproximadamente 20 preguntas. Debe responder bien 16 para aprobarlo.

Examen de frenos de aire. Es un examen para operadores de cualquier vehículo equipado con frenos de aire (se requiere examen en camino). Debe presentar este examen si considera manejar cualquier vehículo comercial equipado con frenos de aire. Si realiza el examen de destrezas en un vehículo sin frenos de aire y si reprueba el examen de frenos de aire, en su CDL se indicará que no está calificado para conducir un vehículo con estos frenos. En este examen hay aproximadamente 25 preguntas de verdadero o falso o de opción múltiple y debe acertar a 20 para aprobar.

NOTA: *Para recibir la CDL de clase A, debe aprobar los exámenes de conocimientos generales, de frenos de aire y de vehículo combinado.*

Exámenes de permiso (cuatro)

Los exámenes de prueba dependen del tipo de vehículo que vaya a conducir. Cada examen abarca los conocimientos de un tipo específico de vehículo comercial, que son:

- **Vehículos de pasajeros (autobuses).** Este examen lo requieren operadores de todos los vehículos motorizados destinados al transporte de 15 o más pasajeros, incluyendo al conductor.
- **Tanque cisterna.** Es un examen para operadores de vehículos que transportan líquidos o gas.
- **Remolques dobles o triples.** Este examen es para operadores de vehículos que arrastran dos o tres remolques. Esta permiso requiere una CDL de clase A.
- **Materiales peligrosos (HazMat).** Examen para los operadores de vehículos que transportan materiales peligrosos. Es preciso capacitarse y volver a examinarse cada dos años. Asi mismo, hay que tener por lo menos 21 años para acreditar un endoso de HazMat.

¿Cómo son los exámenes de permiso?

Si pasa un examen de permiso, su CDL tendrá un señalamiento especial (o aprobación) de que está calificado para conducir cierto vehículo comercial.

- **El examen de permiso de vehículos de pasajeros** tiene aproximadamente 20 preguntas, de las que hay que acertar 16 para obtener una calificación aprobatoria.
- **El examen de permiso de tanque cisterna** está compuesto por aproximadamente 20 preguntas y se requieren 16 aciertos para aprobar.
- **El examen de permiso de dobles y triples** tiene aproximadamente 20 preguntas de opción múltiple y para aprobarlo hay que responder correctamente 16.
- **El examen de permiso de materiales peligrosos** se compone de aproximadamente 30 preguntas de opción múltiple. Debe contestar bien 24 para aprobar.

La mayoría de los conductores presenta sólo tres de los cuatro exámenes de endoso, pero lo mejor es realizar los cuatro cuando el material está fresco en la memoria. Además, los posibles patrones prefieren solicitantes con los cuatro endosos. Y uno nunca sabe cuándo necesitará otro endoso.

Los exámenes de destrezas

Debe presentar tres tipos de exámenes de destrezas en el estado de su residencia legal y en el vehículo para el que solicita la licencia. Por lo regular, estos exámenes se ofrecen con cita previa con un examinador. Pida más información a la división de licencias para conducir del estado donde vive.

El examen de inspección antes del viaje tiene por objeto determinar si sabe verificar que su vehículo está en condiciones seguras para manejar. En el examen, se le pedirá que realice una inspección previa de su vehículo o que explique al examinador qué revisaría y por qué. En algunos estados sólo se requiere que el examen de inspección antes del viaje se presente por escrito. Sin embargo, la principal razón de realizar una inspección previa exhaustiva es garantizar que usted, el conductor, opera una máquina segura.

El examen de destrezas básicas de control evalúa sus destrezas básicas para controlar el vehículo. El examen comprende ejercicios de desplazamiento del vehículo adelante, en reversa y maniobras de giro. Recibirá su calificación de acuerdo con su desempeño dentro de ciertos límites (marcados con líneas o conos viales) y cuántas paradas (altos para maniobrar a la posición correcta) realiza para estacionar su vehículo.

El examen en carretera evalúa su capacidad para manejar con seguridad en diversas situaciones reales. El examen incluye vueltas a izquierda y derecha, intersecciones, cruces de ferrocarril, curvas, ascenso y descenso de pendientes, caminos rurales o semirurales, calles urbanas de varios carriles y manejo en vías rápidas. Recibirá una calificación por faenas cumplidas, como vueltas, incorporación al tránsito, cambio de carril y control de la velocidad así como señales, detección de peligros y ubicación en carril. También será calificado por su capacidad de "arrancar y parar" el vehículo, cambios de velocidades, uso de frenos y embrague o clutch.

Ley de seguridad de los vehículos comerciales de 1986

El Congreso estadounidense aprobó la Ley de seguridad de los vehículos comerciales de 1986 (Commercial Vehicle Safety Act of 1986, CMVSA/86) para aumentar la seguridad en las autopistas. Entre otras cosas, la ley exige a los 50 estados que satisfagan los mismos criterios mínimos para examinar y conceder la licencia a todos los conductores comerciales. Estos criterios requieren que todos los manejadores de vehículos motorizados comerciales aprueben los exámenes obligados y obtengan la CDL.

La razón de este requisito es garantizar que cualquiera que opere un vehículo motorizado comercial tenga las destrezas y los conocimientos para conducir seguramente en las autopistas.

Por tanto, todos los conductores profesionales deben presentar los exámenes de conocimientos de la CDL así como los exámenes de destrezas pertinentes (por lo cual deben conducir junto con un examinador los vehículos para los que solicitan la licencia).

Lo que necesita saber sobre la CMVSA/86

1. A partir del 1° de abril de 1992, es ilegal conducir un vehículo comercial sin CDL. Si lo hace, enfrentará una multa de 5,000 dólares o la cárcel por infringir la ley.

2. Los conductores comerciales deben tener sólo una licencia. La multa por tener más de una alcanza los 5,000 dólares o una pena de cárcel. El estado donde tenga su residencia legal debe expedir su CDL.

3. Si es un conductor comercial experimentado y tiene un historial de manejo seguro, quizá no tenga que presentar el examen de destrezas para transferir su CDL a otro estado. Verifique los requisitos de su estado en el Departamento de Vehículos Motorizados o con la autoridad local encargada de expedir las licencias.

4. Todos los conductores comerciales requieren presentar exámenes y obtener su licencias.

5. Todos los conductores comerciales están obligados a informar de cualquier infracción en tránsito a sus patrones y a las autoridades de su estado de residencia legal, en el plazo de 30 días.

   Los conductores también deben informar si su licencia fue objeto de suspensión, revocaciones, cancelación o descalificación antes de que termine el día hábil en que recibieron la notificación. Esta notificación es obligatoria, sea que el chofer haya conducido un vehículo comercial o un automóvil cuando ocurrió la infracción y no incluye las infracciones por estacionamiento.

6. Cuando solicitan un puesto como choferes comerciales, los operadores deben informar al nuevo patrón sobre todos los puestos de manejo que hayan ocupado en los 10 años anteriores.

7. Todos los estados compartirán la información sobre los conductores con CDL a través de una base de datos universal computarizada.

8. El patrón no puede dejarlo conducir ningún vehículo comercial si posee más de una licencia o si su CDL ha sido suspendida o revocada. El castigo por hacerlo es una multa de 5,000 dólares o una pena de cárcel para el patrón.

9. Usted perderá su CDL durante por lo menos un año si
   - maneja un vehículo comercial bajo los efectos del alcohol u otras sustancias controladas.
   - abandona la escena de un accidente en el que haya participado el vehículo que conduce.
   - utiliza un vehículo comercial para cometer una delito.

10. Perderá su CDL
    - durante por lo menos dos meses si en un periodo de tres años tiene dos infracciones de tránsito graves con un vehículo comercial.
    - durante por lo menos cuatro meses por tres infracciones graves en un periodo de tres años.
    - durante un año por la primera falta que consista en manejar bajo la influencia del alcohol (la concentración en sangre de alcohol [límite CSA] es de 0.04 por ciento o más). Si su CSA es menor a 0.04 por ciento y se detecta cualquier concentración de alcohol en el torrente sanguíneo, será retirado del servicio durante 24 horas.

    NOTA: *Una persona de 180 libras de peso que beba dos tragos tendrá una CSA de 0.04 por ciento, de modo que beber dos cervezas le causará la pérdida de su CDL: ¡es un precio demasiado caro!*

- durante un año por abandonar la escena de un accidente mientras manejaba un vehículo comercial.
- de por vida por la segunda falta de manejar bajo los efectos del alcohol u otras sustancias controladas.

11. Las "infracciones graves" comprenden exceso de velocidad, conducción imprudente y faltas de tránsito cometidas en relación con accidentes vehiculares mortales.

12. Algunos estados añaden otras normas y sus penas pueden ser más severas.

13. Quizá su estado tenga otras reglas que usted debe conocer y obedecer.

Repaso

Lea cada pregunta y las respuestas que se dan. Escriba en el espacio la letra de la respuesta correcta o bien anote sus respuestas en hoja aparte para tenerlas a la mano al repasar para la CDL. Cuando responda todas las preguntas, verifique sus respuestas con la clave que sigue.

_____ 1. El castigo por dos declaraciones de culpabilidad por manejar bajo la influencia del alcohol u otras sustancias controladas es la pérdida de la CDL
(A) durante 120 días;
(B) de por vida;
(C) hasta que la compañía le permita volver al trabajo;
(D) durante tres años.

_____ 2. La Ley de seguridad de los vehículos comerciales de 1986 CMVSA/86) exige que todos los estados
(A) expidan licencias para todos los operadores de vehículos comerciales;
(B) permitan que circulen dobles y triples en las carreteras estatales;
(C) cobren peaje a todos los vehículos comerciales;
(D) ninguna de las anteriores.

_____ 3. Si el conductor de un vehículo comercial es detenido y se descubre que su concentración en sangre de alcohol es de 0.04 por ciento o superior,
(A) se le levantará una infracción;
(B) recibirá una amonestación;
(C) será detenido por conducir alcoholizado;
(D) se informará a su patrón.

_____ 4. Si planea conducir un vehículo equipado con frenos de aire, debe
(A) presentar el examen de destrezas en un vehículo equipado con frenos de aire;
(B) aprobar el examen de conocimientos de frenos de aire;
(C) pasar el permiso de frenos de aire;
(D) todas las anteriores.

_____ 5. Se requiere el permiso "P" en su CDL si usted quiere manejar
(A) una furgoneta con una capacidad de más de 15 asientos;
(B) un autobús escolar;
(C) un autobús comercial;
(D) todas las anteriores.

_____ 6. Si usted no obtiene su CDL y es detenido por una autoridad mientras conduce un vehículo comercial, se hará acreedor de una multa de
(A) $5,000; (C) $15,000;
(B) $10,000; (D) ninguna de las anteriores.

_____ 7. Si es declarado culpable por una infracción en movimiento, la CMVSA/86 exige que notifique a su patrón en el plazo de
(A) 24 horas; (C) 2 semanas;
(B) 30 días; (D) 21 días.

_____ 8. La CDL de clase A confiere al poseedor
(A) el derecho legal a operar vehículos con un GVWR de 26,001 libras o más;

    (B) el derecho a operar remolques con un GVWR de 10,001 libras o más;

    (C) la capacidad de operar un vehículo equipado con frenos de aire;

    (D) todas las anteriores.

____ 9. Una persona de 180 libras de peso tendrá una CSA de 0.04 por ciento si

    (A) bebe 6 cervezas;   (C) bebe 1 cerveza;

    (B) bebe 2 cervezas;   (D) bebe 1 vino refrescante.

____10. Verdadero o falso: Al solicitar cualquier puesto como chofer comercial, el conductor debe proveer al nuevo patrón información sobre todos los puestos de manejo que haya ocupado en los 10 años anteriores.

Respuestas al repaso

1. B; 2. A; 3. C; 4. D; 5. D; 6. A; 7. B; 8. D; 9. B; 10. Verdadero

Términos que hay que saber

Los términos siguientes proceden del contenido del Capítulo 1. Revíselos. Si no está seguro de alguno, compruebe la definición en el glosario al final del libro. Si le sirve, redacte una lista de los términos y su definición (o escriba aquí las definiciones) y repáselos varios días antes de presentar los exámenes para la CDL.

CAS BAC

CMVSA/86

Dobles

Examen de conocimientos

Examen de destrezas

Frenos de aire

Inspección antes del viaje

Letrero de advertencia

Materiales peligrosos

Paradas

Permiso

Tanque cisterna

Triples

EL TABLERO DE DESPACHO

Toda compañía camionera tiene un "tablero de despachos." En algunos casos son pizarrones blancos; en otros pantallas computarizadas. El "tablero de despachos" fue instituido para ofrecer a los conductores información en el curso de su cambio de turno. Algunos de los mensajes proceden de clientes; otros son recordatorios de los despachadores y algunos más les piden a los operadores que no se olviden de llevar a casa un galón de leche.

Al final de cada capítulo, "El tablero de despachos" ofrecerá más información para el aspirante a manejador profesional. Pueden ser datos útiles, aunque no formarán parte de los exámenes cuando solicite la CDL. Por tanto, tiene la opción de leer esta información o saltarla y pasar al capítulo siguiente. Usted decide.

Cuando un conductor es más que un conductor.   Hace veinte años me ganaba la vida manejando un taxi. Era una vida de vaquero, una vida para quien no quiere jefes. Pero no me daba cuenta de que también era un sacerdocio, porque como manejaba el turno nocturno, mi taxi se había convertido en un confesionario móvil.

Los pasajeros subían, se sentaban tras de mí en el anonimato total y me contaban su vida. Conocí personas cuya existencia me sorprendió, me enobleció y me hizo reír y llorar; pero nadie me tocó tan hondo como una mujer que recogí ya entrada una noche de agosto.

Respondí a una llamada de un conjunto habitacional de paredes de ladrillo en una zona apacible del pueblo. Me imaginé que recogería a los invitados de una fiesta o a alguien que acababa de pelearse con su amante o un trabajador que se dirigía a un turno muy temprano en alguna fábrica de la zona industrial del pueblo. Cuando llegué a las 2:30 AM, el lugar estaba a oscuras salvo por una luz solitaria en una ventana de la planta baja. En estas circunstancias, muchos choferes tocarían la bocina una o dos veces, esperarían un minuto y se alejarían.

Pero yo había visto demasiadas personas empobrecidas que dependían de los taxis como su único medio de transporte. Excepto si la situación parecía peligrosa, siempre iba hasta la puerta. Razoné que quizá en esta ocasión se trataría de alguien que necesitaba ayuda, así que caminé a la puerta y toqué.

"Un segundo", me respondió una voz frágil y envejecida. Alcancé a escuchar que alguien arrastraba algo por el suelo. Después de una pausa larga, se abrió la puerta y vi frente a mí a una pequeña octogenaria. Llevaba un sombrero sin alas al que había ensartado un velo. Parecía salida de una película de los años cuarenta. A su lado se encontraba una pequeña maleta de nylon.

Daba la impresión de que nadie había vivido en el departamento durante años. Todos los muebles estaban cubiertos con sábanas. No había relojes en las paredes, ni chucherías ni utensilios sobre las mesas. En la esquina había una caja de cartón con fotos y cristalería.

"¿Quisiera llevar mi equipaje al coche?", me dijo. Llevé la maleta al taxi y volví para acompañar a la mujer. Tomó mi brazo y caminamos lentamente hacia la banqueta. No dejaba de darme las gracias por mi amabilidad. Le contesté: "No es nada. Sólo quiero tratar a mis pasajeros como me gustaría que trataran a mi madre".

"Ah, eres un buen muchacho", me dijo.

Cuando subimos al taxi me dio la dirección y me pidió: "¿Podríamos atravesar el centro del pueblo?".

continúa

EL TABLERO DE DESPACHO *continuacion*

"No es la ruta más corta", le respondí rápidamente.

"Bah, no me importa —contestó—. No tengo prisa: voy al asilo."

La miré por el retrovisor. Sus ojos brillaban. "Ya no tengo familiares —continuó—. El doctor dice que no me queda mucho tiempo."

En silencio, me estiré y apagué el taxímetro. "¿Qué ruta quiere que tomemos?"

Durante las siguientes dos horas recorrimos la ciudad. Me mostró el edificio donde trabajó como elevadorista. Pasamos por el barrio donde ella y su esposo vivieron de recién casados. Hizo que me detuviera frente al almacén de muebles que alguna vez fue un salón de baile donde ella bailaba cuando era muchacha. En algunos momentos me pidió que desacelerara frente a cierto edificio o esquina y miraba a la oscuridad sin decir nada. Al primer atisbo de que el sol asomaba por el horizonte, me dijo de pronto: "Vámonos. Estoy cansada".

Manejamos en silencio a la dirección que me dio. Era una construcción baja, como una clínica de reposo de pocas dimensiones, con un camino de acceso que pasaba bajo un pórtico. Dos enfermeros se acercaron al taxi en cuanto nos detuvimos. Eran solícitos y atentos a cada uno de sus movimientos. De seguro la esperaban. Abrí la cajuela y llevé a la puerta la pequeña maleta. La mujer ya estaba sentada en una silla de ruedas.

"¿Cuánto le debo?", me preguntó mientras hurgaba en su bolsa.

"Nada", le dije.

"Tiene que cobrar por su trabajo", me replicó.

"Hay otros pasajeros."

Casi sin pensarlo, me incliné y la abracé. Ella se aferró con fuerza. "Le diste a una anciana un momento de alegría —me dijo—. Gracias." Oprimí su mano y me alejé en la tenue luz de la mañana.

A mis espaldas se cerró una puerta. Era el sonido de una vida que se termina.

No tomé más pasajeros ese turno. Circulé sin destino fijo, perdido en mis pensamientos. Apenas hablé el resto del día. ¿Qué hubiera pasado si la anciana hubiera sido recogida por un chofer iracundo o uno impaciente por terminar su turno? ¿Qué hubiera pasado si me hubiera negado a prestar el servicio o hubiera tocado la bocina una vez y me hubiese marchado? Si hacía un repaso rápido, no me parecía que hubiera hecho nada más importante en mi vida.

A veces nos enseñan a pensar que nuestra vida gira alrededor de grandes momentos, que nuestros recuerdos se remontan sólo a las ocasiones sonadas: la graduación, una relación importante o nuestro primer trabajo.

Como conductor profesional tendrá contacto con muchas vidas. Casi siempre será al pasar, cuando usted traslada o recoge a alguien. Casi todas estas relaciones serán estrictamente laborales; pero, como en toda nuestra existencia, también habrá algunos grandes momentos, esos en que no advertimos el efecto en otro de nuestra vida y nuestros actos, esos que a menudo nos toman desprevenidos y que están envueltos maravillosamente en lo que para otros es un regalo inesperado.

De pronto los demás no recuerden exactamente lo que usted hizo o dijo, pero nunca olvidarán cómo hizo que se sintieran.

Bienvenido al nuevo milenio de manejo profesional

Después de aprobar la CDL, ingresará a una profesión que es muy distinta de la que encontraban los manejadores profesionales hace dos décadas. Los cambios de los últimos 25 años en la industria del transporte crearon un ambiente de mayor profesionalismo y oportunidades crecientes.

La cita siguiente es lo que dijo un conductor retirado sobre su ejercicio profesional en el camionaje de 1948 a 1980:

> *Fui afortunado. Trabajé para un transportador que trataba de estar a la vanguardia de la industria, así que cuando se disponía de alguna novedad, nosotros solíamos ser los primeros en tenerla; pero todavía teníamos camiones sostenidos con alambre de embalaje y hasta los últimos años que trabajé no hubo el énfasis en la seguridad que vemos hoy.*
>
> *En el pasado, lo único importante era entregar la carga y todavía es verdad hoy, salvo que ahora la salud y el bienestar del conductor también tienen una parte. En aquel entonces, cuando comencé a manejar, bebía mucho café y manejaba muchas horas que de seguro no debía, sólo por llegar a tiempo.*
>
> *Me sentía como el Llanero Solitario cuando estaba en el camino. Hoy los despachadores muestran alguna comprensión. Cuando empecé, su palabra era la ley, sin "acasos", "ys" ni "peros". Recuerdo que quise volver a casa para estar con mi esposa en el parto de mi primer hijo; pero lo primero era entregar una carga y llegué a casa días después del nacimiento del bebé.*
>
> *Cuando nos proveyeron con radios de banda civil tuvimos un cambio verdaderamente positivo. Sólo llamábamos a casa una vez por semana porque las largas distancias se podrían comer el cheque del sueldo en un suspiro. Con la BC, podíamos comunicarnos con otros conductores en lugar de esperar cientos de millas en los que la única plática era con la mesera de un restaurante en lo que al final se convirtió en una parada de camioneros pero que en esos días era un par de bombas de gasolina con un café tipo "cuchara sucia", lo que de seguro explica que hasta hoy tenga problemas estomacales.*

En la actualidad, los operadores de camiones encontrarán un medio totalmente distinto al contratarse con la mayoría de los transportadores, que no dejan de encontrar los medios para mejorar la calidad de vida de aquéllos.

Para que tenga una imagen más detallada de la conducción profesional de nuestros días, veamos algunas preguntas frecuentes sobre la industria del transporte:

P. **¿Hay puestos de conducción en los que pueda volver a casa todas las noches?**

R. Sin duda, y muchos de estos puestos proveen una base fabulosa para su carrera como chofer profesional. Los transportadores "locales" o "regionales" abarcan por lo regular un radio de 200 millas desde su central, lo que hace bastante fácil que un conductor tome una carga, la entregue y vuelva a casa el mismo día.

Los inconvenientes de estos puestos es que algunos no pagan tan bien como los puestos de viajes extensos; pero los conductores están en casa todas las noches o, cuando mucho, a la siguiente noche.

P. **Si me empleo para un puesto de viajes largos, ¿cuánto tiempo estaré lejos de casa de una vez?**

R. Dependiendo de la compañía, algunas se organizan para que los conductores estén en casa cada dos semanas, al tiempo que ciertos encargos lo pondrán en el camino hasta tres semanas de cada cuatro.

P. **¿Hay compañías que me permitan traer conmigo a mi pareja en el viaje?**

R. Muchas compañías permiten que las esposas viajen con sus maridos. Y muchas tienen políticas liberales para que los hijos de un operador (de por lo menos 12 años) lo acompañen en las vacaciones de verano o las navideñas. Hasta hay algunas compañías cuyas políticas permiten que una mascota viaje con el conductor.

P. **¿Hay oportunidades para las mujeres como choferes profesionales?**

R. ¡Desde luego! Las escuelas de manejo profesional informan que un porcentaje creciente de cada clase (de 12 a 15 por ciento) está compuesto por mujeres, y que más mujeres salen a las carreteras. Algunas compañías, como veremos adelante, compran camiones con transmisión automática para que más mujeres manejen. Otras compañías capacitan a la esposa, pareja o ser querido del conductor para que los cónyuges manejen en equipo.

P. **¿Qué ocurre si mi esposa o esposo debe quedarse en casa con los niños?**

R. Muchos de los principales transportadores ofrecen líneas de emergencia para su esposa o esposo se ponga en contacto inmediatamente si necesita hablarle o si surgió algún problema. Algunas compañías entregan tarjetas telefónicas para que pueda llamar a casa más a menudo. En los "viejos tiempos" se concedía a los choferes una llamada de larga distancia a expensas de la compañía. En la actualidad, gracias a QualComm, internet y los teléfonos celulares, los operadores pueden llamar a sus familias y amigos todas las noches de la semana y los programas de "llamada a casa" son más populares que nunca.

P. **¿Qué hacer si sucede un acontecimiento especial que requiere que esté en casa?**

R. Algunas compañías (no todas) hacen lo que esté en sus manos para que los conductores vuelvan a casa para bodas, funerales, graduaciones, nacimientos de hijos y otras ocasiones especiales. Los operadores también se apoyan unos a otros y se ofrecen a tomar cargas para que los compañeros puedan estar en casa en los acontecimientos familiares. También hay algunas compañías que garantizan que los conductores estarán en casa a tiempo de las ocasiones especiales, incluso si eso significa trasladarlos por vía aérea a cargo de la empresa.

P. **¿Cómo se resuelven los trámites bancarios, el cobro del sueldo y el pago de las facturas durante los viajes?**

R. Algunas compañías hacen posible seguir cada cheque de pago a través de internet, incluso si se deposita directamente en la cuenta del chofer. Con esto, el operador sabe cuánto dinero ingresa a su cuenta bancaria. En ocasiones, los choferes casados autorizan a sus parejas a encargarse de las cuentas. Comoquiera que sea, con la llegada de las computadoras portátiles de tipo laptop, la banca por internet y los servicios de pago automático de cuentas que ofrecen algunos bancos, el pago de las facturas mensuales se ha facilitado para los manejadores que emprenden viajes largos.

P. **Y en cuanto a las computadoras laptop, ¿necesito una si salgo de viaje?**
R. A este respecto hay dos opciones. Algunas compañías proveen computadoras abordo con la capacidad de recibir y enviar correos electrónicos. Sin embargo, los conductores que usan sus portátiles personales prefieren la privacidad. La posibilidad de estar en contacto con amigos y familiares a través del correo electrónico es imprescindible, de acuerdo con operadores que empacan sus laptops o computadoras de mano. Algunos choferes también hablan de la facilidad de enviar y recibir correos electrónicos por el teléfono celular.

Qué dicen algunos de los principales transportadores y docentes de Estados Unidos

Veamos a continuación lo que dicen algunos líderes de la industria del transporte acerca de los conductores profesionales y el manejo en el nuevo milenio:

Bob Hirsch, presidente de la Truckload Carriers Association (TCA)

"Somos la asociación nacional de los transportadores de acarreos largos y viajes prolongados por contrato. Nuestros miembros recogen y entregan carga camionera, lo que significa que toman la carga de un solo expedidor y la carga es pesada o acomodada para que ocupe todo un vehículo.

"El año pasado, la TCA inició una asociación con la oficina nacional de La Raza y la National Urban League. Al colaborar con estos grupos, reconocemos los muchos temas culturales en las poblaciones étnicas, que esta industria tendrá que superar. Esperamos que nuestro trabajo con estos grupos traerá a la industria más choferes de diversas comunidades.

"De acuerdo con nuestra información, la escasez de trabajadores para el otoño de 2002 será de aproximadamente 80,000. Eso significa que cada uno de los próximos años necesitaremos 80,000 nuevos operadores para mantener en marcha los camiones de los Estados Unidos.

"A medida que las compañías crecen y los choferes mayores se retiran, habrá muchos puestos que deberán ser cubiertos. Y las proyecciones indican que el tráfico va a aumentar. Con tal incremento, necesitaremos más conductores y competimos intensamente con otras industrias por obtener para la industria del transporte a los mejores talentos.

"En términos de oportunidades, verá que las del camionaje abundan, dependiendo del tipo de carrera en la que quiera trabajar y las operaciones particulares de cada carrera.

"Hay furgonetas para áridos, bienes domésticos, tanques, refrigeradores, etc., y todos tienen necesidades peculiares de su segmento. También hay oportunidades en las carreras de viajes largos y regionales, así como con muchas carreras que se desenvuelven en una zona comercial particular. No hay una operación estereotipo; no hay una operación que se adapte a todo.

"Las carreras tradicionales de viajes largos continúan modificando sus operaciones para adaptarse mejor a las necesidades particulares del trabajo, lo que añade nuevas dimensiones a lo que ofrecen los transportadores de viajes largos en cuanto a oportunidades.

"¿Qué se puede hacer con experiencia de manejo después de un par de años? Se puede ir a otras ramas del transporte entre las que se cuentan administración, operaciones, reclutamiento, capacitación . . . las oportunidades abundan como en otras industrias y muchas veces dependen del tamaño de la empresa. En una compañía pequeña, en ocasiones uno asume varias tareas y diversas responsabilidades, de chofer, mantenimiento, recursos humanos, presidente ejecutivo, despachador, seguridad, contratación, ventas, rutas, etc. Todas son áreas relacionadas y todas requieren diferentes niveles de capacidad.

"En la Truckload Carriers Association creemos que la conducción profesional es sólo el primer paso de una carrera larga y remuneradora. Deseamos a cada nuevo operador una experiencia duradera y estimulante en una industria que ofrece retos, premios y toda una vida de oportunidades."

Bruce Buscada, presidente de la Diesel Driving Academy y presidente de la Commercial Vehicle Training Association

"La conducción profesional puede ser una gran carrera, pero depende del individuo y de lo que busca. Estar lejos de casa y aprender a vivir en el camino es uno de los retos de la conducción en nuestros días. Enseñamos mucho de esto en nuestras escuelas: cómo arreglárselas en el camino, como administración del tiempo. Algunos conductores pierden mucho tiempo en las paradas, dedicados a conversar durante dos o tres horas y luego deben apresurarse para llegar a tiempo. También nos ocupamos de la dieta, el descanso y cómo realizar faenas tan sencillas como lavarse la ropa.

"Hemos oído decir a los contratadores de varias compañías camioneras que sus transportadores hacen cada vez más por facilitar la vida en la carretera. Algunas de las mejores compañías trabajan a diario para que la conducción profesional sea una experiencia positiva para muchas familias en toda la nación.

"Los operadores actuales poseen conocimientos que no tenía la generación anterior porque las comunicaciones se han vuelto muy importantes. Hay que aprender a comunicarse con las personas rápidamente, a enviar los mensajes más deprisa y a comunicarse con la familia de maneras más veloces.

"Los estudiantes de la Diesel Driving Academy tienen un promedio de 31 años de edad; están casados o separados pero la mayoría tiene hijos. De 15 a 20 por ciento de los grupos están compuestos por mujeres."

Buscada dijo que cada vez son más las mujeres que asisten a la capacitación con sus esposos. Los hijos terminan la universidad o se independizaron, así que muchas parejas enfrentan el síndrome del "nido vacío" saliendo juntos al camino. Pero también hay cada vez más parejas jóvenes que se capacitan para manejar en equipo hasta que estén listos para iniciar una familia.

Paul Strohm, gerente de operaciones de McCurdy & Co., transportador de productos refrigerados con sede en Houston, Texas

McCurdy ha descubierto que muchos de sus nuevos operadores siguen programas de conducción profesional, como el programa del Houston Community College, y la compañía también inserta anuncios en *The Houston Chronicle*. Casi ninguno de los nuevos contratados había visto una unidad refrigerada (reefer) y durante los siguientes dos meses viajarán con un conductor experimentado.

La parte más difícil en McCurdy es hacer que los conductores entiendan lo que la compañía trata de hacer: tomar un producto perecedero y llevarlo al mercado fresco. Los destinatarios esperan recibir su entrega según lo programado, y si un conductor tiene problemas mecánicos o para recoger la carga, deben llamar al despachador de McCurdy para que los ayude. Algunos lo hacen, pero muchos no. "Si algo sale mal en el camino, el despachador ayudará al chofer a dar con la solución", dijo Strohm.

Como el mayor transportador de refrigerantes de Houston, McCurdy ofrece un salario competitivo, equipo más nuevo, buen mantenimiento y la meta de tener a los conductores en casa una vez a la semana.

Strohm explicó que en la primera parte del nuevo siglo ha sido más fácil conseguir y conservar a los operadores. "Los que contratamos se quedan y cuando hay vacantes tenemos más solicitudes".

Don Lacey, director de seguridad y contratación de P.R.I.M.E., Inc., Springfield, Missouri

"Cuando contratamos, una de las primeras preguntas es: '¿Está preparado para viajar cuatro semanas por mes?' Estar preparado es diferente que hacerlo. P.R.I.M.E. recorre por completo los Estados Unidos y Canadá, pero tenemos una política de pasajeros muy liberal y algunos incluso 'educan' a sus hijos en el camión. Eso funciona bien mientras los niños son pequeños."

Recientemente, P.R.I.M.E. construyó el Millennium Center en Springfield, que es la oficina central del transportador. Quienes laboran ahí o llegan para capacitarse pueden dejar a sus hijos en una guardería atendida por profesionales especializados en el desarrollo infantil. El centro también ofrece servicios de conserjería, una empresa consultora para ayudar a los operadores en asuntos económicos, un servicio bancario, un centro postal, un centro comercial, un cine, salas privadas para juntas, cancha de basquetbol, centro de acondicionamiento físico, servicio de traslados en la población y un lugar para echar una siesta, la que, como señala Lacey, no puede hacerse en el aeropuerto.

"Si tiene la costumbre de visitar a su anciana tía los domingos, no le gustará estar aquí —dice Lacey—. Pero tenemos una política liberal de pasajeros, ofrecemos tarjetas telefónicas a precios bajos y disponemos de un correo electrónico para cada chofer.

"En nuestro edificio de servicios para los operadores en el Millennium Center, los conductores de P.R.I.M.E. tienen acceso libre a internet, cabinas telefónicas aisladas, y dos moteles operados por la compañía para albergar a los manejadores que vienen para recuperarse o capacitarse."

La empresa de transportes realiza dos grandes encuentros cada año, una cena formal y un paseo campestre familiar. P.R.I.M.E. tiene también un centro de mensajes donde los operadores reexpiden mensajes a los camiones para que el chofer llame a casa si surge un problema. Y aproximadamente 1000 personas se ocupan de CabCard, un sistema de correo electrónico que opera a través de QyalComm.

Lacey dice que se requiere ser una persona especial para convertirse en chofer profesional de primera, aunque algunos conductores refieren que estar en casa sólo una semana al mes hace que cada regreso sea como una luna de miel.

Kelvin McKelvy, vice presidente de contratación de Contract Freighters, Inc., Joplin, Missouri

¿Tiene usted dotes para convertirse en conductor profesional?

Kelvin McKelvy de CFI dice que quizá muchos sean capaces, pero que los puestos de conductores profesionales son para personas dispuestas y listas a pasar muchas horas y muchos días de viaje lejos de casa. Los salarios van de $40,000 a $50,000 dólares por año, pero McKelvy dice que "es un trabajo duro en lo físico, lo emocional y lo mental, aunque parezca más fácil de lo que es."

¿Por qué es duro? Cuando empieza a molestarlo a uno el hecho de perderse el juego de su hijo en la postemporada de las Ligas Menores o el cumpleaños 72 de su padre, el aspecto emocional cobra su cuota.

McKelvy explica que los conductores se adaptan o bien porque pertenecen a la categoría profesional o bien porque logran pasar por un proceso un tanto doloroso.

Al contratar nuevos manejadores, CFI busca personas que cuiden y mantengan limpio un vehículo, que tengan un buen millaje por combustible y un porcentaje bajo fuera de la ruta. Quiere conductores que tengan buenos antecedentes de seguridad, que entreguen las cargas a tiempo, que tengan destrezas sólidas de servicio al cliente y que muestre cortesía a los manejadores de automóviles. "Los conductores profesionales saben que no sólo se trata de cambiar velocidades o conocer la forma de entrar en reversa en un embarcadero —dice McKelvy—. Al igual que CFI, hay compañías que lo apoyarán. Si va a trabajar para los mejores, tiene que ser uno de los mejores."

"Tenemos programas periódicos, estamos atentos a las necesidades de nuestros conductores —continúa— y como queremos incluir a la familia del operador, tenemos un programa de pasajeros y animamos a las parejas para que manejen en equipo siempre que puedan. Ese programa da a las familias un doble ingreso y las mantiene unidas. Desde nuestro punto de vista, es un programa ganador y por esa razón emprendimos nuestro curso de capacitación en transmisión automática."

CFI también estableció un programa "lleva tu pareja al trabajo" con el que se permite que los cónyuges acompañen al manejador profesional en su viaje. El nuevo programa concede a la pareja una panorámica sobre cómo es la vida en la carretera. "Quizá las parejas tengan la idea de que sus cónyuges se sientan en los bares, beben cerveza y retacan billetes en diversiones, cuando en realidad conducen 10 horas al día, viven en una bolsa de dormir, descargan camiones y luchan con el tráfico. Y la impresión del chofer es acaso que su pareja pasea con su mejor amigo y que bebe cerveza en la bolera más cercana cuando la verdad es que cambia pañales, rota turnos para llevar a los niños a la escuela y lava ropa a todas horas. Pensamos que al reunir los dos mundos ambos miembros de la pareja extienden su punto de vista y aumentan su comprensión mutua."

Esta empresa de transporte vehicular siempre ha estimulado a los conductores para que tengan un contacto estrecho con su hogar y su programa de telefonemas a casa ofrece tiempo de larga distancia en forma liberal. "Si [los conductores] llaman frecuentemente, esos desastres inevitables no son tan grandes. Y si una pareja puede localizar a un operador cuando lo necesita, se angustia menos", afirma McKelvy.

Todos los camiones de CFI están dotados con sistema celular y si hay una llamada urgente de triunfo o tragedia, los operadores pueden devolver la llamada a casa tan pronto como les transmiten el mensaje. El sólo hecho de saber que se cuenta con este servicio hace menos arduo el estar lejos de casa.

En las oficinas centrales de CFI, los familiares pueden marcar un número 800 y pedir la comunicación con un cónyuge, hijo, hija, padre o madre. La operadora de CFI se pondrá inmediatamente en contacto con el manejador (sin formular preguntas) y le pide que llame a su casa. Saber que se cuenta con esta posibilidad reduce las preocupaciones.

"'Puedes llamarme y puedo llamarte' no suena a gran cosa, pero es un símbolo de seguridad para todos —dice McKelvy—. No es que la pareja que se queda en casa sea incapaz de ocuparse de lo sucedido, sino que quiere oír la opinión del conductor. Y acaso sea algo como 'el coche no enciende; ¿llamo a la grúa o a tu hermano?'. Así se pide el parecer del trabajador. Se comparte información, se deja saber al conductor que su opinión es importante y se permite que las parejas manejen las situaciones como pareja."

McKelvy dice que CFI tiene unos 2000 operadores y que una de las mejores partes del negocio es cuando se unen para ayudar a un compañero. CFI se esfuerza por generar una sensación de familia entre los conductores, seres queridos y parientes. "Una vez al año celebramos una cena familiar y abrimos nuestras oficinas principales a todos —explica McKelvy—. Los conductores y todos los demás traen a sus familias para que vean dónde trabajan, que exploren las líneas de salida, que se trepen a los camiones y que conozcan a los despachadores, personal de mantenimiento y seguridad y otros conductores. Recolectamos fondos para obras de caridad locales para niños y personas mayores y pensamos que cuando las familias ven cómo y dónde trabaja un manejador, se genera más empatía y comprensión."

Ron Dowdy, presidente de Ronnie Dowdy, Inc., Batesville, Arkansas, y director general del grupo de contratación y retención de conductores de la Truckload Carriers Association

En el año 2000, la Truck Carriers Association calculó que el salario promedio de un chofer profesional fue de 40,800 dólares. Los individuos que recibieron su CDL, que se capacitaron y terminaron los estudios, pueden llegar a ganar en el plazo de cinco años 50,000. Además, hay también la oportunidad de acumular antigüedad y la posibilidad de ascender a puestos administrativos.

Esta industria tiene mucho que ofrecer. Las personas que han manejado profesionalmente pueden aprovechar su capacitación y experiencia para escalar en los sectores gerenciales intermedios y explotar otras oportunidades a medida que crecen y maduran con la industria.

"Los bienes de esta nación van a moverse en camiones —dice Dowdy—. No sé cuáles serán las compañías ni cuáles harán los acarreos, pero sé que nuestros bienes van a moverse en camiones y eso significa que habrá empleos y oportunidades.

"Sé que las publicaciones de la industria proyectaban antes de este año [2001] una escasez de 80,000 choferes por año. Con la crisis económica, algunos de estos puestos se declararán ocupados, pero siempre trabajo para los buenos conductores profesionales."

Terry Brown, presidente de Allied Drivers, una empresa de contratación de manejadores con sede en Houston, Texas

El padre de Terry Brown tenía camiones pero no hijos, así que enseñó a manejar a su hija Terry, y cuando tuvo edad suficiente, la llevaba en sus viajes. "Cuando salía con mi papá, tenía que desayunar panqués y refresco de naranja, y los expedidores me regalaban juguetes —recuerda—. Eso era para mí. Estaba prendida."

Brown manejó 22 años y todavía ostenta una CDL clase A con todos las aprobaciones porque, como ella dice, "uno nunca sabe".

Cuando colgó su BC y guantes de manejo, fundó Allied Drivers y ahora trabaja con compañías cuando los choferes están de vacaciones, en las épocas ocupadas o cuando las empresas quieren contratar un manejador experimentado. Brown dice que los clientes vienen a Allied Drivers para probar a los conductores antes de contratarlos de tiempo completo. Esto también les da a los conductores la oportunidad de ver si les gusta trabajar para una cuadrilla antes de firmar de tiempo completo. "Quizá alguien vio un camión o sabe de un equipo con el que quisiera probar. Si no funciona, no perdió nada."

Brown dice que algunas personas tienen un concepto erróneo de los manejadores temporales. "Las personas que contrato son choferes profesionales de tiempo completo —explica—. A eso se dedican y tenemos estándares muy elevados. Aquí no contratamos fardos con CDL, cinco accidentes y tres infracciones por drogas. Queremos personas que salgan, hagan un buen trabajo, entreguen sus cargas y devuelvan los camiones enteros. Mis archivos están abiertos para que los clientes vengan y verifiquen los méritos de cualquier manejador en el momento en que lo deseen.

"Somos muy estrictos e inflexibles. Así, la parte más difícil de mi trabajo es encontrar manejadores calificados, pero si fuera fácil, todos lo harían", dice.

Por "calificados", Brown entiende con una experiencia laboral buena y comprobable, no más de dos infracciones en los últimos tres años y sin consumo de drogas. "No les prometemos la luna, sino solamente dejarlos que crucen la puerta —comenta—. Y en general no prometemos nada que no podamos dar."

Al hablar con Terry Brown, cualquiera se da cuenta de que ama su trabajo. Dice que algún día, cuando sus hijos hayan crecido (su esposo también es chofer profesional), se trepará a la cabina y arrancará hacia el camino de nuevo.

Randy Scheel, director de Driver Development, CRST Van-expedited Division, Cedar Rapids, Iowa

"Somos considerados una empresa de transporte largo que recorremos el país de costa a costa y toda nuestra carga es mercadería general para traslado en furgoneta.

Tenemos más de 400 camiones que son "solistas", es decir, son manejados por personas que trabajan en cierta región del país, y de nuestros 1,400 camiones, 300 son operados por sus dueños.

En concreto, lo que tratamos de hacer es abrir posibilidades de carrera para que las personas satisfagan sus necesidades y metas. Les ofrecemos capacitación, en sociedad con escuelas de la comunidad, como la escuela de manejo profesional del Houston Community College. Patrocinamos la capacitación de los estudiantes y pagamos las colegiaturas; a cambio, pedimos un compromiso de un año después de terminar los cursos.

"En nuestro sistema, por lo menos durante el primer año el nuevo conductor debe manejar en equipo. Cuando alguien tiene ya dos o tres años manejando con nosotros, tiene varias opciones. Puede cambiarse a la división de solistas. Tenemos también un programa de renta con opción a compra que ayudará a los choferes a hacerse de un camión en buenas condiciones económicas. Si quieren comprar un camión por su cuenta y arrendarlo de nuevo con nosotros, también pueden hacerlo.

"Si un manejador quiere retirarse del camino, puede adherirse a nuestro programa de guía para manejadores que capacita a los nuevos o bien puede pasar al departamento de operaciones. En este momento, tres departamentos son dirigidos por ex manejadores: seguridad, desarrollo de choferes y operaciones.

En nuestros días, el camionaje es un centro dinámico y un campo muy abierto. Por eso, creo que siempre habrá demanda de camiones, cualquiera que sea el estado de la economía. Las personas siempre tendrán cargas que trasladar por carretera.

"Para satisfacer la demanda de conductores, CRST emplea varios equipos de esposos o familiares. También tenemos una política de hogar garantizado: [los conductores] nos dicen que tienen que estar en casa para cierta fecha y les garantizamos que así será, aunque debamos subirlos a un avión o autobús para llevarlos.

También hablamos de una red de apoyo de cónyuges. Tratamos de hacer participar a la pareja con boletines e información sobre su ser querido y haremos más para comunicarnos con el hogar del conductor; por ejemplo, estamos al tanto de los aniversarios importantes y enviamos tarjetas de cumpleaños a la familia.

"Sabemos que manejar un camión no es un trabajo común de ocho horas diarias cinco días de la semana. También aceptamos que algunas condiciones laborales están fuera del control de la compañía y del manejador: el estado del tiempo, construcciones, tráfico, clientes que no simpatizan con los choferes, problemas con el equipo como descomposturas, etcétera.

Por otro lado, cuando uno se desliza por la autopista al atardecer se produce una sensación de aislamiento que es la parte que atrae a quienes están cansados del trabajo fabril, cansados de tener al jefe mirando por el hombro. Básicamente, quien es conductor profesional no tiene supervisor y goza de mucha libertad.

"Por eso atrae a tan amplia variedad de personas. Tenemos solicitantes que van de la secundaria a personas con grados de maestría y doctorado. En unos pocos años ganarán de 40,000 a 50,000 dólares por año. El manejo profesional concede a las personas una oportunidad con un mejor potencial de paga que cualquier otra carrera que escojan.

"En 1992–1993, una doctora experta en terapia de familia cursó la escuela de manejo de camiones y se contrató con nosotros. Al tiempo, apareció en el noticiero nocturno de la NBC. Después de manejar para nosotros un par de años se convirtió en la doctora de la compañía. También contratamos personas en etapa de "nido vacío" que siempre soñaron con manejar un camión, criaron una familia y ahora, marido y mujer, pueden ver juntos el país, manejar un camión y ganar dinero al mismo tiempo. Estos equipos se llaman a sí mismos 'turistas pagos.'

"Por lo anterior y como puede ver, el manejo ofrece algo para todos. Es una situación ganadora para las personas correctas."

Mike Ritchie, vice presidente ejecutivo de Stevens Transportation, Dallas, Texas

Stevens comenzó a capacitar operadores en 1991 o 1992, y desde hace seis a ocho años empezó a tratar de reducir el tiempo en carretera que era de cuatro semanas. Ahora la compañía tiene por objetivo tardar dos semanas en llevar sus choferes a casa, gracias a los paquetes de software que ayuda a relevar camiones e identificar aquellos que se cruzan en ruta para recargar y llevar a las personas oportunamente a su casa.

Cuando los despachadores se aprestan para distribuir el equipo, el software de Stevens les muestra cuántos días ha estado cada chofer en su casa, para no enviar a uno que apenas acaba de llegar.

En el camino, los operadores pueden enviar correos electrónicos a casa y unos a otros. También hay buzones de voz que los conductores pueden revisar en cualquier momento del día.

Cuando un chofer va a la escuela de manejo profesional de Stevens, lo asignan a otro conductor y a un gerente de flotilla que trabaja con ellos y se ocupa de los asuntos de nómina y los problemas personales.

"Y lo hemos llevado un paso adelante —explica Ritchie—, porque también tenemos consejeros de operadores con los que éstos pueden hablar de sus problemas y encontrar la solución. Están ahí para los conductores y se comunican con ellos dos o tres veces por semana, sólo por saber cómo están. Todos los viernes nos reunimos con los consejeros para averiguar si hay algo en que podamos ayudar."

Este programa ha rendido frutos y los conductores se quedan en la compañía porque quieren estar "en la familia". Si un operador tiene problemas con gerentes de flotilla, nómina u operaciones o con un compañero, los consejeros los reúnen para arreglar las disputas.

Hace 10 o 12 años, los conductores profesionales eran tratados como ciudadanos de segunda clase, pero Ritchie ve hoy un panorama totalmente nuevo. "Estas personas son nuestra sangre vital. Pagan mi salario. Son nuestra compañía cuando hacen una entrega, cuando recogen una carga. Los conductores son el corazón de esta industria."

"Proveemos camisas y gorras y casi tenemos un código de vestido: pantalones largos, sin chanclas, y trabajamos con nuestros nuevos empleados sobre cómo se visten, cómo se presentan y cómo se conducen en el camino", dice.

"Nos preocupan los costos del combustible, pero también con la comodidad de los manejadores cuando se detienen a cargar y nos asociamos con las mejores cadenas, las que tienen baños limpios y comidas calientes, y no aquellas de autoservicio donde se come un hotdog y se arranca.

"Si uno lo piensa, tenemos una gran inversión en cada operador, aparte de su capacitación. Cada vez que salen al camino, se llevan equipo que vale 100,000 dólares y carga por un millón. Tenemos ahí una gran inversión pero se trata de algo más. Si tenemos un chofer infeliz, es un riesgo de seguridad, así que alentamos a los despachadores para que escuchen el tono de los manejadores y, si alguno suena distraído, les pedimos que hablen con él antes de colgar el teléfono.

"Alentamos a nuestros manejadores para que traigan a sus esposas y nuestros consejeros hablan con ellas por teléfono" —dice Ritchie—. Una vez al mes, les envían una tarjeta sólo para preguntarles cómo les va."

Por lo regular, los consejeros empezaron como operadores de Stevens, por lo que saben lo que es vivir en el camino, pero también están calificados para apoyar a la gente.

Greg Adkinson, director de seguridad de Builders Gypsum Supply, Houston, Texas

"Cuando contratamos manejadores, nos sentamos y hablamos con ellos para averiguar sus actitudes y valores hacia la vida. También queremos ver si están calificados físicamente, revisamos su historial de accidentes en vehículos y vemos qué experiencia de manejo tienen. A continuación, verificamos sus antecedentes laborales (su experiencia de manejo y con qué vehículos) y acudimos a las compañías para hablar de su desempeño.

"Ofrecemos la oportunidad de crecer con la compañía y precisamente ahora estamos en un periodo de adelanto agresivo. Nos gusta promocionar desde dentro, de modo que los conductores pueden acomodarse en almacén de operaciones, despacho y tenemos varios locales en todo el estado, lo que es una opción atractiva para aquellos a los que les gusta estar en movimiento.

"También tenemos capacitación correctiva y cualquier operador puede continuar su educación dependiendo de la clasificación de su puesto. Buena parte de nuestro trabajo es intenso. Nuestros conductores están clasificados como manejadores de vehículos motorizados, pero cuando llegan al lugar de trabajo, manejan camiones de troncos o trasladan muros de piedra si el cliente lo pide.

Pagamos la colegiatura de aquellos que quieren proseguir su educación porque aceptamos individuos muy inexperimentados. En ocasiones, contratamos manejadores menores de 21 años para nuestro trabajo de clase B.

"Tenemos un programa de bonos al final del año. Deducimos todos los accidentes que pudieron prevenirse, pero si un conductor no tiene multas, se lleva el bono completo. Además, la mayoría de nuestros operadores están en casa por las noches, lo que en sí mismo es un bono.

Nuestro ambiente de trabajo también es una ventaja porque los propietarios de la compañía se enorgullecen de sus empleados, así que hay un interés personal y beneficios extraordinarios, como barbacoas y reuniones. Nuestros conductores tienen el sentimiento de ser una parte importante del equipo, de pertenecer a un lugar. Si usted trabaja para nosotros, es más que un número.

"Nuestros conductores más veteranos han estado con nosotros aproximadamente 15 años y una buena parte de nuestro equipo tiene entre siete y 15 años. Tenemos una proporción de rotación de choferes muy baja. Tienen que estar en buenas condiciones físicas, pero trabajan con nosotros operadores de 60 años que están en mejor forma que la mayoría de los muchachos de 25 años que conozco.

"Nuestro salario inicial, para el nivel de clase A, está entre 20,000 y 24,000 dólares [. . .] para esta región del país. En otras zonas puede ser de 30,000 a 35,000."

La siguiente parada: La gran oportunidad!

El camionaje es una de las industrias más importantes de este país. Sin camiones, disminuye la calidad de vida de las personas. Sin camiones, los costos aumentan espectacularmente. Los camiones trasladan comida, muebles, libros, ropa, automóviles, refrigeradores y medicinas.

En la actualidad hay más de 9.6 millones de personas que manejan y sustentan la industria del transporte en los Estados Unidos. En conjunto, estos trabajadores generan más de 372,000 millones de dólares al año y transportan 6,700 millones de toneladas de carga.

La industria camionera usa más de 4.5 millones de remolques y más de 1.7 millones de tractores que recorren 118,000 millones de millas cada año.

Los camiones incluyen furgonetas de entrega, remolques compactos, tractor-remolques, dobles y triples. Los camiones también pagan más de 28,000 millones de dólares en peajes, carreteros federales y estatales y más de 38 por ciento de todos los peajes que se destinan al pago de autopistas.

En los Estados Unidos hay aproximadamente 458,000 compañías camioneras. Algunas tienen sólo un camión, mientras que otras operan con miles de vehículos. Alrededor de 88 por ciento de estas compañías pueden clasificarse como pequeñas empresas, mientras que otras son compañías grandes y publicitadas o bien negocios restringidos que incluyen sociedades o propietarios individuales de uno o dos tractores y remolques.

Una grave escasez de manejadores ha plagado la industria durante años, y para resolver el problema, las compañías ofrecen mayor salario, mejor equipo, más beneficios y programas de bonos para atraer y conservar a los buenos conductores. Las compensaciones van de 22,000 a 26,000 dólares anuales para manejadores principiantes y hasta un promedio de 36,000 para los más experimentados.

Para calificar para un puesto de manejador, debe tener 18 años o más y poseer una CDL válida. Los conductores deben ser capaces de aprobar un examen físico completo del Department of Transportation cada dos años y no haber sufrido la pérdida de una mano, brazo, pie o pierna ni pueden tener otro defecto físico que interfiera con el manejo seguro.

Aquellos que han recibido un diagnóstico de diabetes que requiere insulina no pueden manejar un camión pero desde luego que pueden laborar en cualquier instalación de la industria.

Los manejadores deben hablar y escribir inglés lo suficientemente bien para comunicarse con las autoridades y el público en general. Algunas compañías imponen otros requisitos educativos.

La industria tiene regulaciones estrictas en contra del consumo de alcohol o drogas antes o mientras se opera un vehículo comercial. Unos resultados negativos (limpios) en las pruebas de detección de alcohol y drogas suelen ser una condición para el empleo.

Los conductores no deben haber sido condenados por delitos que incluyera el uso de un vehículo motorizado ni acusados de un delito que haya tenido que ver con drogas, manejo bajo la influencia de estupefacientes o alcohol o por huir de un accidente que haya dado por resultado heridas o muerte.

Los hombres y las mujeres que aprueban el examen CDL y que satisfacen los requisitos para convertirse en manejadores profesionales ven abrirse las puertas de nuevas responsabilidades, salarios cada vez mayores y posiciones respetadas en las compañías para las que trabajan. No es inusual toparse en las empresas transportadoras con vicepresidentes o directores ejecutivos que se iniciaron como manejadores en esta industria difícil y remuneradora.

¡Ahora es su turno!

EL TABLERO DE DESPACHO
Furia en el Camino: Un Juego Mortal

por Ron Adams, Ph.D.

Bob desacelera y acerca su equipo a la línea para una inspección de la Border Patrol. Mira su reloj. "Si no se demora mucho, estaré en San Antonio a medianoche", se dice.

Después de la inspección, las millas se deslizan y como el tráfico aumenta, Bob sabe que está próximo a San Antonio. Baja la velocidad para tomar la salida en la curva 1604. "No hay mucho tráfico a esta hora de la noche."

Bob conoce bien su ruta: la ha manejado durante 10 años.

Al este en la curva 1604 y luego al norte, cruzando sobre I-10, Bob puede ver las luces de la salida I-35 a unas cuantas millas de distancia. "Me pregunto por qué hace ruidos mi estómago."

"Bien, aquí está. I-35."

Desde el inicio del TLC, estas 250 millas a Dallas (justo a través del corazón de Texas) son la autopista más transitada del país y, le parece a Bob, casi toda está en construcción.

Bob desacelera al llegar a la I-35. Maneja las velocidades como el profesional que es y rápidamente se instala en la velocidad de crucero. Después de unas pocas millas, el tráfico empeora. "Debo estar llegando a New Braunfels". Lado a lado hay camiones, camionetas y vehículos utilitarios deportivos. "Estos tipos de Texas adoran sus camionetas y sus deportivos."

Hay reparaciones a la izquierda. Reparaciones a la derecha. "Me pregunto por qué siento tiesos los brazos y los hombros."

Carriles estrechos y más estrechos. Barreras de concreto a la izquierda y a la derecha. Unos faros se acercan velozmente. "No es posible cambiar de carril ahora, amiguito. Desacelera ese cohete. ¿Qué hace ese tonto cambiando de luces y sonando la bocina?"

Carriles estrechos y más estrechos. Barreras de concreto a la izquierda y a la derecha. Tráfico a la izquierda, tráfico a la derecha. No es posible cambiar de carril. "Lo siento amiguito, no puedo ayudarte." El estómago arde; los brazos y los hombros duelen.

"¿Es un espacio adelante en el carril de la derecha? Creo que puedo mover esta mole para que el tonto que viene atrás pueda irse sin matarnos a todos."

"¿Dónde está? Ya no lo veo. ¡Ese tonto está en mi punto ciego!"

continúa

EL TABLERO DE DESPACHO *continuacion*

En ese momento, una camioneta de ruedas dobles con cabina negra rebasa rugiendo a Bob, se mete delante de él y el chofer mete los frenos. Bob aprieta sus propios frenos y lucha por mantener el vehículo en su carril.

Mientras el camión de Bob se desliza hacia un choque, la camioneta se lanza adelante. El chofer saca la mano por la ventana, nomina a Bob para el "número uno" y se pierde en la noche.

Por fortuna, y gracias a las destrezas de manejo profesional de Bob y los conductores que están a su alrededor, todos mantuvieron la cordura y permanecieron en la autopista esa noche.

¿Un incidente aislado?

Lamentablemente, no

En una encuesta reciente patrocinada por la Administración Nacional de Seguridad del Tráfico en Autopistas (National Highway Traffic Safety Administration, NHTSA), más de 60% de los conductores estadounidenses dijeron que consideraban que las prácticas inseguras de manejo eran una amenaza importante para su seguridad personal.

Sus miedos están justificados.

Las estimaciones indican que los conductores que se pegan al vehículo de enfrente, corren por el camino, juegan con los frenos y oscilan de un carril a otro sin advertencia contribuyen significativamente a los más de seis millones de choques que ocurren en los Estados Unidos cada año.

Otro estudio de la NHTSA encontró que en 1997, dos tercios de los más de 41,000 accidentes de tráfico mortales de ese año fueron el resultado de la furia en el camino.

¿Pero qué causa esta furia en el camino?

Jerry Smith, jefe de policía en un pueblo al norte de San Antonio que está a lo largo de la I-35 lo resumió de esta manera: "Estrés, estrés y más estrés. Estrés por el trabajo. Estrés que viene y va del trabajo. A veces, por algún accidente en la I-35, el tráfico se detiene una hora o más. Cuando algunas personas tienen tanto estrés día tras día, algo tiene que pasar."

"Tiene razón —dice Bob—. Están ahí y, cuanto más pesado es el tráfico, peor manejan algunos conductores de cuatro ruedas."

"¿Qué puedo hacer?"

Básicamente, hay dos cosas que puede hacer Bob: una tiene que ver con "ellos" y la otra con él.

En cuanto a ellos, en el tráfico pesado Bob puede estar más alerta, manejar a la defensiva y dejar más espacio entre él y otros vehículos.

En cuanto a él, como conductor profesional puede mantener la calma. Si se deja atrapar por los bocinazos, los insultos o los ademanes groseros, aumenta el riesgo de tener un accidente.

Si Bob se enreda con otros conductores, no sólo corre más peligros de accidentarse, sino que además incrementa su grado de estrés.

Bob sabe que ser un conductor profesional es muy estresante y que el estrés laboral puede producir derrames y ataques cardiacos.

"Entonces —dice Bob—, mantendré mi distancia y estaré calmado."

Lo entendiste, Bob. ¡Nos vemos en el camino!

# Repaso de las regulaciones federales de seguridad para transportes motorizados, Partes 383 y 391

La licencia comercial de conductor es un proceso especial por el cual se certifica a los choferes profesionales para que manejen vehículos comerciales. Se requiere estudiar para un examen aplicado por el departamento de vehículos motorizados de su estado. Los exámenes se ofrecen en la mayoría de las ciudades.

La CDL indica que su poseedor ha probado que es capaz de asumir las responsabilidades que impone el manejo de un vehículo comercial en las calles y autopistas públicas.

Aprobar la CDL también es muestra de que se tienen los conocimientos de las leyes y que se observan ciertas regulaciones cada vez que se ocupa la cabina de un camión o el lugar del chofer en una furgoneta o autobús.

Los conductores profesionales que operan vehículos motorizados comerciales están cubiertos por una serie de normas llamadas regulaciones federales de seguridad para transportes motorizados (Federal Motor Carrier Safety Regulations, FMCSR), que se enuncian en varias partes.

En este capítulo examinaremos dos partes principales de las FMCSR que debe conocer todo manejador profesional. Observe que decimos "debe conocer": no memorice esta información, sólo comprenda lo que dicen estas partes y qué cubren.

Sugerencia: Estas regulaciones son prolongadas. Hemos condensado mucho del material que compone estas partes y, sin embargo, el capítulo se extiende bastante. Por tanto, *siga su ritmo.* No trate de leerlo todo de una sentada.

Ahora que ya vimos las reglas de marcha, pasemos a las regulaciones.

FMCSR Parte 383. Estándares de la licencia comercial de conductor; requisitos y penas

El propósito de esta parte es ayudar a reducir o prevenir los accidentes de camiones y autobuses, muertes y lesiones, para lo que se requiere que los conductores tengan una sola clase de licencia para vehículo motorizado y se descalifica a los manejadores que operan vehículos motorizados comerciales de manera insegura.

P. ¿Qué quiere decir la regulación donde dice que un manejador debe "tener una sola licencia de conductor de vehículo motorizado comercial"?

R. Exactamente lo que se lee. Hace años, los conductores profesionales solían tener licencias de varios estados, dependiendo de los lugares adonde manejaran, pero la ley ha cambiado. Ahora se prohíbe que los conductores tengan más de una licencia de conductor de vehículo motorizado comercial.

1. Los manejadores profesionales con una CDL también están obligados a notificar a su patrón actual y su estado de residencia de ciertas penas legales cuando o si ocurren.

2. También se requiere que el conductor proporcione información sobre su empleo anterior cuando solicite trabajo como operador de un vehículo motorizado comercial. Casi todas las compañías preguntan a los conductores acerca de sus últimos 10 años de experiencia laboral, sin lagunas, así que si estuvo desempleado seis meses, debe hacerlo notar.

3. Esta parte también prohíbe al patrón que permita que una persona con licencia suspendida opere un vehículo motorizado comercial.

La Parte 383 señala descalificaciones y penas para los conductores con CDL si cometen ciertas infracciones, establece los requisitos de examen y autorización y traslada a los estados la aplicación de exámenes de conocimientos y destrezas para todos los solicitantes de la CDL.

La Parte 383 también determina estándares federales para procedimientos, métodos y calificaciones aprobatorias mínimas para uso de los estados y otros al examinar y autorizar operadores de vehículos motorizados comerciales, y además enuncia los requisitos para la documentación de la licencia comercial expedida por los estados.

P. **¿Se aplican estas regulaciones a todos los que manejen un vehículo motorizado comercial?**

R. Sí, a todos los conductores de vehículos motorizados comerciales, excepto los conductores militares, granjeros, bomberos, manejadores de vehículos de respuesta urgente y manejadores de equipo para retirar nieve de las autopistas.

En Alaska, el estado exime de ciertos requisitos para determinados conductores cuando expide la CDL. Verifique los detalles con su departamento de vehículos motorizados.

También hay una CDL restringida para ciertos conductores en las industrias de servicios agrícolas: un estado puede omitir discretamente los exámenes obligatorios de conocimientos y destrezas y expedir CDL restringidas para empleados designados por estas industrias de servicios agrícolas. Las CDL restringidas también están disponibles para ciertos conductores de la industria pirotécnica (juegos artificiales).

P. **¿Después de obtener mi CDL puedo seguir renovando mi licencia de conductor de automóvil?**

R. Nadie que opere un vehículo motorizado comercial tendrá en ningún momento más de una licencia de conducir.

P. **¿Cómo surgió la CDL?**

R. A partir del 1° de abril de 1992, ninguna persona operará un vehículo motorizado comercial si no posee una CDL que satisface los estándares contenidos en la Parte 383, expedida por su estado o jurisdicción de residencia.

Si un operador de vehículo motorizado comercial tiene su domicilio en una jurisdicción foránea que, según determine el administrador, no examina a los conductores y solicita una CDL, deberá obtener una CDL de no residente en un estado que se atenga a los estándares de examen y autorización.

P. **¿Qué es un permiso de aprendiz y a quién se le otorga?**

R. Quienquiera que se prepare para presentar los exámenes de conocimientos, destrezas y endosos para la CDL puede recibir un permiso de aprendiz por un periodo corto. Se considera una licencia de manejo válida y se usa mientras el nuevo conductor se ejercita en caminos o autopistas públicas.

P. Cómo obtengo un permiso de aprendiz?

R. Debe tener una licencia de conducir válida y haber aprobado el examen de vista y conocimientos. Entonces, el permiso se puede usar siempre que el conductor esté acompañado por el poseedor de una CDL válida.

P. ¿Qué hago si me imponen una multa después de aprobar mi CDL?

R. Todo el que tenga una CDL y haya infringido alguna ley en cualquier vehículo motorizado debe notificarlo a las autoridades de su estado de residencia en el plazo de 30 días de la infracción.

Si usted es culpable de una infracción, también debe notificar a su patrón en el plazo de 30 días. Si actualmente no tiene empleo, notifique al departamento de vehículos motorizados de su estado de residencia.

P. ¿Qué se incluye en la notificación?

R. La notificación a las autoridades estatales y al patrón debe hacerse por escrito y contener la información siguiente:

1. Nombre completo del conductor
2. Número de licencia del conductor
3. Fecha de la infracción
4. El detalle del o de los delitos, infracción o infracciones graves de tránsito y otras violaciones a las leyes estatales o locales relacionadas con el control del tráfico de vehículos motorizados, por las que la persona fuera culpable y por cualquier suspensión, revocación o cancelación de ciertos privilegios de manejo que resultaran de estas penas
5. Indicación de si la infracción se cometió en un vehículo motorizado comercial
6. Lugar de la infracción
7. Firma del conductor

P. ¿A quién notifico si mi licencia queda suspendida?

R. Como conductor profesional, una suspensión de su licencia pondrá término a su salario, por lo menos mientras dura la suspensión. ¡Nada bueno!

Todo empleado que posea una licencia de manejo suspendida, revocada o cancelada por un estado o jurisdicción, que pierda el derecho de operar un vehículo motorizado comercial en un estado o jurisdicción por cualquier periodo, debe informarlo a su patrón antes de terminar el mismo día hábil que siga a la notificación de suspensión o pérdida de privilegios.

P. ¿Cuánta información debo suministrar sobre empleos anteriores?

R. Cualquier persona que solicite empleo como operador de un vehículo motorizado comercial debe proveer a su posible patrón en el momento de la solicitud información sobre sus antecedentes laborales de los 10 años anteriores a la fecha de presentación de la solicitud. Del mismo modo, el solicitante entregará también (1) una lista con los nombres y direcciones de patrones anteriores para los que trabajó como operador de un vehículo motorizado comercial; (2) las fechas en que el solicitante fue empleado por estos patrones; y (3) la razón para dejar esos empleos.

El solicitante certificará que toda la información provista es verdadera y completa.

Es posible que un patrón requiera información adicional del solicitante. También puede informar al solicitante que quizá llame a patrones anteriores.

P. ¿Hay reglas especiales por infracciones con materiales peligrosos o pasajeros?

R. Un manejador es descalificado por un periodo de no menos de 180 días y no más de dos años por la primera infracción de una orden fuera de servicio mientras transportaba materiales peligrosos que requieren anuncios impresos de acuerdo con la Ley de transporte de materiales (Hazardous Materials Transportation Act).

P. ¿Cuáles son las penas por las infracciones?

R. Quienquiera que infrinja estas reglas queda sujeto a sanciones civiles o penales.

P. ¿Hay sanciones especiales cuando los conductores infringen órdenes fuera de servicio?

R. Un conductor responsable de infringir una orden fuera de servicio será sujeto a una sanción civil de no menos de 1,000 dólares y no más de 2,500, además de la descalificación.

P. ¿Cómo solicito la CDL?

R. Antes de obtener la CDL, una persona debe cumplir los siguientes requisitos:

1. La persona que opera o espera operar en el comercio interestatal o foráneo debe certificar que cumple con los requisitos de calificación.
2. Aprobar un examen de conocimientos en concordancia con estas reglas y regulaciones para el tipo de vehículo motorizado que la persona opera o espera operar.
3. Aprobar un examen de manejo o destrezas en concordancia con los estándares de la Parte 383, realizado en un vehículo motorizado representativo del tipo de vehículo que la persona opera o espera operar; o dar pruebas de que ha aprobado un examen de manejo aplicado por un tercero autorizado.
4. Certificar que el vehículo motorizado en el que realiza el examen de destrezas de manejo es representativo del tipo de vehículo que la persona opera o espera operar.
5. Proporcionar al estado de expedición la información requerida para ser incluida en la CDL.
6. Certificar que no es sujeto de ninguna descalificación, suspensión, revocación o cancelación y que no tiene una licencia de conducir de más de un estado o jurisdicción.
7. El solicitante deberá entregar al estado sus licencias que no son CDL.
8. Transferencia de licencia. Cuando se solicita transferir una CDL de un estado de residencia a otro, el solicitante tramitará una CDL del nuevo estado de residencia en no más de 30 días después de establecer su nuevo domicilio.

P. ¿Qué es una CDL de no residente?

R. Cuando un solicitante reside en una jurisdicción foránea, en la que los estándares de examen y autorización para el operador de un vehículo motorizado comercial no satisfacen los criterios de la CDL estadounidense, debe obtener una CDL de no residente de un estado que satisfaga los estándares.

P. **¿Tengo que aceptar que me practiquen un examen de alcohol?**

R. Se considera que cualquier persona que posea una CDL ha aceptado tales exámenes según lo requiera cualquier estado o jurisdicción que los ponga en vigor. El consenso se manifiesta al conducir un vehículo motorizado comercial.

Licenciamiento inicial. Antes de expedir una CDL a una persona, el estado:

1. Exigirá que el conductor solicitante certifique, apruebe exámenes y provea información concreta personal.

2. Verificará que el vehículo en el que el solicitante realiza su examen es representativo del grupo de vehículos que ha certificado que opera o espera operar.

3. Iniciará y completará una verificación del expediente de manejo del solicitante para comprobar que no es sujeto de ninguna descalificación, suspensiones, revocaciones o cancelaciones y que no tiene una licencia de manejo de más de un estado. Esta verificación de antecedentes incluye pero no se limita a:

   (a) Comprobación del expediente de manejo del solicitante según los registros del estado de expedición, si lo hubiera.

   (b) Verificación en el Sistema de Información de Licencias de Conductor Comercial (Commercial Driver's License Information System, CDLIS) para determinar si el conductor solicitante posee ya una CDL, si su licencia ha sido suspendida, revocada o cancelada o si el solicitante ha sido descalificado para operar un vehículo motorizado comercial.

   (c) Verificación en el Registro Nacional de Conductores (National Driver Register, NDR), cuando lo determine apropiado el administrador nacional de seguridad de tránsito en autopistas, para determinar si el conductor solicitante ha sido descalificado para operar un vehículo motorizado (que no sea comercial); si tuvo una licencia (aparte de la CDL) suspendida, revocada o cancelada por cualquier causa en el periodo de tres años que termina en la fecha de la solicitud; o si es responsable de ciertas infracciones.

Si este solicitante desea conservar un endoso de materiales peligrosos, se verificará que, en los dos años anteriores a la transferencia, el conductor (1) aprobó el examen especificado para dicho endoso, o bien (2) superó un examen o curso de capacitación en materiales peligrosos impartido por un tercero que a juicio del estado cubre sustancialmente la misma base de conocimientos y obtuvo la CDL expedida por el estado de residencia anterior del solicitante.

P. **¿Cuáles son las sanciones por dar información falsa?**

R. Si un estado determina, en su verificación del estatus de la licencia de un solicitante y en el expediente anterior a la expedición de la CDL, que ha recibido información falsa, por lo menos suspenderá, cancelará o revocará la CDL de dicha persona o su solicitud pendiente o la descalificará para operar un vehículo motorizado comercial por un periodo de por lo menos 60 días consecutivos.

P. **¿La CDL que se expide en un estado es válida en otro?**

R. Un estado permitirá que opere un vehículo comercial cualquier persona con una CDL válida que no haya sido suspendida, revocada o cancelada y que no esté descalificada para operar un vehículo motorizado comercial

P. ¿Qué se hace si mi estado no ofrece exámenes de CDL?

R. Un estado puede autorizar a una persona (incluyendo otro estado, un patrón, un centro privado de capacitación vial u otra institución privada o un departamento, dependencia o extensión de un gobierno local) a aplicar los exámenes de destrezas.

P. Si tengo una CDL de otro estado y solicito una en mi estado de residencia actual, ¿tengo que volver a presentar los exámenes?

R. A discreción del estado, puede omitir el examen de destrezas de manejo para un operador de un vehículo motorizado comercial que está autorizado en el momento de solicitar la CDLA y sustituirlo ya sea con el expediente de manejo del solicitante y la aprobación anterior de un examen de destrezas apropiado o ya sea con el expediente combinado con cierta experiencia de manejo. El estado impondrá condiciones y limitaciones para restringir solicitantes a los que un estado aceptaría otros requisitos para el examen de destrezas.

Grupos de vehículos comerciales

Todo conductor solicitante debe poseer y presentar examen de sus conocimientos y destrezas en el grupo o grupos de vehículos comerciales para los que desea una CDL. Los grupos de vehículos comerciales son los siguientes:

1. Vehículo combinado (Grupo A). Cualquier combinación de vehículos con un peso vehicular bruto combinado (Gross vehicle weight rating, GVWR) de 11,794 kilogramos o más (26,001 libras o más), siempre que el peso vehicular bruto combinado del vehículo arrastrado supere los 4,536 kilogramos (10,000 libras).
2. Vehículo compacto pesado (Grupo B). Cualquier vehículo único con un GVWR de 11,794 kilogramos o más (26,001 libras o más) o cualquier vehículo de ese tipo que arrastre un vehículo que no pese más de 4,536 kilogramos (10,000 libras) GVWR.
3. Vehículo pequeño (Grupo C). Cualquier vehículo único o combinación de vehículos que no satisfaga la definición del grupo A ni del grupo B como se enuncia en esta sección pero que está destinado al transporte de 15 o más pasajeros, incluyendo el chofer, o sirve para el traslado de materiales considerados peligrosos de acuerdo con la Ley de transporte de materiales peligrosos (Hazardous Materials Transportation Act) y que requiere que el vehículo lleve advertencias escritas, según las normas de materiales peligrosos.

P. ¿Debo presentar todos los exámenes de permiso?

R. Algunos conductores profesionales presentan todos los exámenes de permisos, pero no al mismo tiempo. Algunos sólo toman los permisos que creen que necesitarán al iniciar su carrera.

P. ¿Qué tipos de permisos hay?

R. Un operador debe obtener endosos para su CDL expedidos por los estados para operar vehículos motorizados comerciales. Estas permisos son:

- remolques dobles y triples,
- vehículos de pasajeros,

- tanques cisternas, o
- con advertencias escritas de materiales peligrosos.

Requisitos de examen para o permisos. Se requieren los siguientes exámenes para recibir o permisos:

- Remolques Dobles y Triples—examen de conocimientos
- Vehículos de Pasajeros—examen de destrezas
- Tanques Cisternas—examen de conocimientos
- Con Advertencias Escritas de Materiales Peligrosos—examen de conocimientos

P. **¿Cuáles son las restricciones de frenos de aire?**

R. Si un solicitante no aprueba el componente de frenos de aire en el examen de conocimientos o realiza el examen de destrezas en un vehículo que no está equipado con frenos de aire, el estado indicará en la CDL, si la expide, que el poseedor no puede operar vehículos motorizados comerciales equipados con frenos de aire.

Para los fines del examen de destrezas y las restricciones, los frenos de aire incluyen cualquier sistema de frenado que opere del todo o en parte según el principio del freno neumático.

P. **¿Cuáles son los requisitos de conocimientos generales?**

R. Todos los operadores de vehículos motorizados comerciales deben poseer conocimientos de las siguientes áreas generales:

Requisitos de inspección, reparación y mantenimiento del vehículo motorizado. Procedimientos de operación segura del vehículo; efectos de la fatiga, mala vista, oído y salud general en la operación segura de un vehículo motorizado comercial; los tipos de vehículos motorizados y las cargas sujetas a los requerimientos, y los efectos del alcohol y el consumo de drogas en las operaciones seguras de vehículos motorizados comerciales.

Sistemas de control de seguridad de los vehículos motorizados comerciales. Uso apropiado del sistema de seguridad del vehículo motorizado (Figura 3-1), incluyendo luces, bocinas, espejos laterales y retrovisores, ajustes convenientes a los espejos, extintores de fuegos, signos de operación impropia revelados en los instrumentos, características de operación del vehículo motorizado y diagnóstico de mal funcionamiento. Los conductores de vehículos motorizados comerciales tendrán conocimientos de los procedimientos correctos para el uso de los sistemas de seguridad en una situación de urgencia, como patinadas, pérdida de frenos u otras.

Control seguro del vehículo. Quienquiera que presente el examen CDL debe estar familiarizado con las siguientes áreas:

1. Sistemas de control. El propósito y la función de los controles e instrumentos que se encuentran en los vehículos motorizados comerciales
2. Control básico. Los procedimientos adecuados para realizar varias maniobras básicas
3. Cambio de velocidades. Las reglas y términos básicos para el cambio de velocidades, así como las pautas de uso del embrague y procedimientos de transmisión estándar
4. Reversa. Procedimientos y reglas para diversas maniobras en reversa

Figura 3-1 Sistemas de control de los vehículos motorizados comerciales.

5. Búsqueda visual. La importancia de una búsqueda visual apropiada y los métodos adecuados

6. Comunicación. Los principios y procedimientos de las comunicaciones adecuadas y los peligros de no hacer las señales apropiadas

7. Gobierno de la velocidad. La importancia de comprender los efectos de la velocidad.

8. Gobierno del espacio. Los procedimientos y técnicas para controlar el espacio que rodea al vehículo

9. Operación nocturna. Preparaciones y procedimientos para la conducción nocturna

10. Condiciones extremas de manejo. Información básica sobre la operación en condiciones extremas de manejo y los peligos que se encuentran en estas condiciones

11. Percepción de peligros. La información básica sobre la percepción de peligros y las claves para reconocerlos

12. Maniobras de emergencia. La información básica sobre cómo y cuándo hacer maniobras de emergencia

13. Control de patinadas y recuperación. La información sobre las causas y los tipos principales de patinadas así como los procedimientos para recuperarse

Relación entre la carga y el control del vehículo. Los conductores deben conocer los principios y procedimientos para la colocación adecuada de la carga.

Inspección del vehículo. Los conductores deben conocer los objetivos y los procedimientos adecuados para realizar inspecciones de seguridad del vehículo, como:

1. La importancia de la inspección y reparación periódica para la seguridad del vehículo
2. El efecto en la seguridad de fallas no descubiertas
3. Qué partes relacionadas con la seguridad hay que observar cuando se inspeccionan vehículos
4. Procedimientos de inspección antes, durante y después del viaje
5. Informe de los descubrimientos

Conocimiento de materiales peligrosos. Incluso si un conductor no va a presentar exámenes de permiso de materiales peligrosos, todo manejador profesional debe saber lo que constituye material peligroso que requiere un permiso para transportarlo; las clases de materiales peligrosos; requisitos de etiquetación y advertencias escritas, y qué capacitación especializada se necesita como requisito para recibir el permiso y transportar cargas peligrosas.

Conocimiento de frenos de aire. Incluso si un conductor no va a presentar exámenes de permiso de frenos de aire, todo manejador profesional debe conocer:

1. La nomenclatura de los sistemas de frenos de aire
2. Los peligros de un suministro de aire contaminado
3. Las implicaciones de líneas de aire cortadas o desconectadas entre la unidad de potencia y el de los remolques
4. Las implicaciones de las lecturas de baja presión de aire
5. Procedimientos para conducir inspecciones seguras y confiables antes del viaje
6. Procedimientos para realizar inspecciones en ruta y al final del viaje de los sistemas de frenado accionados por aire, incluyendo la capacidad de detectar defectos que podrían originar fallas en el sistema

Los operadores del grupo de vehículos combinados también deben poseer conocimientos de lo siguiente:

1. *Acoplamiento y desacoplamiento.* Los métodos adecuados para acoplar y desacoplar un tractor a un semirremolque.
2. *Inspección del vehículo.* Los objetivos y procedimientos adecuados y exclusivos para realizar inspecciones de seguridad en los vehículos combinados.

P. **¿Cuáles son las destrezas necesarias?**

R. 1. *Destrezas básicas de control del vehículo.* Todos los solicitantes de una CDL deben poseer y demostrar destrezas básicas de control de vehículos motorizados para cada grupo vehicular en el que el conductor opera o espera operar. Estas destrezas deben incluir la capacidad de arrancar, detener y mover el vehículo adelante y en reversa de manera segura.

2. *Destrezas de manejo seguro.* Todos los solicitantes de una CDL deben poseer y demostrar destrezas de manejo seguro de su grupo vehicular. Estas destrezas incluyen métodos correctos de búsqueda visual, uso apropiado de las señales, control de velocidad de acuerdo con las condiciones climáticas y de tráfico y la capacidad de situar correctamente el vehículo motorizado al cambiar de carril o girar.

3. *Destrezas de frenos de aire.* Los solicitantes deben demostrar destrezas con respecto a la inspección y operación de frenos de aire.

4. *Destrezas de inspección antes del viaje.* Los solicitantes deben demostrar las destrezas necesarias para realizar una inspección antes del viaje, que incluyen la capacidad de:

    (a) Localizar e identificar verbalmente los controles de operación y los dispositivos de vigilancia de los frenos de aire.

    (b) Determinar la condición del sistema de frenado del vehículo motorizado para efectuar los ajustes convenientes y asegurar que las conexiones del sistema de aire entre vehículos motorizados fueron establecidas y aseguradas correctamente.

    (c) Inspeccionar los dispositivos de advertencia de baja presión para verificar que se activarán en una situación de emergencia.

    (d) Determinar con el motor en marcha que el sistema mantiene un suministro adecuado de aire comprimido.

    (e) Determinar que el tiempo mínimo de acumulación de presión de aire se encuentra en límites aceptables y que las alarmas y dispositivos de advertencia se desactivan automáticamente cuando se alcanza el nivel de presión adecuado.

    (f) Verificar en operación el funcionamiento apropiado del sistema de frenos.

P. **¿Qué destrezas de manejo se requieren?**

R. En la mayoría de los estados, se pide a los solicitantes que aprueben los exámenes de destrezas en un vehículo que vayan a manejar y que esté equipado con frenos de aire. Los exámenes de destrezas se realizarán en condiciones de calle o en una combinación de condiciones de calle y fuera de calle. Un estado puede utilizar simuladores para realizar exámenes de desempeño, pero en ninguna circunstancia como sustitutos de los exámenes obligatorios en condiciones de calle.

Requisitos para Permiso de Remolque Doble y Triple. Con el fin de obtener un Permiso de Remolques Dobles y Triples, cada solicitante debe tener conocimientos que abarquen:

- La colocación adecuada del remolque más pesado.
- Procedimientos para unir y enganchar las unidades.
- Características de maniobra y estabilidad, incluyendo salida del carril, respuesta al volante, realimentación sensorial, frenado, bamboleo, volteo en curvas cerradas y estabilidad de sacudidas en curvas cerradas.
- Problemas potenciales en operaciones de tráfico, incluyendo problemas que genera el vehículo motorizado para otros motoristas por menores velocidades en pendientes abruptas, tiempos mayores para rebasar, posibilidad de obstaculizar la entrada a la autopista de otros vehículos motorizados, impactos por salpicadura y rociado, desplazamiento aerodinámico, obstaculización de la vista y colocación lateral.

Requisitos para el Permiso de Pasajeros. Un solicitante del Permiso de Pasajeros debe satisfacer los conocimientos adicionales siguientes así como los requisitos de los exámenes de destrezas:

1. *Examen de conocimientos.* Todos los solicitantes del endoso de pasajeros deben poseer conocimientos que abarquen por lo menos los temas siguientes:
   (a) Procedimientos apropiados para ascenso y descenso de los pasajeros
   (b) Uso apropiado de las salidas de emergencia, incluyendo ventanas desprendibles
   (c) Respuestas apropiadas a situaciones de emergencia como incendios o pasajeros desordenados
   (d) Procedimientos apropiados en los cruces de ferrocarril y puentes levadizos
   (e) Procedimientos apropiados de frenado
2. *Examen de destrezas.* Para obtener un endoso de pasajeros aplicable a un grupo específico de vehículos, el solicitante debe presentar su examen de destrezas en un vehículo de pasajeros que satisfaga los requisitos de dicho grupo.

Requisitos para el Permiso de Vehículos Cisternas. Con el fin de obtener un Permiso de vehículos cisternas, cada solicitante debe poseer conocimientos que abarquen lo siguiente:

1. Causas, prevención y efectos del oleaje de la carga en el control del vehículo motorizado.
2. Procedimientos de frenado apropiados para el vehículo motorizado cuando está vacío, lleno y parcialmente lleno.
3. Diferencias de manejar interiores de tanques reforzados / en compartimientos o vehículos no reforzados.
4. Diferencias de tipos y construcción de vehículos cisternas.
5. Diferencias del movimiento de la carga para líquidos de diversas densidades.
6. Efectos de la pendiente y curvatura del camino en el manejo del vehículo motorizado con tanques llenos, medio llenos y vacíos.
7. Uso apropiado de los sistemas de emergencia.
8. Segundo examen y requisitos de señalización (para conductores de vehículos cisternas especificados por el Departamento del Transporte).

Requisitos para el Permiso de Materiales Peligrosos

1. Con el fin de obtener un Permiso de Materiales Peligrosos, cada solicitante debe poseer aquellos conocimientos que se exigen al operador de un vehículo cargado con materiales peligrosos y sobre las infracciones correspondientes, incluyendo:
   (a) Tabla de materiales peligrosos
   (b) Requisitos de documentación de embarque
   (c) Señalización
   (d) Etiquetado
   (e) Requisitos de advertencia escrita
   (f) Empaque de materiales peligrosos
   (g) Definiciones y preparación de materiales peligrosos
   (h) Otros materiales regulados (p. ej., ORM-D)
   (i) Informe de accidentes con materiales peligrosos
   (j) Túneles y cruces de vías férreas

2. Pasar el Permiso de Materiales Peligrosos también requiere conocimientos de lo siguiente:
    (a) Materiales y empaques prohibidos
    (b) Carga y descarga de materiales
    (c) Separación de la carga
    (d) Autobuses de pasajeros y materiales peligrosos
    (e) Atención a vehículos motorizados
    (f) Estacionamiento
    (g) Rutas
    (h) Tanques de carga
    (i) "Refugios seguros"
3. El Permiso de HazMat también comprende un examen sobre la operación del equipo de emergencia, incluyendo:
    (a) Uso de equipo para proteger al público
    (b) Precauciones especiales para el equipo que se usa en incendios
    (c) Precauciones especiales para el uso de equipo de emergencia cuando se carga o descarga un vehículo que transporta materiales peligrosos
    (d) Uso de equipo de emergencia para vehículos cisternas.
4. El examen también cubre los procedimientos de respuesta urgente, incluyendo:
    (a) Atención especial y precauciones para diferentes tipos de accidentes
    (b) Precauciones especiales al manejar cerca de incendios mientras se llevan materiales peligrosos y sobre fumar cuando se llevan materiales peligrosos
    (c) Procedimientos de emergencia
    (d) Existencia de requisitos particulares para transportar explosivos de Clase A y Clase B

P. **¿Cuáles son algunos puntos concretos que se preguntan en los exámenes obligatorios de conocimientos y destrezas?**
R. Lo que sigue es una muestra de las preguntas concretas que un estado incluiría en los exámenes de conocimientos y destrezas aplicados a los solicitantes de CDL.

Regulaciones de operaciones seguras. Elementos relacionados con el conductor de las siguientes regulaciones:

1. Requisitos de inspección, reparación y mantenimiento del vehículo motorizado
2. Procedimientos de operaciones vehiculares seguras, según se contienen en la Parte 392
3. Los efectos de fatiga, mala vista, oído y salud general en la operación segura de un vehículo motorizado comercial
4. Los tipos de vehículos y cargas sometidos a los requisitos contenidos en la Parte 397
5. Los efectos del alcohol y el consumo de drogas en las operaciones seguras de vehículos motorizados comerciales.

Sistemas de control de seguridad de los vehículos motorizados comerciales. Uso apropiado del sistema de seguridad del vehículo motorizado, incluyendo luces, bocinas, espejos laterales y retrovisores, ajustes convenientes a los espejos, extintores de fuegos, signos de operación impropia revelados en los instrumentos, características de operación del vehículo motorizado y diagnóstico de mal funcionamiento. Los conductores de vehículos motorizados comerciales tendrán conocimientos de los procedimientos correctos para el uso de los sistemas de seguridad en una situación de urgencia (p. ej., patinadas y pérdida de frenos).

Control seguro del vehículo

Sistemas de control. El propósito y función de los controles e instrumentos que se encuentran en los vehículos motorizados comerciales.

Control básico. Procedimientos apropiados para realizar diversas maniobras básicas, incluyendo:

1. Encendido, calentamiento y apagado del motor
2. Arranque y alto del vehículo
3. Reversa en línea recta
4. Giro del vehículo (p. ej., reglas básicas, salida del carril, vuelta a derecha e izquierda y curvas cerradas)

Cambio de velocidades. Las reglas y términos básicos para el cambio de velocidades, así como las pautas de uso del embrague y procedimientos de transmisión estándar, incluyendo:

1. Elementos claves para cambiar de velocidades, como controles, cuándo cambiar y doble embrague
2. Patrones y procedimientos de cambio de velocidades
3. Consecuencias de un cambio de velocidades inapropiado

Reversa. Procedimientos y reglas para diversas maniobras de reversa, incluyendo:

1. Principios y reglas de la reversa
2. Maniobras de reversa básicas (p. ej., reversa en línea recta y en trayectoria curva)

Búsqueda visual. La importancia de una búsqueda visual apropiada y los métodos adecuados, incluyendo:

1. Vista al frente y a los lados
2. Uso de los espejos
3. Vista por el retrovisor

Comunicación. Los principios y procedimientos de las comunicaciones adecuadas y los peligros de no hacer las señales apropiadas, incluyendo:

1. Señales de intención, como señalar para anunciar un cambio de velocidad o de dirección en el tráfico
2. Manifestación de presencia, como uso de la bocina o las luces para anunciarse
3. Abuso y uso erróneo de las comunicaciones

Gobierno de la velocidad. La importancia de comprender los efectos de la velocidad, incluyendo:

1. Velocidad y distancia de frenado
2. Velocidad y condiciones de la superficie
3. Velocidad y forma del camino
4. Velocidad y visibilidad
5. Velocidad y flujo del tránsito

Gobierno del espacio. Los procedimientos y técnicas para controlar el espacio que rodea al vehículo, incluyendo:

1. La importancia del manejo del espacio
2. Colchones de espacio, como controlar el espacio adelante y atrás
3. Espacio a los lados
4. Espacio para lagunas de tránsito

Operación nocturna. Preparaciones y procedimientos para la conducción nocturna, incluyendo:

1. Factores de conducción nocturna, como factores del conductor (vista, deslumbramiento, fatiga, inexperiencia), del camino (poca iluminación, familiaridad con el camino, otros usuarios, en particular conductores que exhiben un manejo errático o impropio), del vehículo (faros, luces auxiliares, señales de vuelta, parabrisas y espejos)
2. Procedimientos de conducción nocturna, como prepararse para manejar de noche y hacerlo

Condiciones extremas de manejo. Información básica sobre la operación en condiciones extremas de manejo y los peligros que se encuentran en estas condiciones, incluyendo:

1. Clima adverso
2. Tiempo caluroso
3. Manejo en montaña

Percepción de peligros. La información básica sobre la percepción de peligros y las claves para reconocerlos, incluyendo:

1. Importancia de reconocer los peligros
2. Características del camino
3. Actividades del usuario del camino

Maniobras de emergencia. La información básica sobre cómo y cuándo hacer maniobras de emergencia, incluyendo:

1. Volanteo evasivo
2. Alto de emergencia
3. Recuperación fuera del camino
4. Falla de frenos
5. Pinchaduras

Control de patinadas y recuperación. La información sobre las causas y los tipos principales de patinadas así como los procedimientos para recuperarse.

Relación entre la carga y el control del vehículo. Principios y procedimientos para la colocación adecuada de la carga, incluyendo:

1. Importancia de una colocación adecuada de la carga, como las consecuencias de no hacerlo, las responsabilidades de los operadores, las regulaciones federales, estatales y locales
2. Principios de la distribución del peso
3. Principios y métodos del aseguramiento de la carga

Inspección del vehículo. Objetivos y procedimientos adecuados para realizar inspecciones de seguridad del vehículo, como sigue:

1. La importancia de la inspección y reparación periódica para la seguridad del vehículo y la prevención de las fallas en ruta
2. El efecto en la seguridad de fallas no descubiertas
3. Qué partes relacionadas con la seguridad hay que observar cuando se inspeccionan vehículos, como escurrimientos de líquidos, interferencia con la visibilidad, llantas en mal estado, defectos de rines y ruedas, defectos del sistema de frenado, defectos del sistema de dirección, defectos del sistema de acoplamiento y problemas con la carga
4. Procedimientos de inspección antes, durante y después del viaje
5. Informe de los descubrimientos

Conocimientos de materiales peligrosos, como sigue:

1. Qué constituye un material peligroso que requiere un endoso para ser transportado
2. Clases de materiales peligrosos, requisitos de etiquetación y advertencias escritas y la necesidad de capacitación especializada como requisito para obtener el permiso y transportar cargas peligrosas

Conocimientos de frenos de aire, como sigue:

1. La nomenclatura de los sistemas de frenos de aire
2. Los peligros de un suministro de aire contaminado (polvo, humedad y aceite)
3. Las implicaciones de líneas de aire cortadas o desconectadas entre la unidad de potencia y los remolques
4. Las implicaciones de las lecturas de baja presión de aire
5. Procedimientos para conducir inspecciones seguras y confiables antes del viaje, incluyendo conocimientos sobre:
   (a) Dispositivos automáticos de falla
   (b) Dispositivos de supervisión del sistema
   (c) Alarmas de advertencia de baja presión
6. Procedimientos para realizar inspecciones en ruta y al final del viaje de los sistemas de frenado accionados por aire, y la capacidad de detectar defectos que podrían originar fallas en el sistema, incluyendo:
   (a) Pruebas que indiquen la cantidad de pérdida de aire del sistema de frenado en un periodo especificado, con el motor prendido y apagado
   (b) Pruebas que indiquen los niveles de presión a los que deben activarse los dispositivos de advertencia de baja presión de aire y la válvula de protección del tractor

Los operadores del grupo de vehículos combinados también deben poseer conocimientos de lo siguiente:

1. Acoplamiento y desacoplamiento. Los métodos adecuados para acoplar y desacoplar un tractor a un semirremolque.
2. Inspección del vehículo. Los objetivos y procedimientos adecuados y exclusivos para realizar inspecciones de seguridad en los vehículos combinados.

Ejemplos de elementos concretos de destrezas:

Destrezas básicas de control del vehículo. Todos los solicitantes de una CDL deben poseer y demostrar destrezas básicas de control de vehículos motorizados para cada grupo vehicular en el que el conductor opera o espera operar. Estas destrezas deben incluir:

1. La capacidad de encender, calentar y apagar el motor
2. La capacidad de poner el vehículo en movimiento y acelerar suavemente hacia delante y atrás
3. La capacidad de detener suavemente el vehículo motorizado
4. La capacidad de mover en reversa el vehículo motorizado en línea recta, verificando el camino y el espacio
5. La capacidad de preparar y tomar vueltas a izquierda y derecha
6. La capacidad de cambiar de velocidades según se requiera y elegir la apropiada para las condiciones de velocidad y de la autopista
7. La capacidad de retroceder en trayectoria curva
8. La capacidad de observar el camino y el comportamiento de otros vehículos motorizados, particularmente antes de cambiar de velocidad o dirección

Destrezas de manejo seguro. Todos los solicitantes de una CDL deben poseer y demostrar destrezas de manejo seguro de su grupo vehicular. Estas destrezas incluyen:

1. La capacidad de aplicar los métodos correctos de búsqueda visual
2. La capacidad de señalar apropiadamente al cambiar de velocidad o dirección en el tráfico
3. La capacidad de ajustar la velocidad a la configuración y condiciones del camino, el estado del tiempo y la visibilidad, las condiciones del tráfico y la situación de otros vehículos, la carga y el conductor
4. La capacidad de escoger una brecha segura para cambiar de carril, rebasar a otros vehículos y cruzar o entrar al flujo de tránsito
5. La capacidad de situar correctamente el vehículo motorizado antes y durante una vuelta para impedir que otros vehículos rebasen del lado incorrecto así como para prevenir problemas causados por salir del carril
6. La capacidad de mantener una distancia de seguimiento segura dependiendo de las condiciones del camino, la visibilidad y el peso del vehículo
7. La capacidad de ajustar la operación del vehículo motorizado al tiempo prevaleciente, incluyendo elección de la velocidad, frenado, cambios de dirección y distancia de seguimiento para mantener el control

P. Quisiera saber más sobre la aplicación de los exámenes para la CDL.

R. Los estados incluirán en manuales y pondrán a disposición de los solicitantes la información sobre cómo obtener una CDL y o permisos.

P. ¿Qué métodos de examinación se utilizan?

R. • Todos los exámenes se preparan de forma tal que determinen si el aspirante posee los conocimientos y las destrezas que se requieren para el tipo de vehículo motorizado o el permiso que desea obtener.

• Los estados señalarán sus propias especificaciones para los exámenes de cada grupo vehicular y cada permiso, las cuales deben ser tan estrictas, por lo menos, como los estándares federales.

- Los estados determinarán los métodos específicos para calificar los exámenes de conocimientos y destrezas.

Cada examen de conocimientos básicos contendrá por lo menos 30 preguntas, sin incluir las preguntas del examen de conocimientos sobre frenos de aires. Cada examen de conocimientos para los permisos y el componente de frenos de aire del examen de conocimientos generales contendrá un número de preguntas suficiente para poner a prueba de manera válida y confiable los conocimientos del manejador solicitante sobre el tema requerido.

P. **¿Cuáles son las calificaciones aprobatorias mínimas?**
R. • El solicitante debe atinar a responder por lo menos 80 por ciento de las preguntas de cada examen de conocimientos para conseguir una calificación aprobatoria.
- Para obtener una calificación aprobatoria en el examen de destrezas, el solicitante debe demostrar que ejerce todas las destrezas requeridas.
- Si el solicitante no obedece las leyes de tránsito o causa un accidente durante el examen, será reprobado automáticamente.

La calificación del examen de conocimientos básicos y de destrezas se ajustará como sigue para respetar la restricción sobre los frenos de aire:

- Si el solicitante califica menos de 80 por ciento en el componente de frenos de aire del examen de conocimientos básicos, habrá reprobado este componente y por tanto, si obtiene una CDL, se indicará en la licencia una restricción de frenos de aire.
- Si el solicitante ejecuta el examen de destrezas en un vehículo que no esté equipado con frenos de aire, omitirá ese componente y por tanto, si obtiene una CDL, se indicará en la licencia una restricción de frenos de aire.

P. **¿Cómo es una CDL?**
R. La CDL será un documento fácilmente reconocible como tal. Todas las CDL contendrán la siguiente información:

- La declaración prominente de que la licencia es una "licencia comercial de conductor" o "CDL"
- El nombre completo, firma y dirección postal de la persona a quien se expidió la licencia
- Información física y de otro tipo para identificar y describir a la persona, incluyendo fecha de nacimiento (mes, día y año), sexo y estatura
- Fotografía a color del conductor
- El número de licencia del estado del conductor
- El nombre del estado que expide la licencia
- Fecha de expedición y expiración de la licencia
- Grupo o grupos de vehículos motorizados comerciales que el conductor está autorizado para operar, indicados como sigue:
  (a) A para vehículo combinado
  (b) B para vehículo compacto pesado
  (c) C para vehículo pequeño

La o los permisos para los que calificó el manejador, si los hay, indicados como sigue:
  (a) T para remolques dobles y triples
  (b) P para pasajeros

    (c) N para vehículos cisternas

    (d) H para material peligroso

    (e) X para una combinación de permisos de vehículo cisterna y materiales peligrosos

A discreción del estado, nuevos códigos para otros agrupamientos de permisos, siempre que tal código discrecional se explique completamente en el anverso o reverso del documento de la CDL.

*   *   *   *   *

Bueno, es hora de un descanso. Levántese, estírese y dé unos pasos. Cuando regrese, pasaremos a la siguiente parte las FMCSR.

Parte 391: Calificaciones de los conductores

Las reglas de esta parte especifican las calificaciones mínimas para quienes manejan vehículos motorizados comerciales como, para o a nombre de empresas transportadoras. Estas eglas también establecen los deberes mínimos de dichas empresas con respecto a las calificaciones de sus choferes.

P. ¿Cuáles son las calificaciones para ser conductor?

R. Una persona no manejará un vehículo motorizado comercial si no tiene las calificaciones para hacerlo. Una empresa transportadora no pedirá ni permitirá que una persona maneje un vehículo motorizado comercial si no tiene las calificaciones para hacerlo. Estas calificaciones son:

- Por lo menos 21 años de edad
- Leer y hablar suficiente inglés para conversar con el público en general, entender los señalamientos de tránsito y los letreros en idioma inglés, responder a las solicitudes de las autoridades y hacer anotaciones en informes y registros
- Poder operar seguramente el tipo de vehículo motorizado comercial que conduce
- Estar calificado físicamente para manejar un vehículo motorizado comercial
- Tener una licencia actualmente válida como operador de vehículos motorizados comerciales expedida por sólo un estado o jurisdicción
- Haber preparado y entregado a la empresa camionera que lo contrata una lista de infracciones o el certificado, según se requiera
- No estar descalificado para manejar un vehículo motorizado comercial
- Haber aprobado un examen práctico de manejo y haber recibido el certificado que lo acredita o haber presentado una licencia de operador o un certificado de examen práctico que la empresa camionera que lo emplea haya aceptado como equivalente a un examen respectivo

P. ¿Cuáles son las responsabilidades de los operadores?

R. Una empresa transportadora no pedirá ni permitirá que una persona maneje un vehículo motorizado comercial a menos que dicha persona:

1. Sea capaz por experiencia o capacitación de determinar si la carga que transporta (incluyendo equipajes en un vehículo motorizado comercial

que transporta pasajeros) está situada, distribuida y asegurada correctamente en el vehículo motorizado comercial que maneja.

2. Conozca los métodos y los procedimientos para asegurar la carga en el vehículo motorizado comercial que maneja.

P. ¿Cómo se descalifica a un conductor?

R. Un conductor que es descalificado no manejará un vehículo motorizado comercial. Una empresa transportadora no pedirá ni permitirá que un conductor descalificado maneje un vehículo motorizado comercial.

1. Un conductor es descalificado por la duración de la pérdida de sus privilegios para operar un vehículo motorizado comercial en las autopistas públicas, temporal o permanentemente, por causa de revocación, suspensión, retiro o negativa de la licencia, permiso o privilegio del operador, hasta que la licencia, permiso o privilegio del operador sea restituido por la autoridad que lo revocó, suspendió, retiró o negó.

2. Un conductor que recibe una notificación de que su licencia, permiso o privilegio para operar un vehículo motorizado comercial ha sido revocado, suspendido o retirado informará a la empresa transportadora que lo emplea del contenido de la notificación antes de que termine el día hábil siguiente al día en que la recibió.

Un conductor acusado (o multado o señalado) de una infracción que lo descalifica, será descalificado de conducir. Las siguientes infracciones son descalificadoras:

1. Manejar un vehículo motorizado comercial bajo la influencia del alcohol
2. Negarse a someterse a tal examen según lo exija cualquier estado o jurisdicción
3. Manejar un vehículo motorizado comercial bajo la influencia de una sustancia controlada identificada por el 21 CFR 1308.11, catálogo I, una anfetamina, un narcótico, una fórmula con anfetaminas o un derivado de un narcótico
4. Transporte, posesión o uso ilegal de una sustancia controlada identificada por el 21 CFR 1308.11, catálogo I, anfetaminas, narcóticos, fórmula con anfetaminas o derivados de un narcótico mientras el manejador está en funciones
5. Abandonar la escena de un accidente mientras opera un vehículo motorizado comercial
6. Cometer un delito que incluya el uso de un vehículo motorizado comercial

P. ¿Cuánto dura la descalificación?

R. Un conductor queda descalificado durante un año a partir de la fecha de la infracción si, durante los tres años anteriores, no había sido acusado de una infracción que lo descalificara de acuerdo con las reglas de esta sección.

Si el conductor fue acusado en los tres años anteriores, será descalificado por tres años.

P. ¿Qué sucede si un conductor es descalificado por una infracción fuera de servicio?

R. Un manejador que comete una infracción fuera de servicio por primera vez será descalificado por no menos de 90 días y no más de un año. Por la segunda infracción, la descalificación es de no menos de un año y no más de cinco. Después, las infracciones subsecuentes se castigan con una descalificación de no menos de tres años y no más de cinco durante un periodo de 10 años.

Un conductor es descalificado por un periodo de no menos de 180 días y no más de dos años si cometió una primera infracción fuera de servicio mientras transportaba materiales peligrosos que requerían advertencia escrita de acuerdo con la Ley de transporte de materiales peligrosos.

P. Ya contratado, ¿vuelve a verificar mi expediente el patrón?

R. Cada 12 meses, las empresas transportadoras revisarán el expediente de manejo de cada uno de sus operadores. Esta revisión determinará si satisfacen los requisitos mínimos de conducción segura o si quedan descalificados para manejar un VMC.

Las empresas transportadoras pedirán a cada manejador que proporcione una lista de todas las infracciones a las leyes y reglamentos de tránsito (aparte de las infracciones por estacionamiento indebido) a que haya sido sujeto durante el año anterior.

La empresa transportadora prescribirá la forma de la lista o certificación de los conductores. La forma que se muestra en la Figura 3-2 puede servir para cumplir con esta sección.

P. ¿Aplica el patrón un examen de manejo?

R. Una persona no manejará un vehículo motorizado comercial si no culminó con éxito un examen práctico de manejo y obtuvo un certificado que lo acredite en concordancia con esta sección.

La empresa transportadora aplicará el examen de manejo o la persona que designe. Sin embargo, el conductor que es también una empresa transportista debe examinarse con otra persona. El examen será aplicado por una persona competente para evaluar y determinar si el examinado ha demostrado que es capaz de operar el vehículo motorizado comercial que la empresa pretende asignarle, así como el equipo que lo completa.

El examen práctico de manejo debe brindar al manejador la oportunidad de demostrar las siguientes destrezas:

1. Inspección antes del viaje
2. Acoplamiento y desacoplamiento de unidades
3. Puesta en marcha del motor
4. Uso de los controles y equipo de emergencia del vehículo motorizado comercial
5. Operar el vehículo motorizado comercial en el tráfico y mientras circulan otros vehículos de motor
6. Hacer girar el vehículo motorizado comercial
7. Frenar y desacelerar el vehículo motorizado comercial por otros medios aparte de los frenos
8. Echar en reversa y estacionar el vehículo motorizado comercial

Si el conductor aprueba el examen práctico de manejo, quien lo aplica expedirá un certificado correspondiente, sustancialmente en la forma prescrita. El examinado recibirá una copia del certificado. La empresa transportadora conservará el expediente de calificaciones de manejo de la persona sometida al examen práctico.

La Certificación del Conductor

Certifico que el siguiente es una lista verdadera y completa de infracciones de tráfico (que no son infracciones de parqueo) para lo cual yo he sido condenado o adherido a una multa o garantía colateral durante los pasados 12 meses.	
La fecha de la convicción	La ofensa
La ubicación	El tipo de vehículo motriz operado
Si no se listan infraccions arriba, yo certifico que no he sido condenado ni adherido a una multa, ni garantía colateral por motivo de cualquier infraccion requerida para ser listada durante los pasados 12 meses.	
(La fecha de la certificación conductor)	(La firma del conductor)
(El nombre de la empresa transportadora)	
(La dirección de la empresa transportadora)	
(Revisado por: Firma)	(Título)

Figura 3-2   Muestra de una forma de certificación de manejo.

P. **¿Quién está calificado para manejar un vehículo motorizado comercial?**
R. Una persona está calificada físicamente para manejar un vehículo motorizado comercial si:

- No ha perdido un pie, pierna, mano o brazo o haya sido suspendido.
- No tiene un deterioro de:
  (a) Una mano o un dedo que interfiera con la capacidad de asir;
  (b) Un brazo, pie o pierna que interfiera con la capacidad de realizar las tareas normales propias de la operación de un vehículo motorizado comercial;
  (c) Cualquier otro defecto o limitación de miembros que interfiera con la capacidad de realizar las tareas normales propias de la operación de un vehículo motorizado comercial o que haya recibido una suspensión.

- No tiene antecedentes médicos ni diagnóstico clínico de diabetes mellitus que requiera actualmente el control mediante insulina.
- No tiene un diagnóstico clínico actual de infarto del miocardio (ataque cardiaco), angina de pecho, insuficiencia coronaria, trombosis o cualquier otra enfermedad vascular de una variedad que se sepa que está acompañada por un síncope (desvanecimiento), disnea (dificultad para respirar), colapso o insuficiencia cardiaca congestiva.
- No tiene antecedentes médicos establecidos ni diagnóstico clínico de una insuficiencia respiratoria que pudiera interferir con su capacidad de controlar y operar con seguridad un vehículo motorizado comercial.
- No tiene un diagnóstico clínico actual de hipertensión arterial que pudiera interferir con su capacidad de controlar y operar con seguridad un vehículo motorizado comercial.
- No tiene antecedentes médicos ni diagnóstico clínico de enfermedades reumáticas, artríticas, ortopédicas, musculares, neuromusculares o vasculares que pudieran interferir con su capacidad de controlar y operar con seguridad un vehículo motorizado comercial.
- No tiene antecedentes médicos ni diagnóstico clínico de epilepsia u otra condición que cause una pérdida de la conciencia y de la capacidad de controlar y operar con seguridad un vehículo motorizado comercial.
- No tiene una enfermedad mental, nerviosa, orgánica o funcional o un trastorno psiquiátrico que pudiera interferir con su capacidad de controlar y operar con seguridad un vehículo motorizado comercial.
- Tiene una agudeza visual a distancia de por lo menos 20/40 (Snellen) en cada ojo sin lentes correctivas o una agudeza visual corregida por separado de por lo menos 20/40 (Snellen) o mejor con lentes correctivas y la capacidad de reconocer los colores de las señales de tránsito y los mecanismos que muestran los colores normales rojo, verde y ámbar.
- Detecta un susurro en el mejor oído a no menos de cinco pies sin o con el uso de un aparato de audición o, si la prueba se ejecuta con un dispositivo audiométrico, no tiene una pérdida promedio de la audición en el mejor oído mayor a 40 decibeles a 500 Hz, 1000 Hz y 2000 Hz con o sin aparato de audición, cuando el dispositivo audiométrico está calibrado de acuerdo con el estándar nacional estadounidense.
- No toma sustancias controladas ni fármacos que creen hábito.
- No tiene un diagnóstico clínico actual de alcoholismo.

El Departamento de Transporte exige un examen físico de todos los puntos anteriores antes de conceder un empleo y cada año del empleo de un conductor profesional.

Repaso

Lea cada pregunta y las respuestas que se dan. Escriba en el espacio la letra de la respuesta correcta o bien anote sus respuestas en hoja aparte para tenerlas a la mano al repasar para la CDL. Cuando responda todas las preguntas, verifique sus respuestas con la clave que sigue.

_____ 1. Verdadero o Falso. Un manejador que obtiene una licencia para los vehículos del grupo A no puede manejar los del grupo B o C.

_____ 2. "Interestatal" significa entre dos estados. "Intraestatal" significa
(A) dentro de los límites de una nación estado,
(B) dentro de los límites de un solo estado,
(C) dentro de los límites de una provincia,
(D) ninguna de las anteriores.

_____ 3. La primera infracción fuera de servicio someterá al conductor a
(A) 90 días a un año de descalificación,
(B) 30 a 60 días de descalificación,
(C) uno a tres años de descalificación,
(D) ninguna de las anteriores.

_____ 4. Verdadero o falso. Las empresas transportadora aplican el examen práctico de manejo.

_____ 5. Para iniciar el examen de destrezas, el solicitante
(A) demostrará que lee y escribe en inglés,
(B) demostrará que sabe dónde se encuentra el interruptor de encendido,
(C) realizará una inspección previa del vehículo,
(D) todas las anteriores.

_____ 6. Verdadero o Falso. Si un conductor se niega a realizar un examen de aliento cuando es detenido por sospecha de manejar bajo la influencia del alcohol, queda descalificado automáticamente del manejo profesional.

_____ 7. ¿Cuál de las siguientes afirmaciones no es un requisito para obtener la CDL?
(A) por lo menos 21 años de edad,
(B) leer y hablar inglés,
(C) cumplir las calificaciones físicas,
(D) tener un diploma de preparatoria o GED.

_____ 8. Un manejador que posee una CDL y recibe una boleta por una infracción de tránsito en su automóvil personal
(A) debe informarlo a su patrón,
(B) debe informarlo a su estado de residencia,
(C) ambas cosas,
(D) ninguna de las anteriores.

___ 9. Las principales áreas de conocimiento para la CDL son:
(A) control para la seguridad del vehículo motorizado comercial,
(B) inspecciones del vehículo,
(C) conocimiento de los materiales peligrosos,
(D) todas las anteriores.

___10. Cuando un chofer solicita un empleo, la empresa transportadora
(A) solicitará los antecedentes laborales de 10 años,
(B) pedirá una lista de patrones anteriores,
(C) llamará a los patrones anteriores,
(D) todas las anteriores.

Respuestas al repaso

1. Falso; 2. B; 3. A; 4. Verdadero; 5. C; 6. Falso; 7. D; 8. C; 9. D; 10 D

Términos que hay que saber

Los términos siguientes proceden del contenido del Capítulo 3. Revíselos. Si no está seguro de alguno, compruebe la definición en el glosario al final del libro. Si le sirve, redacte una lista de los términos y su definición (o escriba aquí las definiciones) y repáselos varios días antes de presentar los exámenes para la CDL.

Acusación

Administrador

Alcohol o "bebida alcohólica"

CDL no residente

Comercio

Concentración de alcohol (CA)

Conducir un vehículo motorizado comercial bajo la influencia del alcohol

Delito

Descalificación

Empleado

Estado

Estado de residencia

Estados Unidos

Foránea

Fuera de servicio

Grupo vehicular o de vehículo

Infracción de tráfico grave

Licencia comercial de conductor (CDL)

Licencia de manejo

Materiales peligrosos (hazmat)

Patrón

Permiso

Peso vehicular bruto combinado (Gross vehicle weight rating, GVWR)

Sistema de información de licencias de conductor comercial (CDLIS)

Solicitante

Sustancia controlada

Vehículo

Vehículo cisterna

Vehículo motorizado

Vehículo motorizado comercial (VMC)

Vehículo representativo

EL TABLERO DE DESPACHO
¿Qué tipo de camionero pretende ser?

Al jovenzuelo que anuncia que será chofer de camión cuando crezca nadie le pregunta: "¿Y qué tipo de camionero vas a ser?". Pero los adultos que escogen el manejo profesional como carrera deben, cuando menos, formularse esta pregunta.

De acuerdo con el Professional Truck Driver Institute, Inc., se cuenta con varias opciones.

Los manejadores de largas distancias o camineros son responsables de la operación de camiones pesados y trasladan cargas dentro y entre los estados. Algunos de estos manejadores de viajes largos recorren rutas de pocas centenas de millas que los llevan de vuelta a casa todas las noches. Otros viajan miles de millas al mes y están fuera de casa desde algunas noches por semana hasta dos o tres semanas por mes.

Si planea ser un chofer especializado, se ocupará de cargas inusuales, enormes o delicadas. Estos conductores recorren rutas locales, regionales y de larga distancia. Están "especializados" porque cursaron de algunos días a unas semanas de capacitación adicional para operar su equipo.

La categoría de camionaje especializado abarca camiones cisterna, de volteo, de áridos y cargas de gran tamaño y peso llamadas "permitidas".

Los manejadores responsables de transportar materiales peligrosos también cursan una capacitación intensa en el manejo de estas cargas especializadas. Esta capacitación es suministrada por las compañías para las que trabajan. Los conductores de hazmat, como son llamados, deben ser capaces de manejar estas cargas con seguridad y deben conocer su contenido y propiedades físicas, así como saber qué hacer si ocurre una emergencia, como un accidente o daño a la carga. También se pide a estos conductores que obtengan el endoso hazmat, un endoso especial para manejar y transportar materiales peligrosos que se añade a la CDL.

Los contratistas independientes son aquellos conductores que poseen su propio equipo, que puede ser desde un camión compacto hasta un tractorremolque. Algunos conductores alquilan este equipo (y sus servicios de manejo) a una compañía grande. Su trabajo consiste en acarrear la carga a cambio de un pago por contrato, que suele ser un porcentaje de la ganancia.

Los equipos de contratistas independientes formados por marido y mujer se están convirtiendo en una buena parte de la población de trabajadores independientes de los Estados Unidos y cada vez más operadores trabajan con su pareja o un familiar, por lo regular para viajes largos. Para que las parejas trabajen juntas, cada vez más compañías ofrecen también capacitación en equipos de transmisión automática para fomentar la participación de las mujeres.

Los contratistas independientes, que comparten las ganancias y prosperan como empresas pequeñas, tienen algunos gastos extras, como los abonos del camión, costos del combustible y seguros, así como herramientas y mantenimiento.

En la mayoría de los casos, los contratistas independientes comienzan su carrera como manejadores asalariados con una empresa transportadora grande o pequeña. Cuando conocen la industria e incrementan sus destrezas de manejo, muchas veces toman la decisión de convertirse en operadores de alquiler.

4 FMCSR—Partes 392 y 393

FMCSR Parte 392: Manejo de vehículos motorizados comerciales

Todo el que se dedique al transporte motorizado comercial es responsable de conocer el contenido de las FMCSR Parte 392, con las enmiendas del 28 de Julio de 1995. La Parte se ocupa de la conducción de vehículos, salud y seguridad del conductor, horarios del conductor, carga segura del equipo y otros temas generales, como uso de luces y reflectores, vehículos detenidos, accidentes y revocación de licencia, seguridad al cargar combustible, pasajeros no autorizados y otras prácticas prohibidas.

Las FMCSR indican que los conductores deben obedecer primero las leyes locales o las federales si son más estrictas. Esto se denomina "el criterio superior de cuidado" o "la regla más estricta se aplica".

P. ¿Qué hago si me enfermo o estoy demasiado fatigado para operar con seguridad el vehículo?

R. La fatiga del chofer es una preocupación constante de numerosas agencias, incluyendo la American Trucking Association y el Professional Drivers Training Institute. Se han realizado investigaciones y se han comunicado los resultados a las empresas transportadoras y sus operadores.

Las regulaciones federales indican que ningún conductor operará un vehículo motorizado si su capacidad o estado de alerta es insuficente por enfermedad, fatiga o cualquier otra causa. Sin embargo, en el caso de emergencia grave en la que el peligro para los ocupantes del vehículo motorizado comercial u otros usuarios de la autopista se incrementaría por obedecer esta disposición, el conductor continuará la operación del vehículo motorizado comercial hasta el lugar más próximo en el que no exista el peligro.

Si usted está tan fatigado que tiene dificultades para mantenerse alerta, es importante detenerse y descansar hasta que esté en condiciones de manejar. De acuerdo con los estudios, la mayoría de las personas necesitan por lo menos de siete a ocho horas de sueño reparador cada 24 horas.

¿Cómo se evita la fatiga? Se ofrecen varias sugerencias:

- No tome medicinas que lo pongan somnoliento, en particular antihistamínicos.
- Manténgase fresco. Verifique que la cabina está bien ventilada.
- Descanse. Camine, inspeccione su vehículo, respire aire fresco.

P. ¿Qué dicen las reglas sobre fármacos y otras sustancias?

R. El abuso o uso erróneo de fármacos, alcohol u otras sustancias está estrictamente prohibido. Las FMCSR indican que ningún manejador en funciones poseerá, estará bajo la influencia o consumirá ninguna de los siguientes fármacos y sustancias:

1. Cualquier sustancia 21 CFR 1308.11, Catálogo I;
2. Todas las anfetaminas y fórmulas que las contengan (incluyendo pero sin limitarse a las "píldoras energéticas" y "animadores").
3. Narcóticos o derivados, salvo si los prescribe un médico.
4. Cualquier otra sustancia hasta el grado en que vuelve al conductor incapaz de operar seguramente un vehículo motorizado.

P. **¿Cuáles son las reglas sobre el consumo de alcohol?**

R. Las regulaciones dicen que ningún conductor debe consumir alcohol en las cuatro horas anteriores a entrar en funciones o tener el control físico de un vehículo. Tampoco debe tener una concentración detectable de alcohol en su sistema.

La "posesión" de bebidas alcohólicas por parte del conductor no se refiere a las bebidas o alcohol del embarque ni, en el caso del chofer de camión, a las bebidas alcohólicas en posesión de los pasajeros.

Si se descubre un conductor operando un vehículo motorizado comercial bajo la influencia del alcohol o tiene una concentración detectable de alcohol en su sitema, será retirado del servicio durante un periodo de 24 horas que comienza con la expedición de la orden de salir del servicio.

Si se expide una orden de salir del servicio, el conductor debe informarlo a su patrón en un plazo de 24 horas. La expedición de esta orden también debe ser notificada al estado que expidió la CDL del conductor en el plazo de 30 días.

P. **Si un manejador recibe una orden de salir del servicio, ¿hay algo que puede hacer para borrarla de su expediente de manejo?**

R. Cualquier conductor sancionado con una orden de salir del servicio puede solicitar por escrito una revisión al director regional de empresas transportadoras de la región en que se emitió la orden, quien confirmará o cancerlará la orden. Cualquier conductor afectado por la decisión del director regional de empresas transportadoras puede solicitar una revisión al administrador asociado, de acuerdo con la norma 49 CFR 386.13.

P. **¿El conductor debe respetar siempre el límite de velocidad aunque tenga un horario difícil?**

R. Ninguna empresa transportadora programará una entrega ni permitirá o solicitará la operación de ningún vehículo motorizado comercial entre dos puntos en tal lapso, que sería necesario alcanzar una velocidad mayor que la legalmente permitida.

P. **¿Debo actualizar mi vehículo para operarlo?**

R. Ningún vehículo motorizado comercial será conducido si el manejador no está satisfecho con el buen funcionamiento de las siguientes partes y accesorios ni un conductor dejará de utilizar tales partes y accesorios cuando como sea necesario:

- Frenos de servicio, incluyendo las coneccions de frenos del remolque
- Freno de estacionamiento (de mano)
- Mecanismo de dirección
- Luces y reflectores

- Llantas
- Bocina
- Limpiaparabrisas
- Espejo o espejos retrovisores
- Dipositivos de acoplamiento

El equipo de emergencia, como fusibles de repuesto, extintor de incendios, dispositivos de advertencia (reflectores o reflejantes), también debe estar en buenas condiciones.

P. ¿Es necesario que un VMC se detenga en todos los cruces de ferrocarril?

R. Los conductores deben detenerse a no menos de 15 pies ni más de 50 pies de una vía férrea. El manejador debe escuchar y observar las vias en ambas direcciones por si se acerca un tren y asegurarse que no se acerque ninguno. Si es seguro, el chofer manejará el vehículo motorizado comercial a través de las vías en una velocidad que le permita concluir el cruce sin tener que hacer cambios. El conductor no cambiará de velocidades mientras cruza las vías.

No es necesario que un vehículo comercial pare en los cruces o en la via de un tranvia o tren cuando un policía o agente de señales dirija el trafico para proceder.

P. ¿Qué condiciones de manejo se consideran "peligrosas"?

R. Debe ejercerce extrema cautela al operar un vehículo motorizado comercial, cuando afecten la visibilidad o la tracción; condiciones peligrosas como las originadas por nieve, hielo, aguanieve, niebla, bruma, lluvia, polvo o humo. En tales condiciones debe reducirse la velocidad. Si las condiciones se vuelven suficientemente peligrosas, deberá suspenderse la operación del vehículo motorizado comercial y no se reiniciará hasta que pueda ser operado con seguridad.

P. Las FMCSR exigen cinturones de seguridad?

R. Si el vehículo motorizado comercial que se maneja tiene un cinturón de seguridad instalado en el asiento del conductor, es ilegal manejar sin usarlo.

P. ¿Qué se requiere cuando es imprescindible detener el vehículo?

R. Cuando un vehículo motorizado comercial se detiene en la parte de tránsito de una autopista o en el costado por cualquier causa que no sean las paradas impuestas por el tráfico, el conductor debe encender inmediatamente las luces parpadeantes o fláshers y debe mantenerlos hasta que haya colocado los dispositivos de advertencia en las partes delantera y posterior del vehículo.

Cuando un VMC se detenga por más de 10 minutos, deben colocarse los dispositivos de advertencia (triángulos reflectores o luminosos) de la siguiente manera:

- Del lado del tráfico, a 10 pies del VMC detenido en la dirección del tránsito
- A 100 pies del VMC en el centro del carril o al costado y en la dirección del tránsito
- A 100 pies del VMC en el sentido opuesto al tránsito
- Debe haber una señal luminosa o luz de bengala en cada una de las ubicaciones indicadas. Estas señales deben apagarse al moverse el vehículo.

No se exige la colocación de dispositivos de advertencia en el distrito comercial o residencial de una municipalidad, excepto en los momentos en que se requieran lámparas encendidas y cuando la iluminación de la calle o avenida es insuficiente para que un vehículo motorizado comercial sea claramente visible a una distancia de 500 pies para quienes están en la vía.

En una colina o curva o donde haya una obstrucción manifiesta, el conductor debe colocar una señal de advertencia de 100 a 500 pies del vehículo detenido para dar a los vehículos que se aproximan sufciente anuncio y tiempo para detenerse.

P. ¿Qué hago si descubro que de mi carga gotea algo inflamable o peligroso de alguna otra manera?

R. En este caso, no debe encenderse ni situarse ninguna señal de emergencia que produzca flama salvo a tal distancia de cualquier líquido o gas que se prevenga un incendio o explosión.

P. Y en cuanto a las luces y reflectores, ¿hay requisitos especiales?

R. No se manejará ningún vehículo motorizado comercial si las lámparas o reflectores obligatorios están obstruidos por la parte posterior de la plataforma, una parte de la carga, polvo o cualquier otro elemento.

Los faros delanteros deben encenderse desde media hora antes del ocaso hasta media hora después del amanecer. Las luces deben encenderse en cualquier momento en que esté demasiado oscuro para ver a 500 pies al frente del camión.

P. Cargar combustible puede ser peligroso. ¿Cuáles son las regulaciones?

R. Las FMCSR Parte 393.50 dicen que un conductor o empleado de la compañía transportadora:

(a) no abastecerá de combustible a un vehículo motorizado comercial con el motor andando, salvo si es necesario para alimentar el combustible;

(b) no fumará ni expondrá una flama abierta en la proximidad de un vehículo motorizado comercial que es abastecido de combustible;

(c) no abastecerá de combustible un vehículo motorizado comercial si la pistola de la manguera no está continuamente en contacto con la toma del tanque de combustible;

(d) no permitirá, en la medida en que sea posible, que otra persona se ocupe de estas actividades de manera que sería probable que se produzca un fuego o explosión.

P. He sabido de conductores despedidos por recoger excursionistas o llevar a otras personas en el viaje. ¿Hay una regla federal?

R. Salvo que la empresa camionera lo autorice específicamente por escrito, ningún manejador transportará a ninguna persona ni permitirá que sea transportada por otro vehículo motorizado comercial que un autobús. Cuando se expida tal autorización, debe registrarse el nombre de la persona transportada, los puntos de inicio y fin del traslado y la fecha en que termina tal autorización.

No se requiere autorización escrita en caso de:

1. empleados u otras personas asignadas a un vehíículo motorizado comercial por la empresa transportadora;
2. cualquier persona transportada para prestar ayuda por accidente u otra emergencia;
3. un asistente delegado para atender de pié ganado en transporte.

Ninguna persona manejará un autobús y la empresa transportadora no solicitará ni permitirá que una persona maneje un autobús a menos que:

1. Todos los pasajeros de pie esten en la parte posterior de la línea de pie.
2. Todos los asientos de pasillo del autobús satisfacen los requerimientos
3. El equipaje o carga del autobús está guardado y atado de manera que sea seguro

  (a) libertad absoluta de movimientos para el conductor y la operación adecuada del autobús
  (b) acceso sin obstaculos a todas las salidas para cualquier ocupante del autobús
  (c) la protección de los ocupantes del autobús contra lesiones resultantes de la caída o desplazamiento de artículos transportados por el autobús

P. ¿Hay reglas acerca de empujar o arrastrar un vehículo comercial de pasajeros?
R. Ningún autobús incapacitado con pasajeros a bordo será arrastrado o empujado, ni persona alguna usará o permitirá que se use un autobús con pasajeros a bordo para el fin de arrastrar o empujar ningún vehículo de motor incapacitado salvo en circunstancias tales en que el peligro para los pasajeros sería mayor si se obedecen las previsiones anteriores de esta sección y en tal caso sólo para trasladarse al sitio más cercano en el que se garantice la seguridad de los pasajeros.

Además, es ilegal viajar en el interior de un vehículo motorizado comercial cerrado a menos que haya una salida accesible.

P. ¿Qué hago si detecto monóxido de carbono?
R. Ninguna persona despachará ni manejará un vehículo motorizado comercial ni permitirá que lo aborden pasajeros si sabe que existen las siguientes condiciones, hasta que sean remediadas o reparadas:
1. que un ocupante haya sido afectado por monóxido de carbono;
2. que haya sido detectado monóxido de carbono en el interior de un vehículo motorizado comercial; y
3. que se descubra una condición mecánica del vehículo motorizado comercial por la cual sea probable que plantee un peligro para los pasajeros por causa de monóxido de carbono.

Recuerde: No deben usarse calentadores de flama abierta al cargar o descargar un vehículo comercial o cuando el vehíclo está en movimiento.

P. ¿Es legal que el conducto use un detector de radar en un vehículo motorizado comercial?
R. ¡No!

FMCSR Parte 393

Esta parte de las FMCSR abarcan las partes y accesorios necesarios para operar con seguridad todos los vehículos. Esta lista comprende:

- Luces, reflectores, y equipo eléctrico
- Frenos
- Ventanas
- Sistemas de combustible

- Mecanismos de acoplamiento
- Llantas, limpiaparabrisas, bocina, y otras partes
- Equipo de emergencia
- Aflojamiento de la carga
- Llantas, sistemas de suspensión, y otras partes del armazón

Como manejador profesional debe conocer estas partes para saber si algo falta o está roto.

Las FMSCR Parte 393 señalan que es posible tener otras partes y accesorios en el camión, pero que las partes obligatorias deben hallarse en el vehículo para que opere en forma segura.

P. ¿Qué necesito saber acerca de luces y reflectores?

R. Las FMCSR Parte 393 contienen información completa sobre las luces y reflectores obligatorios para muchos tipos de vehículos motorizados comerciales. También hay diagramas que corresponden a las descripciones.

Preste atención especial a las luces y reflectores que se requieren en los vehículos que usted piensa conducir una vez que obtenga su CDL.

Aprenda el número, tipo, color y ubicación de todas las luces y los reflectores obligatorios. A continuación, revíselos todos cada vez que haga la inspección de su vehículo y verifique que todos están en funcionamiento ccada vez que saque su vehículo.

P. ¿Cuáles son las regulaciones sobre las luces direccionales?

R. Algunos estados todavía permiten que los automovilistas señalen con manos y brazos cuando giran y detienen sus vehículos. Sin embargo, todos los camiones y autobuses deben tener sistemas direccionales en funcionamiento como se describe en las FMCSR Parte 393. Estas luces funcionan como señales de cambio de dirección así como de peligro.

P. ¿Qué hay respecto de las luces de distancia?

R. Todos los vehículos motorizados comerciales deben tener luces de distancia que marquen el largo y ancho del vehículo. Estas luces se encuentran en la esquina más alta y externa de los lados y las partes posterior y frontal.

P. ¿Cuáles son las regulaciones sobre las otras luces?

R. Algunos vehículos tienen otras luces y marcadores pero no deben reducir el buen funcionamiento de las luces obligatorias. No se permite una iluminación adicional que es más brillante o grande que la obligatoria.

Todas las luces deben ser eléctricas. La excepción serían las luces de brillo que se emplean a veces para señalar el final de cargas que se extienden tras la parte posterior del vehículo.

P. ¿Qué dicen las regulaciones sobre los faros delanteros?

R. Las FMCSR Parte 393 afirman que todos los vehículos deben tener faros delanteros y de niebla. De acuerdo con las regulaciones, estas luces deben ser visibles a una distancia de 500 pies en tiempo despejado y a 40 pies en tiempo brumoso.

P. ¿Qué se indica de la batería, los cables, y los fusibles?

R. Como manejador, uno quiere que la batería así como todos los cables y fusibles funcionen de manera correcta y segura todo el tiempo. Las regulaciones de este equipo atañen a los fabricantes; pero los conductores deben aprender sobre el sistema eléctrico, la batería y los fusibles como parte del proceso de inspección.

Las conexiones separables (las conexiones eléctricas entre el vehículo de arrastre y el arrastrado) se llaman en ocasiones "trenza", que se hace torciendo los alambres junto con los cables cubiertos. Alambres y cables deben insertarse en las terminales con los conectores correctos.

P. Los frenos son siempre una preocupación. ¿Qué necesito saber al respecto?

R. Muchos conductores no se desempeñan bien en sus exámenes de CDL porque no saben suficiente sobre el sistema de frenado de su vehículo.

Desde luego, los sistemas de frenado son muy importantes porque una falla pone en peligro la vida del conductor y de otras personas en la vía, de modo que los manejadores deben conocer el sistema de frenos de su vehículo hacia el frente y en reversa.

Las FMCSR Parte 393 indican que su vehículo debe tener tres tipos de frenos: de servicio, de estacionamiento o mano y de emergencia.

Los controles del freno de emergencia deben estar situados en forma tal que el conductor pueda alcanzarlos desde su asiento y con el cinturón de seguridad puesto. Además, deben estar combinados con los frenos de servicio o el freno de mano. Sin embargo, las FMCSR 393 indican que los tres controles no deben combinarse en uno.

En un vehículo motorizado comercial, los controles deben estar diseñados de manera que un sistema de frenado funcionará siempre cualquiera que sea la situación.

P. ¿Qué debo saber sobre el freno de mano?

R. La ley federal establece que todos los vehículos motorizados comerciales fabricados después del 7 de marzo de 1989 deben tener frenos de mano o estacionamiento. Los vehículos agrícolas y remolques de postes también están obligados a llevar calzas (bloques casi siempre de madera) con las que se retienen las llantas en su sitio para que el vehículo no se mueva.

En algunos vehículos, el freno de mano se pone jalando una palanca o pomo. Con esto se controla el cable que lleva el freno a su posición. Este sistema requiere poco esfuerzo y no requiere mucha fuerza para ponerse o liberarse.

Ahora bien, en otros vehículos que requieren freno de mano, éste se pone con la ayuda de presión de aire. En estos vehículos, el suministro de aire para accionar el freno de mano es distinto que el sistema del freno de servicio.

En cualquier sistema de frenado se puede usar la presión hidráulica de aire o electricidad para poner el freno de mano, pero estos elementos no deben utilizarse para dejar el freno de mano puesto. Cuando se libera el freno, el sistema debe estar diseñado para que pueda volver a aplicarse inmediatamente sin ninguna demora.

Como se imaginará, la presión del aire no cumple estos requisitos porque tarda en acumularse después de cada uso. Si el freno de mano se aplicara con presión de aire, si se liberara y se volviera a aplicar, no pasaría nada, porque no habría pasado tiempo suficiente para que se acumulara la presión del aire.

El freno de mano o de estacionamiento de la mayoría de los vehículos motorizados comerciales que circulan en la actualidad satisface los requisitos. Los fabricantes deben cumplir con las regulaciones federales o no se autorizará la venta ni la circulación de los camiones.

Todos los conductores profesionales deben comprender el sistema de frenado de los camiones que manejan y saber cómo inspeccionarlo y darle mantenimiento para que los frenos siempre estén al 100 por ciento de su funcionamiento.

Las FMCSR Parte 393.42 exigen que todas las llantas de todos los VMC estén equipadas con frenos de servicio. Las excepciones a esta norma son los vehículos fabricados antes de 1980 (y todavía circulan muchos). Si se retiraron los frenos frontales, la ley exige desde el 26 de Febrero de 1988 todos los otros VMC tengan frenos frontales en funcionamiento.

P. **¿Qué leyes federales cubren los frenos de emergencia?**

R. La ley que cubre los frenos de emergencia requiere que si un conductor opera un remolque con frenos y éste se separa del tractor, los frenos de servicio del tractor sigan funcionando.

Si su vehículo tiene frenos de aire, debe haber dos formas de aplicar los frenos de emergencia. Una debe funcionar automáticamente si el suministro de aire cae entre 20 y 45 libras por pulgada cuadrada (psi).

La segunda manera de aplicar los frenos de emergencia debe hacerse con un control manual. Este control debe estar al alcance cómodo del asiento del conductor, debe estar señalado con claridad y debe ser fácil operarlo.

Los vehículos que arrastran remolques con frenos de vacío también deben tener dos controles. Uno será un control único que operará todos los frenos de la combinación del tractorremolque. El segundo debe ser un freno de emergencia del remolque, operado con un control manual e independiente de la presión de aire, hidráulica u otro suministro para el freno. También deber ser independiente de los otros controles.

La única excepción a esta regulación es que si hay una falla en la presión de la que depende el segundo control, los frenos del remolque se activarán automáticamente.

Los remolques obligados a tener frenos deben tenerlos automáticos. Si el remolque se separa del tractor, estos frenos deben mantenerse activados por lo menos 15 minutos.

El suministro de aire para el frenado del tractor debe estar protegido de un reflujo de aire si la presión de aire del tractor falla. Si hay un problema con el suministro de aire del tractor, el sistema debe impedir que el suministro de aire del remolque fluya al tractor.

¿Por qué es un problema? Porque tanto el tractor como el remolque se quedarían sin suministro de aire. Una válvula de relevo o de una dirección evitará que esto ocurra.

Como dijimos, estas regulaciones atañen en general al fabricante, pero también es responsabilidad del manejador profesional conocer el diseño de estos sistemas de frenado para poder inspeccionarlos y darles mantenimiento, y saber cuándo los frenos no funcionan al 100 por ciento para poder corregir el problema.

Nota: Estos requisitos no se aplican si el vehículo es arrastrado.

P. ¿Se aplican las mismas regulaciones federales a los conductos y mangueras de los frenos?

R. Las FMCSR Parte 393 señalan los requisitos para mangueras y conductos de las líneas de frenos. Deben satisfacer estándares de fabricación. Sin embargo, después de meses y millas de uso, estos componentes del sistema de frenado se desgastan e incluso se dañan. Como conductor profesional, es su obligación verificar los conductos y mangueras de su vehículo para asegurarse de que las líneas de los frenos satisfacen los requisitos federales.

P. ¿Qué hago si una parte del sistema de frenado del vehículo deja de funcionar?

R. Antes que nada, esperemos que nunca suceda. Puede garantizarlo hasta cierta medida si realiza siempre una exhaustiva inspección previa al viaje. No obstante, si cualquier sistema de frenado deja de trabajar, pida que lo arreglen antes de sacar el vehículo a la carretera. Si maneja un vehículo que fue fabricado antes del 1° de marzo de 1975, debe leer de nuevo las secciones sobre frenos.

P. ¿Qué son los depósitos de aire?

R. Los depósitos o tanques de aire se describen en las FMCSR Parte 393.

En los sistemas de aire o vacío, los depósitos deben ser lo bastante grandes para garantizar una aplicación completa de los frenos, incluso con el motor apagado ("aplicación completa de los frenos" significa oprimir el pedal del freno hasta el tope). Esta situación debe reducir la presión del aire o vacío a menos de 70 por ciento de la presión en el indicador justo antes de que los frenos fueran aplicados.

Los depósitos de frenos deben estar protegidos de goteos y si se rompe la conexión al suministro de aire o vacío, debe utilizarse un dispositivo llamado válvula de una dirección para sellar el tanque y que no se pierda todo el suministro.

Cada vez que inspeccione su equipo, verifique la válvula de una dirección para asegurarse de que funciona.

Algunos sistemas de frenado tienen un tanque húmedo y un tanque seco. En estos casos, la válvula de una dirección se localiza entre ambos tanques. También hay una llave de drenaje manual en el tanque húmedo que se puede usar para verificar la válvula de una dirección.

Cuando verifique el sistema, pruebe la operación de la válvula de una dirección de los sistemas de vacío con el motor apagado. El indicador de vacío mostrará que el sistema retiene vacío. Si indica que la presión aumenta, la válvula de una dirección funciona mal y hay que repararla.

P. ¿Hay algún sistema de advertencia que indique un problema con los frenos?

R. Las FMCSR Parte 393 cubren los dispositivos de advertencia de los sistemas de freno de servicio. Se cuenta con varios sistemas de advertencia.

Los frenos hidráulicos y de vacío tienen dispositivos de advertencia que se ven y oyen. Los frenos de aire tienen sistemas que advierten de una baja en la presión del aire.

Los sistemas de frenado también deben tener indicadores. En los frenos de aire, los indicadores señalan cuantas psi de presión se tienen para frenar.

Esta sección de las FMCSR exige que todos los mecanismos de advertencia de los sistemas de frenado se mantengan en buen funcionamiento.

Algunos sistemas hidráulicos están reforzados por aire o vacío y estos últimos también deben tener dispositivos de advertencia e indicadores, además de los indicadores y dispositivos de emergencia del mecanismo hidráulico.

P. **¿Cuáles son los estándares de las FMCSR para el desempeño de los frenos?**

R. De acuerdo con las FMCSR Parte 393, hay estándares de desempeño tanto para los frenos de emergencia como para los de servicio. Hay incluso un estándar de fuerza de frenado como porcentaje del GVMR o el GCWR. No se espera que usted memorice la tabla siguiente porque en realidad son especificaciones de fábrica, pero se incluye para que la explore.

Esta tabla de desempeño (Tabla 4-1) también establece con qué rapidez debe desacelerar el vehículo y cuánto debe recorrer mientras desacelera.

P. **¿Hay regulaciones acerca de las ventanas y el parabrisas de un vehículo motorizado comercial?**

R. Sí. De acuerdo con las FMCSR, debe haber cierta cantidad de vidrio en su vehículo para garantizar la buena visibilidad al manejar en la autopista.

El cristal debe ser transparente, limpio y sin daños. La FMCSR Parte 393 señala los estándares para los parabrisas y su condición. Es una de las cosas que se verifican en la inspección anterior al viaje.

Las FMCSR Parte 393 indican que no se deben tener etiquetas, letreros engomados, calcomanías ni otras decoraciones en el parabrisas ni las ventanas laterales (¡esto no le impide colocar una guirnalda en el parachoques en navidad!).

Los únicos letreros engomados que se permiten son los que requieren las leyes y que deben situarse en la parte más baja del parabrisas no más de 4.5 pulgadas de su base.

Las FMCSR Parte 393 señalan que los camiones deben tener un parabrisas y ventanas a cada lado de la cabina. Esta regla no se aplica si usted maneja un camión equipado con puertas plegables o puertas con aperturas transparentes en lugar de ventanas.

P. **¿Qué se ordena sobre los limpiaparabrisas?**

R. Los vehículos motorizados comerciales *deben* tener limpiaparabrisas en correcto funcionamiento. En algunos casos, un limpiador basta siempre que limpie el parabrisas hasta un margen de una pulgada por lado del campo visual.

En una operación de arrastre, sólo el vehículo conductor debe cumplir con este estándar, de modo que el vehículo arrastrado no está obligado a tener limpiadores funcionando.

P. **¿Qué se indica de los anticongelantes?**

R. Si maneja en nieve, hielo o escarcha (y eso significa casi cualquier lugar del país en una época del año u otra), su vehículo debe tener en el parabrisas un anticongelante que funcione. Al igual que con los limpiadores, si el vehículo es arrastrado, no es preciso que el anticongelante esté en orden.

P. **¿Cáles son las regulaciones acerca de los espejos retrovisores?**

R. Si maneja un automóvil o camión pequeño, sabe cuánto usa su espejo retrovisor. Ahora, duplique o triplique ese uso al manejar un vehículo motorizado comercial.

De acuerdo con las FMCSR Parte 393, todos los camiones construidos después de 1980 deben tener espejos retrovisores, uno a cada lado. En los

Tabla 4-1
Desempeño de los frenos del vehículo

Tipo de vehículo motorizado	Frenos de servicio	Sistemas	Emergencia	Sistemas de frenado
(2) Vehículos con una capacidad de asientos para más de 10 personas, incluyendo al chofer, y construidos en un chasís de coche de pasajeros; vehículos construidos en un chasís de camión o autobús y con un GVWR del fabricante de 10,000 libras o menos	52.8	17		
(3) Todos los demás vehículos que transportan pasajeros	43.5	14	35	85
B. *Vehículos privados de transporte.*	52.8	17	25	66
(1) Vehículos de una sola unidad con un GVMR del fabricante de 10,000 libras o menos				
(2) Vehículos de una sola unidad con un GVMR del fabricante de más de 10,000 librass, excepto los camiones tractores. Combinaciones de un vehículo arrastrado de dos ejes y remolque con un GVWR de 3,000 libras o menos. Todas las combinaciones de dos o menos vehículos en operación de impulso o arrastre	43.4	14	35	85
(3) Todos los demás vehículos privados de transporte y combinaciones de vehículos privados de transporte	43.5	14	40	90

Nota: Hay una relación matemática exacta entre las cifras de las columnas 2 y 3, si las desaceleraciones establecidas en la columna 3 se dividen entre 32.2 pies por segundo se obtienen las cifras de la columna 2 (por ejemplo, 21 dividido entre 32.2 es igual a 65.2 por ciento). La columna 2 se incluye en la tabulación porque ciertos dispositivos de prueba de frenos utilizan este factor.

Las desaceleraciones especificadas en la columna 3 son una indicación de la eficacia de los frenos básicos, y como se mide en la prueba práctica de frenado son las máximas desaceleraciones que se alcanzan en algún momento durante la parada.

Estas desaceleraciones medidas en las pruebas de frenado no sirven para calcular los valores de la columna 4 porque la desaceleración no se sostiene a la misma tasa durante todo el periodo de parada. La desaceleración se incrementa de cero a un máximo durante un periodo de aplicación del sistema de frenado y de acumulación de la fuerza del freno. Asimismo, otros factores pueden causar que la desaceleración se reduzca después de alcanzar un máximo. La distancia adicional que resulta de de que la desaceleración máxima no se sostenga se anota en las cifras de la columna 4, pero no la indican los mecanismos usuales de prueba de frenos al verificar la desaceleración.

Las distancias de la columna 4 y las desaceleraciones de la columna 3 no guardan una relación directa. "La aplicación del sistema de frenado y la distancia de frenado en pies" (columna 4) es una medida definida de la eficacia general del sistema de frenado y es la distancia recorrida entre el punto en que el conductor empieza a accionar los controles del freno y el punto en que el vehículo se detiene. Incluye la distancia recorrida mientras se aplican los renso y la distancia recorrida mientras retardan el vehículo.

La distancia recorrida durante el periodo de aplicación del sistema de frenos y la acumulación de la fuerza del freno varía con el tipo de vehículo; es despreciable en muchos coches de pasajeros y es la mayor en combinaciones de vehículos comerciales. Este hecho explica la variación de 20 a 40 pies en las cifras de la columna 4 para las diversas clases de vehículos.

Los términos "GVWR" y "GVW" se refieren al peso vehicular bruto combinado y el peso vehicular real del fabricante, respectivamente.

(Tomado de la Adminstración Federal de Seguridad de Tranportistas Motorizados del Departamento del Transporte estadounidense, 36 FR 20298, Oct. 20, 1971, de acuerdo con las enmiendas 37 FR 5251, del 11 de marzo de 1972; 37 FR 11336, del 7 de junio de 1972.)

camiones anteriores puede haber un solo espejo retrovisor exterior y uno más que da una imagen completa de la parte posterior. Los espejos deben estar situados para mostrar la autopista tras el vehículo, así como ambos lados de éste.

Más regulaciones para su seguridad

P. **¿Qué se indica acerca del sistema y el almacenaje de combustible?**

R. El combustible que impulsa su camión debe ser manipulado y almacenado de manera cuidadosa y segura en todo momento. Las regulaciones impuestas por las FMCSR Parte 393 establecen que el sistema de combustible debe instalarse específicamente en el vehículo y ademas proveen especificaciones sobre cómo se montan los tanques de combustible. Se ordenan pruebas de escurrimientos que los fabricantes debe aplicar a los tanques.

Las FMCSR Parte 393 cubren el manejo y almacenamiento de sistemas de gas de petróleo líquido (liquid petroleum gas, LPG). Algunos VMC usan LPG como combustible o para impulsar el equipo auxiliar, como las unidades refrigeradas.

P. **¿Qué se indica acerca de los dispositivos de acoplamiento y arrastre?**

R. Esta sección de las FMCSR Parte 393 abarca las descripciones y definiciones de la quinta llanta o sistema de acomplamiento (Figura 4-1), que el conductor inspecciona antes y despues del viaje.

Las regulaciones sientan los límites al acoplado y arrastre de tractores juntos y a llevarlos como carga. Cuando un tractor arrastra a otro como carga, se emplea un dispositivo especial de quinta rueda, llamado silla fija. En cualquier combinación sólo pueden utilizarse tres sillas y no más de una barra de remolque.

Cuando se arrastran vehículos con sillas fijas o barra de remolque, éstos deben tener frenos y las líneas de frenos deben extenderse en toda la combinación hasta el tractor de arrastre.

El conductor que arrastra otros vehículos debe ser capaz de aplicar los frenos de todos los vehículos de la combinación desde el tractor. Si todos los vehículos de la combinación tienen frenos, mejora la capacidad de frenado.

El conductor no debe usar el parachoques del tractor como barra de remolque. Los vehículos arrastrados deben colocarse de frente y, en algunos casos, es preciso controlar las llantas delanteras para que no rebasen la parte más ancha del tractor.

Las barras de remolque proveen algún control sobre la dirección de los vehículos arrastrados, que deben seguir al que los remolca.

Esta sección tiene muchas especificaciones, principalmente para fabricantes, sobre cómo construir las barras de remolque, así como especificaciones de construcción para las sillas fijas y cerrojos en U.

Cualquier conductor en una maniobra de levante y arrastre debe saber cómo operar e inspeccionar todo el equipo necesario.

P. **¿Qué se indica acerca de las llantas?**

R. Esta parte de las FMCSR 393 indican que no se puede manejar sobre llantas tan gastadas que se asomen las cuerdas. También se prohíben las siguientes:

- Llantas con una separación en la cara o la banda de rodadura

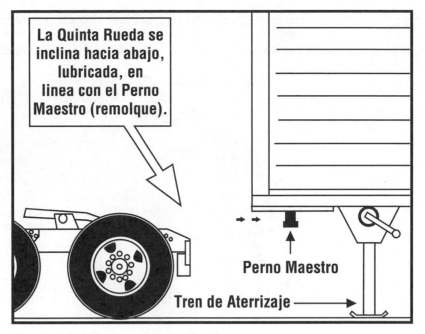

La Quinta Rueda se inclina hacia abajo, lubricada, en linea con el Perno Maestro (remolque).

Perno Maestro

Tren de Aterrizaje

Figura 4-1 Sistema de acoplamiento.

- Llantas planas o con fugas audibles
- Llantas con una rodadura de menos de ⅔₂ de pulgada (⅘₂ de pulgada en las llantas delanteras donde se requiere más tracción)

En las ruedas delanteras de un camión que tenga una combinación de ejes de más de 8000 libras no se usan llantas renovadas.

Con pocas excepciones, no es posible usar las llantas para sostener pesos superiores a su calificación. Además, las llantas deben inflarse a la presión especificada para la carga que arrastran. En la Figura 4-2 se muestran los componentes de una llanta.

Verifique los estándares federales de seguridad para vehículos motorizados si requiere mayor información. Si las normas no se encuentran en las FMCSR, consulte el Código de Regulaciones Federales, Título 49.

P. ¿Qué se indica acerca de las literas?

R. Las FMCSR Parte 393 especifican el tamaño, forma y estructura de la litera. Casi todas las especificaciones están articuladas a la seguridad y comodidad del conductor profesional. Las especificaciones que se ofrecen en esta parte son para el fabricante, pero los conductores deben tenerlas en cuenta si planean adaptar la litera a su gusto.

P. ¿Qué se indica acerca de los calentadores?

R. Todo vehículo motorizado comercial debe estar equipado con un calentador. Las FMCSR Parte 393 prohíben los calentadores que desprenden gases en la cabina. Los calentadores deben estar montados en forma segura y, en el caso de los calentadores de combustión, deben ventilar al exterior.

P. ¿Qué se indica acerca de las bocinas?

R. Todos los camiones y autobuses deben estar equipados con una bocina.

COMPONENTES DE LA LLANTA

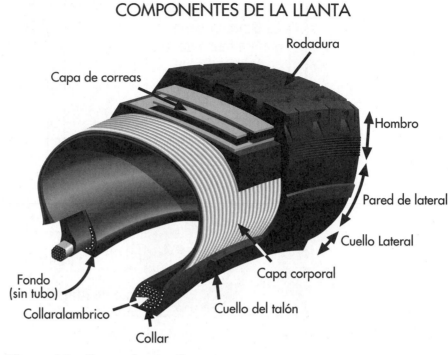

Figura 4-2   Partes de una llanta.

P. **¿Qué indican las FMCSR sobre los velocímetros?**
R. Todo camión y autobús debe tener un velocímetro en funciones. Si un vehículo es manejado en una operación de levante y arrastre, no necesita velocímetro siempre que su velocidad se limite a 45 millas por hora. Un carro jalado como carga no requiere tener un velocímetro en funciones.

P. **¿Qué se indica acerca del sistema de escape?**
R. Todos los vehículos motorizados comerciales deben tener un sistema de escape, instalado de modo tal que los gases o las superficies calientes no dañen el alambrado, suministro de combustible o cualquier parte inflamable del vehículo.

Las FMCSR Parte 393 especifican que los gases de la combustión deben ser descargados de cierta manera y que para satisfacer estos requisitos debe instalarse y mantenerse un sistema de escape.

El conductor profesional debe verificar que el sistema de escape funciona de la manera especificada. Esta sección también especifica que un sistema de escape no debe repararse con cintas o parches.

P. **¿Qué se indica acerca del piso?**
R. Las FMCSR Parte 393 tienen incluso un estándar para el piso de todo vehículo motorizado comercial en circulación. Este estándar llama la atención sobre piso que hayan sido dañados o que presenten orificios. Esta sección de las FMCSR especifican que los pisos no deben tener orificios, aceite ni grasa, lo que los haría resbalosos. Los orificios podrían lesionar al conductor si permiten que se acumulen humos del escape en la cabina.

P. **¿Se permiten receptores de televisión?**
R. Se permite llevar un receptor de televisión en un camión pero no debe ser visible para el conductor cuando el vehículo está en operación. Las FMCSR

asientan que la televisión debe instalarse detrás del asiento del conductor o en general fuera de su línea de visión mientras maneja. Las regulaciones afirman también que la televisión debe situarse de manera tal que el conductor tenga que abandonar su asiento para verla.

P. **¿Qué se indica acerca de la protección de retaguardia y de las cargas excedentes?**

R. Cualquier parte del vehículo o de la carga que se extienda más allá de la parte posterior o los lados del camión debe hacerse notoria con una bandera roja. Para que amerite una bandera, la carga debe extenderse más de cuatro pulgadas a los lados del camión o cuatro pies en la parte posterior. Las banderas con las que se señalan las cargas excedentes deben ser rojas y medir por lo menos 12 pulgadas cuadradas.

P. **¿Qué se indica acerca de los cinturones de seguridad?**

R. En la actualidad casi todos los camiones están equipados con alguna clase de cinturón de seguridad y, en la mayoría de los estados, la ley exige que se usen cuando el vehículo está en operación. Los tractores con cabinas incompletas también deben tener cinturones cuando son arrastrados como carga.

P. **¿Qué se indica acerca de los niveles de ruido del camión?**

R. La cabina de su camión es un espacio limitado y cerrado. La concentración de ruido en esta zona puede distraer lo suficiente para causar problemas durante la operación del vehículo. Este tema se aborda en las FMCSR Parte 393 y se invita a los choferes a informar de niveles de ruido inusualmente elevados. Pero aparte de su detrimento del bienestar del operador, demasiado ruido en la cabina puede ser señal de un problema en la zona mecánica del camión. Una reparación podría aliviarlo, pero niveles elevados y constantes de ruido no sólo aminoran la capacidad del manejador para operar el vehículo sino que también producen sordera o causan grados elevados de estrés y ansiedad. Por tanto, no ignore todo ese ruido: investigue a fondo y haga todas las reparaciones necesarias para silenciar la cabina.

P. **¿Qué se indica acerca del equipo de emergencia?**

R. De acuerdo con las regulaciones federales, casi todos los vehículos están equipados con extintor de incendios, fusibles de repuesto y dispositivos de advertencia para usar cuando el vehículo está detenido por razones de emergencia (Figura 4-3). Los únicos camiones sin este equipo son los vehículos ligeros o los arrastrados como carga.

Las FMCSR Parte 393 asientan que el extintor de incendios debe montarse al alcance de la mano. El conductor es responsable de verificarlo, cargarlo y aprontarlo para su uso en cualquier momento.

Antes de conducir un vehículo, verifique que lleve a bordo por lo menos un fusible de repuesto. Sin embargo, no es necesario tenerlo si todos los dispositivos protectores de sobrecargas son interruptores que es posible restablecer.

Los dispositivos de advertencia se requieren durante las paradas de emergencia. Todos los camiones manufacturados después de 1974 deben tener tres triángulos reflectores. En los camiones manufacturados antes de 1974 debe haber tres lámparas eléctricas o tres reflectores de emergencia rojos y dos banderas rojas, en lugar de los triángulos reflectores. Es posible

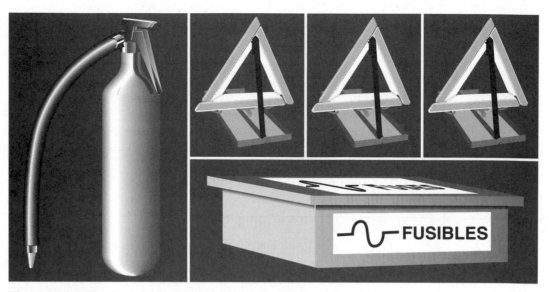

Figura 4-3 Equipo de emergencia y seguridad.

sustituir cualquiera de estas piezas con luces de bengala, salvo si el camión carga líquidos o gases inflamables o materiales explosivos.

Lea en las FMCSR Parte 393 las especificaciones de los triángulos reflejantes u otros dispositivos de advertencia cuyo uso sea aceptable.

P. ¿Qué se indica acerca del aseguramiento de la carga?

R. De acuerdo con las FMCSR Parte 393, hay cuatro maneras de evitar que la carga se desplace o caiga. Todos los vehículos deben aplicar una de estas opciones para transportar con seguridad su carga:

• Opción A. Los vehículos deben tener laterales, soportes o barras y en la parte posterior una puerta, tablero o barras. No tienen que ser piezas completas, pero no debe haber espacios por los que la carga escape. Estas piezas deben instalarse de manera que sean estables y no vayan a caer del vehículo.

• Opción B. Los vehículos deben tener ataduras para cada 10 pies de carga y deben disponer de más ataduras para caso de necesidad. Sólo se requieren dos ataduras en los remolques de postes: una en cada extremo.

• Opción C. Las FMCSR Parte 393 describen el aseguramiento de las cargas metálicas.

• Opción D. Se permiten otros sistemas de aseguramiento siempre que sean tan eficaces como los descritos en las opciones A, B, y C.

En esta parte de las FMCSR también se estudia cómo asegurar bobinas de metal en plataformas planas y cómo atar otras cargas metálicas.

Del mismo modo, los contenedores de carga intermodal, que se encuentran entre los aspectos de más rápido crecimiento en la industria del transporte. Los conductores deben leer cuidadosamente esta parte para que puedan asegurar bien los contenedores al remolque.

No debe permitirse que los contenedores se desplacen demasiado con el movimiento del remolque. Las FMCSR especifican que los contenedores no deben moverse más de media pulgada en cualquier dirección ni elevarse del remolque más de una pulgada.

Las especificaciones para cadenas, correas, cables, tirantes, redes, herrajes y otros dispositivos de aseguramiento también se describen en esta parte. Ningún conductor debe usar ningún dispositivo de aseguramiento que no satisfaga estas especificaciones.

Las FMCSR también establecen que el remolque debe tener una estructura frontal, como un tablero delantero (headerboard). Sin esta estructura, la carga podría desplazarse y aplastar la cabina del tractor en una parada repentina.

Si no hay tablero delantero en el vehículo, la carga debe ser amarrada o bloqueada.

Casi todos los vehículos de carga tienen tableros delanteros, pero los vehículos usados para arrastrar otros vehículos no se necesita ningún tablero frontal en el remolque si el tractor tiene una guarda de cabina.

P. **¿Qué se indica acerca de los componentes estructurales?**

R. En la última sección de las FMCSR Parte 393 se dan estándares y especificaciones para los componentes estructurales, como el armazón, la cabina, las ruedas, la dirección y la suspensión. Estos aspectos serán abordados en otros capítulos.

La úlima parte de las FMCSR cubren informe de accidentes. Esto no aparecerá en los exámenes de conocimientos de la CDL, porque casi toda la responsabilidad del informe de accidentes recae en la empresa. Sin embargo, como conductor profesional es testigo de un accidente y deberá ayudar a la empresa para preparar el informe.

En algunos casos, las empresas de transporte siguen una rutina cuando ocurre un accidente.

No se olvide de conseguir un ejemplar de las FMCSR Parte 394 y leerlas a fondo. Se encuentran en internet, en la página del Departamento de Transporte, sección regulaciones federales de seguridad para empresas transportadoras.

Repaso

Lea cada pregunta y las respuestas que se dan. Escriba en el espacio la letra de la respuesta correcta o bien anote sus respuestas en una hoja aparte para tenerlas a la mano al repasar para la CDL. Cuando responda todas las preguntas, verifique sus respuestas con la clave que sigue.

____ 1. En una situación de levante y arrastre, el vehículo
(A) es una carga,
(B) está obligado a tener velocímetro,
(C) está obligado a tener cuatro llantas nuevas,
(D) todas las anteriores.

____ 2. Verdadero o Falso. Las luces de distancia son opcionales en cualquier vehículo motorizado comercial.

____ 3. El control del freno de emergencia debe
(A) estar marcado con letras rojas,
(B) estar al alcance del asiento del conductor,
(C) operarse con la mano derecha,
(D) todas las anteriores.

____ 4. Cuando poner el freno de mano exige mucha fuerza, el camión está equipado con
(A) un asistente permanente,
(B) "barras falsas",
(C) aire a presión para poner el freno,
(D) todas las anteriores.

____ 5. ¿Cuántos controles deben tener los vehículos que jalan remolques con frenos de vacío?
(A) Dos,
(B) Tres,
(C) Cuatro,
(D) Uno.

____ 6. Un depósito de frenos es
(A) un pomo de control,
(B) una palanca de control,
(C) un tanque,
(D) ninguna de las anteriores.

____ 7. Verdadero o Falso. Los dispositivos de advertencia de los sistemas de frenos hidráulicos y de vacío se ven pero no se oyen.

____ 8. Verdadero o Falso. La fuerza de frenado es una especificación del fabricante.

____ 9. Verdadero o Falso. Los estándares de los frenos asumen que el vehículo frena al descender una pendiente en tiempo lluvioso.

____10. Si su tractor tiene televisión, debe estar instalada
(A) de modo que los pasajeros la vean durante el viaje,
(B) justo a la derecha del conductor,
(C) en tal posición que el conductor tenga que abandonar su asiento para verla,
(D) ninguna de las anteriores.

Respuestas al repaso

1. A; 2. Falso; 3. B; 4. C; 5. A; 6. C; 7. Falso; 8. Verdadero; 9. Falso; 10. C.

Términos que hay que saber

Los siguientes términos proceden del contenido del Capítulo 4. Revíselos. Si no está seguro de alguno, compruebe la definición en el glosario al final del libro. Si le sirve, redacte una lista de los términos y su definición (o escriba aquí las definiciones) y repáselos varios días antes de presentar los exámenes para la CDL.

Amarras

Anticongelante

Aseguramiento de la carga

Bobtail tractor

Calentador

Campo de visión

Cargas excedentes

Contenedores intermodales (fishyback/piggyback)

Depósitos de frenos

Desaceleración

Desempeño de los frenos

Rodadura

Distancia de frenado

Frenos de emergencia

Frenos de mano o de estacionamiento

Frenos de resorte

Frenos de servicio

Frenos de vacío

Fuerza de frenado

Juego del volante

Levante y arrastre

Libras por pulgada cuadrada (psi)

Luces de distancia

Niveles de ruido

Presión de aire

Presión hidráulica

Proyección posterior

Receptor de televisión

Reflujo de aire

Remolques de postes

Sistema de combustible

Sistema de frenado hidráulico

Tablero delantero

Tasa de frenado

"Trenza"

EL TABLERO DE DESPACHO
Un respiro para disfrutar la belleza de cada día

Con demasiada frecuencia, los conductores profesionales están demasiado ocupados tratando de entregar sus cargas a tiempo que no siempre reservan un momento para experimentar verdaderamente las maravillas que los rodean en cada milla del trayecto.

La siguiente anécdota lo ayudará a recordarlo.

Hace muchos años, tuve una maestra de secundaria cuyo esposo murió repentinamente de un infarto.

Aproximadamente una semana después de su muerte, cuando la luz de la tarde se filtraba por las ventanas del salón, la maestra apartó algunas cosas que estaban sobre el borde de su escritorio y se sentó. "Antes de que termine la clase, quisiera compartir con ustedes un pensamiento que no se relaciona con la materia pero que me parece muy importante", nos dijo.

"Todos fuimos traídos a esta tierra para aprender, compartir, amar, apreciar y dar de nosotros mismos. Nadie sabe cuándo terminará esta fantástica experiencia, así que quiero que todos ustedes me hagan una promesa.

"A partir de hoy, de camino a la escuela o a su casa, adviertan algo hermoso. No tiene que ser algo que vean. Puede ser un aroma, quizá de pan recién horneado, o el sonido de la brisa agitando suavemente las hojas de los árboles, o la forma en que la luz del amanecer toca una hoja de otoño mientras cae al suelo.

"Busquen estas cosas y ámenlas, porque aun si a algunos les suena trillado, son la 'esencia' de la vida, las minucias que vinimos a disfrutar en la tierra. Las cosas que con frecuencia damos por hechas.

El grupo estaba callado. Recogimos nuestros libros y abandonamos el salón en silencio. Esa tarde, en el camino de vuelta a casa, encontré más belleza de una vez que la que había apreciado en todo el semestre.

De cuando en cuando, pienso en esa maestra y evoco de la impresión que causó en todos nosotros. Eso me recuerda apreciar las cosas que en ocasiones ignoramos.

Tome nota de algo especial el día de hoy. Disfrute cómo los dedos del ocaso bajan la cortina de la noche. Maravíllese del paisaje que pasa. Deténgase y pida un barquillo doble.

Recuerde que la vida no se mide por las veces que respiramos, sino por los momentos en que nos quedamos sin aliento.

FMCSR—Partes 395, 396, y 397

FMCSR Parte 395

Esta sección de las regulaciones federales de seguridad para las empresas transportadoras define las "horas de servicio" y exige a todos los conductores llevar un registro de estado de funciones. En esta sección se incluyen descripciones de las condiciones adversas de manejo, situaciones de emergencia y exención de las regulaciones, y aborda a los conductores puestos "fuera de servicio". Estas regulaciones atañen a todas las empresas transportadoras y a los manejadores, con pocas excepciones.

A diferencia de la mayor parte de las demás profesiones, el manejo tiene su propio horario. El día laboral no termina a las 5 PM y muchas veces no se empieza a trabajar a las 8 AM.

Los conductores profesionales están regidos por lo que se conoce como "horas de servicio" y las FMCSR Parte 395 establecen los límites para esas horas.

El número de horas y la clase de trabajo realizado en este tiempo depende de las horas laboradas el día anterior.

Cada hora y cada deber se anotan en un diario, el "registro de estado de funciones", que ayuda a los conductores a mantenerse dentro de los límites legales.

Si un conductor encuentra condiciones de manejo adversas y no puede culminar con seguridad el trayecto en las 10 horas de manejo que se permiten como máximo, se le permite o solicita que opere un vehículo motorizado comercial durante no más de dos horas adicionales para terminar el recorrido o llegar a un sitio que ofrezca seguridad para los ocupantes del vehículo motorizado comercial, así como para el propio vehículo y su carga.

Sin embargo, el conductor no manejará ni se permitirá que maneje

- Durante más de 12 horas en conjunto luego de ocho horas consecutivas fuera de funciones; o
- Después de estar en funciones 15 horas después de ocho horas consecutivas fuera de funciones.

En el caso de una emergencia, el conductor puede completar su corrida sin infringir las provisiones de las regulaciones de esta parte, si tal corrida se habría completado razonablemente en ausencia de dicha emergencia.

Definiciones que hay que recordar

Las **condiciones adversas de manejo** son nieve, aguanieve, niebla, otras condiciones climáticas adversas, la autopista cubierta de nieve o hielo o condiciones inusuales de camino o tránsito, ninguna de las cuales era evidente a partir de la información conocida por el despachador de la corrida en el momento en que inició.

Un **dispositivo de registro automático a bordo** es un instrumento eléctrico, electrónico, electromecánico o mecánico capaz de registrar con precisión y de manera automática la información sobre el estado de funciones del chofer. Este dispositivo debe estar sincronizado íntegramente con operaciones específicas del vehículo motorizado comercial en el que se instaló. Como mínimo, el dispositivo debe registrar uso del motor, velocidad de marcha, millas recorridas, fecha y hora del día.

Chofer vendedor es cualquier empleado que trabaja como tal sólo para un transportadora privada de artículos mediante vehículos motorizados comerciales que se ocupa de vender bienes, servicios o el uso de bienes, así como de entregar en vehículo motorizado comercial los vienes vendidos o proporcionados o bien en el cual prestan los servicios; que lo hace dentro de un radio de 100 millas alrededor del punto al que se reporta para trabajar, y que dedica a manejar no más de 50 por ciento de sus horas hábiles.

Venta de bienes, para los fines de esta sección, incluirá todos los casos de solicitud u obtención de nuevas órdenes o nuevas cuentas y puede también incluir otras actividades de venta y mercadotecnia destinadas a retener a los clientes o aumentar la venta de bienes o servicios, además de la solicitud u obtención de nuevas órdenes o nuevas cuentas.

Tiempo de manejo es todo el tiempo pasado en los controles de operación de un vehículo motorizado comercial.

Ocho días consecutivos se refiere al periodo de ocho días consecutivos que comienza en cualquier día en el momento designado por el transportista para un lapso de 24 horas.

Paradas múltiples se refiere a todas las paradas realizadas en cualquier, villa, pueblo o ciudad pueden ser contadas como una.

Tiempo en funciones significa todo el tiempo desde que el condcutor empieza a trabajar o se le solicita que esté listo para trabajar hasta el momento en que es relevado del trabajo. El tiempo en funciones incluye:

1. Todo el tiempo en la planta, terminal, instalación u otras propiedades de la empresa transportista o embarcadora, o bien cualquier instalación pública, en espera de ser despachado a menos que el conductor haya sido relevado de sus deberes por el transportista.
2. Todo el tiempo dedicado a la inspección, mantenimiento o acondicionamiento de cualquier vehículo motorizado comercial en cualquier momento.
3. Todo el tiempo de manejo.
4. Todo el tiempo, aparte del tiempo de manejo, pasado en un vehículo motorizado comercial, excepto el dedicado a reposar en la litera.
5. Todo el tiempo dedicado a cargar y descargar un vehículo motorizado comercial, a supervisar o auxiliar en la carga o descarga, a esperar que se cargue o descargue un vehículo motorizado comercial, a aprestarse para operar el vehículo motorizado comercial o a entregar o recabar recibos por embarques cargados o descargados.
6. Todo el tiempo dedicado a reparar, conseguir ayuda o esperar asistencia para un vehículo motorizado comercial descompuesto.
7. Todo el tiempo dedicado a entregar una muestra de aliento u orina, incluyendo el tiempo de recorrido de ida y vuelta al sitio de recolección con la finalidad de cumplir con los exámenes aleatorios, de sospecha razonable,

luego de un accidente o de seguimiento que imponga la empresa transportadora.

8. La realización de cualquier otro trabajo en el local, empleo o servicio de un transportador motorizado y la realización de cualquier trabajo compensado para una persona que no es transportadora.

Siete días consecutivos se refiere al periodo de siete días consecutivos que comienza en cualquier día en el momento designado por el transportista para un lapso de 24 horas.

La **litera** es una litera que se conforma a los requisitos de las FMCSR 393.76.

Transporte de materiales y equipo de construcción se refiere al transporte hecho por un conductor de materiales para construcción y pavimentación, equipo de construcción y vehículos de mantenimiento de construcción, desde y hacia un sitio de obra activo (un sitio de obra entre la movilización del equipo y materiales al sitio de terminación del proyecto de construcción) en un radio de 50 millas aéreas del local habitual de reporte al trabajo del conductor.

Periodo de 24 horas significa cualquier periodo consecutivo de 24 horas que comienza en el momento designado por la empresa transportista para la terminal en la que se despacha regularmente al conductor.

Vehículo de servicio interno es cualquier vehículo motorizado comercial usado o destinado a facilitar el trabajo o transporte de los trabajadores de las instalaciones.

FMCSR 395.3: Tiempos de conducción máximos

Esta sección de las FMCSR Parte 395 señala los límites del tiempo que se permite manejar al conductor. Estos límites también se denominan "regla de las 10 horas" y "regla de las 15 horas".

Si un conductor ha estado fuera de funciones durante ocho horas corridas, puede manejar no más de 10 horas, la regla de las 10 horas. Después de ocho horas seguidas fuera de funciones, un conductor puede estar "en funciones" durante no más de 15 horas. Entonces, no debe volver a conducir hasta que haya tomado un tiempo fuera de funciones, la regla de las 15 horas. Cuando prosiga con su lectura, encontrará excepciones a estas reglas.

Ninguna empresa transportista permitirá ni solicitará a ningún conductor de su planta que maneje ni este conductor manejará:

1. Más de 10 horas luego de ocho horas consecutivas fuera de funciones; o
2. Por ningún lapso después de haber estado en funciones 16 horas luego de ocho horas fuera de funciones.

Ninguna empresa transportista permitirá ni solicitará a ningún conductor de un vehículo motorizado comercial que maneje ni ningún conductor manejará, independientemente del número de transportadores que contraten sus servicios, durante ningún periodo después de haber estado en funciones:

1. 60 horas en cualesquiera siete días consecutivos si la empresa transportadora contratante no opera vehículos motorizados comerciales todos los días de la semana; o
2. 70 horas en cualquier periodo de ocho días consecutivos si la empresa transportadora contratante opera vehículos motorizados comerciales todos los días de la semana.

FMCSR 395.8: Registro del estado de funciones del conductor

Todo conductor debe llevar un "registro de estado de funciones" o "diario", que es un registro de cómo se distribuyó el tiempo en cada periodo de 24 horas.

Si lleva un diario escrita a mano, debe hacer dos copias y usar una forma (llamada cuadrícula) que cumple los requisitos de las FMCSR Parte 395 (véase *infra* los ejemplos).

1. Todo conductor que opere un vehículo motorizado comercial debe anotar el estado de sus funciones, por duplicado, para cada periodo de 24 horas. El tiempo en funciones será registrado en un formato específico.

   El formato puede combinarse con cualesquiera formas de la compañía. Se permite conservar el uso del formato anterior de del diario, forma MCS 59, o los diarios de varios días (Figura 5-1), forma MCS 139 y 139A, que satisfacen los requisitos de esta sección.

2. Todo conductor que opere un vehículo motorizado comercial anotará el estado de sus funciones con un dispositivo de registro automático a bordo que cumpla con los requisitos.

   El estado de funciones se registrará como sigue:
   (a) "Fuera de funciones", es decir, "Off duty" u "OFF".
   (b) "Litera", es decir, "Sleeper berth" o "SB" (sólo si se usa una litera).
   (c) "Manejo", es decir, "Driving" o "D".
   (d) "En funciones sin manejar", es decir, "On duty not driving" u "ON".
   Con cada cambio de estado de funciones (por ejemplo, el lugar de presentarse a trabajar, el inicio de la conducción, en funciones pero sin manejar y la terminación del trabajo) se anotará el nombre de la ciudad, pueblo o villa, con la abreviatura del estado.

Nota: *Si un cambio de funciones ocurre en un lugar que no sea una población, anote uno de los siguientes: (1) número de la autopista y marca de millaje más cercano seguido por el nombre de la ciudad, pueblo o villa más próxima y la abreviatura del estado, (2) número de la autopista y el nombre de la plaza de servicio seguida por el nombre de la ciudad, pueblo o villa más cercana y la abreviatura del estado, o (3) números de las autopistas de la intersección más cercana seguidos por el nombre de la ciudad, pueblo o villa más cercana y la abreviatura del estado.*

La siguiente información debe incluirse en la forma, además del formato:

1. Fecha
2. Millas totales manejadas hoy
3. Número de camión o tractor y remolque
4. Nombre del transportador
5. Firma y certificado del conductor
6. Hora de inicio del periodo de 24 horas (por ejemplo, medianoche, 9:00 AM, mediodía, 3:00 PM)
7. Dirección de las oficinas centrales
8. Observaciones
9. Nombre del copiloto
10. Horas totales (borde derecho del formato)
11. Número o números del documento de embarque o nombre del remitente y envío

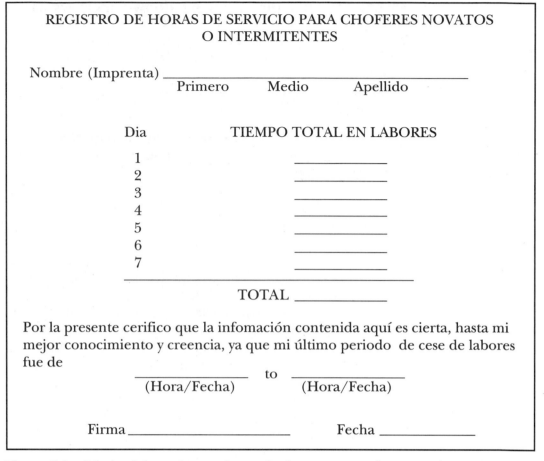

REGISTRO DE HORAS DE SERVICIO PARA CHOFERES NOVATOS
O INTERMITENTES

Nombre (Imprenta) _____

                 Primero   Medio   Apellido

     Dia   TIEMPO TOTAL EN LABORES

      1   _____
      2   _____
      3   _____
      4   _____
      5   _____
      6   _____
      7   _____

                 TOTAL _____

Por la presente cerifico que la infomación contenida aquí es cierta, hasta mi
mejor conocimiento y creencia, ya que mi último periodo de cese de labores
fue de

    _____   to   _____
      (Hora/Fecha)   (Hora/Fecha)

Firma _____   Fecha _____

Figura 5-1   Diario del conductor (para choferes contratados por primera vez
o intermitentemente).

No llevar el registro de las actividades en funciones, no conservar el registro de dichas actividades o entregar informes falsos en conexión con esas actividades sujeta
al conductor y/o la empresa transportadora a acción judicial.

Las actividades del conductor serán anotadas de acuerdo con las siguientes provisiones:

1. Entradas de actualización. Los conductores mantendrán actualizado su
   registro de estado de funciones de modo que se muestre el último cambio.
2. El conductor debe ser el único que realice las entradas. Todas las entradas
   que se relacionen con el estado de funciones del conductor deben ser
   legibles y escritas por el conductor de propia mano.
3. Fecha. Mes, día y año del comienzo de cada periodo de 24 horas deben
   mostrarse en la forma que contiene el registro de estado del manejador.
4. Millas totales manejadas hoy. El millaje total manejado durante el periodo
   de 24 horas se anotará en la forma que contiene el registro del estado del
   manejador.
5. Identificación del vehículo motorizado comercial. El manejador señalará en
   su registro de estado de funciones el número asignado por el transportador
   o el estado y el número de licencia de cada vehículo motorizado comercial
   operado durante cada periodo de 24 horas. El conductor de un vehículo
   motorizado comercial articulado (combinación) anotará en su registro de

estado de funciones el número asignado por la empresa transportadora o el estado y el número de licencia de cada vehículo usado en la combinación durante ese periodo de 24 horas.

6. Nombre de la empresa transportadora. El nombre de la empresa o las empresas transportadoras debe mostrarse en la forma que contiene el registro de estatus de funciones del manejador. Cuando trabaje para más de una transportadora en el mismo periodo de 24 horas, después del nombre de cada una se anotará la hora de comienzo y terminación, indicando AM or PM, trabajado para cada una. Los manejadores de vehículos motorizados comerciales rentados anotarán el nombre de la empresa que realiza el transporte.

7. Firma y certificación. El conductor certificará que todas las entradas son correctas firmando la forma que contiene el registro de estado de funciones con su nombre legal o nombre de registro. La firma del conductor certifica que todas las entradas requeridas en esta sección y hechas por el manejador son verdaderas y correctas.

8. Base horaria. El registro de estatus de funciones del manejador será preparado, mantenido y entregado con la hora estándar en vigor en la terminal central del conductor, para un periodo de 24 horas que comienza con la hora especificada por el transportador para dicha terminal central.

    La expresión "siete u ocho días consecutivos" significa los siete u ocho periodos consecutivos de 24 horas tal como los designa la empresa transportadora para la terminal central del manejador.

9. La hora de inicio del periodo de 24 horas debe identificarse en el registro de estatus de funciones del manejador. En la gráfica deben aparecer incrementos de una hora, señalados y ya impresos. Las palabras "medianoche" y "mediodía" deben aparecer arriba o junto al incremento apropiado de una hora.

10. Dirección de la oficina principal. La dirección de la oficina principal de la empresa transportadora debe mostrarse en la forma que contiene el registro de estatus de funciones del manejador.

11. Registro de los días fuera de funciones. Dos o más periodos consecutivos de 24 horas sin estar en funciones pueden registrarse en un registro de estatus de funciones.

12. Horas totales. Las horas totales de cada estado de funciones: fuera de funciones aparte de litera, fuera de funciones en la litera, manejo y en funciones sin manejar deben anotarse a la derecha del formato. El total de tales entradas debe ser igual a 24 horas.

13. Los números del documento de embarque o el nombre del remitente deben mostrarse en el registro de estado de funciones del conductor.

Formato de la Gráfica. El formato de la gráfica debe incorporarse al sistema de manejo de registros de la empresa transportadora. Este formato debe contener también la información obligatoria.

Preparación del Formato. El formato puede usarse en sentido horizontal o vertical y debe ser llenado como sigue:

1. Fuera de funciones. Salvo por el tiempo dedicado a descansar en la litera, debe trazarse una línea continua entre las señales horarias apropiadas para registrar los periodos en los que el conductor no está en funciones, no se requiere que se apreste para el trabajo o no tiene ninguna responsabilidad por la realización de un trabajo.

2. Litera. Debe trazarse una línea continua entre las marcas horarias apropiadas para registrar los periodos fuera de funciones descansando en la litera, como se define en el párrafo 395.2 (si no se opera una litera, no es necesario mostrar una litera en la gráfica).
3. Manejo. Debe trazarse una línea continua entre las marcas horarias apropiadas para registrar los periodos de manejo.
4. En funciones sin manejar. Debe trazarse una línea continua entre las marcas horarias apropiadas para registrar los periodos en funciones sin manejar especificados en el párrafo 395.2.
5. Ubicación. Debe anotarse el nombre de la ciudad, pueblo o villa, con la abreviatura del estado, donde ocurrió cada cambio de estatus.

Nota: Si un cambio de funciones ocurre en un lugar que no sea una población, anote uno de los siguientes: (1) número de la autopista y marca de millaje más cercano seguido por el nombre de la ciudad, pueblo o villa más próxima y la abreviatura del estado, (2) número de la autopista y el nombre de la plaza de servicio seguida por el nombre de la ciudad, pueblo o villa más cercana y la abreviatura del estado, o (3) números de las autopistas de la intersección más cercana seguidos por el nombre de la ciudad, pueblo o villa más cercana y la abreviatura del estado.

Llenado del registro de estado de funciones del manejador. El conductor entregará o expedirá por correo el original del registro de estado de funciones a la empresa transportadora que lo contrata regularmente en los 13 días siguientes a la terminación de la forma.

Conductores que prestan servicio a más de una empresa transportadora. (1) Cuando los servicios de un chofer son contratados por más de una empresa transportadora durante cualquier periodo de 24 horas en vigor en la terminal central del conductor, éste deberá entregar una copia del registro de estado de funciones a cada transportador.

El registro incluirá:

1. Todo el tiempo en funciones del periodo completo de 24 horas;
2. El nombre de cada empresa transportadora a la que sirve el conductor durante ese periodo y la hora de inicio y terminación, señalando AM o PM, del trabajo para cada empresa.

Las empresas transportistas, cuando contraten un manejador por primera vez o intermitentemente, le pedirán una declaración firmada del tiempo total en funciones durante los siete días inmediatos anteriores y el momento en que el conductor fue relevado por última ocasión antes de empezar a trabajar con esta empresa transportadora.

Retención del registro del estado de funciones del conductor. (1) Toda empresa transportadora conservará todos los registros de estado de funciones y todos los documentos probatorios de cada conductor durante un periodo de seis meses a partir de la fecha de recepción.

El conductor guardará una copia de todo registro de estado de funciones de siete días consecutivos previos, que estarán en su posesión y disponibles para inspección cuando esté en funciones.

P. ¿Cuándo se declara un conductor fuera de servicio?
R. Todo agente especial de la Administración Federal de Autopistas está autorizado para declarar a un conductor fuera de servicio y notificar a la

empresa transportadora de esta declaración, luego de encontrar en el lugar y tiempo de examen que el conductor infringió los criterios que sancionan el estado de fuera de servicio.

Estos criterios de fuera de servicio son:

1. Ningún conductor manejará después de estar en funciones más de los periodos máximos permitidos en esta parte.
2. Ningún conductor obligado a llevar un registro de estado de funciones en concordancia con los párrafos 395.8 o 395.15 dejará de tener actualizado dicho registro al día del examen y durante los siete días consecutivos anteriores.
3. El conductor que únicamente no esté en posesión de un registro de estado de funciones actualizado al día del examen y el anterior, pero que haya completado los registros de estado de funciones hasta ese momento (o sea los seis días anteriores), recibirá la oportunidad de poner al corriente el registro de estado de funciones.

P. ¿Cuáles son las responsabilidades de la empresa transportadora al respecto de este conjunto de regulaciones?

R. Ninguna empresa transportadora:

1. Solicitará o permitirá que un conductor que ha sido declarado fuera de servicio que opere un vehículo motorizado comercial hasta que pueda hacerlo legalmente de acuerdo con las reglas de esta parte.
2. Solicitará a un conductor que ha sido declarado fuera de servicio por no preparar un registro de estado de funciones, que opere un vehículo motorizado comercial hasta que el conductor haya estado fuera de servicio ocho horas consecutivas y cumpla con esta sección. El periodo de ocho horas consecutivas fuera de servicio puede incluir tiempo de litera.

P. ¿Qué es el certificado de acción de la empresa transportadora?

R. Es una parte de la forma MCS 63 (informe de examen del conductor del vehículo). La empresa transportadora debe entregar la copia de la forma personalmente o por correo al director regional de transportadoras, Administración Federal de Autopistas, en la dirección señalada en la forma y en el plazo de 15 días a continuación de la fecha del examen. Si la empresa transportadora expide por correo la forma, la entrega se calcula con la fecha del matasellos.

P. ¿Cuáles son las responsabilidades del conductor?

R. 1. Ningún conductor declarado fuera de servicio operará un vehículo motorizado comercial hasta que pueda hacerlo legalmente de acuerdo con las reglas de esta parte.
2. Ningún conductor que haya sido declarado fuera de servicio por no preparar un registro de estado de funciones, operará un vehículo motorizado comercial hasta que el conductor haya estado fuera de servicio ocho horas consecutivas y cumpla con esta sección.
3. El conductor al que se haya expedido una forma que lo declara fuera de servicio deberá entregar o enviar por correo la copia a la persona o lugar designado por la empresa transportadora para recibirlo, en el plazo de las 24 horas posteriores.

4. Las FMCSR párrafo 395.13 no modifican los requisitos de materiales peligrosos en lo que atañe a la atención y supervisión de los vehículos motorizados comerciales.

P. **¿Hay reglas que rijan los dispositivos de registro automático a bordo?**
R. Una empresa transportadora puede pedir al conductor que emplee un dispositivo automático a bordo para registrar las horas de servicio, en lugar de cumplir con los requisitos de las FMCSR 395.

Todo conductor al que la empresa transportadora solicite el uso de un dispositivo de registro automático a bordo deberá utilizarlo para registrar sus horas de servicio.

P. **¿Qué información se requiere cuando se usan dispositivos de registro a bordo?**
R. Los dispositivos de registro automático a bordo deben mostrar una tabla de horas de servicio del conductor, una pantalla electrónica o una impresión que muestre las horas y la secuencia de cambios en el estado de funciones, incluyendo la hora de inicio del trabajo del conductor cada día.

Este dispositivo brindará un medio por el que los funcionarios autorizados federales, estatales o locales puedan verificar inmediatamente el estado de las horas de servicio de un conductor. Esta información puede usarse junto con registros escritos a mano o impresos del estado de funciones del conductor en los siete días anteriores.

El conductor tendrá en su posesión los registros del estado de funciones de los siete días consecutivos anteriores y estarán a disposición para inspección mientras se encuentre en servicio. Estos registros consistirán en información guardada en una forma recuperable del dispositivo de registro a bordo, los registros manuscritos, registros generados por computadora o una combinación de los anteriores.

Todas las copias en papel del registro de estado de funciones del conductor deben ser firmadas por éste. La firma del conductor certifica que la información contenida ahí es verdadera y correcta.

El estado de funciones y la información aidcional se anotarán como sigue:

1. "Fuera de funciones": "Off duty" u "OFF" o bien un código o símbolo identificable
2. "Litera": "Sleeper berth" o "SB" o bien un código o símbolo identificable (sólo si se usa litera)
3. "Manejo": "Driving" o "D" o bien un código o símbolo identificable
4. "En funciones sin manejar": "On duty not driving" u "ON" o bien un código o símbolo identificable
5. Fecha
6. Millas totales manejadas hoy
7. Número del camión o tractor y remolque
8. Nombre de la empresa transportadora
9. Dirección de la oficina principal
10. Hora de inicio del periodo de 24 horas (por ejemplo, medianoche, 9:00 AM, mediodía, 3:00 PM)
11. Nombre del copiloto
12. Horas totales

13. Números de los documentos de embarque o nombre del remitente y artículos
14. Lugar del cambio de estado de funciones

En cada cambio de estado de funciones (por ejemplo, lugar y hora de reportarse a trabajar, empezar a manejar, en funciones sin manejar y relevo del trabajo) debe anotarse el nombre de la ciudad, pueblo o villa, con la abreviatura del estado.

Se permite a las empresas transportadoras que usen códigos de ubicación. En la cabina del vehículo motorizado comercial debe llevarse una lista de tales códigos en la que se muestren todos los identificadores de lugares posibles. Esta lista estará también en la casa matriz de la empresa y transportadora y deberá estar a disposición del funcionario o policía que lo solicite.

Entradas hechas únicamente por el conductor. Si se pide a un conductor que haga entradas manuscritas referidas a su estado de funciones, tales entradas deben ser legibles y hechas por la propia mano del conductor.

Se exige al conductor que tome nota de cualquier falla de los dispositivos automáticos de registro a bordo y que reconstruya el registro de estado de funciones del día en curso y los siete días anteriores, salvo aquellos días para los que ya tenga los registros, y que prosiga con el registro manuscrito de todos los estados de funciones sucesivos hasta que el dispositivo automático opere nuevamente.

P. **Si la empresa transportadora usa sistemas de registro a bordo, ¿qué más se requiere?**

R. Todo vehículo motorizado comercial debe tener a bordo un paquete de información que contenga los siguientes elementos:

1. Un instructivo que describa en detalle cómo se guardan y recuperan los datos de un sistema de registro automático a bordo.
2. Una provisión de formatos en blanco para graficar el registro del estado de funciones del conductor que baste para llevar este registro de estado de funciones del conductor y otra información relacionada durante la duración del viaje actual.

El conductor entregará a la empresa transportadora que lo contrata, electrónicamente o por correo, todo registro de estado de funciones en el plazo de 13 días a continuación del término de cada registro.

P. **¿Qué más deben saber los conductores acerca de la entrega de un diario electrónica?**

R. Las empresas transportistas que usan dispositivos de registro automático a bordo para llevar los registros del estado de funciones de sus conductores en lugar del registro manuscrito verificarán que:

1. Reciben del fabricante un certificado en el que declare que el diseño del registro automático a bordo ha sido sometido a pruebas suficientes para satisfacer los requisitos de esta sección y las condiciones en las que será usado;
2. El dispositivo de registro automático a bordo permite actualizar el estado de funciones sólo cuando el vehículo motorizado comercial se encuentra detenido, salvo cuando registra el momento en que dicho vehículo cruza los límites de un estado.

3. El dispositivo de registro automático a bordo y sus sistemas de soporte son, hasta el mayor grado viable, a prueba de fraudes y no permiten alterar la información acopiada en lo que respecta a las horas de servicio del conductor;

4. El dispositivo de registro automático a bordo advierte al conductor mediante señales visuales o auditivas que ha dejado de funcionar. Los dispositivos instalados a partir del 31 de octubre de 1988 y autorizados por la Administración de Autopistas Federales (FHWA) para uso en lugar de los registros manuscritos del estado de funciones están exentos de este requisito;

5. Los dispositivos de registro automático a bordo con pantallas electrónicas tendrán la capacidad de desplegar lo siguiente:

   (a) Las horas totales de manejo del conductor en la jornada

   (b) Las horas totales en funciones de la jornada

   (c) Las millas totales recorridas en la jornada

   (d) Las horas totales en funciones durante el periodo de siete días consecutivos, incluyendo el día de hoy

   (e) Las horas totales en funciones durante el periodo de ocho días consecutivos, incluyendo el día de hoy

   (f) La secuencia de cambios de funciones y las horas en que ocurrieron los cambios para cada conductor que emplea el dispositivo

6. El sistema de abordo es capaz de registrar por separado el estado de funciones de cada manejador cuando la operación está a cargo de varios choferes;

7. El sistema o dispositivo de registro a bordo identifica fallas en los sensores y los datos corregidos cuando los reproduce en forma impresa. Los dispositivos instalados a partir del 31 de octubre de 1988 y autorizados por la Administración de Autopistas Federales (FHWA) para uso en lugar de los registros manuscritos del estado de funciones están exentos de este requisito;

8. El dispositivo de registro a bordo recibe mantenimiento y se calibra de acuerdo con las especificaciones del fabricante;

9. Los conductores de la empresa transportadora están capacitados convenientemente en lo que atañe a la operación apropiada del dispositivo; y

10. La empresa transportadora debe conservar una segunda copia (la copia de respaldo) de los archivos electrónicos de horas de servicio por mes y en un lugar distinto que el sitio donde se guardan los documentos originales.

FMCSR Parte 396: Inspección, reparación, y mantenimiento

Esta sección de las FMCSR se centran en cuándo inspeccionar los vehículos motorizados comerciales. No señala qué inspeccionar porque, como conductor profesional, usted ya lo sabe. Pero cubre inspecciones, lubricación y operaciones inseguras.

Esta sección señala que es la responsabilidad de la empresa transportadora, los conductores y los empleados de mantenimiento e inspección conocer las regulaciones y obedecer las reglas listadas en esta sección.

También dice que toda empresa transportadora debe inspeccionar, reparar y mantener sistemáticamente todos los vehículos motorizados sometidos a su control (véase la Figura 5-2).

P. ¿Para qué sirven las inspecciones?

R. Como los conductores realizan inspecciones antes y después de cada viaje en cada cambio de turno, las inspecciones necesarias para cumplir con las FMCSR 396 determinarán lo siguiente:

1. Partes y accesorios deben encontrarse en condiciones de operación apropiadas y seguras en todo momento. Aquí se incluyen los elementos especificados en la Parte 393 de este subcapítulo y todas las partes y accesorios adicionales que puedan afectar la seguridad de la operación, incluyendo pero sin limitarse al armazón y sus componentes, sistemas de suspensión, ejes y partes de enganche, llantas y ruedas y sistemas de dirección.

2. Las ventanas desprendibles, puertas de emergencia y luces de señalamiento de puertas de emergencia en los autobuses deberán ser inspeccionadas por lo menos cada 90 días.

P. ¿Se llevan registros de estas inspecciones?

R. Las empresas transportadoras deben mantener o ver que se mantenga el siguiente registro para cada vehículo por un periodo de un año y por seis meses después de que dejaron de controlar el vehículo:

1. Una identificación del vehículo que incluya número de compañía, si está marcado, factura, número de serie, año y medida de las llantas. Además, si la empresa transportadora no es propietaria del vehículo motorizado, el registro debe identificar el nombre de la persona que lo proporciona;

2. Un medio para indicar la naturaleza y fecha prevista de realización de las inspecciones y operaciones de mantenimiento;

3. Un registro de las inspecciones, reparación y mantenimiento que indique sus fechas y naturaleza; y

4. Un registro de las pruebas efectuadas en las ventanas abatibles, puertas de emergencia y luces de señalamiento de puertas de emergencia en los autobuses.

P. ¿Con qué frecuencia se lubrican los vehículos?

R. Toda empresa transportadora verificará que todo vehículo motorizado sujeto a su control esté bien lubricado y no presente escurrimientos de aceite o grasa.

P. ¿Cuáles son las operaciones "inseguras"?

R. Las FMCSR párrafo 396.7 señalan que un vehículo motorizado no será operado en una condición tal que sea probable que cause un accidente o una descompostura del vehículo. La única excepción sería aquel vehículo motorizado que se descubre que está en condiciones inseguras mientras se opera en la autopista y que puede continuar en operación hasta el sitio más cercano donde se puedan hacer las reparaciones con seguridad. Tal operación se llevará a cabo únicamente si es menos peligroso para el público que dejar que el vehículo permanezca en la carretera.

P. ¿Cuándo se permiten las inspecciones autorizadas y quién puede hacerlas?

R. Todo agente especial de la Administración Federal de Autopistas está autorizado para abordar y realizar inspecciones de vehículos motorizados comerciales en operación.

OBJETIVO DE LA INSPECCION

- **Objetivos**
  - Para identificar
    - Una Parte Parte o Sistema que Malfunciona o Ya ha Fallado (o está Perdido)
    - Una Parte Parte o Sistema que está en Inminete Peligro de Avería o Malfunción
    - Una Parte Parte o Sistema que está Bien o Funcional Adecuadamente
    - El requisito legal para las Variadas Condiciones de Partes o Sistemas
- **Responsabilidad del Conductor**
  - Seguridad del Vehículo y su Carga
  - Inspección del Vehículo
- **Tipos de Inspección**
  - Antes del Viaje
  - Durante de Viaje
  - Después del Viaje
- **Razones Básicas**
  - Seguridad
  - Economía
  - Relaciones Públicas
  - Legalidad
- **Tres Elementos de una Buena Inspección**
  - Saber Qué Se Busca
  - Tener una Manera Consistente de Buscarlo
  - Habilidad de Informar con Precisión Técnica Sus Hallazgos de modo que el Mecánico Pueda Identicar y Reparar el Problema

Figura 5-2   Guía de inspección del vehíclo.

El resultado de esta inspección es la "Verificación de Cumplimiento del Equipo del Conductor" que aplica el personal autorizado de la FHWA. Si el vehículo no aprueba la inspección, el personal de la FHWA puede declarar al vehículo "fuera de servicio."

Un vehículo también puede ser declarado "fuera de servicio" a causa de su condición mecánica o si está cargado de manera tal que probablemente causaría un accidente o descompostura. El personal de la FHWA señalará con un sello "vehículo fuera de servicio" los camiones que declare, precisamente, "fuera de servicio."

Ninguna empresa transportadora solicitará ni permitirá que nadie opere, ni persona alguna operará un vehículo motorizado declarado "fuera de servicio" hasta que todas las reparaciones exigidas por la "notificación de fuera de servicio" hayan sido realizadas a satisfacción. El término "operar" en esta sección comprende el arrastre del vehículo, salvo que los vehículos marcados como "fuera de servicio" pueden ser remolcados por medio de un vehículo con grúa o montacargas. Un vehículo combinado que consista en un vehículo de emergencia y un vehículo fuera de servicio no será operado a menos que la combinación cumpla los requisitos de desempeño de este subcapítulo y excepto en aquellas condiciones señaladas en la Verificación de Cumplimiento del Equipo del Conductor.

Ninguna persona retirará el sello "vehículo fuera de servicio" de ningún vehículo motorizado antes de que se terminen todas las reparaciones exigidas por la "notificación de fuera de servicio."

P. ¿Qué pasa si el vehículo que conduzco es declarado "fuera de servicio"?

R. El conductor de cualquier vehículo motorizado que reciba un informe de inspección con el dictamen "fuera de servicio" deberá entregarlo a la empresa transportadora que opera el vehículo en cuanto llegue a la siguiente instalación o terminal. Si el conductor no está programado para llegar a una terminal o instalación de la empresa transportadora que opera el vehículo en las siguientes 24 horas, el conductor deberá expedirle inmediatamente el informe por correo.

Las infracciones o defectos observados de esta manera serán corregidos en el plazo de 15 días a partir de la fecha de la inspección. Entonces, la empresa transportadora certificará que todas las infracciones observadas fueron corregidas llenando las partes de la forma correspondientes a la "Firma, título y fecha del representante de la empresa."

A continuación, la empresa devolverá la forma de inspección llena a la dependencia que la expidió en la dirección indicada en dicha forma y conservará durante 12 meses a partir de la fecha de inspección una copia en su sede principal o donde se encierra el vehículo.

P. ¿Qué son los informes de la condición del vehículo y qué debe hacerse?

R. Todo conductor preparará un informe por escrito al terminar cada día laboral sobre cada vehículo operado. El informe debe cubrir por lo menos las siguientes partes y accesorios:

- Frenos de servicio incluyendo las conexiones con los frenos del remolque
- Frenos de estacionamiento (de mano)
- Mecanismo de la dirección
- Luces y reflectores
- Llantas
- Bocina
- Limpiaparabrisas
- Espejos retrovisores
- Dispositivos de acoplamiento
- Llantas y ruedas
- Equipo de emergencia

El informe identificará el vehículo y señalará la deficiencia que afectaría la seguridad de operación del vehículo o que daría por resultado una descompostura mecánica. Si no se descubre ningún defecto ni deficiencia, el informe lo indicará. En cualquier caso, el conductor firmará el informe.

En las operaciones con dos conductores, sólo uno tiene que firmar el Informe de Condición del Vehículo, siempre que ambos estén de acuerdo en cuanto a los defectos o deficiencias identificados. Si un conductor opera más de un vehículo durante el día, se preparará un informe para cada vehículo operado.

P. ¿Qué se hace si no se encuentran problemas?

R. Toda empresa transportadora o sus representantes reparará cualquier defecto o deficiencia anotada en el Informe de Condición del Vehículo y certificará que tal defecto o deficiencia ha sido reparada o que es innecesario hacerlo antes de que el vehículo se opere de nuevo.

Toda empresa transportadora conservará durante tres meses a partir de la fecha de preparación el Informe de Condición del Vehículo original, la certificación de las reparaciones y la certificación de la revisión del conductor.

P. Luego de corregir los problemas, ¿tiene que hacer algo más el conductor?

R. Antes de manejar un vehículo motorizado, el conductor debe verificar que está en condiciones seguras de operación, debe revisar el último Informe de Condición del Vehículo y entonces firmar el informe sólo si hay una certificación de que se realizaron las reparaciones exigidas.

Operaciones de arrastre del conductor

Cuando un vehículo es arrastrado como carga, no se requiere inspección pero hay que verificar el enganche o la barra de arrastre. El conductor de la grúa también debe verificar que los vehículos arrastrados son asidos como se requiere en las FMCSR Parte 393.

Si el vehículo es manejado hasta el punto de entrega, el conductor debe asegurarse de que es seguro de operar, capaz de circular y de llegar a su destino.

Inspecciones periódicas (cada 12 meses)

Todo vehículo motorizado comercial será inspeccionado cada 12 meses y esto incluye a cada vehículo en una combinación. Por ejemplo, en un tractor semirremolque, combinación de remolque completo, se realizará la inspección del tractor, el semirremolque y el remolque (incluyendo la plataforma si está equipado).

Si la empresa transportadora que opera los vehículos motorizados comerciales no realizó la última inspección anual, será su responsabilidad conseguir el original o una copia de esa última inspección anual a solicitud de un funcionario federal, estatal o local.

FMCSR Parte 397

En la última parte de las FMCSR, se exige a los conductores profesionales que conozcan su Parte 397, que cubre el transporte de materiales peligrosos. Esta parte abarca:

- Atención de los vehículos motorizados
- Estacionamiento
- Rutas
- Incendios
- Humo
- Combustible
- Instrucciones sobre las llantas
- Documentos e instrucciones

P. ¿Qué debo saber sobre materiales peligrosos (HazMat)?

R. La información básica será suficiente, salvo si realmente planea acarrear materiales peligrosos. En este punto, necesitará un endoso de materiales peligrosos en su CDL.

Hasta entonces, necesita saber que debe portar letreros de advertencia cuando transporte materiales peligrosos.

También tiene que saber que algunos materiales no son peligrosos hasta que se transportan en determinadas cantidades.

Las FMCSR Parte 383 señalan que todos los conductores deben conocer ciertos aspectos de los HazMat (y por eso se incluye esta sección) aunque no tengan pensado transportarlos. Observe los papeles de embarque, los listados de manifestación, las etiquetas y otra información sobre la carga. También es importante que los conductores sean capaces de reconocer otros vehículos que transportan materiales peligrosos en las mismas carreteras.

Primero que nada, debe saber cuándo necesita portar letreros de advertencia, qué es peligroso y qué parte de las leyes se aplica a los materiales peligrosos.

P. Así ¿qué materiales son peligrosos?

R. Las Regulaciones Federales de Materiales Peligrosos definen materiales peligrosos como aquellos que en opinión del secretario de Transporte plantean un "riesgo para la salud, la seguridad y la propiedad cuando son transportados".

Esta lista incluye desechos peligrosos y subproductos de cualquier proceso químico. La lista oficial también comprende:

- **Materiales radiactivos.** Materiales o combinación de materiales que emitan radiación.
- **Gases o líquidos venenosos.** Los venenos de clase A dañan o matan en pequeñas dosis cuando se mezclan con el aire. Los venenos de clase B serán nocivos en contacto con la piel pero no son tan riesgosos como los venenos de clase A.
- **Gases inflamables.** Los gases a presión que son inflamables.
- **Gases no inflamables.** Gases a presión que no arden.
- **Líquidos inflamables.** Líquidos que desprenden vapores que se encienden. La gasolina es un buen ejemplo de un líquido inflamable.
- **Oxidantes.** Sustancias que hacen que otros materiales reaccionen con el oxígeno, con posibles resultados peligrosos. Estos oxidantes hacen que otros materiales ardan.
- **Sólidos inflamables.** Los sólidos que no son explosivos pero que arden por fricción o un cambio químico que genere calor. También pueden arder espontáneamente por algún cambio químico ocurrido en su procesamiento. Cuando algunos materiales se mojan, pueden arder o emitir gases tóxicos.
- **Materiales corrosivos.** Sustancias capaces de disolver o desgastar otros materiales. Se consideran corrosivos si pueden destruir tejido humano o corroer acero.
- **Materiales irritantes.** Líquidos o sólidos que producen humos peligrosos cuando entran en contacto con aire o fuego.
- **Líquidos combustibles.** Se consideran combustibles los líquidos que desprenden vapores capaces de encenderse entr 100 y 200 grados Fahrenheit.
- **Explosivos.** Pueden ser compuestos o mezclas químicas o artefactos que explotan. Los explosivos de clase A son los más peligrosos. Los explosivos de clase B no explotan sino que arden rápidamente. Los explosivos de

clase C son materiales que contienen pequeñas cantidades de explosivos de clase A o B. Los agentes detonadores son explosivos.

- **Cualquier agente capaz de causar una enfermedad.** Cualquier agente que produce enfermedades humanas.
- **Otros materiales regulados (OMR).** Cualquier material que de alguna manera plantea un peligro para la salud, la seguridad o la propiedad del público cuando es transportado.

P. ¿Qué son los letreros de HazMat y cómo son?

R. Los letreros de HazMat son figuras de diamante de cuatro pulgadas por lado. Muestran la clase de los materiales peligrosos y los números que incluyen son parte de un sistema mundial usado para identificar materiales peligrosos. Cada número representa un material peligroso diferente.

Los letreros no se colocan en los cilindros de gas a presión, sino que se colocan en una etiqueta atada en el cuello de dichos cilindros. En algunos casos se usa una calcomanía.

P. ¿Qué son los papeles de embarque y en qué difieren los papeles de los HazMat?

R. Los papeles de embarque deben ser llevados con todo embarque y certifican que cierta carga es peligrosa. Los papeles también deben certificar que los materiales se manejan y empacan de acuerdo con las regulaciones del Departamento del Transporte.

P. ¿Dónde se conservan los papeles de embarque?

R. Cuando el conductor está en la cabina, los papeles de embarque de los HazMat se colocan en la parte superior de todos los papeles de embarque de la carga regular. Las regulaciones afirman que los papeles deben estar al alcance del conductor mientras lleva puesto el cinturón de seguridad.

Si el conductor deja la cabina, los papeles de embarque deben guardarse a la vista en una bolsa en la puerta o el asiento del conductor. Esto garantiza que si el conductor se lesiona o está lejos del vehículo, los trabajadores de seguridad y emergencia sabrán exactamente dónde encontrar los papeles que detallan el contenido de la carga.

P. ¿Qué finalidad cumplen los letreros de advertencia? ¿En dónde se colocan?

R. Es obligatorio situar los letreros de advertencia de HazMat en la parte exterior del vehículo. Si hay más de un tipo de material peligroso en la carga, las regulaciones dicen que es suficiente un letrero que indique "Dangerous", "peligroso".

Los vehículos deben estar marcados por todos los lados y los tanques cisterna con los que se transporten HazMat deben llevar letreros en todo momento, incluso si están vacíos.

P. ¿Qué pasa si se abandona un vehículo cargado con HazMat?

R. Si su carga es explosivos, nunca debe abandonar su vehículo y todo el tiempo debe haber una persona calificada en guardia. Si deja un vehículo cargado con explosivos, debe estacionarlo en un "albergue", que es una zona de estacionamiento especial dispuesta para uso de los vehículos cargados con HazMat.

P. **¿Las cargas de HazMat se transportan a través de rutas especiales?**

R. Las cargas de HazMat deben evitar las rutas que atraviesen zonas muy pobladas a menos que no haya otra ruta posible al destino.

En las cargas que contienen explosivos de clase A o B, la empresa transportadora o el manejador debe redactar un plan de recorrido que incluya restricciones y permisos de las ciudades que los requieran.

El plan escrito incluye ciertas horas en que puede viajar el vehículo a través de la ciudad. Algunas ciudades determinan en qué horas pueden pasar los materiales peligrosos. Otras ciudades requieren permisos, que deben conseguirse de antemano. Si lleva explosivos, verifique cuales ciudades se encuentran en la ruta, pues cada una tiene sus propias leyes.

P. **¿Qué hago en caso de fuego?**

R. No hace falta decirlo: con una carga de HazMat, manténgase lejos de fuegos, de cigarros a llamas abiertas. Verifique también periódicamente las llantas para ver que los neumáticos no se calienten demasiado.

Incluso sin un permiso de HazMat, un manejador puede transportar ciertos materiales peligrosos que no requieren letreros de advertencia. También hay situaciones especiales en las que un vehículo para HazMat puede mover materiales sin letreros: cuando lo escoltan funcionarios gubernamentales locales o estatales, cuando la empresa transportadora tiene autorización del Departamento de Transporte o cuando el vehículo debe moverse para proteger la salud, la propiedad u otras personas.

Repaso

Lea cada pregunta y las respuestas que se dan. Escriba en el espacio la letra de la respuesta correcta o bien anote sus respuestas en una hoja aparte para tenerlas a la mano al repasar para la CDL. Cuando responda todas las preguntas, verifique sus respuestas con la clave que sigue.

_____ 1. Verdadero o Falso. Al transportar explosivos, sólo puede abandonar su vehículo para descansar, comer y los descansos de ocho horas en hoteles o moteles.

_____ 2. Puede exceder en dos horas el tiempo máximo de manejo sólo si maneja en condiciones adversas como

(A) nieve,   (C) niebla,

(B) aguanieve,   (D) todas las anteriores.

_____ 3. Cuando un funcionario de la Administración Federal de Autopistas realiza una inspección en el camino y declara que que el vehículo queda "fuera de servicio," el conductor puede manejar

(A) hasta su destino,

(B) hasta la terminal más cercana de la empresa transportista,

(C) hasta el centro de reparación más cercano,

(D) ninguna de las anteriores.

_____ 4. Cuando se transportan materiales peligrosos, el conductor debe llevar los papeles de embarque

(A) consigo mismo,   (C) en la guantera,

(B) en el asiento del chofer,   (D) ninguna de las anteriores.

_____ 5. Verdadero o Falso. Si un funcionario de la Administración Federal de Autopistas realiza una inspección y encuentra que el diario del conductor no está actualizado, puede declarar al vehículo "fuera de servicio."

_____ 6. Verdadero o Falso. Si un vehículo es arrastrado como carga, de todas formas debe cumplir con los criterios de inspección.

_____ 7. Cuando se prepara para conducir un vehículo, debe verificar los informes de inspección así como asegurarse de que

(A) la cabina fue limpiada,

(B) los problemas detectados fueron corregidos,

(C) arregló todos los problemas,

(D) ninguna de las anteriores.

_____ 8. Si maneja un vehículo y surge un problema, sólo puede manejarlo

(A) hasta su destino,

(B) hasta la terminal más cercana para que lo reparen,

(C) lo necesario para llevarlo al lugar más cercano para que lo reparen,

(D) ninguna de las anteriores.

_____ 9. Si su vehículo no pasa una inspección en el camino, debe

(A) entregar este informe a la empresa transportadora en la siguiente terminal,

(B) expedir por correo el informe a la oficina central si no llegará a la siguiente terminal en el plazo de 24 horas,

(C) todas las anteriores,

(D) ninguna de las anteriores.

_____10. Verdadero o Falso. Si falla su dispositivo de registro a bordo, puede culpar a la empresa transportadora.

Respuestas al repaso

1. Falso; 2. D; 3. D; 4. D; 5. Verdadero; 6. Falso; 7. B; 8. C; 9. C; 10. Falso.

Términos que hay que saber

Los términos siguientes proceden del contenido del capítulo. Revíselos. Si no está seguro de alguno, compruebe la definición en el glosario al final del libro. Si le sirve, redacte una lista de los términos y su definición (o escriba aquí las definiciones) y repáselos varios días antes de presentar los exámenes para la CDL.

Agentes etiológicos

Albergue

Chofer vendedor

Condiciones adversas de manejo

Condiciones de emergencia

Conductores declarados "fuera de servicio"

Diarios

Dispositivo de registro automático a bordo

Dispositivos de registro del viaje

Excepción de las regulaciones

Informe de la Condición del Vehículo

Letreros de advertencia

Letreros

Litera

Materiales peligrosos (HazMat)

Millas totales recorridas

Ocho días consecutivos

Papeles de embarque

Paradas múltiples

Periodo de 24 horas

Plan de ruta por escrito

Preparación del formato de la gráfica

Registro del estado de funciones del manejador

Siete días consecutivos

Tiempo de viaje

Tiempo en funciones

Tiempo máximo de manejo

EL TABLERO DE DESPACHO
No es lo que ocurre, sino lo que uno se dice

Ron Adams, Ph.D.

Después de seis horas de esforzado manejo, Ann maniobra su camión en el tráfico del mediodía hasta la terminal. "Estuve fuera tres semanas. Ahora debo ir a casa y ver qué le pasa a Bill. Últimamente no habla mucho conmigo."

Billy, el hijo de Ann, se queda con la madre de ella cuando sale de viaje.

"Tres semanas. No me gusta irme tanto tiempo. Sé que mi hijo me necesita en casa pero tenemos que ganarnos la vida."

Ann está tan cansada que apenas puede abrir los ojos cuando entra a la cochera de su casa en la polvosa camioneta Ford que comparte con su madre. Se detiene de golpe para evitar una bicicleta. Cuando Billy sale de la casa, Ann le grita con firmeza: "Billy, ¿cuántas veces te he dicho que no dejes tu bicicleta en el paso?"

El jovenzuelo da la vuelta y corre hacia los árboles tras la casa mientras grita por el hombro: "¿Qué más te da? Nunca estás aquí. No eres mi mamá. Mi abuela es mi mamá."

*****

Roberto es un veterano de 10 años en la conducción de largas distancias. Con pericia, saca su camión de la interestatal para entrar en la zona de descanso. "Tengo que volver a llamar a casa. Me pregunto por qué Mary no me devolvió la llamada."

Su trabajo le exige que pase tres semanas en el camino y una en casa.

"Se que se esconde de mí", lo reprende una voz al fondo de su cabeza.

*****

¿Casos aislados? Los expertos en temas familiares no lo creen.

La conducción profesional de camiones no siempre es fácil. Al estar lejos de casa, el conductor se pierde con frecuencia las ricas experiencias familiares.

Después de algunos años de manejar, el conductor suele encontrarse en el exterior mirando cómo su familia comparte una o más experiencias. En ocasiones, esto lleva

EL TABLERO DE DESPACHO *continuación*

a que se borren los papeles familiares y los hijos no saben bien a quién pedir permiso o en quién confiar.

Esta confusión en la familia produce malos entendidos y tensión, lo que no es sano para los miembros de la familia y plantea un peligro para la seguridad del manejador.

¿Qué es, pues, lo que sucede con nuestros conductores?

Ann está cansada después de apresurarse para llegar a casa. Tiene sentimientos de culpa porque nunca está al alcance de sus hijos. Está frustrada porque sus niños van con su abuela cuando tienen problemas y no con ella. Se enojó cuando vio la bicicleta en el paso. Todo esto produce tensión.

Roberto se siente culpable por estar tanto tiempo lejos. Ama su trabajo, pero es muy inseguro en sus relaciones con Mary. Esta culpa e inseguridad también producen . . . adivínelo . . . tensión.

En realidad, Ann y Roberto están molestos con ellos, los demás o el mundo que los rodea y expresan estos sentimientos de muchas maneras. Algunas personas se deprimen, afligen o se sienten inferiores o sin valor. Otras consumen drogas, se consiguen una úlcera o algo peor.

¿Qué pueden hacer Ann y Roberto?

Como primer paso, pueden cambiar lo que ven. En otras palabras, pueden cambiar lo que creen que pasa en su vida.

Hace dos mil años un famoso maestro griego dijo: "Lo molesto no es lo que ocurre en tu vida, sino lo que te dices al respecto".

En otras palabras, es su opinión sobre algo, no la situación, lo que lo molesta.

No hay otra persona, situación o suceso que lo haga sentir enojado, deprimido, culpable, indigno o inferior aparte de usted mismo. Y *usted* es responsable de sus propias reacciones emocionales.

Por tanto, las cosas no alteran a las personas, sino que las personas se alteran por la forma en que ven la situación.

Veamos qué es lo que ocurre. Supongamos que Ann tiene que ir al consultorio del médico. Se sube a un elevador atestado y alguien comienza a golpearla por atrás.

Como el elevador está atestado, Ann no puede voltear para ver lo que pasa y empieza a enojarse. Cuando el elevador llega a su piso, ella decide dejarle al "golpeador" un recuerdo de lo que piensa de él.

Justo cuando está a punto de empezar, Ann se da cuenta repentinamente de que la otra persona es ciega y le pegaba con su bastón sin darse cuenta.

¿Qué pasó con su ira y con su planeada reclamación?

Lo más probable es que se sintiera mucho menos trastornada. Habrá sentido pena y hasta culpa por casi reclamar a una persona con una incapacidad.

¿A qué se debió este cambio súbito? A que Ann vio la situación de otra manera.

Un cambio de pensamientos es un cambio de sentimientos.

¿Cómo pueden aprovechar esta información Ann y Roberto para sentirse mejor con sus relaciones familiares y, por tanto, mejorarlas?

En primer lugar, veamos los tres principios básicos de los seres humanos de acuerdo con el doctor Albert Ellis del Instituto de Pensamiento Racional Emotivo, la fuente de buena parte de esta información:

continúa

EL TABLERO DE DESPACHO *continuación*

1. **Los seres humanos tenemos la capacidad exclusiva de pensar y razonar.**
   Cualquiera que sea la situación, siempre tenemos una opinión. No siempre es la correcta, pero siempre pensamos algo acerca de nuestras experiencias.
2. **Nos sentimos como pensamos.**
   Nuestras emociones dependen de cómo vemos las cosas. Cuanto más extremo es nuestro punto de vista, más intensas son nuestras emociones.
3. **Por lo regular, pero no siempre, las acciones siguen a nuestros sentimientos.**

Muchas veces, lo que hacemos depende de cómo vemos una situación particular.

Ann y Roberto están de acuerdo en que los *pensamientos* producen los *sentimientos,* que a su vez generan acciones.

El ABC de las emociones.   En su teoría del pensamiento racional emotivo, el doctor Ellis trazó el ABC de las emociones que reza así: **A,** un acontecimiento ocurre; **B,** uno se explica el acontecimiento; **C,** uno abriga un sentimiento acerca del acontecimiento.

Veamos cómo opera el ABC. Hay una vieja anécdota familiar que Ann oyó muchas veces a su padre, quien también era camionero.

Según la anécdota, Paul, el padre de Ann, manejaba un verano en Nebraska transportando grano (era la cosecha del trigo). Después de recorrer el polvo de los campos y los caminos rurales sin pavimentar, llegó por fin la hora de comer.

Mientras Paul entraba con su camión en el estacionamiento de la cafetería local, pensaba en lo delicioso que sería su almuerzo con una buena taza de café y una buena tajada del viejo bizcocho de nuéz, tal como lo hacía su madre.

Paul acomodó su cansado cuerpo en un asiento ablandado por los incontables overoles que lo ocuparon y desocuparon al pasar los años. Tras la barra y justo frente a Paul se veía un bizcocho de nuéz.

"Eso quiero de postre", pensó.

Saboreó cada mordida de su pollo frito, el puré de papa cubierto de salsa y los habichuelas sazonadas con grasa de tocino. Cuando terminó el último trozo de pollo con un gran pedazo de pan de maíz rebosante de mantequilla, pensó: "Ahora sigue ese bizcocho de nuéz".

Tras la barra, la mesera le preguntó a Paul si quería algo más. Paul casi podía saborear el bizcocho de nuéz detrás de ella mientras le decía que quería una rebanada de aquel bizcocho.

"¿Cuál bizcocho?", le preguntó la mesera volteando hacia el aparador con los bizcochos. Al mismo tiempo, las nuéces del bizcocho comenzaron a volar y Paul se dio cuenta repentinamente de que lo que tomó por nuéces sobre el bizcocho eran en realidad bichos.

Paul deglutió el último trago de café, se escurrió del asiento y se encaminó a la puerta murmurando que mejor no quería ningún bizcocho. No hace falta decir que Paul no volvió a poner el pie en esa cafetería.

Veamos cómo funcionó el ABC con Paul:

Cuando Paul creyó que veía un bizcocho de nuéz,

A. Veía el bizcocho.
B. Pensaba que sabroso sería el bizcocho.
C. Quiso una rebanada de ese bizcocho.

continúa

EL TABLERO DE DESPACHO *continuación*

Cuando Paul vio volar los bichos,

A. Vio bichos volar del bizcocho.
B. Pensó en el tamaño del bizcocho.
C. Ya no quiso comer bizcocho.

Ahora veamos cómo pueden aplicar esta teoría Ann y Roberto para mejorar sus situaciones.

En primer lugar, Ann y Roberto tienen que darse cuenta de que tienen un trabajo que produce mucha tensión.

Además, Ann y Roberto deben hablar con sus familias acerca de las imposiciones de tiempo de su trabajo, que los mantiene alejados tanto. Una discusión franca con su familia sobre las ventajas y desventajas del trabajo será un gran avance para disipar iras y culpas en ellos o sus familias.

Las siguientes son algunas acciones que puede emprender Ann para mejorar su vida:

A. Como está cansada y tiene sueño cuando llega a casa, Ann podría organizar su horario para descansar un poco antes de llegar a casa.
B. Para aminorar la frustración que siente cuando su hijo acude con su madre y no con ella, Ann puede discutir la situación con su madre y su hijo, señalando por qué está tanto tiempo lejos de casa. Durante la discusión, Ann puede explicar que se necesita mucha gente para criar a los niños y que está agradecida de que su madre esté ahí para ayudarla.
C. Para evitar la ira por la bicicleta en la entrada: durante la reunión familiar, debe haber un análisis de expectativas. Si Ann se siente muy molesta por ver la bicicleta en el paso, debe decirle específicamente a su hijo lo que espera. Ann debe darse cuenta de que si está en casa apenas una semana de cuatro, su hijo puede olvidarse y dejar la bicicleta en el paso. Ann y él se sentirán mucho mejor si ella pasa por alto la bicicleta y le da a su hijo un enorme abrazo y le dice cuánto lo extrañó.

Enseguida tenemos algunas acciones para que Roberto las ponga en marcha:

A. Roberto y su familia tienen que discutir los puntos buenos y malos de su trabajo. Roberto debe decirles por qué es un manejador de autopista (es probable que las razones económicas tengan un gran peso), que lamenta mucho irse tanto tiempo y que los ama. Una solución sería delimitar los problemas que causa su ausencia. Esta discusión le daría a Roberto la oportunidad de tener sentimientos positivos hacia su trabajo, lo que reduciría sus sentimientos de culpa.
B. Roberto y Mary deben tener una discusión franca sobre su relación. Roberto debe decirle a Mary lo que siente cuando no puede localizarla mientras está de viaje. Puede decirle que cuando no la localiza se tensa mucho y que la tensión puede llevar a una situación peligrosa mientras maneja. Roberto podría sugerirle a Mary que lo mantenga informado de su calendario. Si Mary coopera con la sugerencia de Roberto, él se sentirá más seguro en su relación.

Recuerde que durante su carrera de manejador tendrá unas épocas buenas y otras malas. Tratará con personas muy agradables y con otras que no lo son tanto.

Pero tenga siempre presente lo que el famoso maestro griego dijo hace más de dos mil años: "Lo molesto no es lo que ocurre en tu vida, sino lo que te dices al respecto".

Y cuando ordene su bizcocho de nuéz, ¡fíjese bien antes de dar la primera mordida!

PARTE II

Destrezas del conductor profesional

6 Inspecciones de vehículos

Como conductor profesional, la seguridad es su prioridad más importante. Es su prioridad cuando su vehículo combinado está siendo cargado, durante la inspección previa al viaje que realice, en el camino y cuando entrega su carga.

No hay nadie en los Estados Unidos que tenga un trabajo tan peligroso como el conductor profesional. Casi como quienes trabajan en los campos petroleros de este país, un conductor profesional está consciente de las precauciones de seguridad desde el momento en que aborda su vehículo hasta que sale de él por cualquier razón.

Una inspección del vehículo es el primer paso hacia la realización de operaciones seguras.

Las leyes estatales y federales requieren que , el conductor, realice una inspección a fondo del vehículo cada vez que vaya a manejarlo. Las FMCSR Parte 383 establecen que los conductores profesionales deben estar familiarizados con las FMCSR Parte 396 y esta norma incluye la inspección de vehículos.

Además, las FMCSR Parte 392.7 establecen:

> *Ningún vehículo automotor deberá ser conducido a menos que el conductor del mismo haya quedado satisfecho de que los siguientes accesorios y partes estén en buenas condiciones, ni los conductores usarán o dejarán de usar tales partes y accesorios cuando y como sea necesario:*
> - *Frenos de servicio, incluyendo conexiones de frenos de los remolques*
> - *Freno de estacionado (de mano)*
> - *Mecanismo del volante*
> - *Dispositivos de iluminación y reflectores*
> - *Llantas*
> - *Bocina*
> - *Limpiaparabrisas*
> - *Espejo(s) retrovisor(es)*
> - *Dispositivos de acoplamiento*

Al inspeccionar el vehículo a fondo, el conductor sabe que los "accesorios y partes se encuentran en buenas condiciones", antes de salir al camino.

Estos requisitos se usan en la mayoría de los estados para los exámenes de CDL y los requisitos también piden a los conductores profesionales que deben poder demostrar que pueden realizar una inspección de vehículo a fondo. La mayoría de los examinadores le pedirán que realice una inspección como parte del examen de destrezas de CDL.

En este segmento del examen de destrezas, se le puede pedir que describa los diferentes sistemas y partes de su vehículo conforme realiza su inspección. O tal vez, el examinador le pida detener su inspección en ciertos puntos y le preguntará acerca del equipo.

Debe conocer el equipo requerido para su vehículo, como funcionan los sistemas, como ciertos daños o defectos evitan que el vehículo opere de manera correcta y como cargar la mercancía adecuadamente.

Debe ser capaz de realizar algunas reparaciones y algo de mantenimiento, también es importante que pueda determinar el momento en que ocurren problemas mientras opera el vehículo.

Nota: Un consejo más para la parte de inspección del examen de destrezas de CDL: realice una rutina de inspección para que no pase por alto nada. Con una rutina, no se le olvidará o pasará por alto algo y no se confundirá. Logre una rutina y sígala cada vez que inspeccione su vehículo.

El "quién" y "cuándo" de las inspecciones

¿Quién realiza la inspección?

En general, la principal responsabilidad de inspección recae en la compañía transportista. El transportador también debe realizar inspecciones periódicas de sus vehículos llamadas "inspecciones anuales."

Pero, en la mayoría de los casos, es responsabilidad del conductor inspeccionar el vehículo antes y después de cada viaje. ¿Querría conducir un vehículo con una carga de 80,000 libras de materiales peligrosos que no haya sido inspeccionado? Desde luego la respuesta sería "no."

Hay otro grupo que inspecciona un vehículo comercial: los inspectores federales y estatales que pueden realizar una inspección en cualquier momento. Esto ocurre en la estación de pesado o puede ser cuando vaya por la carretera. Para estas inspecciones, (1) tiene que detenerse en el punto de inspección, o (2) el inspector hace que se detenga para realizar una inspección a la orilla del camino . . . en cualquier lugar del país.

Cuando ocurran estas inspecciones, si se descubre que el vehículo es inseguro de alguna forma, se le puede "sacar de servicio". Esto significa que no irá a ningún lado hasta que el vehículo sea reparado y sea seguro reiniciar el viaje.

¿Cuándo se realizan las inspecciones?

Como lo indica el término, las inspecciones previas al viaje se realizan *antes* de cada viaje. Estas inspecciones son tan importantes que debe registrarlas en un diario. Durante estas inspecciones, debe buscar problemas y daños en el vehículo que podrían causar una descompostura o un accidente. Cualquier daño que encuentre debe ser reparado antes de que el vehículo salga a carretera.

Una inspección posterior al viaje, como el término lo indica, se realiza al *final* del viaje, o si el viaje dura varios días, al final de cada día o al final de cada jornada.

La inspección posterior al viaje puede abarcar el llenar el informe de las condiciones del vehículo, incluyendo cualesquier daños o problemas que detecte. Esto ayuda al transportador a saber que se necesita arreglar en piezas específicas del equipo.

Pero cualquier conductor veterano también le comentará que vigila su seguridad personal y la seguridad de otros al inspeccionar su vehículo *durante* el viaje, observando si los medidores tienen algún problema, usando sus sentidos (vista, oído, olfato y tacto) para verificar si hay problemas que ocurran cuando esté en la carretera.

Mientras maneja, debe planear detenerse cada 150 millas o cada tres horas para realizar una inspección "en el camino" (Figura 6-1). Las cargas cambian de posición y los retenes se aflojan, así es que es importante caminar todo alrededor del vehículo cada vez que lo detenga.

Un conductor veterano también le animaría a revisar los sistemas principales cada vez que se detenga. Estos sistemas se encuentran en la mayoría de los vehículos que aseguran la operación segura del vehículo. Estos son:

- Luces y alambrado
- Frenos
- Ventanas
- Combustible y sistema de combustible
- Dispositivos de acoplamiento (en vehículos combinados)
- Llantas
- Limpiaparabrisas y antiempañantes
- Espejos retrovisores
- Bocina
- Velocímetro
- Piso
- Defensa trasera
- Indicadores en cargas demasiado grandes o que sobresalgan del vehículo
- Cinturones de seguridad
- Equipo de emergencia

Figura 6-1   Las inspecciones en ruta ahorran tiempo y vidas.

- Ataduras de carga, redes y otros dispositivos utilizados para asegurar la carga
- Armazón
- Cabina
- Ejes, rines y llantas
- Volante
- Suspensión

Algunos estados requieren que los vehículos tengan más equipo que el incluido en la lista anterior. Este capítulo abarcará los puntos requeridos comúnmente en la mayoría de los estados. Antes de presentar los exámenes de CDL, debe averiguar los requisitos del estado donde se localizan sus oficinas principales y cualquier estado donde conducirá.

Nota: *Es posible que un vehículo sea "sacado de servicio" en un estado por una condición que sea aceptable en los siguientes tres estados.*

Inspección de vehículos: examinemos un sector a la vez

Luces y reflectores

- Verifique que todas las luces y los reflectores requeridos estén en su debido lugar.
- Asegure que todos estén limpios y funcionen bien.

Sistema eléctrico

- Revise para detectar cualquier problema de alambrado:
  —— Cables sueltos, deben ponerse en su lugar
  —— Cables rotos y desgastados, deben reemplazarse
  —— Corrosión alrededor de las ataduras, debe ser limpiada con un cepillo de alambre
- Revise lo fusibles, reemplace los que estén fundidos
- Revise la batería:
  —— Chequee que cada celdilla tenga un tapón de ventilación.
  —— Limpie todos los tapones de ventilación obstruidos.
  —— Revise los líquidos en las baterías húmedo-cargadas.
  —— Revise la base de la batería, asegure que las barras de sostén ajusten bien.
  —— Revise la caja de la batería, debe estar en su lugar adecuado y no tener cuarteaduras o fugas.
  —— Revise que los cables no estén desgastados o pelados.
  —— Revise las conexiones, deben estar bien apretadas.
- En la cabina:
  —— Revise el voltímetro y el amperímetro, las lecturas deben estar en el intervalo normal.

Sistema de frenos (excluyendo los frenos de aire)

- Inspeccione las cuatro llantas:
  —— En cada eje, revise que no haya cuarteaduras y ondulaciones por las que se fugue algún líquido (Figura 6-2).
  —— Revise que los tambores de los frenos no tengan cuarteaduras.

PROBANDO LOS FRENOS DE AIRE
• MUEVALO HACIA DELANTE SUAVEMENTE

Figura 6-2   La inspección cuidadosa significa tener operaciones más
seguras.

———Revise que las zapatas no tengan líquido o haya líquido en los cojinetes y
si alguna zapata falta o está rota. ¿Algún problema? ¡Deben reemplazarse
o repararse de inmediato!

———Revise que las líneas de los frenos no estén desgastadas o débiles en
algún punto.

———Revise que las líneas no estén dobladas o torcidas.

———Revise el nivel de líquido en el cilindro maestro (cuando inspeccione un
área del motor). Use una lupa o algún dispositivo, consulte el manual del
vehículo para realizar el método de inspección correspondiente. Asegure
que el nivel de líquido llegue hasta la marca indicada. Las fugas en esta
área significan muchos problemas.

- En la cabina, revise el sistema hidráulico de frenos:

———Encienda el motor (la transmisión está en punto neutro).

———Bombee el pedal del freno tres veces.

———Después, pise con firmeza el pedal del freno no menos de cinco
segundos (algunos fabricantes indican más tiempo). El pedal no debe
moverse.

———Si el pedal se mueve, o no está firme, hay aire en las líneas.

———Si el pedal se va hasta el piso, hay una fuga y debe repararse.

- Revisar los frenos de vacío (si los hay):

———Pise los frenos, si tiene que esforzarse demasiado, puede haber defectos
en el sistema de vacío.

———Si siente que disminuye la intensidad de los frenos, también eso es una
señal de que hay problema en el sistema.

- Revise los frenos de estacionado:
  —— Abróchese el cinturón de seguridad.
  —— Meta la primera velocidad y deje que el vehículo avance lentamente.
  —— Ponga el freno de estacionado. El vehículo debe detenerse. Si no lo hace, mande reparar el freno de estacionado antes de que inicie el viaje.
- Revise el freno de servicio:
  —— Avance a unas cinco millas por hora.
  —— Pise el freno con firmeza. Si el vehículo se inclina hacia la izquierda o derecha, esto significa que hay problemas con el sistema de frenos.
  —— Cualquier pausa antes de que los frenos "agarren" también indica que hay problemas en el sistema de frenos.
  —— Si el pedal del freno "se siente raro", si tarda mucho en agarrar o necesita de demasiado esfuerzo para pisarlo, pida que revisen y reparen los frenos antes de que salga a cualquier lado.

La cabina

- La cabina debe estar bien acomodada, en orden y limpia.
  —— Las puertas deben abrir y cerrar con facilidad y seguridad.
  —— Revise si hay partes flojas, cuarteadas o rotas.
  —— La escotilla debe estar bien asegurada.
  —— Los asientos deben estar bien firmes.
  —— La defensa frontal requerida está en su lugar.
  —— La defensa posterior se requiere para vehículos que estén a más de 30 pulgadas del piso (sin carga). Si la defensa está en su lugar, chequee si está bien firme.

Sistema de dirección (volante)

- El eje del volante deberá estar bien montado y el volante debe estar bien seguro, debe moverse con facilidad y no tener elementos cuarteados (Figura 6-3).
- El "latigazo del volante" o "juego libre") el número de vueltas que el volante debe dar para que las llantas se mueva) no debe ser de más de 10 grados o dos pulgadas en un volante con 20 pulgadas de circunferencia según FMCSR Parte 393. Si el juego libre excede los límites, el vehículo será difícil de manejar.
- Revise que las juntas en U no estén desgastadas, flojas, dañadas o tengan señales de haber sido soldadas (que no es aceptable para una reparación de una junta en U).
- La caja de velocidades no esté dañada y los pernos y ménsulas estén en su lugar y firmes.
- El brazo Pitman esté firme.

Para vehículos con dirección hidráulica

- Todas las partes funcionen bien y no estén dañadas.
- Las bandas que estén desgastadas, cuarteadas o se resbalen deben reemplazarse o ajustarse.
- Busque si hay fugas en las líneas y el tanque y revise que el tanque contenga suficiente líquido de dirección hidráulica.

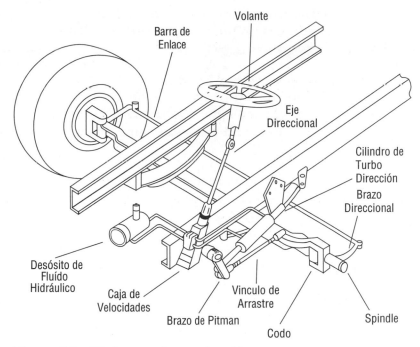

Figura 6-3 El sistema de conducción.

- Si nota que faltan tuercas, pernos, llaves cotter, o que alguna otra parte está dañada, reemplácelos de inmediato. Lo mismo aplica si el eje del volante, la caja de velocidades o la varilla de unión están dañados, flojos o rotos.

Ventanas y vidrios

Revise todas las ventanas y parabrisas de vidrio. El área de visión debe mantenerse sin calcomanías y acumulación de suciedad, o sin decoloración. Y recuerde, sólo se permiten los tintes de fábrica que reducen el brillo.

- Por favor, sólo tenga las calcomanías requeridas en la parte de abajo del parabrisas, no más de 4.5 pulgadas hacia dentro del área de visión.
- El vidrio no debe estar cuarteado o estrellado en más de un área de una pulgada.

Limpiaparabrisas y antiempañantes

Todos los vehículos con parabrisas deben tener uno o dos limpiaparabrisas y un antiempañante de parabrisas.

- Los limpiaparabrisas deben estar uno a cada lado de la línea central del parabrisas.
- Los limpiaparabrisas deben ser automáticos y funcionar bien.
- Revise que los hules de los limpiaparabrisas limpien bien. Si los hules están flojos, no limpiarán bien.
- Los hules viejos—tiesos, flojos o que se desmenuzar—deben ser reemplazados.
- Encienda y apague el antiempañante en cada inspección, coloque la mano sobre la ventilación para confirmar que arroje aire caliente.

- Los lavadores son opcionales. Si los tiene, pruébelos y revise el nivel del líquido. Si no funcionan, revise que las líneas no estén peladas, rotas o tengan fugas.

Espejos retrovisores y laterales

Los espejos retrovisores a cada lado de la cabina deben ajustarse cuando se encuentre en el asiento del conductor. Debe ver ambos lados de la parte trasera del vehículo. Los espejos deben estar limpios y sin ningún daño.

Bocina

Revise que la bocina funcione. Se requiere que todos los vehículos tengan una. Un consejo: ¡No suene su bocina en una parada de camiones! Algunos conductores podrían estar durmiendo.

Cinturones de seguridad

Revise que el cinturón de seguridad esté bien anclado y en buenas condiciones. Cuando presente el examen de habilidad de CDL, abróchese el cinturón antes de encender el motor.

Piso

El piso debe estar limpio y sin agujeros.

Armazón

En cada inspección, revise si el armazón está flojo, cuarteado, pelado o dañado.

- Revise si faltan tornillos.
- Reemplace cualquier tornillo roto en el armazón.
- Revise que todos los tornillos y remaches estén apretados y en su lugar.

Sistema de combustible

Revise que su tanque o tanques:

- Estén montados firmemente.
- No estén dañados o tengan alguna fuga.
- La línea de cruce de combustible debe estar segura y a una altura que no toque la carretera para evitar que se dañe. Su camión puede o no tener líneas de cruce.
- Los tapones de combustible estén en su lugar.
- Los empaques de neopreno estén en su lugar.
- Los tanques deben estar llenos a 95% (el combustible se expande cuando se calienta).

Sistema de escape

Un mal funcionamiento del sistema de escape podría costarle la vida.

- Revise si no hay tubos, silenciadores, tubos de escape traseros o chimeneas que estén rotos, flojos o que falten.
- Revise si hay monturas flojas o rotas, ménsulas faltantes, abrazaderas dobladas o tuercas y tornillos que falten o estén rotos.
- Revise que ninguna parte del sistema de escape se rocen con partes del sistema de combustible.
- Revise que las mangueras, las líneas y los cables no estén rotos, desgastados o raídos.

- Con la mano cerrada (no encima, porque se quemará) chequee el múltiple de escape. Revise si hay fugas, las puede sentir con los dedos.
- Nunca parche o envuelva el sistema de escape. Indique tales reparaciones en su inspección como defectos y ordene que los reparen.

Dispositivos de acoplamiento

Estos incluyen monturas, barras de remolque, ganchos de perno macho y las cadenas de seguridad que se utilizan para remolcar.

- Revise visualmente si las partes que se usan para enganchar vehículos están dobladas o con ondulaciones.
- Las cadenas de seguridad no deben tener eslabones rotos o torcidos.
- Revise que las luces, los reflectores, el volante y los frenos funcionen bien en todos los vehículos, tanto del vehículo remolcado como del que remolca.

Llantas

Sin importar si ha manejado dos o veinte años, ya sabe que es peligroso conducir con llantas en malas condiciones.

- Revise si las llantas no tienen el grabado liso y que las bandas de refuerzo no se vean a través del grabado.
- Revise que no haya una separación del grabado o el costado.
- Revise que no se vean las bandas de refuerzo a través de cortes o cuarteaduras profundos.
- Revise que ninguna válvula de aire esté dañada o cuarteada y que todas la válvulas tengan pernos y tapones.
- Si una llanta está baja o pinchada, o cualquiera de las situaciones anteriores, haga que la reparen.
- Escuche si hay alguna fuga de aire y busque si no hay bultos (podría significar que va a estallar).
- Revise la presión de inflado con un medidor de llantas (especialmente durante el examen de CDL).
- Revise que las llantas no estén desgastadas. Se necesitan no menos de 4/32 de pulgada de grabado principal en el frente y 2/32 de profundidad de grabado en las demás llantas (Figura 6-4).
- En las llantas dobles, revise que no se toquen entre sí o que no toquen otra parte del vehículo.
- Todas las llantas deben ser del mismo tamaño y tipo. No se deben usar llantas radiales y de grabado especial en el mismo eje. Esto está prohibido en la mayoría de los estados de la Unión Americana.
- No se permiten tener llantas reencauchadas en la parte frontal de la cabina o cabinas con una clasificación de eje frontal de más de 8,000 libras.

Al revisar las llantas, recuerde la abreviatura ICP: inflado, condición, profundidad.

Ruedas y rines

Revise que las llantas o los rines no estén cuarteados o dañados.

- Revise si todos los espaciadores, pernos, orejas y abrazaderas estén completos.
- Revise si los anillos de cierre están dañados o equivocados.
- Si se soldaron las ruedas o los rines para repararlos, anótelo como un defecto.
- Si ve que hay oxidación alrededor de las tuercas de la rueda, revise si no están flojas con una llave apropiada.

Figura 6-4 Revisión de la profundidad del grabado de las llantas.
(Fotografía cortesía de ATA Associates, Inc.)

- Los orificios de pernos o tornillos en los rines que no estén circulares (ovales o en forma de huevo) indican problemas.
- Revise el suministro de aceite del cubo de rueda y que no haya fugas.

Salpicaderas

Un requisito estatal común es que las salpicaderas sean tan anchas como las llantas o más.

- Las salpicaderas no deben estar a más de seis pulgadas del piso cuando el vehículo esté con carga completa. Cada estado tiene un reglamento diferente, debe verificar las restricciones de su estado.
- Las salpicaderas deben estar montadas tan lejos como sea posible hacia atrás de la llanta.

Cadenas para llantas

Otro requisito que varía de un estado a otro es el relacionado con la conducción cuando hay nieve y hielo: incluya las cadenas para llantas en su equipo. Es importante que sepa como colocarlas y quitarlas por si se lo pide el examinador de la CDL. Revise los reglamentos del estado en el que vive y de cada uno de los estados donde conducirá vehículos. Por lo general, se requieren cadenas para llantas en las regiones montañosas.

Sistema de suspensión

No conduzca un vehículo combinado que tenga problemas de suspensión como partes rotas o cuarteadas. La Figura 6-5 muestra el sistema de suspensión.

- Revise que no haya ganchos de muelles, tornillos U y partes de posicionamiento de ejes dañados.

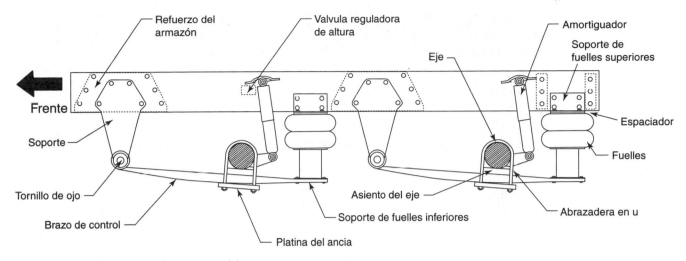

Figura 6-5   El sistema de suspensión

- Los problemas de conducción son causados por abrazaderas de muelles flojos o doblados.
- Los ejes de impulso no deben tener fugas.
- Revise si no hay partes faltantes o rotas del muelle de hoja. Si falta 25 por ciento, esto pondrá el vehículo fuera de servicio. Pero cualquier defecto en esta área es peligroso: pone en peligro la vida del conductor y los que le rodeen en el camino.
- Revise todos los muelles para detectar si tienen cuarteaduras, rupturas u otro tipo de daños.
- Revise que los amortiguadores no tengan fugas o estén dañados.
- Si tiene sistema neumático de suspensión, revise que no haya fugas y que la válvula reguladora de presión de aire funcione bien, revisando el medidor de la presión de aire del vehículo.
- Revise que la suspensión neumática no tenga fugas de más de 3 psi en cinco minutos. Si la fuga excede esta cantidad, mándela reparar.

Equipo de emergencia

- El extintor debe estar montado con firmeza pero en un lugar que sea de fácil acceso. Debe revisarse como parte de la inspección. La mayoría de los vehículos requieren que el extintor sea de clasificación 10 B;C de Underwriters Laboratory (UL) y esté ubicado cerca del certificado UL. ¿La boquilla está limpia? ¿La punta del pasador de aro está en su lugar? Revise que la aguja del manómetro esté en el área verde.
- Debe saber como utilizar el extintor.
- Tres triángulos reflejantes de emergencia (consulte la descripción completa y las opciones de estos artículos en FMCSR Parte 393.95).
- Revise que tenga fusibles de repuesto y debe saber cómo instalarlos a menos que su vehículo tenga disyuntores de circuito.
- Equipo para cambiar llantas.
- Equipo para notificar accidentes (Idea: lleve consigo una cámara desechable en el equipo para accidentes para registrar visualmente los daños).
- Números telefónicos de emergencia.

Para asegurar la carga

La mercancía que está cargada con seguridad (que no hay espacio para que se mueva o caiga) debe inspeccionarse y lo siguiente debe funcionar bien:

- Compuerta trasera
- Puertas
- Guarda de cabina o tablero de cabezal (repisa de cabezal) que no estén dañados y que estén firmes en su lugar.
- Estacas/tableros laterales, si son necesarios, en buenas condiciones.
- Las lonas deben estén amarradas y tensas
- Llanta de repuesto
- Retenes
- Cadenas
- Llaves
- Ménsulas y soportes
- Las puertas del lado derecho deben estar bien cerradas y con llave

La carga está a bordo y no obstruye la vista o el movimiento de brazos y piernas del conductor.

- Si transporta cargas selladas necesita sellos de seguridad en las puertas.
- Si transporta materiales peligrosos necesita letreros de advertencia, la documentación necesaria y el endoso de HazMat en su CDL.

Recuerde: Cualquier cosa que encuentre en la inspección previa al viaje que esté rota o no funcione adecuadamente, debe ser reparada antes de sacar el vehículo a carretera. Las leyes federales y estatales prohíben operar un vehículo inseguro.

Su rutina de inspección

Todos los conductores deben tener una rutina de inspección, una forma de verificar todos los puntos necesarios en camiones de una sola pieza o combinaciones de vehículos. La misma forma de revisar cada que realiza una inspección. Apréndase bien su rutina y tendrá un mejor desempeño.

¡Nota importante!: Para el examen de la CDL, pregunte al examinador si le permitirá usar una lista de verificación para su inspección. Después, conforme realiza la inspección, diga al examinador lo que está revisando y dígale los problemas y/o defectos que sean más comunes en cada sitio.

¿Listo para la rutina? Aquí la tiene:

- Acérquese al vehículo.
- Mire debajo para verificar si no hay fugas de líquido.
- Mire si no hay obstáculos.
- Levante la capota o ladee la cabina para revisar el compartimento del motor. Si ladea la cabina, asegúrese de que todo se encuentre asegurado en el interior.
- Encienda el motor e inspeccione el interior de la cabina.
- Revise las luces y los reflectores.
- Camine alrededor del vehículo, inspeccionando cada sección.
- Revise las señales luminosas.
- Revise los frenos.

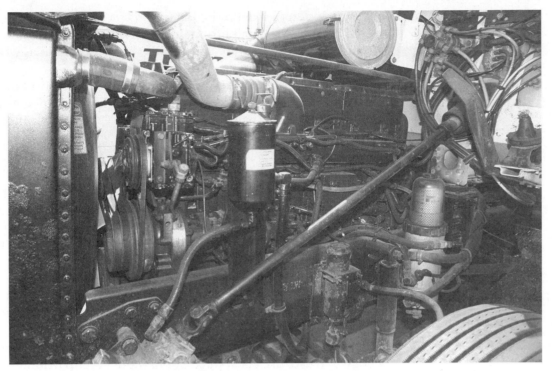

Figura 6-6   Vista de un motor.

(Fotografía cortesía de ATA Associates, Inc.)

La Inspección de Siete Pasos previa al viaje es la rutina que se usa más comúnmente. Esto es lo que debe revisar durante cada paso de la rutina:

1. **Revisión general del vehículo.** Comience la inspección acercándose al vehículo y revisando su condición general.
   - Busque si hay algún daño, aunque el vehículo se incline (por una llanta pinchada, una carga que se ladeó, porque el camión está sobrecargado o porque tiene un problema en la suspensión).
   - Fíjese en el piso, ¿hay alguna fuga fresca de enfriante, combustible, grasa o aceite?
   - Revise las personas y los peligros en el área (cables bajos, elementos que cuelguen bajo, etc.).
   - Vea los informes de inspección más recientes, tanto antes como después de viaje. Si los puntos enlistados afectan la seguridad, revise que el certificado del mecánico indique que las reparaciones fueron hechas o que no fue necesaria ninguna reparación.
   - Inspeccione estas áreas usted mismo para ver qué se hizo con los problemas que se indicaron en la última inspección.
2. **Compartimento del motor** (Figura 6-6). Los frenos de estacionado deben estar accionados y/o las llantas aseguradas con cuñas. Revise esto.
   - Levante la capota, abra la puerta del compartimento del motor, o incline la cabina (después de asegurar los artículos sueltos que se encuentren en la cabina).
   - Revise el nivel del aceite del motor (debe estar por encima de las marcas "Low" (bajo) o "Add" (agregar)) de la vara de medición.
   - Revise que el nivel del enfriante esté por encima de la marca "low" (bajo).

- Revise los cierres del radiador (si todavía los tiene). Quite cualquier hielo que haya, revise que el frente de invierno no esté cerrado. Revise el ventilador. Asegure que las cuchillas no estén dañadas y las mangueras y los cables estén lejos de las cuchillas.
- ¿El vehículo tiene dirección hidráulica? Revise el nivel del líquido con una vara de medición en el tanque de aceite. El nivel debe estar por encima de las marcas "low" (bajo) o "Add" agregar. Revise la condición de las mangueras.
- Si tiene lavadores de parabrisas, revise el nivel de líquido.
- ¿El vehículo tiene batería en este compartimento? Revísela ahora.
- ¿El vehículo tiene transmisión automática? Revise el nivel de líquido (se puede hacer esto con el motor funcionando).
- Revise las bandas de impulso por si están dañadas, desgastadas o muy o poco tirantes. Revise el manual del propietario para ver cuánta tensión deben tener. Si las bandas se deslizan con facilidad sobre una polea, están demasiado flojas o desgastadas.
- Revise el compartimento del motor para detectar fugas de combustible, aceite, líquido de la dirección, líquido de la batería, líquido hidráulico y enfriante.
- Revise que los cables no estén desgastados, rotos o tengan otros problemas.
- Baje y/o asegure la capota o la puerta del compartimento de la cabina o del motor.
- Revise y limpie cualquier suciedad u obstáculos que haya en las agarraderas, los escalones, o las placas que van a la cabina.

3. **Dentro de la cabina.** Al entrar a la cabina, revise e inspeccione su interior. Abróchese el cinturón de seguridad. Revise que el freno de estacionado esté puesto y el vehículo se encuentre en posicion "neutral" o "parqueo" (park).
   - Encienda el motor y escuche unos segundos para ver si no percibe algún ruido fuera de lo normal.
   - Revise los medidores. La presión del aceite va a normal en segundos.
   - El amperímetro y el voltímetro deben tener lecturas normales.
   - La temperatura del enfriante debe comenzar en "frío" (cold) y gradualmente ir a normal.
   - La temperatura del aceite del motor lentamente va a normal.
   - Los focos de advertencia del aceite, enfriante y circuito de carga se encienden y deben apagarse casi de inmediato (a menos que haya algún problema).
   - Todos los controles deben estar en buenas condiciones. Revise si hay controles flojos o que se peguen, si hay lecturas o ajustes dañados o inadecuados en siguiente:
     ——Volante
     ——Acelerador
     ——Pedal de freno
     ——Freno de estacionado
     ——Controles de retardador (si los hay)
     ——Controles de transmisión
     ——Cierre diferencial entre ejes (si lo hay)
     ——Bocina
     ——Limpiadores / lavadores de parabrisas (si los hay)

————Luces altas
————Interruptor para oscurecer las luces
————Señales para dar vuelta
————Luces intermitentes de cuatro vías
————Los interruptores de luces de espacio, identificación y marcadores

- Si el vehículo tiene embrague, pruébelo pisándolo hasta que haya un poco de resistencia. Más de una o dos pulgadas para llegar al punto de resistencia significa que hay problemas. Si no hay juego libre antes de llegar al punto de resistencia, haga que ajusten el clutch de inmediato.
- Revise que los espejos y el parabrisas no tengan defectos o problemas.
- Revise para confirmar que tenga el equipo de emergencia requerido y que funcione bien.
- Revise los artículos opcionales tales como el equipo para cambiar llantas y artículos requeridos por las leyes estatales, como las salpicaderas y las cadenas para llantas.

4. **Apague el motor y revise las luces.** Asegúrese de que el motor esté apagado (tome la llave, es muy importante) y que el freno de estacionado esté puesto.
   - Encienda las luces principales (bajas) y las intermitentes de cuatro vías. Vaya al frente del vehículo para revisar que todas las luces estén funcionando.
   - Regrese a la cabina. Encienda las luces altas. Revise que funcionen bien.
   - Apague las luces altas y las intermitentes de cuatro vías.
   - Encienda las luces de estacionado, espacio, marcador de lados y de identificación.
   - Encienda la señal para dar vuelta a la derecha. Salga de la cabina y realice un recorrido alrededor del vehículo.
   - Tal vez la llave necesite estar en el encendido y en posición abierta para revisar los indicadores para dar vuelta.

5. **Inspección alrededor del vehículo.** Comience por el lado de la cabina del conductor. Cubra el frente y después vaya recorriendo por el lado opuesto. Revise la parte trasera del vehículo y regrese al lado del conductor de la cabina.
   - Información general
     ————Camine alrededor del vehículo, inspeccionándolo al pasar.
     ————Limpie todas las luces, los reflectores y vidrios conforme camina alrededor del vehículo.
   - Revisar el lado izquierdo del frente
     ————El vidrio de la puerta del conductor debe estar limpio.
     ————Las chapas deben funcionar bien.
     ————Los ejes, rines y llantas deben estar completos, no tener pernos, abrazaderas u orejas doblados o rotos. (A) Las llantas deben estar bien infladas, con la válvula y el tapón de válvulas. No deben tener cortadas, rajadas, abultamientos o señales de desgaste del grabado. (B) Pruebe las tuercas de las orejas para chequear que no estén flojas (si sale óxido de las tuercas indica que están flojas). (C) El nivel del aceite del cubo de la rueda debe estar en buenas condiciones, sin fugas.
     ————La suspensión del lado izquierdo al frente debe estar en buenas condiciones: muelle, ganchos de muelles, abrazaderas, pernos en U y amortiguadores.

——El tambor y la manguera de los frenos del lado izquierdo al frente deben estar en buenas condiciones.

——Revise las cámaras de los frenos y los ajustadores de tensión.

- Revise el frente.

——Revise el eje frontal para ver si tiene cuarteaduras u otros problemas.

——Revise si hay partes flojas, desgastadas, dobladas, dañadas o faltantes del sistema de conducción y pruebe si no están flojas.

——El parabrisas debe estar de una pieza y limpio. Los limpiadores deben funcionar bien. Revise que los resortes del limpiador tengan buena tensión. Revise si los hules no están duros y que estén bien firmes.

——Las luces de estacionado, espacio e identificación deben estar limpias, funcionar bien y ser del color adecuado (ámbar en el frente).

——La señal para dar vuelta a la derecha debe estar limpia, funcionar bien y ser del color adecuado (ámbar o blanco).

- Revise la parte frontal derecha

——Revise todos los puntos de la parte frontal derecha, al igual que la izquierda.

——Si tiene un vehículo con cabina sobre el motor, revise que todas las chapas principales y de seguridad estén puestas y funcionen bien.

——El tanque de combustible derecho debe estar bien montado y no tener fugas. Las líneas cruzadas de combustible deben estar seguras y tener el combustible adecuado en el tanque para el viaje y todos los tapones y empaques de hule deben estar en su lugar y apretados.

——Condición de las partes visibles: la parte trasera del motor no debe tener fugas, la transmisión no tiene fugas, el sistema de escape está bien asegurado y no hay cables o líneas que tengan fugas o se toquen. No hay cuarteaduras o partes dobladas en el armazón y los miembros de cruce.

——Las líneas de aire y cables eléctricos: no están flojos, se rozan o están desgastados.

——La parte que lleva la llanta de repuesto no está dañada y la llanta de repuesto es del tamaño correcto y está bien inflada.

——Carga bien asegurada: la carga está bien amarrada, asegurada, atada y encadenada. El tablero del cabezal está seguro, los costados y los varales no están dañados y están en el lugar correcto. La lona o lona está bien segura para evitar que se rasgue, se abulte u obstruya los espejos.

——Las cargas demasiado grandes deben tener las señales requeridas montadas y todos los permisos necesarios estarán en la bolsa del conductor.

——Las puertas del compartimento de carga del lado derecho deberán estar cerradas y aseguradas con todos los sellos de seguridad correspondientes.

- Revise la parte trasera derecha

——Condiciones de los ejes, los rines y las llantas: los espaciadores, pernos, abrazaderas u orejas están completos no están doblados o rotos. Las llantas están parejas, son del mismo tipo (no mezclar radiales con especiales), están bien infladas y cuentan con las válvulas y sus tapones. Las llantas no tiene cortadas, abultamientos o desgaste del grabado. Las llantas no se rozan y no tienen suciedad.

—Los cojinetes o sellos de los ejes no tienen fugas.

—Suspensión: los muelles, los ganchos de muelles, las abrazaderas y los pernos en U están en buenas condiciones, el eje está seguro y los ejes de impulso no tienen fuga de aceite de caja de velocidades.

—Revise la condición de los brazos y bujes de las varillas de tensión.

—Revise las condiciones de los amortiguadores.

—Si tienen eje retráctil, revise el mecanismo de levantamiento. Si son neumáticos, revise si no hay fugas.

—Frenos: los tambores de los frenos deben estar en buenas condiciones y las mangueras deben revisarse para ver si no están desgastadas, se rozan, etc.

—Revisar las cámaras de frenos y los ajustadores de tensión.

—Luces y reflectores: las luces marcadoras de costados deben estar limpias, en buen funcionamiento y deben ser rojas en la parte trasera, otras ámbar. Lo mismo aplica a los marcadores de costados.

- Revise la parte trasera

—Las luces posteriores de espacio e identificación deben estar limpias, funcionar bien y ser rojas en la parte trasera. Los reflectores deben estar limpios y ser rojos en la parte posterior. Las luces traseras deben estar limpias, funcionar bien y ser rojas en la parte posterior. La señal para dar vuelta a la derecha debe funcionar bien y ser del color correspondiente, rojo, amarillo o ámbar en la parte posterior.

—Las placas deben estar en su lugar, limpias y bien aseguradas.

—Las salpicaderas deben estar bien firmes, sin daños y que no se arrastren o rocen con las llantas.

—Aseguramiento de la carga. la carga debe estar bien acomodada, atada y encadenada. Los tableros traseros deben estar arriba y asegurados. Las compuertas traseras deben estar en buenas condiciones y aseguradas en sus huecos.

—La lona o carpa debe estar bien segura para evitar abultamiento, que se rasgue, que obstruya el espejo retrovisor o que cubra las luces traseras.

—Para cargas demasiado largas o demasiado anchas, tenga todas las señales e indicadores y luces adicionales en la posición correcta y todos los permisos requeridos.

—Las puertas traseras deben estar cerradas con llave.

- Revise el lado izquierdo

Revise todo lo que revisó del lado derecho, al igual que:

—Baterías (si no están en el compartimento del motor), la caja de la batería (que esté bien segura y la cubierta también bien puesta).

—Las baterías deben estar en buenas condiciones y sin fugas y completamente fijas.

—Revise el nivel del líquido de las baterías, excepto por el tipo de batería que no requiere de mantenimiento.

—Los tapones de las celdillas y las ventilas deben estar en su lugar, sin suciedad y bien aseguradas.

6. **Revise las señales**

- Suba a la cabina y apague todas las luces.
- Encienda las luces de alto (accione el freno de mano del remolque).
- Encienda la señal para dar vuelta a la izquierda. Salga de la cabina y revise las luces.

- Direccional frontal a la izquierda. la luz debe estar limpia, funcionar bien y ser de color ámbar o blanco con las señales que dan al frente.
- La direccional trasera a la izquierda y las luces de alto. Las luces deben estar limpias, funcionar bien y ser de color rojo, amarillo o ámbar.

7. **Encienda el motor y revise el sistema de frenos**
   - Antes de encender el motor y revisar el sistema de frenos, ¡abróchese el cinturón!
   - Entre a la cabina, apague las luces que no se necesiten para conducir.
   - Revise todos los documentos requeridos, los manifiestos de viaje, los permisos, etcétera.
   - Asegure todos los artículos que se encuentren sueltos en la cabina.
   - Encienda el motor.
   - Pruebe si hay fugas hidráulicas. Si su vehículo tiene frenos hidráulicos, bombee el pedal tres veces. Después pise el pedal y sosténgalo por unos cinco segundos. No se debe mover el pedal. Si se mueve, puede haber una fuga u otro problema. Arréglelo antes de iniciar su viaje.
   - Pruebe los frenos de aire.
   - Pruebe el freno de estacionado. Abróchese el cinturón, permita que el vehículo avance lentamente y aplique el freno de estacionado. Si el vehículo no se detiene, mándelo a arreglar.
   - Pruebe la acción del freno de servicio. Maneje el vehículo a unas cinco millas por hora, pise el pedal del freno con firmeza. Si el vehículo se va hacia un lado, esto significa que tal vez haya problema en los frenos. Cualquier sensación inusual del pedal o demora en que el vehículo responda al freno podría indicar un problema.

Revise los frenos de aire en los remolques dobles y triples como en cualquier otro vehículo combinado.

Observaciones finales acerca de la inspección del vehículo

Prepare todos los días su informe escrito de inspección. Señale cualquier cosa que encuentre en la inspección que pudiera influir en la seguridad del vehículo o provocar una descompostura.

Conserve una copia de su informe de inspección durante 24 horas o por el tiempo que indique la compañía para la que trabaja.

Cuando maneje en clima extremo—invierno o verano—en las montañas, incluirá otros elementos en su inspección.

Repaso

Lea cada pregunta y las respuestas que se dan. Escriba en el espacio la letra de la respuesta correcta o bien anote sus respuestas en hoja aparte para tenerlas a la mano al repasar para la CDL. Cuando responda todas las preguntas, verifique sus respuestas con la clave que sigue.

_____ 1. Cuando realiza una inspección previa a un viaje, su tanque de combustible debe estar
    (A) lleno al tope,   (C) casi lleno,
    (B) en "agregar" (add),   (D) en "bajo" (low)

_____ 2. Cuando inspeccione las llantas, un abultamiento significa
    (A) que la presión de las llantas está en su capacidad,
    (B) las llantas pueden atravesar terreno difícil,
    (C) la llanta puede explotar,
    (D) todas las anteriores.

_____ 3. Para probar los frenos de servicio
    (A) avance a cinco millas por hora y pise el pedal del freno con firmeza,
    (B) bombee los frenos y jale la palanca del freno de emergencia,
    (C) retroceda y pise el embrague,
    (D) ninguna de las anteriores.

_____ 4. Cuando inspeccione los frenos, revise
    (A) que los discos no tengan ondulaciones,
    (B) los cubos de las ruedas estén bien lubricados,
    (C) los tambores, las zapatas y los recubrimientos no tengan fugas, cuarteaduras o estén desgastados,
    (D) ninguna de las anteriores.

_____ 5. Cuando revise los frenos hidráulicos, el motor debe estar
    (A) apagado y la transmisión en reversa,
    (B) encendido y la transmisión en neutral,
    (C) apagado y la transmisión en neutral,
    (D) ninguna de las anteriores.

_____ 6. Verdadero o falso. Las leyes federales estipulan que su vehículo debe tener salpicaderas.

_____ 7. Cuando inspeccione un sistema de suspensión neumática, una fuga de aire significa
    (A) que se inyectó demasiado aire,
    (B) no hay suficiente aire en el tanque,
    (C) ha ocurrido un defecto.
    (D) todas las anteriores.

_____ 8. La mejor forma de revisar la presión del aire de las llantas es
    (A) usar un medidor de llantas,   (C) patear la llanta,
    (B) usar una vara para llantas,   (D) todas las anteriores.

___ 9. Las inspecciones del vehículo deben hacerse
  (A) antes del viaje,   (C) en el camino,
  (B) después del viaje,   (D) todas las anteriores.

___10. Cuando inspeccione los cables y los sistemas eléctricos, busque si hay
  (A) cables rotos o flojos,
  (B) aislamiento desgastado,
  (C) cables pelados que se tocan entre sí,
  (D) todas las anteriores.

Respuestas al Repaso

1. C; 2. C; 3. A; 4. C; 5. B; 6. Falso; 7. C; 8. A; 9. D; 10. D.

Términos que hay que saber

Los términos siguientes proceden del contenido del capítulo. Revíselos. Si no está seguro de alguno, compruebe la definición en el glosario al final del libro. Si le sirve, redacte una lista de los términos y su definición (o escriba aquí las definiciones) y repáselos varios días antes de presentar los exámenes para la CDL.

Acelerador

Aislamiento

Antiempañantes

Bocina

Cabina

Cadenas

Cadenas para llantas

Cargas excedentes

Cinturones de seguridad

Combustible y sistema de combustible

Compartimento del motor

Compuerta trasera

Controles del retardador

Defensa trasera

Dispositivos de acoplamiento o acoplamiento

Dispositivos para asegurar la carga

Ejes de llantas

Elementos de unión

Equipo de emergencia

Espejos retrovisores

Armazón

Frenos

Indicadores

Interruptor regulador

Juntas en U

Lámparas marcadoras de costados

Limpiaparabrisas

Lista de verificación

Llantas

Lonas para carga

Luces

Luces de identificación

Luces intermitentes de cuatro vías

Luces principales

Llanta de refacción

Llaves para tuercas

Ménsulas y soportes

Presión de llantas

Puertas de la carga

Rines

Rutina de inspección

Salpicaderas

Sistema de conducción

Sistema de escape

Suspensión

Suspensión interior de ejes

Vehículos

Velocímetro

EL TABLERO DE DESPACHO
Lo que los conductores profesionales deben saber acerca del NAFTA

Por Kristin Berthelsen

El Tratado de Libre Comercio para Norteamérica (North America Free Trade Agreement, NAFTA), firmado el 1 de enero de 1994, es un contrato entre Canadá, los Estados Unidos de América y México para eliminar los aranceles y abrir el comercio entre los tres países. El propósito del tratado comercial era aumentar las actividades comerciales en Norteamérica.

De acuerdo con las estadísticas de 2001, las actividades de importación y exportación han aumentado en Norteamérica, lo que ha sido un gran impulso para las tres economías.

La mayoría de la transportación de los productos entre estos países se realiza en camiones. El sector de la transportación en camiones ha tenido un aumento en empleo debido al NAFTA y la Asociación Estadounidense de Camiones de Carga (American Trucking Association) informó que más del 70 por ciento de la carga se transporta en camiones.

En un principio, el NAFTA estipulaba que las fronteras internacionales se abrirían entre los tres países en diciembre de 1995. Al cumplir con el tratado, los camiones comenzaron a desplazarse libremente entre los Estados Unidos y Canadá para realizar entregas y recoger embarques.

Pero este no fue el caso entre México y los Estados Unidos.

El Departamento de Transporte (Department of Transportation, DOT) se negó a otorgar el acceso a los camioneros mexicanos por razones de seguridad. Por ello, existe una barrera entre las fronteras para el transporte en camiones de carga de los Estados Unidos y México. Con el tiempo esta prohibición desaparecerá.

El Presidente George W. Bush expresó su deseo de eliminar esta barrera en 2002, permitiendo que los camiones de carga crucen la frontera entre los Estados Unidos y México.

El sector de los camiones de carga ha aceptado cualquier mejora en estas barreras. La Asociación Estadounidense de Camiones de Carga considera que si se permite el comercio a través de las fronteras sólo aumentará las entregas de los camiones de carga entre los tres países.

continúa

EL TABLERO DE DESPACHO *continuación*

Entonces, ¿qué significa todo esto para usted como conductor de un camión de carga? Es posible que los transportadores terrestres comiencen a extender sus rutas hacia el interior de la República Mexicana como lo han hecho en Canadá. Con el tiempo, los camiones mexicanos viajarán con libertad a través del territorio de los Estados Unidos de América, como lo han hecho los canadienses desde que se firmó el tratado de libre comercio.

¿Qué nuevas destrezas necesitará si viaja al interior de Canadá y México? Necesitará comprender los requisitos, restricciones y normas de manejar en esos países. Esto podría abarcar el trámite de una Licencia de Conductor Comercial Internacional. Y para los transportadores que viajen hacia el interior de México provenientes de los Estados Unidos, los conductores necesitarán una comprensión general del idioma español.

Además, siendo la seguridad una prioridad continua para el transporte de carga a través de las fronteras, los conductores deberán practicar la conducción a la defensiva y familiarizarse con las nuevas rutas. Como en cualquier otra situación de manejo, su trabajo será no sólo cuidar de sí mismo, sino de los que manejan a su alrededor.

El NAFTA ha abierto definitivamente nuevas oportunidades para los transportadores terrestres en todos los Estados Unidos y, con la apertura de la frontera con México, también será posible para los conductores que experimenten la nueva aventura de viajar al "Sur de la Frontera."

Control básico del vehículo

Destrezas básicas de manejo

Como conductor profesional, pasará la mayor parte de sus horas laborables conduciendo un vehículo. Como conductor profesional, también se esperará que tenga excelentes destrezas para conducir este vehículo en diversas situaciones.

Este capítulo le proporcionará información necesaria no sólo para aprobar el examen de conocimientos de CDL, sino también la Prueba de Destrezas de CDL.

Una vez más, es su responsabilidad leer atenta y minuciosamente este capítulo, tomar notas útiles y revisar lo que haya aprendido antes de hacer una cita para presentar las pruebas para obtener la CDL.

También puede ayudar mucho tomar una copia de los Reglamentos Federales de Seguridad de Transportistas de Vehículos Automotores (Federal Motor Carrier Safety Regulations) (puede obtener un ejemplar del Departamento local de Vehículos Automotores o consultar el sitio de FMCSR en Internet). Busque la Subparte G donde encontrará una lista de las destrezas de manejo necesarias para obtener una CDL.

Así es que, comencemos. aprenderá mucho en este capítulo.

¡Esté preparado!

Cuando sube a una cabina de camión acepta muchas responsabilidades, incluyendo la de cuidar de su propio bienestar y el bienestar de quienes conducen vehículos a su alrededor. Pero también es responsable de su vehículo, su operación segura, su mantenimiento y el desempeño de las tareas para las que fue construido.

Cuando alguien habla acerca de conducir un vehículo con seguridad—incluso como lo haría con su vehículo particular- debe tomar en cuenta muchas cosas. Estas pueden ser (a) la conducción en carretera, (b) el cambio de velocidades para subir y bajar de colinas, (c) acelerar cuando sea necesario y (d) frenar cuando sea necesario.

Cuando entra a la cabina de un camión, debe revisar algunas de estas destrezas básicas de manejo para que domine por completo su vehículo y sus sistemas y controles. Si conduce este vehículo por primera vez, inspecciónelo con cuidado. Un conductor profesional nunca enciende un motor sin antes revisar un vehículo para asegurarse de que responderá a absolutamente todas sus acciones.

Antes de sentarse en el asiento del conductor, revise los detalles de la cabina: las agarraderas, los escalones y asegúrese de que no tienen sustancias grasosas o suciedad.

Cuando se siente en el asiento del conductor de un nuevo vehículo, ajuste el asiento lo necesario para que esté de acuerdo con su altura y su comodidad. Pero lo más importante acerca de la altura del asiento es si puede *cómodamente* alcanzar los controles.

Revise el tablero de control . . . ¿qué ve?

Familiarícese con el tablero y chequee la palanca de velocidades para determinar el tipo de transmisión y el patrón de cambio de velocidades. Después, localice todos los controles y medidores que necesitará para operar el vehículo con seguridad.

Damas y caballeros, ¡enciendan motores!

¿Está listo para encender el motor? Si tiene un motor de gasolina, pise el pedal de la gasolina cuando menos una vez, completamente hasta el piso y después dé vuelta a la llave. Después de que el motor encienda, acelere para aumentar las revoluciones por minuto (rpms). Esto suministra gasolina a la máquina.

Si va a encender un motor diesel, no pise el pedal de combustible. Los inyectores de combustible inyectarán el combustible diesel dosificado en los cilindros para encender el motor y conservarlo encendido, así es que sólo debe pisar el embrague hasta el piso y sostenerlo mientras da vuelta a la llave.

Al hacerlo así, provocará que la electricidad fluya de las baterías a la marcha. Esto hace girar el engrane y activa el motor y el aire y el combustible se incendian en cada cilindro. Cuando esto ocurre, los pistones se empujan hacia abajo y eso hace que el eje de movimiento gire. Tan pronto como un motor de diesel se enciende, suelte la llave.

¿Alguna pregunta? Si la tiene, lea los párrafos anteriores otra vez.

Otro punto: cuando encienda un motor de gasolina, conserve el pedal del embrague pisado hasta el piso, esto le ayudará a encender el motor con seguridad y además desgastará menos el motor.

P. ¿Necesito calentar el motor del camión como lo hago con mi vehículo particular?

R. Hay varias ideas al respecto, pero la mayoría de los mecánicos dice que los motores trabajan con más eficiencia cuando se calientan un poco. Los motores de gasolina necesitan unos cinco minutos. Un motor diesel debe calentarse hasta llegar a unos 120 grados Fahrenheit antes de pisar el clutch. La temperatura de operación normal para un motor diesel es de entre 165 y 185 grados Fahrenheit.

Si se calienta el motor, esto hace que se calienten la mayoría de los líquidos necesarios para alimentar el motor. Pero revise el manual del propietario para asegurarse de que hace lo necesario para su vehículo.

Un recordatorio de seguridad: No permita que el vehículo retroceda cuando se enciende o caliente. Podría golpear a alguien o algo. Encienda el motor con el freno de estacionado puesto y quítelo cuando tenga suficiente poder de motor para evitar que retroceda.

P. ¿Escuchar el funcionamiento del motor? ¿Va a salir a carretera?

R. Una vez que meta la primera velocidad y se disponga a conducir, aumente su velocidad gradualmente para evitar dañar el vehículo y el motor. La aceleración brusca puede también dañar el acoplamiento, especialmente cuando hay mala tracción, como cuando está lloviendo o nevando. Mucha fuerza demasiado rápido puede causar que las llantas patinen. Si eso ocurre, no pierda el control. Quite el pie del acelerador.

P. ¿Alguna otra sugerencia?

R. Hablemos acerca de la conducción. Como al conducir cualquier otro vehículo, las anticuadas posiciones de 10 en punto y 2 en punto para las manos son las mejores para controlar el volante. Imagine que el volante es la carátula de un reloj. Coloque su mano izquierda en la posición de las 10 en punto y la mano derecha en la posición de las 2 en punto. Descanse los pulgares encima del volante. Cuando dé vuelta, no cruce los brazos sobre el volante. Más bien, levantc las manos, una a la vez y vuelva a ponerlas sobre el volante.

Lo que necesita saber acerca del cambio de velocidades

Para la mayoría de los conductores nuevos, el cambio de velocidades de un camión es la principal preocupación. De hecho, en algunas compañías que tienen programas en los que los cónyuges pueden aprender a conducir para que puedan trabajar con sus parejas, las mujeres aprenden a conducir con transmisiones automáticas para no tener que enfrentarse al miedo de cambiar velocidades.

Pero veámoslo parte por parte:

1. Primero, sería buena idea leer el manual del propietario del vehículo y usar su tacómetro como guía para cambiar velocidades.
2. Las rpm donde el cambio de velocidad se eleva conforme usa las diferentes velocidades. Encuentre cuál es la correcta para cada vehículo que conduzca.
3. También puede usar la velocidad del camino y a qué velocidad del vehículo corresponde cada cambio de la palanca de velocidad. Después, al usar el velocímetro, sabrá cuando cambiar a una velocidad más alta.
4. Los conductores experimentados saben cuándo cambiar la velocidad por el sonido del motor.

P. **¿Qué es "doble embrague" y por qué debo saber esto?**
R. Si su vehículo tiene una transmisión manual, el cambio de velocidades requerirá de usar dos veces el embrague. Esto es un método básico para cambiar a una velocidad superior cuando (1) libera el acelerador y (2) pisa el embrague y cambia a neutral al mismo tiempo.

Ahora, libere el embrague, deje que la máquina disminuya la marcha hasta las rpm requeridas para meter la siguiente velocidad, entonces al mismo tiempo pise el embrague y cambie a una velocidad más alta. Libere el embrague y pise el acelerador al mismo tiempo.

Advertencia: Si se queda en neutral demasiado tiempo, puede ser difícil meter la siguiente velocidad. Así es que, ¡no lo fuerce! Permanezca en neutro, aumente la velocidad del motor para que para que sea igual a la velocidad del camino e intente meter la velocidad nuevamente.

Para cambiar a una velocidad más baja:

1. Libere el acelerador, pise el embrague y cambie a neutral al mismo tiempo.
2. Libere el embrague y pise el acelerador. Aumente la velocidad del motor y de la palanca a las rpm requeridas para la siguiente velocidad más baja.
3. Pise el embrague y cambie a la velocidad inferior.
4. Libere el embrague y pise el acelerador al mismo tiempo.

Consejo: Observe el velocímetro o el tacómetro y cambie a la velocidad inferior a las rpm o la velocidad del camino adecuadas.

Cuando inicie el descenso de una colina: Cambie a una velocidad más baja antes de iniciar el descenso por una pendiente. Disminuya la velocidad y cambie a una velocidad inferior para ir a una velocidad que pueda controlar sin pisar constantemente los frenos.

Advertencia: *Si sus frenos se sobrecalientan, puede perder el poder de frenado, cuando más lo necesita. Una regla clásica: cambie a una velocidad inferior a la que usó para subir la misma pendiente.*

P. **¿Qué hay de las situaciones en las que necesito disminuir la velocidad rápidamente, como al entrar en una curva o en una rampa de la vía rápida?**

R. Cambie a una velocidad más baja antes de entrar a la curva, eso sería lo más sabio. Después disminuya hasta una velocidad segura y cambie a una velocidad más baja hasta llegar a la velocidad correcta para la velocidad del camino. Esto le da el poder necesario para pasar la curva y mantiene estable el vehículo.

P. **¿Qué hay de vehículos con transmisiones auxiliares o ejes traseros de múltiples velocidades?**

R. Por lo general vienen con velocidades extra y pueden ser operados con una perilla o interruptor en la palanca de velocidades para la transmisión principal.

Consulte el patrón de cambio de velocidades en el manual del propietario.

P. **¿Qué hay de las transmisiones automáticas?**

R. Con algunas transmisiones, los márgenes inferiores pueden evitar que la transmisión cambie después de la velocidad seleccionada, a menos que se excedan las rpm gobernantes. El uso de una velocidad inferior es una estrategia importante de frenado cuando se conduce cuesta abajo.

P. **¿Es difícil hacer retroceder un vehículo combinado?**

R. Primero, un hecho interesante: la mayoría de los accidentes ocurridos al retroceder causan daño a la parte superior del vehículo. ¡Es verdad! Las ramas o los cables que cuelgan bajo pueden dañar la parte superior del vehículo o arrancar una chimenea de escape. Entonces, antes de retroceder, asegúrese de que el área no tiene cables, ramas o aleros de un edificio, que pudieran dañar su vehículo.

El segundo daño más frecuente ocurre en la parte trasera del remolque, así es que revise el área antes de retroceder.

La mayor parte de los daños y accidentes ocurren del lado derecho del vehículo, porque el "punto ciego" se encuentra ahí: desde el eje trasero hasta la mitad del remolque y de la mitad del remolque por la puerta hasta el piso.

¿Cree que su espejo retrovisor le ayudará? No siempre. No le mostrará todo lo que necesita ver al mismo tiempo.

P. **¿Cómo hago retroceder este vehículo?**

R. A continuación se indican unos pasos fáciles para retroceder en línea recta (Figura 7-1):

1. Apague todas las distracciones—su CB, radio, reproductor de CDs— y concéntrese totalmente en lo que está haciendo.
2. Salga del camión y revise el espacio debajo del camión, la parte trasera y el área donde va a retroceder para ver si no hay ramas, cables o cualquier cosa que pudiera dañar su vehículo combinado.

PARA EL RETROCESO EN LINEA RECTA

Girar hacia el espejo
derecho corrige el
desvío hacia la derecha

Retroceso
recto

Girar hacia el espejo
Izquierdo corrige el
desvío hacia la
Izquierda

1. Posicione el vehículo apropiadamente
2. Retroceda tan suave como sea posible
3. Revise constantemente hacia atrás por los espejos
4. Use el método de dirección "tire-empuje"
   • Cuando el remolque se vea más grande en un
   espejo, gire el volante hacia el lado del espejo para
   corregir el desvío

Figura 7-1   Pasos para retroceder en línea recta.

3. Encienda las luces intermitentes—nunca retroceda sin encenderlas. Estas
   luces les advierten a otros de lo que está haciendo para que tenga cuidado
   y no estorben su camino.
4. Usando los espejos retrovisores, observe ambos lados (Figura 7-2), pero
   no abra la puerta o saque la cabeza por la ventanilla.
5. Cuando haga retroceder un remolque, dé vuelta al volante en la dirección
   opuesta de donde desea que vaya el remolque (Figura 7-3). Si desea que vaya
   a la derecha, dé vuelta al volante hacia la izquierda. Si desea ir a la izquierda,
   dé vuelta al volante a la derecha. Esto se llama "control del remolque."
6. Una vez que el remolque comience a virar, dé vuelta al volante hacia el
   otro lado, para seguir al remolque. Esto se llama "seguir el remolque."

Ahora repasemos. Para dar la vuelta al remolque, dé vuelta al volante en
la dirección opuesta a la que desea que vaya el remolque. Una vez que el
remolque haya empezado a dar la vuelta, "siga el remolque" al dar la vuelta
al volante hacia el otro lado.

P. **¿Qué son los "retardadores" y qué hacen?**
R. puede hacer más lento su vehículo al usar los frenos o, en algunas
situaciones, por medio de meter una velocidad más baja. Pero todavía tiene

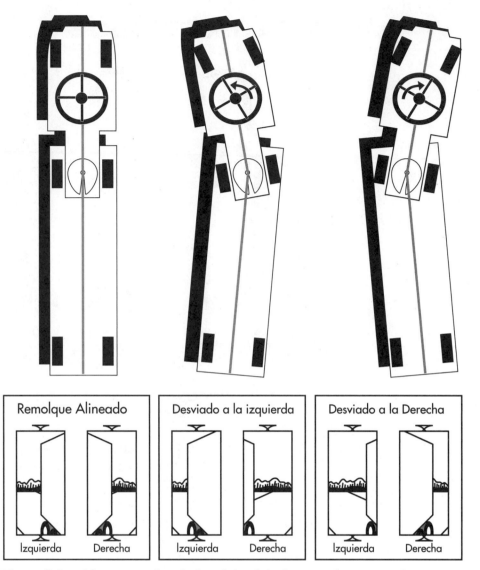

Figura 7-2   Observe ambos lados del vehículo cuando retroceda.

otra opción: algunos vehículos tienen "retardadores" que ayudar a hacer más lenta la marcha del vehículo sin tener que usar el freno. Así es que, los retardadores reducen el desgaste de sus frenos.

Los retardadores son de diversos tipos: todos pueden ser encendidos o apagados por el conductor. Algunos retardadores ofrecen ajustes de energía. Cuando el conductor enciende los retardadores, su poder de frenado es aplicado al engrane de impulso cuando se deja de pisar el acelerador.

Advertencia: Cuando maneje en caminos húmedos, con hielo o nieve, apague los retardadores. Si se dejan encendidos, los retardadores provocaran que su vehículo patine.

P. **Es hora de apagar el motor; ¿qué se debe hacer?**

R. El motor ha funcionado unas cuantas horas y ahora llegó el momento de apagarlo. Se debe realizar lo siguiente:

1. Déjelo funcionar en neutral unos tres minutos. ¿Por qué? Esto hace que el lubricante siga fluyendo mientras el motor caliente comienza a enfriarse.

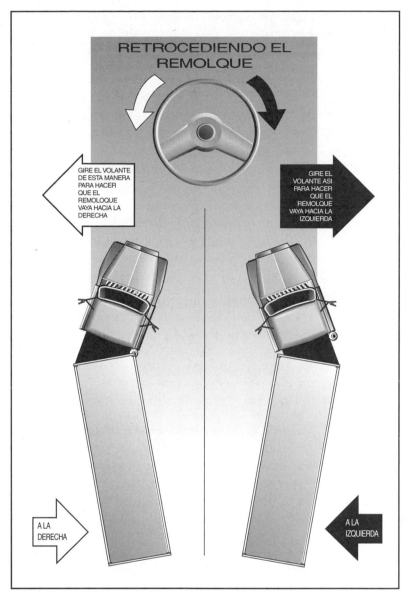

Figura 7-3 Cuando haga retroceder un remolque, dé vuelta al volante en dirección contraria a donde desea ir. Esto se llama "controlar el remolque."

2. Cuando detenga el motor, asegúrese de quitar el pie del acelerador.
3. Ponga en freno de estacionado antes de salir del vehículo.

Conserve los ojos "pegados" al camino

Esto podría sonar demasiado elemental, pero para ser un conductor profesional y llevar un récord limpio, necesita entrenarse para estar alerta a todo lo que pasa alrededor del vehículo en todo momento. Esto significa enfrente, a los lados y atrás.

Si no está consciente o alerta en todo momento, queda a merced de cualquier accidente.

P. **¿Qué tan lejos debo observar?**

R. Recuerde que está manejando un vehículo que es tres o cuatro veces más largo que un vehículo de cuatro llantas, de manera que debe observar cuando menos 12 a 15 segundos enfrente de donde se encuentra su vehículo en la carretera.

Toma más tiempo a un vehículo de cabina y remolque cambiar de carriles. Toma más tiempo a un vehículo combinado detenerse. Y toma muy poco tiempo para que su cerebro traduzca lo que desea y después envíen esta señal a sus pies y manos.

Así es que, observe cuando menos un cuarto de milla adelante de lo que es necesario. Si conduce por las calles de una ciudad y a una velocidad menor que en carretera, entonces debe mirar (y planear) cuando menos una manzana adelante de usted.

Conforme observa un cuarto de milla adelante, sus ojos necesitan abarcar todo lo que pasa a su alrededor. Tal como ocurre cuando chequea ambos espejos, cambie sus ojos de la visión cercana a la lejana y observe:

- Los vehículos que entran a su carril
- Los vehículos que entran a la carretera
- Las luces de freno de los vehículos y el tráfico que baja la velocidad

También observe el camino y sus condiciones. Revise los semáforos y las señales. ¿Se acerca a una intersección? Aminore la velocidad. Lo mismo aplica a las señales de alto o las luces de advertencia color ámbar.

P. **He oído que los camioneros hablan del uso de los espejos, ¿para qué?**

R. Al conducir por la carretera, su principal preocupación debe ser el camino que está frente a usted, pero revisar rápidamente cada espejo regularmente para saber qué ocurre a su alrededor. Sin embargo, no dedique mucho tiempo a esto. Entrénese a sólo echar una rápida mirada al espejo. Después, vea qué ocurre adelante de usted.

A algunos conductores les gusta usar un espejo curvo, que muestra una vista más amplia que los espejos planos. Pero todo se ve más pequeño y más lejos. Haga buenos cálculos si desea usar un espejo tipo "ojo de escarabajo", o un "ojo de pescado" o "buscador."

Hacer saber a los conductores que usted se encuentra en el lugar y lo que planea hacer

Como ya hemos mencionado, el vehículo que usted conduce ofrece varias formas de comunicarse con otros conductores. Estas formas son las luces para dar vuelta, las luces de freno, los reflectores y las luces del vehículo.

Cuando conduzco mi auto particular, me enojo cuando veo que las personas dejan encendida su direccional aunque ya hayan dado la vuelta.

Además de irritar a otros conductores, esto representa un peligro. No hay dudas: cuando va a dar vuelta o cambiar carriles, quite la direccional inmediatamente después de haber dado la vuelta o cambiado de carril.

También, recuerde encender su direccional con buen tiempo antes de dar la vuelta.

P. ¿Qué pasa con usar las luces de frenado como señal?

R. Use las luces de frenado para las siguientes situaciones:

1. Pise ligeramente el freno varias veces para avisar a los demás conductores que va a aminorar la velocidad.
2. Use las luces intermitentes cuando va a conducir lentamente o cuando vaya a detener su vehículo combinado.
3. Si está conduciendo una camioneta o un autobús y se va a detener para permitir que bajen pasajeros, avise a otros conductores que piensa detenerse por medio de accionar las luces de frenado. No debe detenerse si avisar a los demás.

Nota: Varios estados tienen leyes acerca de cuándo usar las luces intermitentes de emergencia. Asegúrese de conocerlas antes de entrar en otro estado.

P. ¿Qué más necesito saber acerca de comunicarme con otros vehículos?

R. Piense acerca de su experiencia personal al conducir en la carretera o por las calles de la ciudad. Muchas veces ha pasado junto a otro automóvil o un transeúnte o un ciclista y probablemente ni se percataron de que se encontraba en ese lugar.

Existen algunas teorías que dicen, "Si no piensas que ellos saben que estás ahí, toca ligeramente la bocina para que no se vayan a poner enfrente del coche cuando pase." Pero tampoco debe tocar la bocina demasiado fuerte como para asustarlos y provocar que pierdan el control. Hay una delgada línea entre advertir y asustar, sea precavido.

Por la noche, al cambiar las luces de bajas a altas y luego a bajas es una manera sutil dejar que alguien que está frente a usted sepa lo que viene.

Cuando hay neblina, las luces de su vehículo lo hacen más fácil de ver. Lo mismo ocurre con la lluvia o la nieve. Use sus luces principales bajas y sus luces de identificación. Y si necesita salirse del camino en cualquier tipo de clima, las luces intermitentes lo harán más visible y permitirán a otros conductores saber que usted se detuvo.

Advertencia: Si piensa detenerse en la cuneta por más de 10 minutos, los reglamentos indican que debe sacar los triángulos reflectores del lado del tráfico a unos 10 pies de la parte de enfrente y posterior de su vehículo. debe colocar los triángulos a 100 pies detrás de su vehículo y a 100 pies adelante si se detiene en una curva o una colina. (Vea la Figura 7-4.)

En una colina, coloque los marcadores a unos 500 pies para que los coches que se aproximan lo busquen conforme suben (Figura 7-5).

En una carretera de un sólo sentido o dividida, debe colocar los marcadores a 10, 100 y 200 pies hacia los vehículos que se aproximan (Figura 7-6). La intención *es que su vehículo sea visible si está parado en cualquier punto del camino.*

Alta velocidad en diversos tipos de carretera y condiciones

Usted ha estado en la carretera cuando pasan camiones a toda velocidad. Pudo parecer que los conductores no respetaban el límite de velocidad y seguramente algunos lo hicieron.

La velocidad a la que conduce es su decisión, pero antes de hacerlo, debe comprender los factores que influyen en decidir a qué velocidad debe viajar.

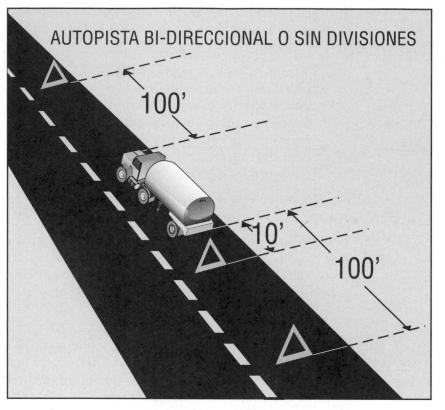

Figura 7-4   Coloque los triángulos reflectores en el lado de tráfico de su vehículo, como se muestra en la figura.

Algunos de esos factores son:

1. El clima
2. La visibilidad
3. Las condiciones del camino
4. El tráfico
5. Las colinas
6. La tracción

Otra cuestión que debe considerar cuando establece su velocidad es: ¿cuánto tiempo me tardaré en detenerme si es necesario?

La distancia de frenado se debe calcular así:

- **Tiempo de percepción.** El tiempo que le toma a su cerebro interpretar lo que sus ojos ven como un peligro adelante. Si es un conductor alerta, el observar 3/4 de milla adelante del camino, le tomará como 3/4 de segundo ver e interpretar el peligro. En ese tiempo, si viaja a 55 mph, su vehículo viajará 60 pies.
- **Tiempo de reacción.** El tiempo que le toma a su cerebro hacer reaccionar a su cuerpo con respecto al peligro que se acerca. Esto incluye que su cerebro decida qué hacer y que su pie libere el acelerador y pise el freno. El tiempo promedio de reacción para la mayoría de los conductores es de 3/4 de segundo. Así es que agregue otros 60 pies a la distancia en que se detendrá su vehículo.

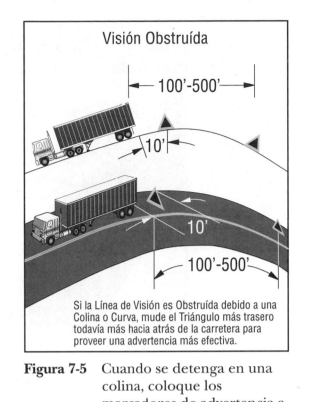

Visión Obstruída

|← 100'-500' →|

10'

10'

100'-500'

Si la Línea de Visión es Obstruída debido a una Colina o Curva, mude el Triángulo más trasero todavía más hacia atrás de la carretera para proveer una advertencia más efectiva.

Figura 7-5 Cuando se detenga en una colina, coloque los marcadores de advertencia a 500 pies de su vehículo.

- **Tiempo de frenado.** Si tiene un buen tiempo de reacción y buenos frenos, si viaja a 55 mph en una buena carretera y en clima seco, un vehículo combinado con carga tardará unos 170 pies y 4 a 5 segundos en dctenerse.
- **Distancia total de frenado.** Desde el momento en que ve el peligro hasta que su vehículo combinado se detenga, como la longitud de un campo de fútbol. Si viaja a más de 55 mph, la distancia de frenado es mayor. Esta es la ecuación: si duplica su velocidad, le tomará cuatro veces la distancia de frenado.

Y no olvide el factor del peso. Si su vehículo está completamente lleno, necesitará más poder de frenado para detenerse, pero un vehículo vacío requiere más distancia de frenado porque tendrá menos tracción y podría provocar que patinara con más facilidad.

Condiciones del camino—un factor importante para determinar la velocidad

Conforme obtiene mayor experiencia profesional, conocerá mejor los estados que ofrecen carreteras con buen mantenimiento y cuáles no lo hacen. Algunos estados ofrecen caminos bien pavimentados con cunetas amplias. Algunos estados se distinguen por tener caminos llenos de baches, sin cunetas y un pésimo mantenimiento.

Es obvio que los caminos con buen mantenimiento es donde puede viajar a una velocidad más alta, pero segura.

Recuerde: no puede girar el volante o frenar sin tracción, que es la fricción entre las llantas del vehículo y el camino.

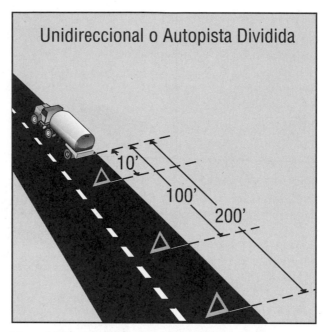

Unidireccional o Autopista Dividida

10'
100'
200'

Figura 7-6   En una carretera divida, coloque los
marcadores a 10, 100, y 200 pies del
tráfico que viene de frente.

Algunas condiciones del camino hacen difícil la tracción, algunas la facilitan. Los caminos resbalosos y los caminos con muchas curvas reducen la tracción.

Cuando un camino está húmedo, tiene hielo o está cubierto de nieve, la tracción es más difícil, debe viajar a menor velocidad. Es más difícil detenerse y más fácil patinar en estas superficies.

Una regla: Cuando los caminos están húmedos, la distancia de frenado se duplica. La mayoría de los conductores recomiendan reducir su velocidad un tercio cuando los caminos están húmedos, con hielo o nieve. En nieve compacta, reduzca la velocidad a la mitad o menos. Un conductor experto le dirá que cuando la nieve está compacta, *deje de manejar lo antes posible.*

A continuación hay una lista de términos que debe recordar:

- Puentes congelados (icy bridges). En clima frío, los caminos en los puentes se congelan antes que los mismos caminos. Conduzca con cuidado cuando la temperatura descienda hasta el nivel de congelamiento (32 grados Fahrenheit o menos).
- Hielo húmedo (wet ice). Cuando se derrite, el hielo húmedo es más resbaloso que las condiciones de congelamiento normales.
- Hielo negro (black ice). Es una capa delgada de hielo que por lo general es invisible porque se puede ver el camino a través de ella. Muchos conductores que creen que no hay hielo en el camino han tenido problemas graves, incluso fatales, con el hielo negro. En cualquier momento en que la temperatura esté en el margen de congelamiento (32 grados Fahrenheit o menos) y el camino parece estar húmedo, esté alerta para detectar el hielo negro.
- Verificaciones de hielo (ice checks). Para averiguar las condiciones del camino, baje la ventanilla y cheque si hay hielo en el espejo o el soporte del espejo. Si encuentra hielo, es una señal de que probablemente hay hielo en la carretera.

Conducción en la lluvia

Aunque llueva a cántaros o sólo una brizna, las primeras gotas se mezclarán con el aceite en el camino y lo hace muy resbaloso. Si continúa lloviendo por un tiempo, esta mezcla se lava, pero tenga cuidado: *los caminos son más resbalosos al principio de una tormenta.*

P. **¿Qué es hidroplanaje y qué hago si me ocurre?**
R. Si se acumula agua o lodo ligero en la carretera, su vehículo podría deslizarse por el agua. Muy parecido a lo que ocurre en el esquí acuático. Si su vehículo se desliza sobre el agua en vez de sobre el camino, su vehículo no tendrá tracción. Y cuando no hay tracción, no podrá manejar el volante ni aplicar los frenos de su vehículo.

Nota: *Aún si viaja a 30 mph, su vehículo podría hidroplanear. Tenga cuidado con los charcos, si el agua es muy profunda, su vehículo también puede hidroplanear.*

P. **¿Si mi vehículo está hidroplaneado, ¿cómo lo controlo?**
R. Primero, deje de pisar el acelerador. Después, pise el embraque para aminorar la velocidad de su vehículo y dejar que las llantas giren por sí mismas. Si comienza a patinar, no use el freno para aminorar la velocidad. Más bien, pise el embraque para mas dejar que las llantas giren.

Y recuerde, es mís probable que ocurra el hidroplanaje si la presión de las llantas es baja o si el grabado está desgastado. Si el grabado perdió profundidad, no sacará el agua de las llantas.

Otras condiciones del camino

P. **¿Qué hay con manejar en las curvas del camino?**
R. Cuando haya curvas en el camino, aminore la velocidad. Si toma una curva con demasiada velocidad, puede perder la tracción y su vehículo seguirá avanzando en línea recta y eso no es bueno.

Si entra a una curva demasiado rápido y las llantas conservan la tracción, se puede volcar. Lo mismo aplica para las curvas cortas en las rampas de las vías rápidas. Si maneja un tanque cisterna o cualquier vehículo con un centro de gravedad alto, hay muchas posibilidades de que se vuelque, aún si maneja a la velocidad permitida.

Así es que, evite las volcaduras. Aminore la velocidad antes de entrar a una curva. Lo suficientemente lento como para no tener que usar los frenos. *Nunca exceda el límite de velocidad para la curva. ¡Su velocidad debe ser mucho menor!*

P. **¿Qué hay con la velocidad durante el resto del tiempo?**
R. Sin importar el clima o las condiciones del camino, siempre debe viajar a la velocidad que le permita detenerse dentro de la distancia que pueda ver hacia delante. Por ejemplo, cuando se conduce en neblina, no se puede ver tanto como uno está acostumbrado. Disminuya la velocidad de manera que se pueda detener dentro de la distancia que puede ver hacia delante del camino.

Desde luego, por la noche, su campo visual también está limitado. Parte del tiempo, puede usar las luces altas, pero cuando se requieren las luces bajas, disminuya la velocidad para que pueda detenerse dentro del área que puede ver con las luces bajas.

Si conduce en el tráfico urbano, la mejor velocidad es la misma de los vehículos que le rodean, siempre y cuando sea segura y legal.

Recuerde: Es una mala idea tratar de ahorrar tiempo por medio de aumentar la velocidad. Tratar de mantener una velocidad alta fatiga y aumenta las oportunidades de tener un accidente.

P. ¿Qué hay de la velocidad cuando se maneja cuesta abajo por una pendiente?

R. Lo más importante cuando uno maneja cuesta abajo por una pendiente (una colina prolongada y empinada) es entrar en la colina a una velocidad lo suficientemente baja como para prevenir el tener que frenar demasiado. Si tiene que frenar demasiado, se arriesga a calentar demasiado los frenos para aminorar la velocidad. Siga estos pasos para disminuir la velocidad:

1. Chequee los frenos antes de comenzar el descenso.
2. Cambie la palanca de velocidades a una velocidad más baja de la que utilizaría para subir la misma colina.
3. Use los retardadores, si los tiene.
4. Si necesita usar los frenos, píselos ligera y consistentemente.

Tener suficiente espacio para conducir con seguridad

Si piensa en esto, el conducir con seguridad es simplemente cuestión de permitir que haya el suficiente espacio alrededor de su vehículo para avanzar, cambiar de carriles y realizar las maniobras necesarias para conducir con seguridad.

Este es el espacio que necesita:

Adelante. Asegúrese de que no está siguiendo al vehículo de enfrente demasiado cerca. Si lo está haciendo, disminuya la velocidad y retírese. Una buena regla: mantenga un segundo de espacio entre usted y el vehículo de enfrente por cada 10 pies de la longitud del vehículo que maneje. Esto es, si tiene un vehículo de 40 pies de largo y conduce a 40 mph, necesitará cuatro segundos entre usted y el vehículo de enfrente. Agregue otro segundo cuando haya mal clima o el camino esté resbaloso y un segundo más cuando conduzca de noche. Si está en las peores condiciones, deje cuando menos siete segundos de espacio entre usted y el siguiente vehículo.

¿Cómo calcula los segundos? Observe que el frente del vehículo adelante del suyo pase una cierta marca en el camino—puede ser un anuncio o un marcador de milla. Después cuente: diez mil uno, diez mil dos, etc., hasta que haya contado cuando menos cuatro segundos antes de que pase por la misma marca. Si no puede contar cuatro segundos entre ese vehículo y el suyo, ¡disminuya la velocidad!

Detrás. Usted no tiene control en qué tan cerca van los vehículos detrás de usted, pero una regla a seguir e siempre mantenerse a la derecha. Si lleva una carga muy pesada y no puede mantener la misma velocidad que los demás, quédese en el carril de la derecha.

Encontrará que, en mal clima, muchos conductores tienden a seguir a los grandes vehículos de 18 llantas, porque confían en que los conductores profesionales les guiarán para pasar por un tramo difícil. Así es que, cuando otros vehículos lo sigan de cerca, evite cambios bruscos y si tiene que disminuir la velocidad, hágalo lo más gradualmente posible. Si va a dar la vuelta, indíquelo con suficiente anticipación.

Nota: Si lo siguen muy de cerca, ¡nunca conduzca a gran velocidad! Si otro conductor va muy cerca, es mucho más seguro que lo haga a menor velocidad.

Costados. La mejor forma de conservar distancias seguras a los costados de su vehículo es nunca conducir lado a lado con otro vehículo. También, debe saber que tiene "puntos ciegos." Así es que, no cambie de carriles o dé la vuelta sin asegurarse de que no hay algún obstáculo.

Si tiene que viajar junto a otro vehículo, asegúrese de que haya suficiente espacio para los dos vehículos. Tenga cuidado con las condiciones del viento. Los vientos fuertes pueden dificultar que permanezca en su carril y las corrientes de aire provocan cosas extrañas, así es que es importante tener suficiente espacio alrededor del vehículo.

Arriba. Usted ha visto las marcas de los puentes que indican la altura del puente. Estas marcas le indican a los camioneros cuánto espacio hay entre el puente y la parte superior del camión. Pero hay un problema: algunas veces las alturas indicadas no son exactas por muchas razones, quizá porque arreglaron el camino y es más alto, o hay nieve compacta, u otras situaciones.

Recuerde también que un vehículo con carga es más bajo que uno vacío. Si tiene duda acerca de si tiene suficiente espacio para pasar con seguridad por debajo de un puente, vaya con lentitud. Si no está seguro de que podrá pasar, tome otra ruta.

También recuerde que antes de retroceder, debe salir de la cabina y chequear el espacio que tenga arriba, teniendo cuidado con ramas y cables.

Debajo. Aquí hay varios obstáculos. Primero, cuando cruce una vía de ferrocarril, que no se quede en la vía si la carrilera está muy alta. Segundo, siempre chequee debajo del camión antes de retroceder. Por último, si ve algo en el camino que puede estar colgando debajo de su vehículo, trate de evitar el obstáculo, pero no haga maniobras bruscas e inseguras para salir de su carril.

Dominio de las maniobras para dar vuelta

Cuando conduce su vehículo particular, probablemente no piense en nada para dar vuelta a la derecha o a la izquierda. Sin embargo, en un vehículo más grande dar la vuelta es una maniobra compleja y necesitará un espacio amplio para realizarla con éxito.

Los conductores profesionales le dirán que las vueltas a la derecha son más difíciles que las vueltas a la izquierda. ¿Por qué? Porque en una vuelta a la derecha no siempre puede ver lo que ocurre a la derecha de su vehículo tan bien como si va a dar vuelta a la izquierda.

P. **¿Cómo se da bien una vuelta a la derecha?**
R. Con práctica, pero le ayudará seguir estos pasos:

1. Dé vuelta con lentitud y seguridad para que se dé tiempo para evitar problemas.
2. Si no hay suficiente espacio para dar una vuelta amplia al principio de la maniobra, gire amplio conforme concluye la vuelta.
3. No entre en el carril que se aproxima para dar vuelta ampliamente conforme comienza a virar. ¿Por qué? Porque la gente que está detrás de usted podría pensar que va a dar una vuelta a la izquierda.

CARACTERISTICAS DE RODADA DEL TRACTOR-REMOLQUE

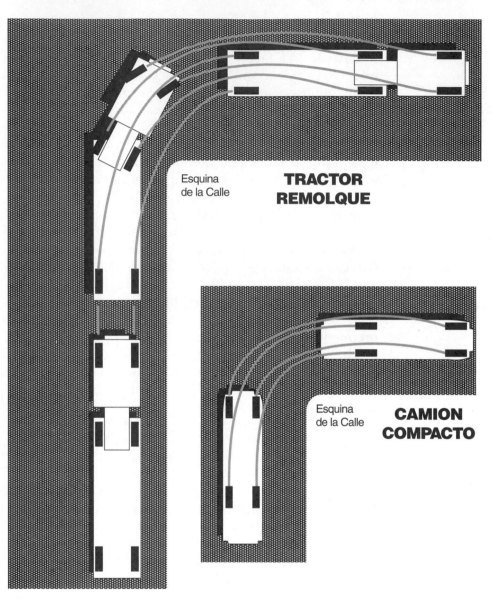

Figura 7-7   Para dar una buena vuelta a la derecha.

4. Mantenga la parte trasera de su vehículo cerca de la orilla del camino. Esto le ayudará a dar la vuelta y evitará que otros traten de rebasarlo por la derecha (véase la Figura 7-7).
5. Si es necesario cruzar el siguiente carril, dé a los vehículos que se aproximan suficiente tiempo de frenado o pasar. No retroceda por ellos porque se arriesga a golpear a uno de los vehículos que están detrás de usted.

Para dar una vuelta a la izquierda:

1. Llegue al centro de la intersección antes de comenzar a dar la vuelta.
2. Recuerde salir de la vía y no comenzar a dar la vuelta antes de tiempo.

La carretera del derecho y la izquierda

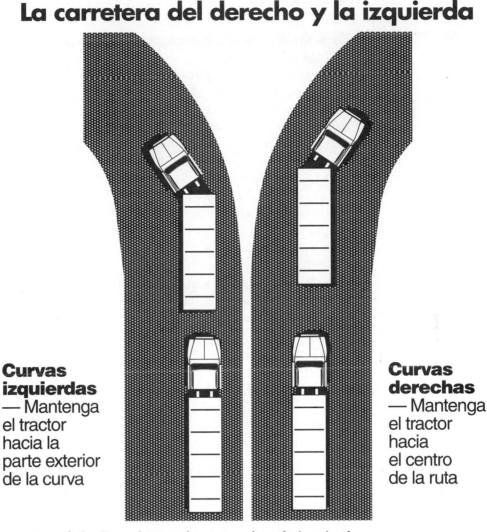

Curvas izquierdas — Mantenga el tractor hacia la parte exterior de la curva

Curvas derechas — Mantenga el tractor hacia el centro de la ruta

Figura 7-8   Para dar una buena vuelta a la izquierda.

3. Si hay dos carriles para dar vuelta, siempre comience a dar la vuelta a la izquierda desde el segundo carril para dar vuelta (véase la Figura 7-8).
4. No comience a dar la vuelta en el primer carril porque tal vez necesite hacerse a la derecha para dar la vuelta.

Conducción nocturna más segura y fácil

¿Qué hace más difícil la conducción nocturna? ¿Es porque los conductores no pueden ver muy lejos en la carretera durante la noche como lo hacen durante el día? ¿Es porque los peligros no se pueden ver bien y los tiempos de reacción son muy cortos y de emergencia? Algunas veces la visión es menos aguda de noche que durante el día. O puede ser que el conductor está cansado y simplemente no está tan alerta como siempre. Todas estas razones dificultan la conducción nocturna.

A continuación se dan algunas sugerencias para hacer más segura la conducción nocturna:

1. Unos faros limpios mejoran la visión nocturna. Los faros son la mejor fuente de luz en la noche.
2. Si los faros están desajustados, mándelos arreglar antes de salir a carretera en la noche.
3. Asegúrese de que los reflectores, luces marcadoras, luces traseras, luces de espacio y las luces de identificación estén limpias y funcionen bien.
4. Los parabrisas limpios también pueden marcar la diferencia en su visión nocturna. Asegúrese de que su parabrisas y los espejos estén limpios por dentro y por fuera antes de salir a carretera.
5. No es necesario decirlo. Evite los medicamentos que no le permitan estar alerta o que lo adormezcan. Lo mismo aplica para la bebida. Cuando maneje de noche (o en cualquier otro momento), no es posible que tome alcohol u otro tipo de sustancias químicas.
6. Cuando maneje de noche, tome una cena ligera. Una cena fuerte provocará una digestión pesada y no le permitirá estar alerta.
7. Si cree que el café lo ayudará a manejar unas cuantas millas más, ¡no lo beba! El café sólo lo pondrá nervioso y con los ojos saltones.
8. El único remedio para el sueño o la fatiga es dormir.

Técnicas para manejar en malas condiciones climatológicas

Hemos hablado acerca del hielo negro y el manejo en condiciones climatológicas frías y con lluvia, pero ¿qué hay de manejar en clima cálido?

1. Cuidado con el alquitrán líquido. En un clima muy cálido, el alquitrán se filtra a la superficie del camino y puede ser muy resbaloso.
2. Asegúrese de que va lo suficientemente lento para evitar que el motor y las llantas se sobrecalienten. Conserve su vehículo lo más fresco posible. Esto disminuye la posibilidad de que fallen las llantas, haya un incendio o falle el motor.
3. Si maneja por el desierto. Asegúrese de tener suficiente refrigerante y buenas llantas antes de comenzar el día.
4. Revise el medidor de agua y el medidor de temperatura en su refrigerante regularmente. Si el medidor sube de la marca normal, hay la posibilidad de que falle el motor y posiblemente se incendie. Así, que deténgase y trate de averiguar qué anda mal.
5. Revise las correas del motor. Asegúrese de que no estén demasiado flojas o gastadas.
6. Si el ventilador del motor no funciona bien, no mantendrá fresco el motor.
7. Asegúrese de que las mangueras puedan soportar el calor. Si están desgastadas o raídas, pida que las reemplacen.

Tácticas especiales para enfrentarse a los peligros del camino

Existen varios peligros del camino, siempre los ha habido y siempre los habrá. Esté preparado, entrénese en qué hay que hacer. La preparación reduce las posibilidades de accidentes o de poner en peligro su vida.

A continuación se da una lista de diversos peligros que encontrará en el camino y las tácticas que sugerimos para hacerles frente:

- Zonas de obras. Algunos estados están dando fuertes multas por conducir de manera peligrosa cerca de zonas de obras. Esté alerta, conduzca a la velocidad límite recomendada o menos. Usc sus luces intermitentes de cuatro vías o las luces de frenado para advertir a los que van detrás de usted que está tomando este tramo de carretera con lentitud y cuidado.
- Algunas veces existen carriles más angostos y un camino desigual entre carriles cuando se está reparando el camino. No maneje demasiado cerca del borde. También descubrirá que es difícil controlar el volante en un área de descenso.
- ¿Hay algo en el camino más adelante, tal vez una caja o un pedazo de llanta? Haga todo lo posible para evitarlo, pero si no puede maniobrar para hacerlo, pase por encima lo más lento posible.
- ¿Otros conductores están arriesgándose de manera estúpida? Deles suficiente espacio. Tenga precaución con los conductores que van de un lado a otro, salen del camino, se detienen en el momento inadecuado o esperan demasiado de frenado, manejan con las ventanillas abajo cuando hace frío, o arrancan y luego disminuyen la velocidad de repente.
- Tenga cuidado con los conductores que se duermen, especialmente muy temprano por la mañana.
- Observe los camiones rentados con cuidado. Estos conductores probablemente tienen poca experiencia para conducir camionetas de este tamaño.
- Recuerde: donde sea que haya vehículos, hay peligro y accidentes que pueden ocurrir. Mantenga su mente en la forma en que conduce y sus ojos en el camino en todo momento.

Qué hacer en una emergencia: manejar a la defensiva

Cualquier cosa puede suceder en cualquier momento en el tráfico. El conductor profesional está consciente de esta posibilidad y puede, en la mayoría de los casos, evitar los accidentes. Sin embargo, algunas veces el conductor no tiene la capacidad de controlar la situación.

A continuación se incluyen algunos consejos para las ocasiones en el que conductor profesional debe realizar maniobras de emergencia:

- Si ve un obstáculo en su camino, a menudo la mejor maniobra es rodearlo para evitarlo. Detenerse no es siempre la mejor opción por las siguientes razones: (1) tal vez no tenga suficiente espacio para detenerse y (2) algunas veces si se detiene muy rápido puede provocar que el vehículo combinado se voltee.
- Dar la vuelta al volante en sentido opuesto. Una vez que ha dado volante para rodear el obstáculo, deberá dar vuelta al volante en la dirección opuesta. A esto se le conoce como "contravolantear" y debe estar preparado para dar la vuelta al volante en la dirección opuesta. Un tiempo de reacción corto es importante en esta maniobra.
- Cuando da la vuelta para evitar un obstáculo, hágalo rápido y no pise los frenos, porque esto podría trabar los frenos y causar que el vehículo se patinara y saliera de control.

- En la mayoría de las situaciones, virar a la derecha sacará a su vehículo del peligro. Si está bloqueado a ambos lados, la mejor opción es moverse a la derecha, porque no se moverá hacia el tráfico que viene de frente o causará que alguien vaya al carril opuesto.
- Si tiene que salir del camino para evitar un accidente, trate de mantener un juego de llantas en el pavimento para tener mejor tracción.
- Si le fallan los frenos, cambie la palanca de velocidades a la velocidad más baja posible y trate de bombear los frenos. Con los frenos hidráulicos, puede crear suficiente presión para detener el vehículo. El freno de emergencia es otra opción. Pero en este caso, asegúrese de pisar el botón de liberación o jalar la palanca de liberación al mismo tiempo que jala el freno de emergencia. Si nada trabaja, localice una rampa de escape o suba por una colina. Esto algunas veces disminuirá la velocidad del su vehículo.
- Si fallan las llantas (golpeteo, vibración o el volante se siente duro), deténgase tan pronto como sea posible. Para mantener el control de su vehículo, agarre firmemente el volante y no use el freno hasta que el vehículo haya disminuido la velocidad. Después salga del camino y deténgase.

P. ¿Qué pasa si mi vehículo combinado comienza a patinar?
R. Cuando las llantas pierden la tracción, el vehículo puede patinar. El movimiento obvio es aplicar los frenos, pero si frena demasiado fuerte puede trabar las llantas.

Si se da vuelta demasiado al volante también se puede provocar que el vehículo patine, así es que no dé vuelta a las llantas más de lo que el vehículo puede dar vuelta.

Conducir demasiado rápido es una de las razones más comunes por las que se patina un vehículo. Administre su velocidad, combinándola con las condiciones del camino y del clima.

Otras razones comunes por las que se patina un vehículo combinado es cuando las llantas traseras pierden la tracción por aplicar demasiado los frenos o acelerar demasiado. Si se patinan las llantas traseras, por lo general es porque se aplicaron demasiado los frenos y las llantas se trabaron.

Cuando el vehículo se patina por el hielo o la nieve en el camino, simplemente deje de acelerar y pise el embrague.

Para corregir una patinada por frenar la llanta de impulso, quite el pie del freno, deje que las llantas traseras rueden libremente y, si se encuentra en un camino con hielo, pise el embrague para permitir que las llantas rueden libremente.

Si el vehículo comienza a deslizarse de lado, dé volante en la dirección en que desea que el vehículo vaya y dé vuelta al volante rápidamente. Mientras un vehículo corrige su curso, la tendencia es seguir dando vuelta, así es que si no devuelva el volante rápidamente, puede volver a patinar.

P. ¿Qué hago en caso de que se patine una llanta delantera?
R. Por lo general, si se patina una llanta delantera es porque va demasiado rápido, las llantas delanteras están desgastadas, o lleva demasiado peso en el eje frontal.

Cuando se patina una llanta delantera, la mejor maniobra es dejar que el vehículo disminuya la velocidad. Deje de dar vuelta al volante o de frenar fuerte. Disminuya la velocidad tan rápido como sea posible sin patinar.

Repaso

Lea cada pregunta y las respuestas que se dan. Escriba en el espacio la letra de la respuesta correcta o bien anote sus respuestas en hoja aparte para tenerlas a la mano al repasar para la CDL. Cuando responda todas las preguntas, verifique sus respuestas con la clave que sigue.

_____ 1. El hidroplanaje ocurre cuando las llantas
(A) vuelan por el aire,
(B) se deslizan por encima del agua sobre el pavimento,
(C) se deslizan sobre el alquitrán suavizado en el pavimento caliente;
(D) ninguna de las anteriores.

_____ 2. Muchos más accidentes nocturnos ocurren porque
(A) el conductor está fatigado,   (C) hay menos luz,
(B) hay un menor campo de visión,   (D) todas las anteriores.

_____ 3. Verdadero o Falso. Las vueltas a la izquierda son más difíciles que las vueltas a la derecha.

_____ 4. Al hacer retroceder un vehículo combinado, la mayoría de los daños ocurren en
(A) la llanta derecha de enfrente,   (C) la parte superior derecha
(B) la parte trasera del remolque,   del remolque,
                                      (D) ninguna de las anteriores.

_____ 5. Al conducir defensivamente, la mejor forma de evitar un peligro en el camino es
(A) dar volante a la derecha,   (C) dar volante hacia el carril
(B) dar volante la izquierda,   externo,
                                        (D) ninguna de las anteriores.

_____ 6. La mejor manera de frenar un vehículo cuesta abajo en una pendiente es
(A) meter los frenos hasta el piso,   (C) frenar ligera y
(B) bombear continuamente   gradualmente,
     los frenos,   (D) ninguna de las anteriores.

_____ 7. Verdadero o falso. En una emergencia, detenerse es la maniobra más segura para su vehículo combinado y los demás conductores.

_____ 8. Si descubre que la mejor maniobra es sacar su vehículo combinado del camino, siempre es bueno
(A) conservar un juego de llantas sobre el pavimento,
(B) llamar por teléfono a casa,
(C) bajar la ventanilla del conductor,
(D) todas las anteriores.

_____ 9. Se devuelve el volante
(A) después de haber arrancado el motor,
(B) después de haber librado un obstáculo,
(C) cuando desea dar vuelta al camión,
(D) ninguna de las anteriores.

_____10. La mayoría de las patinadas ocurren cuando
(A) las llantas pierden tracción,
(B) las llantas de impulso pierden tracción,
(C) las llantas traseras pierden tracción,
(D) todas las anteriores.

Respuestas al repaso

1. B; 2. D; 3. Falso; 4. C; 5. A; 6. C; 7. Falso; 8. A; 9. B; 10. C.

Términos que hay que saber

Los términos siguientes proceden del contenido del capítulo. Revíselos. Si no está seguro de alguno, compruebe la definición en el glosario al final del libro. Si le sirve, redacte una lista de los términos y su definición (o escriba aquí las definiciones) y repáselos varios días antes de presentar los exámenes para la CDL.

10 en punto y 2 en punto

Alerta visual

Alquitrán derretido

Apagado del motor

Brillo

Calentar

Cambio de velocidades

Cierres de radiador

Comunicación con otros

Conducción nocturna

Conducir de un lado para otro

Congelamiento de puente

Control de patinada

Dar demasiada vuelta al volante

Dar volante

Dar vuelta a la derecha

Descenso

Devolver el volante

Distancia de frenado

Distancia de percepción

Distancia de reacción

Distancia de frenado

Distancia total de frenado

Refrigerante

Espacio para dar vuelta

Espejo buscador

Espejo de "ojo de pescado"

Falla de frenos

Falla de llanta

Frenado

Frenos hidráulicos

Hidroplanaje

Hielo negro

Luces altas (faros)

Luces bajas (faros)

Patinadas de las llantas delanteras

Patinadas de las llantas traseras

Pedal del embraque

Peligro

Perilla del selector

Punto ciego

Quitar la direccional

Rampa de entrada/rampa de salida

Rampa de escape

Retroceder

Revoluciones por minuto (rpm)

Tacómetro

Traction

Velocidad (palanca de)

Zonas de obras

EL TABLERO DE DESPACHO
Historias de horror que se cuentan en el comedor y los salones de belleza

Aquí se dan algunos consejos para conservar una relación sólida, aunque tenga que salir a carretera con frecuencia.

Nunca falla. Cuando un conductor trabaja para una compañía de transportes, una de las primeras cosas que la esposa escucha en el salón de belleza es que los conductores tienen tanto tiempo libre que tienden a ser infieles.

"Me llegan tantas llamadas de esposas que han oído estas historias de terror en los salones de belleza, que es muy probable que sus esposos las estén engañando en ese mismo momento—explica Melody Bronson, una asesora de conductores que trabaja en Stevens Transport—. Pero la fidelidad es una espada de doble filo. Si una pareja ha fundado su relación en la confianza, cuando un conductor sale a trabajar, esa confianza debe continuar. La confianza siempre le permitirá creer o descartar un chisme en el comedor de la compañía o el salón de belleza; la confianza es un pegamento importante en cualquier relación."

Algunos conductores más jóvenes, los que han estado casados por poco tiempo y tienen un bebé recién nacido, creen que pueden sobrellevar el estar alejados de tres a cinco semanas continuas, pero algunos matrimonios no están preparados para esta prueba. No son lo suficientemente sólidos para enfrentar los desafíos que acompañan a la conducción profesional. "Algunas veces estos jóvenes conductores dicen que sus vidas son un torbellino, que necesitan ayuda para resolver algunos de los problemas que siempre ocurren. Por ello, algunas empresas transportadoras contratan a consejeros para ayudarlos a resolver las situaciones difíciles ya sea un problema personal, un problema con la nómina o el seguro o un conflicto con un despachador o el gerente de una flotilla."

Bronson también ha trabajado con los conductores en capacitación que comienzan su carrera cuando sus matrimonios están a punto de fracasar. "Les decimos que la conducción es un trabajo difícil y que si tienen una relación débil, la conducción no la mejorará—continúa la consejera—. También les decimos que si la confianza en su matrimonio se rompió antes de que comenzaran a conducir, la situación no va a mejorar."

continúa

EL TABLERO DE DESPACHO *continuación*

Aparte de la asesoría—por teléfono y en persona en las oficinas de Stevens—, los conductores también pueden visitar psicólogos a un centro de asesoría con el que trabaje la compañía. Y la tienda de la compañía también proporciona ayuda, como el libro *Marriage and the Long Run (El matrimonio y las largas jornadas laborales)* de Ellen C. Voie. Este libro es útil para los conductores y sus cónyuges que se enfrentan a problemas relacionados con la conducción, tales como confianza, fidelidad, pasar tiempo juntos y otros temas.

También está el elemento sorpresa. Muchas veces el conductor decide "sorprender" a su familia y llega inesperadamente a casa. Y si bien el conductor disfruta en ocasiones de dar la sorpresa, Bronson ha visto ejemplos en los que la "sorpresa" tiene efectos contraproducentes. "Cuando el conductor llega a casa justo a tiempo para ver que su cónyuge se marcha a una partida de boliche o al cine con sus amigos, la 'sorpresa' se convierte en otra razón para el descontento —señala la consejera— "y el cónyuge se encuentra en la posición de elegir entre continuar su vida o pasar tiempo con su pareja."

La elección no es fácil. Las consecuencias de la "sorpresa" pueden ser más dolorosas que positivas. "Aconsejamos a los conductores a no dar sorpresas—dice Bronson—. Podría ser una gran idea en ese momento, pero en las mayorías de las ocasiones sólo agrega tensión a la relación."

Conclusión: Cuando un cónyuge piensa en convertirse en conductor profesional, la decisión debe tomarse en familia. ¿Por qué? Porque cuando un miembro de la familia se aleja del hogar, las responsabilidades de los que se quedan cambiarán definitivamente.

Siempre es necesario trabajar juntos, dar al igual que recibir y esforzarse los dos para hacer que funcione una relación, sin importar la profesión a la que se dediquen. Con los conductores profesionales, debe haber más apoyo en el hogar para que sus carreras tengan éxito.

Sistemas de control de seguridad

Este capítulo trata justamente de lo que dice: saber qué equipo incluyen los sistemas de control de su vehículo.

Al terminar de estudiar este capítulo, usted sabrá dónde se localizan estos sistemas y cómo funcionan, además de cuándo usarlos.

Veremos todos los aspectos de los sistemas para que usted entienda para qué están ahí y cuál es su utilidad.

¡En marcha!

Luces

Las FMCSR Parte 393 describen los tipos de luces y reflectores que deben llevarse en los vehículos motorizados comerciales. Esta parte de las FMCSR también describe las luces y reflectores que se necesitan en cada situación, de las operaciones en camino a las operaciones de arrastre.

Las luces cumplen varios propósitos:

- Permitir que los demás lo vean
- Ayudar a ver a los demás
- Señalar intenciones, como cambio de carril, desaceleración o alto
- Comunicarse con otros vehículos

Las leyes exigen que encienda las luces media hora antes del ocaso y que las mantenga hasta media hora después del amanecer.

Veamos enseguida las luces y reflectores que se requieren en los vehículos motorizados comerciales:

- **Faros delanteros**—dos faros blancos, uno a la izquierda y otro a la derecha, al frente del tractor. Se exige en autobuses, camiones y tractocamiones. Los faros deben proyectar luces altas y bajas.
- **Faros de niebla y otras luces para mal tiempo**—se requieren además de los faros delanteros, no en su lugar.

Se exigen en autobuses, camiones, semirremolques, remolques completos y remolques de postes:

- **Luces marcadoras frontales laterales**—dos luces ámbar, una a cada lado del frente de autobuses y camiones, tractores, semirremolques y remolques completos.
- **Luces marcadoras laterales**—dos luces ámbar a cada lado o cerca del centro, entre las marcadoras laterales del frente y la parte posterior. Se exigen a autobuses, camiones, semirremolques, remolques completos y remolques de postes.

- **Reflectores frontales laterales**—dos reflectores ámbar a cada lado del frente de autobuses y camiones, tractores, semirremolques, remolques completos y remolques de postes.
- **Reflectores laterales**—dos reflectores laterales a cada lado o cerca del punto central entre los reflectores laterales frontales y posteriores de autobuses y camiones, semirremolques largos, remolques completos largos y remolques de postes.
- **Señales frontales de vuelta**—dos luces ámbar a izquierda y derecha de la parte frontal. Estas luces pueden estar arriba o debajo de los faros delanteros. Se exigen en autobuses, camiones y tractocamiones.
- **Luces frontales de identificación**—tres luces ámbar en el centro del vehículo o cabina. Se exigen en autobuses grandes, camiones y tractocamiones.
- **Luces frontales de altura**—dos luces ámbar a cada lado del frente de autobuses grandes, camiones, tractocamiones, semirremolques largos, remolques completos, remolques de postes y cargas excedentes.
- **Reflectores marcadores laterales traseros**—una luz roja a cada lado en la cola de autobuses y camiones, semirremolques, remolques completos y remolques de postes.
- **Reflectores laterales traseros**—reflectores rojos colocados debajo de los reflectores marcadores laterales traseros. Se exigen en camiones, autobuses, semirremolques, remolques completos y remolques de postes.
- **Luces traseras de identificación**—tres luces rojas centradas en la parte superior de la cola de camiones y autobuses grandes, semirremolques grandes, remolques completos y remolques de postes. No se requiere en vehículos más pequeños.
- **Luces traseras de altura**—dos luces rojas en la parte superior derecha e izquierda de camiones y autobuses grandes, tractores, semirremolques, remolques completos, remolques de postes y cargas excedentes. Estas luces marcan la anchura general. No se requieren en vehículos más pequeños.
- **Reflectores traseros**—dos reflectores rojos en la parte inferior izquierda y derecha de la cola de autobuses y camiones grandes y pequeños, remolques, remolques completos y remolques de postes.
- **Luces de parada**—dos luces rojas en la parte baja izquierda y derecha de la cola del vehículo. Todos los vehículos están obligados a tenerlas. No se requieren en las cargas que se proyectan.
- **Luz del plato de licencia**—una luz blanca en el centro de la parte posterior de autobuses, camiones, tractores, semirremolques, remolques completos y remolques de postes.
- **Luz de retroceso**—una luz blanca en la parte posterior de autobuses, camiones y tractocamiones.
- **Luces direccionales**—dos luces ámbar o rojas situadas en la parte inferior derecha e izquierda de la cola de camiones y autobuses, tractores, semirremolques, remolques completos, remolques de postes y convertidores dollies.
- **Luces de estacionamiento**—dos luces ámbar o blancas situadas debajo de las luces delanteras en autobuses y camiones pequeños.
- **Luces intermitentes de emergencia**—dos luces ámbar al frente y dos luces ámbar o rojas en la parte posterior del vehículo. Por lo regular son las luces direccionales delanteras y traseras, equipadas para cumplir la doble tarea

como luces de advertencia. Se pueden hacer intermitentes simultáneamente. Se exigen en autobuses y camiones, tractores, semirremolques, remolques completos, remolques de postes y convertidores de plataforma.

Bocina

Todo vehículo debe tener una bocina y, como las luces, usarla para comunicarse con otros motoristas. La bocina distrae o sobresalta a los demás conductores, así que no la suene si no tiene una buena razón. Cuando inspeccione su vehículo, verifique que la bocina funcione; si no funciano, busque un fusible quemado o un cable defectuoso o roto.

Espejo

Casi todos los vehículos motorizados comerciales tienen espejos retrovisores a cada lado de la cabina. Algunos tienen un espejo exterior del lado del conductor. Un espejo dentro del vehículo da un panorama de la parte trasera de la máquina.

En el espejo largo y plano debe verse el tránsito y los lados del remolque. También debe verse el camino de mitad del remolque hacia atrás.

Ajuste los espejos de manera que vea el suelo, desde el frente de las llantas del remolque y ambos carriles. En el espejo convexo pequeño debe poder ver el tráfico. Los espejos convexos también sirven para ver los "puntos ciegos" a la mitad del vehículo.

Fuegos en los vehículos

Todos los conductores profesionales tienen la responsabilidad de saber apagar un fuego en el vehículo. La prioridad en esta situación es proteger su vida y la vida de los demás. A continuación, trate de salvar el vehículo y la carga. Para lograrlo, deberá aprender sobre fuegos y tener un extintor que funcione.

P. **¿Por qué se inician fuegos en los vehículos?**

R. Los fuegos se inician con accidentes, por un derrame de combustible o por un uso indebido de las antorchas.

También hay la posibilidad de que se prenda una llanta. Las llantas infladas sin suficiente presión y las llantas dobles que se tocan generan suficiente fricción para encender un fuego.

En algunos camiones hay una gran posibilidad de fuegos eléctricos, debidos a cortos circuitos causados por daños al aislamiento o cables sueltos.

La falta de cuidado es una de las principales causas de fuegos en los vehículos; se incluyen aquí conductas como fumar cerca de la bomba de combustible, cargar combustible de manera impropia y aflojamiento de las conexiones del combustible. Además, también se producen fuegos por cargas inflamables o bien que están mal selladas, ventiladas o cargadas.

Por todas estas razones es muy importante realizar antes de emprender el viaje una inspección exhaustiva de los sistemas eléctrico, de combustible y de escape de su vehículo, además de las llantas y la carga.

P. ¿Necesito verificar durante todo el camino?
R. Siempre es buena idea verificar el estado de llantas, ruedas y conjunto del camión para estar atento a signos de calor. Conviene hacerlo cada vez que se detenga durante el viaje.

Cargue combustible siempre de manera segura y tenga cuidado con cualquier parte del vehículo que genere calor o flama.

Al manejar, verifique los indicadores y otros instrumentos con frecuencia. Busque a través de los espejos signos de humo y si algún sistema se calienta en exceso, arréglelo antes de que tenga un problema mayor.

P. ¿Qué hago si hay un fuego en mi vehículo o cerca de él?
R. Recuerde que lo más importante es la precaución. Muchos conductores que no saben qué hacer con un fuego han empeorado las cosas. ¡No sea uno de ellos!

En caso de fuego, siga estos pasos:

1. Salga del camino y deténgase. Estaciónese en una zona despejada, lejos de edificaciones, árboles, maleza y otros vehículos. *¡No se pare en una gasolinería!*
2. Con su BC o teléfono celular, notifique a la policía, la patrulla de caminos o el 911. No se olvide de darles su ubicación.
3. Evite que el fuego se propague. Antes de que intente apagarlo, haga lo que pueda para que no se extienda.
4. Si el fuego es en el motor, desconecte. No abra la capota si no es necesario. Dirija el flujo del extintor a través de los respiraderos del radiador o desde la parte inferior del vehículo.
5. En caso de que el fuego esté en la carga, mantenga las puertas cerradas. Si las abre, alimentará el fuego con el aire del exterior.
6. Use agua para madera, papel o tela en llamas, pero no para fuegos eléctricos, pues podría sufrir una descarga. No use agua para los fuegos de gasolina, pues alimentará y propagará las llamas.
7. Una llanta en llamas debe enfriarse, por lo que necesitará mojarla con mucho agua. Si no tiene agua a la mano, arroje arena o tierra a las llamas.
8. Use la clase correcta de extintor de fuegos.

Extintores de fuegos

¿Recuerda las FMCSR Parte 393? Tratan de llevar *siempre* un extintor de fuego en el camión. También se refieren a revisar el extintor cada dos años.

Al combatir un fuego, es importante saber que los fuegos se agrupan en clases. Los fuegos de madera, papel, tela, basura y otros materiales ordinarios son fuegos de clase A.

Cuando el fuego es alimentado por gasolina, grasa, aceite, pintura u otros líquidos inflamables, el fuego es de clase B. Los fuegos eléctricos son de clase C.

Casi todos los camiones llevan un extintor de cinco libras, como ordena la ley. Sirven para apagar fuegos de clase B y C.

Si el vehículo arrastra materiales peligrosos con letrero de advertencia, debe llevar un extintor de 10 libras B;C con un químico seco. Al oprimir la manija de este extintor, una aguja pincha un cartucho a presión de aire que expulsa el talco del tanque. Este talco viaja por la manguera hasta la boca y se dirige al fuego.

En este caso, el fuego se extingue por sofocación.

¿Cómo se usa el extintor? Hay que dirigirlo a la base, que es el problema, no a las llamas.

Si todavía no lo sabe, averigüe cómo funciona el extintor de su camión. Cuando lo use, manténgase lo más alejado que pueda del fuego y las llamas. Colóquese de espaldas al viento.

Siga apagando el fuego hasta que todo lo que arda se haya enfriado, independientemente de que haya humo o llamas. Verifique que el fuego se acabó por completo para que no se avive de nuevo.

Instrumentos e indicadores

Esta parte es fácil. El tablero de instrumentos se llama también "dashboard." Algunos de los instrumentos que se encuentran ahí vigilan la operación del motor. Otros vigilan otros sistemas e informan de sus condiciones todo el tiempo.

Aparte de los indicadores y luces de advertencia, el tablero también contiene interruptores y controles para operar el vehículo o sus sistemas. Un ejemplo sencillo es el aire acondicionado. Hay un interruptor que cuando uno lo mueve, se acciona el sistema de aire acondicionado.

A la izquierda, en la mayoría de los tableros se encuentra la ventila del aire acondicionado. Junto a este hay cinco indicadores:

- El voltímetro (Figura 8-1) muestra si la batería carga apropiadamente o no.
  Este indicador se identifica por la palabra "volts" en la parte inferior y a veces se observa el dibujo de una batería.
  Este indicador tiene tres segmentos para tres condiciones distintas. El segmento de la extrema izquierda (en rojo) señala carga baja. El central (verde) señala batería en condiciones normales y el de la derecha (rojo) indica sobrecarga. Una aguja muestra la condición de la batería en ese momento.
  Si el voltímetro muestra continuamente una condición de exceso o defecto de carga, hay un problema en el sistema.
- El amperímetro (Figura 8-1) también se localiza en el tablero e indica la cantidad de carga o descarga que recibe la batería del generador. Debe indicar "cero" cuando el motor y el sistema eléctrico están apagados. Al arrancar el motor, la aguja se moverá de cero al lado de la carga. Cuando el motor se caliente, la aguja debe volver a cero. También es normal que dé una lectura ligeramente del lado de la carga.
- El indicador de la temperatura del motor está marcado con "Temp" o "Water Temp". Este indicador señala en grados la temperatura del sistema de enfriamiento del motor. El indicador común tiene una extensión de 100 a 250 grados Fahrenheit. La temperatura normal se encuentra entre 165 y 185 grados. Si maneja en clima cálido, la temperatura será superior, pero no se alarme.
- El indicador de la presión del aceite (Figura 8-2) señala la lubricación del motor en libras por pulgada cuadrada (psi).

MIDIENDO EL SISTEMA ELECTRICO

VOLTIMETRO

Encendido
- Verde — Batería Bien Cargada
- Amarillo — Baja Carga en Batería
- Rojo — Muy Baja Carga

Operación
- Verde — Bien
- Rojo — Voltaje Muy Alto!

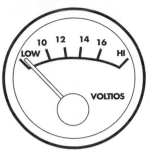

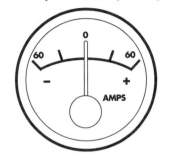

AMPERIMETRO

- Normal es CERO
- Alta y Continua Carga +
  o Descarga −
  Significa problemas con
  el Sistema Eléctrico

Figura 8-1   Indicadores para medir el sistema eléctrico.

Cuando el motor está en marcha y el aceite está frío, el indicador dará una lectura elevada. Cuando el motor tiene un rato en marcha y el aceite se calienta, la lectura volverá a lo normal. Cuando el motor marcha a temperaturas normales y el aceite está caliente, la presión normal en punto muerto va de cinco a 15 psi. En la operación normal la presión va de 30 a 75 psi.

¡Recuerde! *Verifique siempre este instrumento después de encender el motor. Si no indica presión, apague el motor enseguida, porque puede dañarlo si trabaja sin presión de aceite.*

Una lectura baja significaría que el nivel de aceite es bajo. Quizá haya una fuga o el filtro está tapado.

Si tiene un indicador de temperatura del aceite, verifique que se mantenga en los márgenes normales mientras maneja.

- El pirómetro exhibe la temperatura de escape del motor. El margen seguro estará indicado junto al indicador en el tablero. Las temperaturas de escape elevadas podrían causar un problema: una gotera o un obstáculo en la toma de aire o el sistema de escape. O bien hay problemas con la ignición. O bien el vehículo está en una mala proporción de velocidades para la carga, pendiente o altura.

En casi todos los tableros hay debajo de estos instrumentos indicadores que señalan la temperatura de diversas partes del vehículo durante la operación. Éstos son:

- El indicador de temperatura de la transmisión. Las temperaturas del aceite van de 180 a 250 grados fahrenheit. Éstos son sólo lineamientos.
- Indicadores de temperatura de los ejes traseros, anterior y posterior. La temperatura normal de los ejes va de 160 a 220 grados Fahrenheit. Éstos son sólo guias.

PRESION DE ACEITE

- Punto Muerto   5–20 PSI
- Operando   35–75 PSI
- Baja, Bajando, Fluctuante:

DETENGASE INMEDIATAMENTE!
Sin Aceite el Motor Puede Destruirse Rápidamente

Figura 8-2   Indicador de la presión del aceite.

Los márgenes de algunas transmisiones, como la de Fuller, pueden ser de 180 a 225 grados Fahrenheit. Si el indicador de temperatura de esta transmisión indica 250 grados Fahrenheit, se encuentra casi en el límite crítico. Revise el manual del propietario para saber qué es lo normal.

Como el indicador de temperatura del motor que ya describimos, estos indicadores exhiben la información en grados. Una lectura elevada señala que hay problemas en esa parte del vehículo. Si la temperatura es elevada, detenga el vehículo antes de que ocurra un daño.

Continuamos nuestra visita por el tablero. A continuación siguen las luces de advertencia.

- Direccional de vuelta a la izquierda (marcada LH)
- Advertencia del nivel de agua (WATER)
- Advertencia del nivel de aceite (OIL)
- Luces altas (HB)
- Presión baja de aire (AIR)
- Advertencia de cierre diferencial (DL)
- Direccional de vuelta a la derecha (RH)
- De cierre de la cabina (no está en todos los camiones, sino sólo en los de cabina inclinable)

También es posible que haya zumbadores de advertencia, dependiendo del fabricante del vehículo.

Este conjunto de luces también se llama "indicador luminoso". Algunas de las luces de advertencia señalan que un control está funcionando y otras señalan que un control o indicador no funciona. Otras más indican que hay un problema grande que exige su atención *ahora mismo*.

P. ¿Son importantes los indicadores de vuelta?

R. Las luces direccionales de advertencia se encienden cuando se activan las direccionales derecha o izquierda. Si no se encienden, algo anda mal. La luz tiene un problema o bien la direccional no funciona. Las direccionales son una herramienta de seguridad para todos los conductores profesionales porque anuncian a los demás conductores lo que pretenden hacer. Es ilegal manejar sin direccionales.

P. Qué ocurre cuando las luces de temperatura del agua, nivel del aceite y presión baja se encienden?

R. Significa que algo está mal. Si la temperatura del agua en el enfriador se eleva demasiado, la luz correspondiente se encenderá. Si la presión del aceite es demasiado baja, la luz de presión se encenderá. Y si la presión de aire de los frenos cae debajo de 60 psi, las luces de presión de aire se encenderán. Algunas de estas luces de advertencia también están equipadas con zumbadores cuando algo anda mal.

P. **¿Qué hacen los indicadores de luces altas y cierre diferencial?**
R. El indicador de luces altas señala que éstas están puestas. La luz del cierre diferencial dice que éste se encuentra en posición de cierre.

P. **¿Qué indica la luz de advertencia de carga de circuito?**
R. Esta luz es estándar en algunos vehículos y no en otros. Se enciende si la batería no carga. Por lo regular está encendida cuando se abre el interruptor de arranque e indica que la luz funciona. Se apaga en cuanto el motor arranca, a menos que haya un problema.

P. **¿Qué indica la luz de advertencia de vacío bajo?**
R. Cuando esta luz se enciende, significa que el vacío en el aumentador del freno está debajo del límite de seguridad y que quizá falta potencia de frenado. ¿Qué se hace? No maneje el vehículo hasta que verificar y reparar el problema de frenos.

En algunas cabinas hay una luz de advertencia de cierre que indica cuándo el cierre de la cabina de inclinación no está asegurado; ¡no es nada bueno!

Arranquemos el motor

- El conjunto de luces debe encenderse unos momentos para indicar que funcionan apropiadamente.
- Si una luz no se enciende, vea si está fundida o si hay algún problema.

P. **¿Qué hay detrás del volante?**
R. Detrás del volante encontrará:

- **Tacómetro** (Figura 8-3). El tacómetro muestra cuántas revoluciones por minuto (rpm) gira el cigüeñal del motor. Indica cuándo es el momento de cambiar de velocidad. Para leer las rpm del motor, multiplique la cifra del tacómetro por 100. Así, si lee 15 en el tacómetro y lo multiplica por cien, tendrá las rpm: 1500.

  La potencia promedio del motor de diesel asciende a un máximo de 2100 rpm. El alcance del motor va de 500 rpm en neutral a 2100.

  La gama de operación recomendada se encuentra en el manual del propietario.

TACOMETRO

- Mide la velocidad del motor en RPMs
- Dice cúando cambiar velocidades

Figura 8-3 El tacómetro.

VELOCÍMETRO

• Mide la velocidad
  en MPH

• Precaución — No siempre
  es preciso

Figura 8-4   Velocímetro y odómetro.

• **Velocímetro/odómetro** (Figura 8-4). El velocímetro muestra la velocidad en marcha del vehículo en millas por hora (mph). El odómetro (que se encuentra dentro del velocímetro) lleva la cuenta de las millas totales recorridas. El millaje se muestra en incrementos de décimas de milla.

• **Estrangulador.** Si lo quiere, piense que el estrangulador es el pedal de acelerador del tablero. Se saca para meter las velocidades del motor y se usa en tiempo frío para mantener caliente el motor en neutral.

• **Interruptor de encendido (o arranque).** Suministra electricidad al motor y otros sistemas. Cuando la llave se gira, enciende los circuitos de los accesorios. En cuanto el motor arranque, suelte la llave. Si tiene una "salida en falso," deje que el motor se enfríe 30 segundos antes de volver a intentarlo.

La parte siguiente del tablero contiene el indicador del combustible, del filtro de combustible y el control de los frenos de aire.

• **Indicador de combustible** (Figura 8-5). Muestra el nivel del combustible en los tanques de suministro. Algunos vehículos tienen más de un tanque; si es el caso de su vehículo, no se olvide de verificar el nivel de todos los tanques antes de asegurarse que quedó sin combustible.

• **Indicador del filtro de combustible.** Este indicador tiene una banda coloreada dividida en dos segmentos para indicar el estado del filtro de combustible. Tiene marcas numeradas así como un segmento blanco a la izquierda y segmentos rojos en el centro y la derecha. Si la aguja indica "rojo", el filtro está obstruido.

• **Controles de frenos de aire.** Si su vehículo está equipado con frenos de aire (la información sobre los frenos de aire se cubre en la sección sobre el "permiso de frenos de aire").

A continuación de esta aglomeración de indicadores, se encuentran los interruptores de las luces. En este tablero se controlan todas las luces excepto el

INDICADOR DE COMBUSTIBLE

• ¡No siempre confiable!
  Inspeccione el tanque.

• Puede haber un tanque separado
  para cada tanque.

Figura 8-5   El indicador de combustible.

interruptor regulador de las luces altas (que está en el piso y se acciona con el pie).

Algunos vehículos disponen los interruptores de las luces en un puesto a la izquierda del volante. Es posible, entonces, que encuentre aquí los interruptores, incluyendo los del regulador, direccionales e intermitentes.

Debajo de los interruptores de las luces se encuentran otros controles:

- **Controles del diferencial entre ejes.** En los vehículos con doble eje trasero que tienen diferenciales entre los ejes. En la posición abierta, estos controles permiten que el árbol de cada eje gire a una velocidad distinta. El control debe ponerse en "abierto" ("unlocked" u "off") a menos que el camino esté resbaloso, en cuyo caso debe ponerse en cerrado ("locked" u "on") para dar potencia a todas las llantas.
- **Limpiaparabrisas.** En las cabinas inclinadas, los limpiadores eléctricos deben tener dos controles, uno para cada limpiador. Algunos sistemas de limpiadores de aire tienen una perilla de control situada en el tablero, para los dos limpiadores. La posición de la perilla controla la velocidad de los limpiadores y hay un control aparte para el chorro de agua.
- **Controles del aire acondicionado.** Los controles de la velocidad del aire determinan la temperatura en la cabina., por lo regular con niveles bajo, medio y alto. Hay controles para calentar, enfriar y descongelar, en forma muy parecida a los automóviles.
- **Interruptor de arranque en frío y calentamiento.** Este interruptor sirve en climas fríos cuando es difícil encender el motor. El interruptor prende una luz para indicar que está encendido (pero verifique en el manual del operador la sección sobre el motor y el auxiliar de arranque).
- **Interruptor del freno del escape.** Si su vehículo tiene un freno de escape, téngalo encendido (en "on"). Esto le da más potencia para detenerse, muy útil al descender pendientes o cuando se acarrea una carga muy pesada.

Aún no terminamos nuestro examen de los controles de la cabina. Si dirigimos nuestra atención al piso, veremos:

- **El pedal del acelerador.** Se encuentra justo bajo el volante y se opera con el pie derecho para controlar la velocidad del motor. Al oprimir este pedal, el vehículo acelera. Si se retira el pie, el vehículo decelera.
- **El pedal del freno.** Se encuentra a la izquierda del acelerador y también se opera con el pie derecho. Al oprimir el pedal, el freno se aplica y el vehículo disminuye su velocidad.
- **El pedal del embraque.** El pedal del embraque se sitúa a la izquierda del pedal del freno y se opera con el pie izquierdo. Se oprime este pedal para soltar el embrague, que embraga de nuevo al liberar el pedal.
- **El interruptor regulador.** Este interruptor se encuentra en el suelo a la izquierda del pedal del freno (cuando no se encuentra en el tablero). Cambia las luces bajas y altas. Las luces bajas son mejores para manejar en el tráfico; las altas sirven en los caminos oscuros y abiertos con poco tráfico y sin luces callejeras.
- **La palanca de velocidades.** Algunos vehículos tienen una palanca de arranque de potencia que en realidad posee dos perillas: al jalar la primera se conecta la palanca a la transmisión y al jalar la segunda para aprovechar esta potencia.

- **Válvula de control del freno del remolque.** Por lo regular se encuentra en el tronco del volante y permite aplicar los frenos de servicio del remolque sin aplicar los frenos de servicio del tractor.

FMCSR Parte 383

En esta parte se especifica que debe ser capaz de reparar ciertos problemas mecánicos mientras maneja un camión. Los indicadores e instrumentos señalan cuando hay un problema. Usted debe saber cómo leerlos y qué hay que hacer cuando se prende una luz para advertir de un problema. Esto se llama "solución de problemas" y buena parte de sus destrezas vendrán con el tiempo y la experiencia.

Para que tenga los fundamentos de la solución de problemas, es importante que comprenda qué hacen los principales sistemas cuando marcha el camión. Este repaso le ayudará a prepararse para los exámenes de la CDL.

P. **¿Cómo demuestro que puedo resolver problemas cuando me presento para la CDL?**

R. Una de las primeras oportunidades es cuando el examinador le hace preguntas sobre las partes y los sistemas del vehículo mientras realiza la inspección anterior al viaje. Debe saber qué hace cada sistema y mostrar sus conocimientos sobre cómo reparar pequeños problemas en caso de que surjan.

Los sistemas y las partes que estudiaremos en las siguientes páginas también están anotadas en las FMCSR Parte 393. Para aprender sobre sistemas y partes:

- Lea las FMCSR Parte 393.
- Lea el manual del propietario correspondiente a su camión. Si no tiene un ejemplar, quizá consiga uno con el distribuidor más cercano o bien busque la información en internet.
- Si tiene preguntas concretas, pregúntelas al personal de mantenimiento de la empresa.
- También puede conseguir libros en la librería o la biblioteca sobre mecánica diesel, electricidad, sistemas hidráulicos, vehículos motorizados y otros temas afines.

Sistemas eléctrico y de cables

Comencemos por el principio.

Su vehículo motorizado comercial obtiene su potencia de un motor, y tal potencia es energía eléctrica.

Sin electricidad, no podría arrancar el motor, las luces no encenderían y los instrumentos e indicadores no funcionarían. Por tanto, es importante entender la electricidad, dado que cumple tantos fines.

Veamos los fundamentos:

1. Un electrón es una partícula diminuta que posee una carga eléctrica negativa.

2. El flujo eléctrico produce una corriente eléctrica y algunos materiales conducen esta corriente mejor que otros.

3. Un buen conductor de electricidad es un material cuyos electrones se mueven con facilidad. El alambre de cobre es un buen conductor y se usa con frecuencia para trasladar la carga eléctrica de su fuente al punto de uso. Como el caucho no es buen conductor de la corriente eléctrica, el alambre de cobre está rodeado de un aislamiento de caucho.

4. Los cables aislados llevan la corriente eléctrica adonde se necesite electricidad.

5. Las terminales son los medios de conexión entre los alambres eléctricos y las partes donde se requiere electricidad. Las terminales conectan los alambres con sus componentes.

6. También hay una terminal principal donde empiezan los alambres. Esta misma terminal principal contiene los interruptores de circuito y fusibles del sistema.

P. **¿Qué es un circuito "cerrado" o "continuo"?**

R. Un circuito es una vía continua compuesta de un conductor (alambre) y una fuente de potencia que impulsa la corriente por el circuito (baterías y alternador o generador).

Los componentes que usan electricidad (por ejemplo el encendido y las luces del vehículo) son parte de esa vía. Este circuito se llama "completo" o "cerrado" porque la corriente fluye sólo si todas las partes del circuito están a tierra.

Esto significa que debe haber un alambre (conductor) para llevar los electrones de vuelta adonde empezaron.

Hay dos clases de circuitos en los que la electricidad no fluye:

- **Circuito abierto.** El circuito abierto ocurre cuando el flujo normal de la corriente eléctrica se detiene. Una de la razones para esta suspensión podrían ser conexiones corroídas o alambres rotos.

- **Corto circuito.** El corto circuito ocurre cuando la corriente eléctrica recorta parte del sistema normal. Por ejemplo, en lugar de que la corriente llegue a un foco, se detiene antes y vuelve a su fuente (la batería). Esto sucede porque el aislamiento ha dejado salir una parte del alambre y toca otro alambre, de modo que la corriente sigue la ruta más corta para volver a la fuente de poder.

Las siguientes condiciones pueden causar un corto circuito:

- Los cables de una bobina pierden su aislamiento y se tocan.
- Un cable roza el armazón u otra parte metálica del vehículo hasta que el alambre desnudo entra en contacto con el metal.

Esto debe estimularnos a todos a fijarnos bien en los cables para ver que no haya rozaduras o roturas, cada vez que hacemos una inspección antes del viaje. Sustituya los cables rotos y todo aislamiento desgastado.

Las normas exigen que los cables se instalen y aíslen de manera que no ocurran cortos circuitos.

P. **¿Qué significa "aterrizar"?**

R. Un circuito aterrizado trabaja por su seguridad:

- Cuando los alambres eléctricos se queman o rompen, la vía normal del circuito se interrumpe. Pero en lugar de detenerse, la corriente busca una

ruta para completar el recorrido. Si usted viera dos alambres rotos y los tomara con las dos manos, su cuerpo completaría el circuito, lo que no sería bueno.
- Si los cables se rozaron al punto de que el aislamiento se desgastó y se produjo un corto circuito cuando el alambre tocó el metal del armazón del vehículo y usted toca el armazón, se convertirá en parte del circuito. Y una corriente fuerte puede matarlo.

Una tierra provee una vía segura para la corriente si la vía normal se interrumpe por accidente.

Baterías

Estas pequeñas cajas negras ejecutan un trabajo intenso al convertir la energía química en energía eléctrica que suministran al resto del sistema eléctrico del vehículo.
Las partes de la batería son:

- **La caja.** Para sostener todas las partes.
- **Cofias o tapas de aire.** Se localizan en la parte superior de la batería y sirven para liberar las acumulaciones de gases. Retire las tapas al verificar la batería: quizá están obstruidas y haya que limpiarlas de cuando en cuando.
- **Pilas o celdas.** Son pilas cargadas secas, húmedas y que no necesitan mantenimiento. Una pila seca no contiene líquidos al salir de la fábrica; el distribuidor le agrega agua a la batería cuando la vende. Una batería húmeda tiene líquido al salir de la fábrica. Hay que verificar el nivel de líquido de estos dos tipos cuando se realiza la inspección antes del viaje. Las pilas sin mantenimiento no requieren más líquido.
- **Conectores de las pilas.** Estos conectores transportan la electricidad de las pilas al suministro de potencia.
- **Dos polos terminales.** Se localizan en la parte superior de la batería. Hay un polo positivo (el más largo) y uno negativo.

La electricidad puede ser peligrosa si no toma todas las precauciones al trabajar con ella.
Veamos algunas sugerencias para manejar con seguridad las baterías:

- Desconecte la correa a tierra de la batería antes de iniciar cualquier trabajo eléctrico o mecánico.
- Conecte esta correa al último cuando instale una batería nueva.
- Nunca apoye herramientas de metal u otros objetos sobre la batería.
- Nunca conecte la batería al revés. Verifique que conecta el cable positivo con la terminal del polo positivo y el cable negativo con el polo negativo (el polo y la abrazadera positivos son más grandes que los negativos).
- Tenga cuidado al manejar las baterías. El ácido que contienen es corrosivo.
- No se incline demasiado cuando ponga agua en la batería, de modo que no le salpique en los ojos.
- Aleje todo fuego de la batería. Si fuma, apague su cigarro hasta que termine de trabajar bajo la capota.

Interruptores automáticos y fusibles

Los interruptores automáticos y fusibles son una defensa incorporada para proteger el circuito de cortos y sobrecargas.

- Ocurre una sobrecarga de corriente cuando un circuito tiene más corriente de la que puede soportar.
- Los cables se clasifican de acuerdo con cuánta carga soportan. Si se sobrecargan, pueden quemarse.

Un corto circuito suele causar la sobrecarga. Cuando se prenden las luces, el radio y el encendido, el flujo de electricidad disminuye. Si hay un corto circuito, estos sistemas no funcionan. Esto significa que la corriente que llega al alambre es más que la que éste puede soportar, así que se calienta en exceso y se quema. Los fusibles y los interruptores automáticos impiden que ocurra.

P. ¿Cómo operan los fusibles?

R. Cómo los alambres, los fusibles se clasifican por su capacidad para manejar una cantidad de corriente. Para proteger el circuito, use un fusible con una clasificación menor que el cable.

Cuando ocurre una sobrecarga, si es mayor que la clasificación del fusible éste se quemará antes de que se acumule suficiente corriente para dañar el alambre.

P. ¿Qué hago si se quema un fusible?

R. Pensará que la respuesta es obvia, pero algunas personas no saben que hay que cambiar de fusible para volver a completar el circuito. Ahora bien, si ocurrió una sobrecarga, también es preciso hallar la causa o el nuevo fusible se quemará de inmediato.

Los interruptores automáticos también se clasifican por su capacidad para transportar corriente. El interruptor usado en un circuito debe concordar con la capacidad de corriente de éste.

P. ¿Los interruptores automáticos funcionan como los fusibles?

R. Si hay una sobrecarga en el circuito, el interruptor se abre para que la corriente no se acumule y queme el circuito. Una vez abierto el interruptor, debe cerrarse para que funcione otra vez. Es entonces un buen momento para indagar qué fue lo que sobrecargó el circuito.

Otra parte eléctrica importante

La conexión eléctrica desprendible (que funciona en combinación entre el tractor y el remolque) suministra energía de la planta del tractor al remolque, cuyas luces alimenta.

Los camiones compactos no tienen conexiones eléctricas desprendibles.

El sistema eléctrico

Hemos dedicado los últimos párrafos a los alambres, interruptores automáticos, fusibles, terminales y corriente; las partes que crean en un vehículo motorizado comercial.

Un bloque terminal principal contiene todos los interruptores y fusibles y de esta terminal salen cables a otros conectores o partes del vehículo que requieren electricidad.

Casi todos los VMC contienen un sistema eléctrico básico de 12 voltios. Si se fija, verá que muchas de las partes son las mismas que en su automóvil particular. Todo depende de la energía eléctrica de la batería: encender el motor y otras funciones.

Cuando se arranca el motor, el alternador o el generador suministra la energía que mantiene cargada la batería y acciona los sistemas del camión. Los vehículos más antiguos dependen de generadores, mientras que los nuevos usan alternadores.

Una correa del cigüeñal impulsa el generador cuando el motor está en marcha. Así, el generador produce la electricidad para activar todos los demás circuitos eléctricos y al mismo tiempo mantiene cargada la batería.

Cuando el motor se apaga, la energía almacenada en la batería provee el "jugo" eléctrico para accionar la bocina, las luces y otros instrumentos.

El alternador hace el mismo trabajo que el generador, pero es más ligero, barato de fabricar y produce más corriente a velocidades bajas.

Frenos

Hasta los mecánicos novatos saben que los frenos detienen el vehículo. El motor lo hace marchar y los frenos detenerse, ¿o no?

P. ¿Cómo funcionan los frenos?

R. Fricción. En los frenos de tambor, las zapatas se acercan a los tambores. Las zapatas tienen un cojinete de material áspero que, cuando se oprime contra el tambor, crea fricción, lo que detiene al camión.

En otra clase de frenos, los de disco, los cojinetes de fricción se oprimen contra un disco metálico. Cuando estas partes entran en contacto, se produce fricción y se detiene el vehículo.

La presión aplicada a los frenos genera la fuerza que aplican las zapatas a los tambores. En su vehículo particular, si oprime los frenos con mucha fuerza, el auto se detiene rápidamente. Si pisa el pedal de los frenos con suavidad y deja que el auto se pare lentamente, esta suave y ligera técnica detiene el vehículo mas lentamente.

P. ¿Y los frenos con los que se detiene un camión?

R. En los vehículos motorizados comerciales, que son más grandes, las zapatas y los cojinetes se oprimen contra el tambor o el disco mediante una presión que puede ser de tres tipos:

- **Presión hidráulica.** La presión hidráulica se usa sobre todo en camiones compactos y autobuses; los frenos hidráulicos funcionan con la presión del líquido.
- **Presión de vacío.** Los frenos de vacío tienen un cilindro con un pistón móvil, como los frenos hidráulicos, pero en los de vacío la presión

atmosférica se encuentra de un lado y el vacío en el otro. La presión atmosférica que trata de llenar el vacío impulsa el pistón en el vacío.

- **Presión de aire.** Véase el capítulo 10 sobre frenos de aire.

P. ¿Cómo funcionan los frenos hidráulicos?

R. Como dijimos, los frenos hidráulicos aprovechan la presión de un líquido. Hay otros tres hechos sobre los líquidos que debe conocer:

1. Los líquidos fluyen por naturaleza. Si no fluyen, acumulan presión, como un volcán.
2. El aceite es un líquido que no puede comprimirse para reducirlo.
3. En un sistema cerrado, la presión del líquido del sistema es igual en todos los puntos del sistema.

Estos hechos explican cómo la presión que se aplica al pedal para detener el camión se transmite a los frenos situados sobre las ruedas.

Si hay roturas o fugas en el sistema, la presión del líquido varía en todo el sistema y los frenos fallan. Pero más a menudo, si no hay líquido, no hay nada que transmita la presión cuando el manejador pisa el pedal del freno.

Recuerde poner el acento en la revisión de goteos, roturas, grietas u otros daños. Ésta es una de las principales razones de la gran importancia que tienen las revisiones antes y después del viaje.

P. Y si mi vehículo tiene frenos de vacío, ¿cómo funcionan?

R. El vacío tiene una válvula de control con cuatro cámaras. Una cámara contiene aire atmosférico. La segunda combina aire atmosférico y un vacío para crear un diferencial de presión. La tercera tiene un vacío. La cuarta contiene líquido hidráulico.

Cuando el conductor oprime el pedal para meter los frenos, la presión hidráulica del cilindro maestro cierra la válvula de vacío y abre la válvula atmosférica. Entonces, el aire de la atmósfera entra en la cámara mixta y con ello desciende la presión, lo que cierra la válvula atmosférica, pero se puede abrir de nuevo si se pisa el pedal del freno otra vez.

Cuando se levanta el pie del pedal del freno, se abre la válvula de vacío. Así, pisando y soltando el pedal del freno se cambia la presión del aire en la cámara mixta.

La presión del cilindro hidráulico maestro también incide en el cilindro de vacío e impulsa el pistón, lo que impulsa el líquido hidráulico a las líneas del freno.

Entonces, la presión de la válvula de control se suma o incrementa la presión del cilindro maestro. En esta situación, la presión del sistema principal de frenos hidráulicos y el aumentador de vacío se unen para aplicar los frenos. De hecho, con un aumentador de vacío, el esfuerzo para reducir los frenos se reduce de 30 a 70 por ciento.

P. ¿De dónde viene el vacío?

R. Proviene de las muchas válvulas de admisión del motor. Pero los motores de diesel no operan de la misma manera ni crean un vacío en sus tiempos de entrada. Por tanto, cuando el motor no produce un vacío, se genera uno con una bomba.

Si hay una rotura o grieta en las líneas de vacío, no funciona nada. ¿Por qué? Porque la rotura o grieta impide el vacío. Si no hay vacío, no hay frenos.

Frenos de estacionamiento

Esta parte no tiene dificultades. Los frenos de estacionamiento se usan al estacionarse. Todos los vehículos motorizados comerciales fabricados después de 1989 tienen por ley frenos de estacionamiento.

P. ¿Cómo aplico los frenos de estacionamiento?

R. Es muy sencillo: basta jalar el control de los frenos de estacionamiento. Todos los sistemas de frenos utilizan este tipo de control, pero en algunos vehículos al jalar una palanca o perilla se controla el cable que sitúa los frenos de estacionamiento.

Para soltar los frenos se vuelve a meter el control. Cuando se mete la perilla, se libera el cable y los frenos. En la mayor parte de los camiones se requiere poco esfuerzo para sacar los frenos, muy parecido a lo que hace con su vehículo privado. Se necesita un jalón adicional para poner los frenos.

En algunos vehículos, poner los frenos de estacionamiento requiere más fuerza de la que tiene el conductor promedio, y es entonces cuando aparece el mecanismo de frenos, para ayudar con presión de aire. Véase el capítulo 10 sobre frenos de aire.

Las FMCSR Parte 393 exigen que sea capaz de poner y quitar el freno de mano de estacionamiento tantas veces como sea necesario.

Sistemas de combustible

Casi todos los sistemas de combustible se parecen y tienen partes semejantes:

- **El tanque de combustible** contiene este líquido.
- **Los filtros de combustible principal y secundario** limpian el combustible antes de que llegue a la bomba.
- **La bomba de combustible** lleva el combustible al motor.
- **Las líneas de combustible** lo llevan de la bomba a los cilindros.
- **Los inyectores de combustible** rocían el combustible en las cámaras de combustión.

El combustible es muy inflamable y debe manejarse con cuidado en todas las situaciones. Los ingenieros que se acercan a la plataforma petrolera o el alimentador de una bomba, en cuanto se bajan de su camión se mantienen alertas, preocupados, cautelosos. Usted debe comportarse de la misma manera cerca de cualquier forma de combustible.

Las líneas de combustible no deben tocar superficies calientes. Deben estar sostenidas y no debe permitirse que toquen el suelo.

Mientras maneja, recuerde que las líneas de combustible deben protegerse de los escombros de las autopistas, pero deben tener espacio para que no se rompan cuando el vehículo se mueve. Verifique también que los tanques de combustible estén montados y seguros.

Busque goteos cuando haga sus inspecciones antes y durante el viaje. Un sistema con fugas desperdicia combustible precioso y caro, además de que plantea un peligro. Si el combustible gotea en una superficie caliente, puede encenderse.

Dispositivos de acoplamiento y arrastre

Las FMCSR Parte 393 ofrecen detalles completos de los requisitos para que los vehículos motorizados comerciales arrastren otros vehículos. De acuerdo con estas reglas federales, hay dos métodos principales para arrastrar vehículos: (1) cuando el tractor jala el remolque, y (2) cuando un tractor u otro vehículo de arrastre es arrastrado como carga. Se trata de la operación de arrastre.

Veamos a continuación descripciones breves de las partes con que se jalan los remolques.

Quinta rueda

Algunas personas conocen el término *quinta rueda* referido a un vehículo recreativo con cuatro ruedas que se engancha a la parte posterior de una camioneta (que funciona como quinta rueda de este remolque). En los vehículos motorizados comerciales, la quinta rueda es un dispositivo para conectar o desacoplar el remolque del tractor (Figura 8-6). Se monta en la cola del armazón del tractor con agarraderas y sujetadores. La parte baja de la quinta rueda (que se llama ensamble de montura) no debe tener partes torcidas ni tornillos flojos.

La quinta rueda controla cuánto peso se distribuye en cada eje del tractor. Si la distribución del peso no es uniforme, repercute en la dirección y también produce un desgaste irregular de las llantas.

También hay quintas ruedas en los convertidores plataforma así como en los armazones de tractores. Un dolly convierte un semirremolque en remolque completo.

Mecanismo de cierre

La quinta rueda tiene un mecanismo de cierre que mantiene juntos al remolque jalado y el tractor de arrastre hasta que llegue el momento de desacoplarlos. Este mecanismo se llama "mordida sellada" y se aferra alrededor del perno maestro del remolque. Hace que la conexión sea segura para el viaje.

Barras de arrastre

Los remolques deben tener barras de arrastre y mecanismos de cierre en los vehículos de arrastre. De esta manera se evita que se separen dos remolques unidos con un convertidor de plataforma. Aparte de las barras, también se emplean cadenas o un cable con la conexión de las barras al vehículo de arrastre.

Silla de montar

La silla de montar es un ensamble de acero que acopla un vehículo arrastrado (remolque o semirremolque) con el vehículo de arrastre. La silla tiene un perno maestro que casa con la mordida de cierre de la quinta rueda del vehículo que arrastra al remolque. Entonces, un conjunto de pernos en U o grapas aseguran el acoplamiento al eje frontal del remolque.

Figura 8-6   Quinta rueda.
(Fotografía por cortesía de ATA Associates, Inc.)

Llantas

Aunque muchas veces no se les dá importancia, las llantas son una parte esencial del equipo porque dan la tracción, reducen la vibración y absorben los impactos.

P. ¿Cuál es la importancia de tener llantas buenas?
R. Primero que nada, tienen que ser suficientemente buenas para ofrecer tracción en toda clase de climas. Pero también deben ser capaces de transferir al camino la energía de frenado y de avance.

Como sabe, en nuestros días el mercado ofrece numerosos diseños de llantas, pero el hecho es que todas las llantas están hechas de lo mismo. Todas las llantas tienen:

- **Capas.** Capas separadas de cuerdas dispuestas en caucho. Las capas componen el cuerpo de la llanta y están unidas en grupos de alambre llamados espirales de cuentas. Las capas pueden ser sesgadas, contrasesgadas o radiales. Las **capas sesgadas**/Figura 8-7) se colocan en ángulos alternos, lo que hace la pared lateral y la banda rígidos. Las **capas contrasesgadas** (Figura 8-8) cruzan en ángulo y hay una correa adicional de tejido entre las capas y la rodadura. Las correas hacen más rígida y durable la rodadura que en las llantas sesgadas. ¿Por qué? Porque las correas reducen su movimiento cuando la llanta rueda. Las llantas **radiales** (Figura 8-9) tienen capas que no se cruzan en ángulo, sino que se disponen unas junto a otras a lo largo de la llanta. Las llantas radiales tienen varias correas y su construcción significa que las caras tienen menos flexibilidad y menos fricción, lo que requiere menos

Sesgadas —

El tejido del cuerpo de la llanta corre diagonalmente a través de la banda.

Figura 8-7   Llanta sesgada.

potencia y así se ahorra combustible. Además, las llantas radiales tienen agarre, resisten los patinazos y proporcionan un viaje más suave que las de tipo sesgadas.

- **Cuerdas y talones.** Las cuerdas forman el talón, la parte de la llanta que casa con el rin. Las cuerdas dan fuerza a la llanta para las secciones de talones, de modo que la llanta conserve su forma cuando se monta en la rueda.
- **Paredes laterales.** Son capas de cubierta de caucho que conectan los talones con las cuerdas. También protegen las capas.
- **Banda.** La parte de la llanta que toca el suelo. Las bandas están diseñadas para trabajos específicos, como tracción adicional o velocidad elevada. Las llantas de los ejes de dirección deben ser capaces de rodar y proveer buena tracción. Las llantas de impulso deben proporcionar una buena tracción para frenar y acelerar. Las llantas de los remolques deben rodar bien. Las llantas en la posición de la dirección necesitan la máxima tracción en todas las condiciones.
- **Forro interior.** Material sellador que conserva el aire en las llantas.

P. **¿Qué debo saber sobre el tamaño de las llantas?**

R. El tamaño de las llantas se muestra con un número o una designación de diseño de serie en la cara de las llantas. Por ejemplo, en el número 10.00 × 22, la primera cifra es el ancho de la llanta. Esto significa que una llanta inflada de este tamaño medirá 10 pulgadas desde el desde el punto más exterior de una de las caras hasta el punto mas alejado de la otra cara.

El segundo número es el tamaño del rin. En 10.00 × 22, la llanta entrará en un rin de 22 pulgadas de diámetro.

La designación de diseño de serie surgió por las llantas de bajo perfil, llantas más anchas que su altura. Estas llantas se miden en milímetros en lugar de pulgadas.

Si la cara indica 295/75 R 22.5, significa que (1) el ancho de la sección es de 295 milímetros, (2) la proporción del aspecto (la altura comparada con la anchura) es de 75, (3) la "R" indica el tipo de llanta (radial), y (4) el rin tiene 22.5 pulgadas de diámetro.

Sesgada de Correa —
El tejido del cuerpo corre diagonalmente a través de la banda; una capa de correas bajo la banda, corre circumferencialmente

Figura 8-8   Llanta contrasesgada.

Las regulaciones gubernamentales exigen que los fabricantes provean a sus llantas de varios datos, entre los que se incluyen: (1) la marca, (2) el fabricante, (3) la tasa de carga, y (4) la presión máxima de carga.

La **tasa de carga** es la fuerza de la llanta. La clasificación va de la A a la Z (Z es la más fuerte). La tasa de carga máxima se muestra en libras.

Las FMCSR Parte 393 no permiten el uso de una llanta que no pueda soportar la carga, de modo que la tasa de carga garantiza que tiene las llantas correctas para su trabajo.

La **presión máxima** se designa en libras por pulgada cuadrada (psi). Esta medida se da para llantas frías que han rodado menos de una milla. Por esta razón debe revisar la presión de las llantas *antes* de manejar. ¡Y no cheque la presión pateando las llantas! Las llantas han evolucionado mucho desde los días de su bisabuelo, cuando una patada en la llanta realmente comunicaba algo.

Más bien, use un medidor de aire. Y mida la profundidad de la rodadura con el instrumento apropiado, no con las uñas.

Las FMCSR Parte 393 proveen información sobre la profundidad mínima legal de la rodadura de una llanta. De acuerdo con esta parte de la ley, un vehículo motorizado no puede usar llantas que:

- Tengan el tejido expuesto a través de la banda o las caras.
- Tengan una banda de menos de ⁴⁄₃₂ de pulgada medida en cualquier punto en un surco principal del eje delantero.
- Tengan una banda de menos de ²⁄₃₂ de pulgada medida en cualquier punto en un surco principal de todos los demás ejes.
- Sean llantas delanteras reconstruidas, si tienen una capacidad de carga igual o mayor que una llanta de ocho capas 8.25–20.

En la mayoría de los estados no se permiten las llantas reconstruidas. Tome nota de las regulaciones locales sobre tales llantas.

Algunos términos más relacionados con las llantas le ayudarán a hacer un buen trabajo cada vez que realice su inspección previa a un viaje.

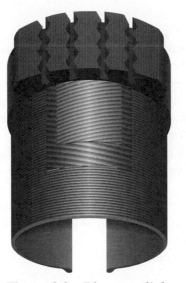

Radiales —
El tejido del cuerpo de la llanta corre perpendicularmente alrededor de la banda; otra capa circunferencialmente bajo la banda.

Figura 8-9   Llanta radial.

Cuando mida la profundidad de la banda, no lo haga en la barra de enlace, la joroba o el filete. El mejor lugar para medirla es en uno de los surcos principales. Use un instrumento de profundidad de rodadura o un centavo de Lincoln. En este caso, inserte la moneda en el surco con la cabeza de Lincoln hacia abajo. El borde de la moneda debe tocar el cuerpo de la llanta y la banda debe llegar a la punta de la cabeza de Lincoln, es decir, a ²⁄₃₂ de pulgada. Para medir ²⁄₃₂ de pulgada, la profundidad de la banda debe llegar a la ceja de Lincoln.

La joroba es el esquema de desgaste de la llanta que tiene la misma apariencia que una mano en forma concava. La joroba es la parte superior de la mano.

Las barras de enlace y los filetes son factores de diseño, lo mismo que el sipo, que es un corte transversal en la banda para aumentar la tracción.

Puede usar llantas reconstruidas, recubiertas y con nueva banda en las ruedas de impulso y del remolque. *No* se usan en las ruedas de la dirección (o las delanteras) en la mayor parte de los camiones o tractores.

Nota: *Si acaba de cambiar una llanta, deténgase después de manejar un rato y verifique que no se aflojaron las tuercas.*

Ruedas y Rines, Cubos y Espigas

Las llantas están montadas en ruedas y éstas las conectan con el eje. Hay ruedas de rayos y de disco.

P. **¿Cuál es la principal diferencia entre ruedas de rayos y de disco?**

R. Las ruedas de rayos se afianzan a las llantas con agarraderas. Si no están bien instaladas, la rueda se deformará, lo que significa que se bamboleará cuando ruede.

En una rueda de disco, el rin y la parte central son una sola pieza. El rin es parte de la rueda y la rueda se atornilla al ensamble del cubo y el tambor del freno. Es menos probable que se deforme una rueda de disco.

P. **¿Para qué sirve el rin?**

R. El rin soporta el talón de la llanta y la parte baja de la cara.

Al inspeccionar esta parte, verifique que la rueda y el rin no tengan daños de ninguna clase (grietas o roturas). Una rueda o un rin con una grieta o rotura puede causar un accidente. Si el rin está dañado, existe la posibilidad de que la llanta pierda aire e incluso de que se salga.

Las rondanas de los pernos y los tacos deben ser perfectamente redondos. Si tienen forma de huevo, están deformes y son signo de defectos.

Todas las tuercas y pernos deben estar en su lugar, apretados y sin óxido. Verifique con una llave que estén apretados. Nunca use las manos, no es una buena prueba.

La perdida de agarraderas, espaciadores, tacos y espigas pueden causar problemas, lo mismo que las argollas flojas, dobladas o rotas. Además, también son peligrosos.

Al realizar la inspección, si ve pruebas de que las ruedas o los rines fueron soldados, señale estas soldaduras como defectos.

Otra cosa que hay que verificar en las llantas y ruedas es que no haya goteos alrededor de los cubos y que estos tienen un buen suministro de aceite. En la ventana de la tapa del cubo se verifica la marca del aceite.

Sistema de suspensión

¿Qué necesita saber?

El sistema de suspensión soporta todo el peso de un vehículo rodante. De seguro conoce el sistema de suspensión de los autos particulares (saltos y brincos). Sirven para un viaje suave, ¿no es verdad?

Lo mismo ocurre en los vehículos motorizados comerciales. El sistema de suspensión evita que el armazón salte directamente sobre los ejes y proporciona un viaje más suave para el manejador y la carga.

Pregunte a los veteranos sobre los primeros sistemas de suspensión y se quejarán durante horas. Los sistemas de suspensión actuales están mejor diseñados para absorber los saltos y proteger al conductor y la carga.

Los sistemas de suspensión actuales tiene cuatro tipos principales:

- **Resorte de hojas.** En este diseño, se atornillan capas de metal plegable y el eje se sitúa en medio del resorte. Las partes frontal y posterior del resorte se fijan al armazón.
- **Resorte espiral.** Una espiral de metal para trabajo pesado se coloca en cada rueda y el extremo superior se fija al armazón. El otro extremo se conecta indirectamente con cada rueda.
- **Barra de torsión.** Esta barra está hecha de metal para trabajo pesado que recupera su forma original después de torcerse para absorber las sacudidas. En las autopistas, el metal se contrae, extiende o tuerce en respuesta a los desniveles del camino. La barra de torsión permite que la rueda suba y baje mientras en armazón se mantiene estable y nivelado.
- **Bolsa de aire.** Esta bolsa está hecha de tela de caucho y se llena con aire comprimido. El suministro de aire permite que la bolsa se expanda o encoja de manera parecida a los resortes para responder a las sacudidas del camino.

P. ¿Qué hacen los amortiguadores?

R. Los amortiguadores se encuentran fijados a los resortes y están llenos parcialmente con líquido hidráulico. Cuando el pistón sube y baja en el cilindro conforme el resorte se mueve en el suelo alto o bajo, el amortiguador reduce el movimiento del resorte que se transmite al conductor.

Para mantener el sistema de suspensión, tenga los resortes en buena condición puesto que cualquier grieta, oxidación, ruptura u otro daño disminuye la capacidad del conductor de controlar el vehículo.

Si tiene un sistema de suspensión de bolsa de aire, vigile fugas y problemas con la válvula. También debe saber que el sistema de frenado debe cargarse de aire antes que la bolsa de aire del sistema de suspensión y que el sistema de frenado debe tener por lo menos 55 psi antes de que la válvula de presión de la bolsa permita la entrada del aire. Las bolsas de aire también deben ocupar todo su espacio o el vehículo no se nivelará.

Nota: No debe haber una fuga de aire de más de tres psi en cinco minutos cuando el indicador de presión de aire del vehículo indica "normal." Si hay más de tres psi en cinco minutos, haga que arreglen el sistema antes de ponerse en marcha.

Dirección

La mayoría de la gente piensa que un conductor profesional es buen manejador si puede dirigir el camión dentro de las líneas de los carriles, pero el manejo requiere muchas más destrezas, como verá.

Un buen manejador comprende el mecanismo de dirección de su camión, sus partes y su funcionamiento.

El sistema de dirección permite al conductor hacer las maniobras necesarias para llevar el camión del punto A al punto B. Esto incluye doblar esquinas, superar barreras y entrar y salir de rampas en las autopistas sin resbalar, deslizarse o voltearse.

El sistema de dirección comienza con el volante, el control manual de las ruedas conectado al eje de la dirección. Entre el volante y dicho eje se encuentran las partes que hacen posible la dirección.

Comencemos por el principio:

1. El **volante** está conectado a la **columna de dirección** con una tuerca. El volante traslada los movimientos del conductor al sistema de dirección. Cuando el volante gira, la columna gira en la misma dirección.
2. Este movimiento continúa por la **una junta en U** hasta el **eje de la dirección.** De aquí, el movimiento del chofer prosigue por otra junta en U hasta la caja de la dirección.
3. La **caja de la dirección** también se llama "sector direccional." Cambia el movimiento rotatorio de la columna de dirección por un movimiento adelante y atrás del brazo de Pitman.
4. El **brazo de Pitman** es una palanca unida a la caja de la dirección y un **vínculo de arrastre** lo une con la palanca direccional.
5. La **palanca direccional** es la primera parte del **eje direccional (o frontal)** y realiza dos trabajos: soporta una carga y dirige el vehículo.
6. La palanca direccional gira las ruedas delanteras a derecha e izquierda cuando el brazo de Pitman avanza o retrocede.

7. La palanca direccional se conecta al codo de la direccíon (la conexión móvil entre el eje y la rueda que permite el giro a izquierda y derecha).
8. Hay un **codo direccional** al final de cada eje. Contienen los **sellos, cojinetes, y rodillos** que soportan el peso del vehículo.
9. Los codos transmiten el movimiento del conductor a la **palanca transversal** y el **tubo transversal** (la barra de enlace).
10. Los **vástagos,** que son partes de los **puños del eje de dirección,** se insertan a través de las ruedas. También se llaman **tacones de los ejes** y están fijos a un perno maestro.
11. La **barra de enlace** sostiene ambas ruedas en la misma posición. Cuando la rueda izquierda gira, la derecha se mueve en la misma dirección. Un **perno maestro** en el codo le confiere a cada rueda un pivote.

Un vehículo con un sistema direccional de potencia utiliza presión hidráulica o neumática para facilitar las vueltas; es decir, se requiere de menos fuerza por parte del conductor.

Cuando la presión hidráulica ayuda a la dirección del vehículo, una unidad hidráulica va sobre la caja de la dirección y se añade una bomba hidráulica al motor para suministrar la presión con que se accionan las ruedas.

Con esta presión hidráulica, cuando el volante gira a la derecha, la válvula hidráulica lo percibe, se abre y el líquido ayuda a girar las ruedas a la derecha.

Bien, es hora de darse un buen respiro.

Acaba de terminar el repaso de los principales sistemas de los vehículos motorizados comerciales: los sistemas de cables y eléctrico, de frenos, de combustible, de acoplamiento, llantas, equipo de emergencia, componentes del vehículo, suspensión y dirección.

Cada uno de estos sistemas y todo su equipo se consideran "necesarios para una operación segura" de un vehículo motorizado comercial, de acuerdo con las FMCSR.

Cuando presente el examen para la CDL, es probable que el examinador le pregunte sobre cualquiera de estos sistemas.

Puede pedirle que identifique las partes de su camión y quizá quiera que le explique cómo funcionan.

Se espera que usted reconozca los defectos y diga cómo repercuten en la seguridad de la operación.

Le sugerimos que repase la información de este capítulo dentro de algunos días. Dése tiempo para asimilarla; estudie diagramas. Vuelva a leer las partes con las que se sienta menos familiarizado.

Revise las preguntas un par de veces o redacte usted mismo algunas. El punto es que este capítulo es *importante*. Cuanto más familiarizado esté con esta información (y con el vehículo que llevará al examen), mejor será su calificación.

Repaso

Lea cada pregunta y las respuestas que se dan. Escriba en el espacio la letra de la respuesta correcta o bien anote sus respuestas en hoja aparte para tenerlas a la mano al repasar para la CDL. Cuando responda todas las preguntas, verifique sus respuestas con la clave que sigue.

___ 1. Verdadero o Falso. Las luces de niebla y otras luces para mal tiempo no son obligatorias de acuerdo con los estándares de las FMCSR.

___ 2. Una causa fundamental de los fuegos en los camiones es
   (A) el descuido,
   (B) fallas mecánicas,
   (C) luces delanteras sucias,
   (D) pistones mal sincronizados.

___ 3. En caso de un incendio en la carga,
   (A) abra la capota,
   (B) abra las puertas de la cabina,
   (C) abra las puertas de la carga,
   (D) ninguna de las anteriores.

___ 4. Verdadero o Falso. Algunos camiones tienen más de un tanque de combustible.

___ 5. La electricidad es la fuente de energía para
   (A) arrancar el motor del camión,
   (B) alumbrar el vehículo,
   (C) operar instrumentos e indicadores,
   (D) todas las anteriores.

___ 6. Las conexiones de la batería
   (A) hacen que ocurra la ignición,
   (B) transportan la electricidad al suministro de energía,
   (C) transportan voltaje del suministro de poder a la pila,
   (D) todas las anteriores.

___ 7. La "quinta rueda" controla
   (A) a qué velocidad viaja el camión,
   (B) cuánto peso se distribuye en cada eje del remolque,
   (C) las patinadas,
   (D) todas las anteriores.

___ 8. Durante una inspección antes del viaje, si ve señales de soldadura para reparar una rueda o rin,
   (A) toma nota en su lista de verificación,
   (B) considera la soldadura como un defecto,
   (C) informa de la soldadura al departamento de mantenimiento,
   (D) todas las anteriores.

___ 9. El peso de todo vehículo rodante está soportado por
   (A) el sistema de suspensión,
   (B) las ruedas delanteras del tractor,
   (C) la quinta rueda,
   (D) todas las anteriores.

___ 10. Los amortiguadores
   (A) absorben el aceite sobrante de los cubos de las ruedas,
   (B) absorben las sacudidas de los caminos disparejos o abruptos,
   (C) absorben el peso de la carga,
   (D) ninguna de las anteriores.

Respuestas al repaso

1. Falso; 2. A; 3. D; 4. Verdadero; 5. D; 6. B; 7. B; 8. D; 9. A; 10. B.

Términos que Hay que Saber

Los términos siguientes proceden del contenido del capítulo. Revíselos. Si no está seguro de alguno, compruebe la definición en el glosario al final del libro. Si le sirve, redacte una lista de los términos y su definición (o escriba aquí las definiciones) y repáselos varios días antes de presentar los exámenes para la CDL.

Acelerador

Aislamiento

Alternador

Amperaje

Aterrizar

Banda

Barra de enlace

Barras de arrastre

Batería

Bocina

Bomba de combustible

Brazo de Pitman

Brazo direccional

Caja de la dirección

Calificación de la carga

Capas

Carga inflamable

Circuito cerrado

Codos direccionales

Columna de dirección

Convertidor de plataforma

Direccionales delanteras

Eje del perno maestro

Eje direccional

Electrón

Espejos

Estrangulador

Extintor de fuegos

Faros delanteros

Frenos de estacionado

Frenos de vacío

Frenos hidráulicos

Generador

Indicador de la temperatura del aceite

Indicador de la temperatura del motor

Intermitentes de cuatro vías

Interruptor de encendido en frío y calentamiento

Interruptor de encendido o ignición

Interruptor regulador

Inyectores de combustible

líneas de combustible

Llantas

Luces

Luces de alto

Luces de cola

Luces de estacionamiento

Luces delanteras de altura

Luces direccionales traseras

Luces marcadoras laterales

Luces marcadoras laterales traseras

Luces traseras de altura

Luces traseras de identificación

Luz de la placa

Luz de reversa

Luz delanteras de identificación

Luz marcadora delantera lateral

Mecanismo de cierre

Mecanismos de acoplamiento

Mordida sellada

Odómetro

Operación de arrastre

Palanca de arranque de potencia

Palanca de control de la transmisión

Palanca direccional

Pedal del clutch

Pedal del freno

Perno maestro

Pernos en U

Pirómetro

Quinta rueda

Radial

Reflectores laterales

Reflectores laterales delanteros

Reflectores laterales traseros

Reflectores traseros

Sesgadas

Silla de montar

Suspensión de barra de torsión

Suspensión de bolsa de aire

Suspensión de resorte de hojas

Suspensión de resorte en espiral

Tablero

Tacómetro

Tanque de combustible

Vástagos

Velocímetro

Volante

Voltímetro

EL TABLERO DE DESPACHO
Cuidado con los picapleitos (en el camino y fuera del camino)

Todos recordamos a esos niños y niñas en la escuela primaria que eran ruidosos y odiosos y que se dedicaban a hacernos la vida miserable a nosotros o nuestros amigos. Su principal talento era encontrar nuestro "lado flaco" y luego rascar con las dos manos.

Y hoy que usted es adulto y trabaja, habrá detectado a los mismos picapleitos en el empleo porque, tristemente, hay picapleitos en el lugar de labores. Son mayores, visten uniformes o trajes, pero son tan crueles, manipuladores y odiosos como esos picapleitos pequeños del patio de juegos.

En el trabajo, los picapleitos se ocupan de sus víctimas en silencio, a veces mediante hostigamiento racial o sexual y a veces haciendo que las personas se sientan inadecuadas, inseguras, inferiores y despreciables. Las víctimas de los picapleitos se sienten culpables y no piensan que tienen gran valor para la compañía.

Un estudio publicado por la Universidad Estatal de Wayne encontró que 21.5 por ciento de la fuerza laboral estadounidense fueron hostigados en una forma u otra el año anterior. Eso significa que casi una cuarta parte de los trabajadores del país son molestados por algún compañero.

¿Qué es un picapleitos? Un picapleitos es un individuo que constantemente irrespeta a sus compañeros, maltrata y se esfuerza por intimidar a quien considere débil o vulnerable. Los picapleitos quieren que sus víctimas se sientan trastornadas, humilladas y amenazadas . . . siempre.

Los picapleitos generan ineficacia en el trabajo y, de acuerdo con los estudios, componen uno por ciento de la población.

En el trabajo, los picapleitos:

- Culpan a sus compañeros por los errores que aparecen
- Critican el trabajo de los demás
- Se apegan a las reglas sólo cuando les sirven o para dañar a otros
- Excluyen de las actividades a los débiles y vulnerables
- Se comunican con gritos
- Demeritan los logros de los demás
- Se acreditan los esfuerzos de los otros
- Insultan a las personas frente a los demás, humillan a sus compañeros y amenazan con despidos

El estudio de la Universidad Estatal de Wayne encontró que alrededor de 70 por ciento de los picapleitos son hombres. El 3 por ciento restante son mujeres, por lo regular se dirigen a otras mujeres. El dato más sorprendente es que 82 por ciento de todos los picapleitos son jefes.

Éste es otro hecho que vale la pena mencionar: 52 por ciento de las víctimas dedican tiempo de labores a quejarse en lugar de trabajar y 28 por ciento de estas víctimas admiten que faltaron al trabajo por los picapleitos. Una de cinco admitió que la calidad de su trabajo se redujo y casi 12 por ciento dijeron que cambiaron de trabajo por causa de los picapleitos.

En el caso de los supervisores o gerentes que son picapleitos, el estudio encontró que recurren al miedo para motivar a sus víctimas. Recurren a tácticas de temor, señalan con el dedo, apremian y despiden para violentar a sus víctimas.

continúa

EL TABLERO DE DESPACHO *continuación*

Los picapleitos se convierten en gerentes porque conocen el negocio y tienen grandes destrezas técnicas. Como los empleados intimidados se quejan rara vez, estos gerentes conservan sus puestos mucho tiempo.

¿Qué puede hacer si tiene un jefe o un compañero que aplica tácticas de picapleitos?

Lo principal es entender que los picapleitos gritan, riñen, critican o siguen otros métodos para hacerlo sentir mal. Trate de no tomarlo personalmente. Sepa que hace usted un buen trabajo y no deje de hacerlo. No cometa la equivocación de creer que el "humor" de unos comentarios groseros del picapleitos significa que quiere ser su amigo.

Evite a los picapleitos a toda costa. Si les concede que lo hagan sentirse mal, lo harán sin duda. Sea congruente, esmérese en su trabajo y no deje sus sentimientos a flor de piel. Si no reacciona, si sigue laborando duro y hace un buen trabajo, al final el picapleitos se irá a molestar a otra parte.

Estiba, aseguramiento y transporte de la carga

Como chofer profesional, no sólo está capacitado para operar un vehículo comercial, sino que también posee conocimientos sobre cargo, aseguramiento y transporte de la carga del punto A al punto B. Nadie conoce esta parte del negocio mejor que usted, el conductor.

De eso nos ocupamos en este capítulo. Aprenderá a inspeccionar y asegurar la carga, a manejar ciertas clases de carga, así como lineamientos sobre pesos y equilibrios.

Pero antes de comenzar, veamos algunos consejos rápidos para mover la carga de manera segura y eficaz:

- Nunca confíe en lo que alguien le diga sobre la condición de su carga, cómo está cargada, equilibrada o atada.
- Verifique siempre la carga, incluso cuando se detenga a tomar un descanso (Figura 9-1).
- Recuerde que su trabajo consiste en entregar la carga en buenas condiciones.
- Es ilegal e inseguro cargar un elemento (como llantas, ruedas o suspensiones) con un peso superior al determinado por el fabricante.
- Recuerde que los límites legales de tamaño y peso se basan en condiciones climáticas y de camino óptimas. Con mal tiempo o caminos difíciles, acaso no sea seguro operar a la velocidad legal. Si el tiempo es malo, quizá sea necesario reducir la velocidad, aumentar la distancia de seguimiento e incrementar la distancia calculada para frenar.
- Al arrastrar una carga, adapte su conducción para evitar que ésta se deslice, lo cual significa evitar movimientos bruscos, desvíos y detenciones súbitas.
- En condiciones adversas, maneje por debajo de los límites de "velocidad segura", mantenga una distancia prudente del vehículo delantero y prevea espacio y tiempo para maniobrar.
- No transite en una superficie irregular.
- No se estacione en pendientes.

Figura 9-1 Inspeccione su carga y haga los ajustes necesarios.

La carga suelta es peligrosa:

- Podría caerse del camión y lastimar a otro conductor en la carretera.
- Podría caerse del camión y provocar un accidente.
- Podría lastimarlo a usted o incluso matarlo si se detiene bruscamente.

¿Y si su vehículo está sobrecargado?

- Si está sobrecargado, tendrá problemas con el volante o para controlar el equipo.
- Si está sobrecargado, es posible que dañe su vehículo.
- Si está sobrecargado, su vehículo puede dañar la carretera.
- Si está sobrecargado, es más difícil detenerse y aumenta la distancia de frenado.
- Si está sobrecargado, es más probable que los frenos fallen: el peso excesivo hace que los frenos trabajen más porque se rebasan sus límites.
- Si está sobrecargado, deberá tomar las subidas más lentamente y prepararse para controlar velocidades mayores en las bajadas.

Paso uno: Inspección de la carga

¿Cuándo debe inspeccionar su carga y la forma en que está asegurada?

1. La inspección comienza cuando se sube la carga.
2. Continúa como parte de la revisión previa al viaje, cuando se verifican sobrecargas, peso mal distribuido y mal equilibrado y carga asegurada de manera incorrecta.
3. Se comprueba de nuevo a las 25 millas del muelle, andén o terminal de origen. Se trata de una norma federal, por lo que debe hacer los ajustes necesarios.
4. Se comprueba de nuevo aproximadamente cada tres horas o 150 millas de manejo.
5. Se comprueba cada vez que se hace un alto de descanso en el viaje.

Recuerde que debe protegerse, proteger su carrera y proteger a su cliente. Pregúntese si "la carga está en perfecto orden."

Las normas federales, estatales y locales que rigen el peso, aseguramiento y cubrimiento de la carga, así como rutas camioneras varían en todo el país. Conozca las reglas y regulaciones de los estados en los que manejará su vehículo. Si es un chofer que recorre todo el país, investigue estas reglamentaciones. Será para su conveniencia.

Paso dos: estiba de la carga

Antes de cargar, examine el piso del remolque y verifique que no haya clavos, tiras u otros obstáculos que pudieran dañar la carga. En los furgones, asegúrese de que el piso y las paredes están limpios y secos.

Al estibar la carga en el remolque, el peso total debe distribuirse homogéneamente entre todos los ejes.

Es responsabilidad del conductor verificar que el vehículo *no* está sobrecargado.

P. **¿Cuál es el límite de peso legal?**

R. Depende de dónde se encuentre: todos los estados tienen cifras máximas de pesos vehiculares brutos y pesos sobre el eje (Figura 9-2). Cuando revise los pesos de carga legales de los estados que recorrerá (se localizan en los libros de mapas para camioneros), es importante que conozca los siguientes términos:

- **Peso vehicular bruto** (*GVW: Gross vehicle weight*). Peso total de un vehículo y su carga.
- **Peso bruto combinado** (*GCW: Gross combination weight*). Peso total de una unidad motorizada, su remolque y su carga, como un tractor-remolque cargado.
- **Peso vehicular bruto combinado** (*GCVWR: Gross combination vehicle weight rating*). Máximo peso especificado por el fabricante para una combinación específica de vehículos y sus cargas.
- **Centro de gravedad.** Punto en el que el peso actúa como una fuerza. El centro de gravedad de un vehículo afecta su estabilidad.
- **Peso sobre el eje.** Peso trasmitido al suelo por un eje o un conjunto de ejes. El peso sobre el eje no es el peso del eje en sí. Los ejes sostienen el vehículo y su carga.
- **Carga en la llanta.** Peso máximo que soporta con seguridad una llanta a cierta presión del neumático. Esta información se encuentra impresa en la cara de la llanta. Si las llantas están infladas por arriba o por debajo de su presión, esta cifra deja de aplicar; es decir, una llanta con exceso o defecto de presión no acarrea con seguridad la misma carga que con la presión correcta.
- **Sistemas de suspensión.** Todos estos sistemas tienen una especificación de peso o capacidad establecida por el fabricante. Éste señala cuánto peso soportan con seguridad estas partes.
- **Capacidad de dispositivos de acoplamiento.** El fabricante califica todos los dispositivos de acoplamiento en cuanto al peso que acarrean con seguridad.
- **Peso en el puente.** Como los puentes sólo soportan tal peso en determinado punto, algunos estados tienen leyes al respecto, fórmulas con las que se determina cuánto peso ejercen sobre cualquier punto del puente un grupo de ejes, como un conjunto de ejes de tándem. Si el

Figura 9-2 Es responsabilidad del conductor verificar que el vehículo no está cargado en exceso.

vehículo tiene más de un conjunto de tándems, la fórmula toma en cuenta la proximidad entre estos ejes. El máximo peso resultante para ejes cercanos puede ser inferior para cada eje del grupo.

Equilibrio de la carga

Algunos miembros del negocio del camionaje poseen un sexto sentido para equilibrar la carga. Otros aprenden por experiencia. En la Figura 9-3 se muestra una carga bien equilibrada.

Punto uno: Distribuya el peso de la carga sobre todos los ejes y recuerde el punto de gravedad. El punto de gravedad de la carga debe situarse donde haya más apoyo.

El centro de gravedad del peso del vehículo es importante para manejarlo con seguridad. Si la carga está apilada a mucha altura en el remolque o bien si los elementos pesados están en la parte superior, este centro de gravedad elevado causará que el camión vuelque.

DISTRIBUCION DEL PESO EN UN TRACTOR Y REMOLQUE

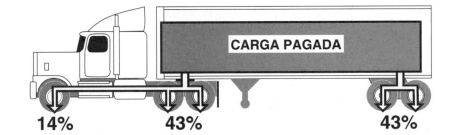

14%   43%   43%

EJEMPLO DE CARGA BIEN BALANCEADA
TRACTOR
- Distribuya la Carga sobre los Ejes Apropiadamente
- Distribución del Peso Depende del Posición de 5ta. Rueda
  - Un sólo Eje - Ligeramente Delante de Línea Central
  - Eje de Tándem
    - Estacionario - Just o Delante de la Línea Central
    - Deslizante - Ultima Muesca del Deslizador
    - Quinta Rueda Movida hacia Adelante
      - MAYORIA de la CARGA Desplazada hacia el Eje Delantero

REMOLQUE
- Divida la Carga Parejamente entre las partes Delantera y Trasera
- Ajuste la Carga para satisfacer los Límites de Peso del Eje
  - La Carga Pesada al Fondo
  - Distribuída Apropiadamente

Figura 9-3   Los choferes con experiencia verifican que la carga se estibe equilibradamente.

Esto es cierto sobre todo en las curvas o cuando se vira repentinamente para evitar un accidente o un peligro.

Lo mejor es distribuir el peso de la carga sobre todos los ejes y mantener el centro de gravedad en el punto más bajo posible. Estibe las partes más pesadas de la carga debajo de las más ligeras.

Veamos otro ejemplo. Imagínese su vehículo vacío sentado al nivel del suelo. Recuerde que el peso debe estar distribuido sobre todos los ejes, incluyendo los ejes delanteros bajo la cabina. Trace una línea de una llanta a otra. El vehículo será más estable si el centro de gravedad queda en el centro de este rectángulo.

Es importante equilibrar el peso porque:

- Una carga mal equilibrada hará al vehículo pesado de manejar e inseguro. Asi mismo, es posible causar daños a la suspensión y los ejes.
- Demasiado peso en el eje direccional dificulta la dirección del vehículo (y puede causar daño en este eje y las llantas).
- Si la carga de los ejes delanteros es escasa, es poco el peso del eje direccional, lo que dificulta la dirección segura.
- Muy poco peso en los ejes direccionales significa mala tracción (en tiempo malo, será difícil la marcha del camión).
- Si el centro de gravedad es demasiado elevado, aumenta la posibilidad de una volcadura.
- Si el centro de gravedad es demasiado elevado en una carga de plataforma plana, se deslizará a un lado y es probable que caiga.

P. **¿Qué ocurre con la longitud y la anchura?**
R. Todos los estados tienen regulaciones de longitud y anchura, así como de peso.

Si tiene exceso de carga o si ésta ha sido estibada de manera insegura, si lo someten a una inspección es posible que lo suspendan del servicio hasta que reacomode la carga de forma segura.

El exceso de carga requiere permisos especiales; puede autorizarse en ciertos caminos sólo en determinados horarios y se pide circular en rutas "irregulares", en lugar de las vías interestatales ordinarias. Para algunas cargas excesivas se exige una escolta, ya sea la que suministre el transportador (un auto piloto), o la policía.

Paso tres: aseguramiento de la carga

La estiba apropiada es una parte importante de transportar la carga con seguridad y eficacia de un lugar a otro. Asegurar la carga es igualmente importante y por las mismas razones: seguridad y eficacia.

Los párrafos siguientes ofrecen las guías paso a paso para asegurar convenientemente todo tipo de cargas.

En el compartimento de carga

El **amarrado** es un método que evita el movimiento de la carga en el remolque o cualquier otro compartimento de carga. En estos casos, se utilizan varios elementos para amarrar la carga, de la parte superior al piso. También se colocan ataduras en las paredes del compartimento para reducir al mínimo los movimientos.

El **bloqueado** es otro método que se emplea al frente, atrás y/o a los lados de una carga para evitar que se resbale del remolque (Figura 9-4). El bloqueo se dispone para que ajuste con fuerza contra y alrededor de la carga y a continuación se asegura a la cubierta del remolque para evitar que la carga se mueva.

Las **"barras de contención"** son varas que se extienden de una pared a otra en un remolque. Deben estar en la parte posterior para impedir que la carga caiga. Coloque una en la parte superior y otra a la mitad de la distancia al suelo.

En cuanto a las **paletas de carga,** verifique que no se inclinen. Cada una debe colocarse firmemente contra la que está enfrente. Deje espacio entre las filas de paletas y las paredes del remolque; sin embargo, deje un espacio mínimo para que la carga no se desplace.

En el remolque de plataforma plana

Las **ataduras** se emplean para detener la carga tanto en remolques cerrados como en remolques de plataforma plana sin paredes (Figura 9-5). Con las ataduras se asegura la carga para impedir que se desplace y llegue a caer del remolque.

Cuando la carga se asegura con ataduras, éstas deben ser del tipo y fuerza correctos. Es evidente que atar una turbina gigante con una cuerda de cometa no asegurará la carga.

Nota: Como regla general, la fuerza combinada de todas las ataduras de carga debe bastar para levantar una y media veces el peso de la carga atada.

El equipo completo de atadura comprende cuerdas, correas y cadenas.

Los dispositivos para aplicar tensión en las ataduras son tornos, trinquetes y cinchas.

Todas las ataduras, cualquiera que sea su material, deben unirse correctamente al vehículo mediante ganchos, pernos, barras y anillos.

BIEN   MAL

Figura 9-4 El bloqueado y amarrado de la carga la protege mientras dura el viaje.

(Foto cortesía de ATA Associates, Inc.)

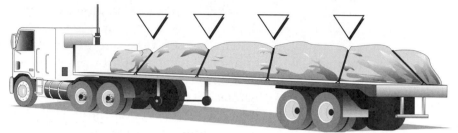

La carga debe tener, al menos, una atadura por cada 10 pies de carga. Asegúrese que tiene suficientes ataduras para satisfacer esta necesidad. No importa la pequeñez de la carga, debe constar con dos ataduras de sostención, al menos.

Figura 9-5 Las amarras adecuadas impiden que la carga se desplace.

Nota: Toda la carga debe ser asegurada con ataduras cada 10 pies. Es importante tener ataduras suficientes para cumplir con este requisito.

¡No afiance la carga tanto que la dañe!

Por pequeña que sea la carga, debe estar asegurada al remolque *por lo menos con dos ataduras.* Las piezas metálicas tienen diversos requisitos de atado. Si usted traslada esta clase de carga, averigüe las especificaciones de su carga especial.

¿Qué es un "tablero de cabecera"?

Los tableros de cabecera en la parte delantera de la carga se llaman "soportes contra jaquecas", pues protegen al conductor de que la carga se resbale o aplaste la cabina en un accidente o alto repentino. Los soportes contra jaquecas se unen al armazón del tractor entre la parte posterior de la cabina y la quinta rueda. Los tableros de cabecera frontales protegen al chofer cuando el vehículo lleva cargas que pueden desplazarse.

Carga cubierta: Lo que debe saber

Antes, cuando se veía un remolque de plataforma plana con 18 ruedas acarreando cargas enormes, se pensaba que éstas estaban cubiertas para conservarse limpias.

De acuerdo con las regulaciones, la carga se cubre por dos razones: (1) para proteger a las personas de caídas de la carga, y (2) para proteger la carga de la intemperie.

En algunos estados, la carga debe estar cubierta para evitar caídas y escurrimientos. Averigüe cuáles son las reglas de cobertura en los estados que recorrerá.

Casi todas las cargas se cubren con lonas alquitranadas, que se atan con cuerdas, redes o ganchos elásticos (Figura 9-6).

Cómo cubrir con lonas una carga

Levante la lona enrollada hasta la parte superior de las paredes frontales. Entonces, desenróllela sobre las barras hasta la parte posterior de la plataforma del remolque. Jálela con fuerza. Átela a barras alternadas sobre la base. Si la lona se coloca de manera firme y uniforme sobre la carga, no se azotará.

COBERTORES DE CARGA

PROTECCION ANTE DERRAMES
- PARA PROTEGER AL PUBLICO
- PARA CUMPLIR CON REQUISITOS DE LEY

PROTECCION DE LA MERCANCIA
- PARA EVITAR LA CORROSION U OTRO DAÑO POR EL CLIMA
- COMPAÑIA PUEDE SER RESPONSABILIZADA POR EL DAÑO DE LA MERCANCIA
- USE LOS COBERTORES CUANDO LOS NECESITE
- ASEGURESE DE QUE NO HAY FILTRACIONES
- ASEGURESE QUE LOS COBERTORES QUEDARON FIRMEMENTE COLOCADOS

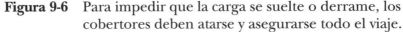

Figura 9-6 Para impedir que la carga se suelte o derrame, los cobertores deben atarse y asegurarse todo el viaje.

Para cubrir una carga dispareja o de forma irregular, coloque la lona sobre la carga después de afianzar los elementos de la atadura. A continuación, ate la lona de modo que el viento no se cuele ni se exponga la carga a la intemperie. Quizá requiera cuerdas más largas para atar una configuración irregular. Superponga el frente para que el viento, lluvia, etc., no se cuelen.

Para "cubrir contra humos" una carga en una plataforma plana, cubra la parte frontal de la carga de modo que las emanaciones del escape no decoloren la carga.

Cuando viajan, los conductores profesionales verifican el cobertor de una carga cada 150 millas o tres horas, lo que ocurra primero. Si un cobertor se suelta, descubre la carga y azota con el viento mientras su remolque se halla en marcha, deténgase y reate de inmediato para que el cobertor no se desprenda y obstaculice su visión (o la de otro conductor). Además, una lona suelta acabará por rasgarse y las lonas son muy caras.

Estiba de cargas en plataformas planas

Si se va a subir o bajar una carga pesada con una grúa o levantador de horquilla, disponga material suelto de estibar (llamado "dunnage") debajo de la carga. Con esto, el levantador en el punto de recepción o destino se introducirá bajo la carga sin dificultades.

Cargas selladas y llenas

Nota: Usted no puede inspeccionar una carga sellada, pero debe verificar que no excede los límites de peso vehicular bruto o peso sobre los ejes.

El tráfico de contenedores (carga que se coloca en un contenedor y se sella para recorrer parte de su traslado en tren o barco) es uno de los componentes de mayor crecimiento en la industria nacional del transporte de carga.

Algunos remitentes prefieren embarques en contenedores porque es más fácil manejarlos y más seguro, especialmente si la carga va a trasladarse por barco o tren.

Cuando los contenedores llegan al puerto, son cargados en camiones y enviados a los usuarios finales. Los contenedores también se transportan del fabricante o remitente al punto de carga para movimiento ferroviario o transoceánico.

Algunos contenedores tienen sus propias ataduras que se unen a un armazón especial para las cargas de éstos.

Otros se cargan en remolques de plataforma plana y se aseguran con ataduras cada dos pies, como cualquier otra carga.

Cargas que requieren manejo especial

1. **Depósitos para áridos.** Al igual que los depósitos de líquidos, los depósitos de áridos (Figura 9-7) tienen un centro de gravedad elevado, lo que significa que el manejador debe prestarles un cuidado especial, particularmente al tomar las curvas y al entrar o salir de las rampas de las autopistas. Siempre que remolque un depósito de áridos -o cualquier depósito-, maneje a una velocidad muy inferior al límite anotado en curvas, rampas y mal tiempo.
2. **Productos que oscilan.** Una res en canal o cualquier otra carne puede ser extremadamente inestable cuando cuelga en un remolque refrigerador ("reefer"). Esta carga también tiene un centro de gravedad elevado. Maneje por debajo del límite de velocidad y tenga precaución en curvas, giros, rampas y mal tiempo.
3. **Ganado en pie.** Transportar animales en pie, como reses, cerdos, caballos, ovejas, cabras, etc., genera los mismos problemas que las cargas líquidas y suman algunas dificultades particulares. Los remolques para ganado siempre tienen un centro de gravedad elevado. Asimismo, los animales tienden a inclinarse al pasar por una curva, lo que origina un problema semejante al de las ondas en los depósitos de líquidos.

Nota: Si no lleva la carga completa, ajuste divisiones portátiles para que los animales no se muevan. Cuanto más refrenados estén los animales, menos movimiento habrá.

Recuerde el "factor nasal": cuando entre en una parada de camiones o una zona de descanso en la carretera, estaciónese contra el viento; de otra forma, acumulará legiones de enemigos.

Paso cuatro: manejo con carga

Ya revisamos el elevado centro de gravedad de algunos remolques y la forma de estibar la carga. Sin embargo, recuerde que si lleva carga y un centro de gravedad elevado, debe darse tiempo y espacio suficientes para detenerse y maneje lentamente en curvas, rampas de acceso y salida y en vueltas. Una carga suelta hará "olas" ya sea

Diferentes tipos de vehículos

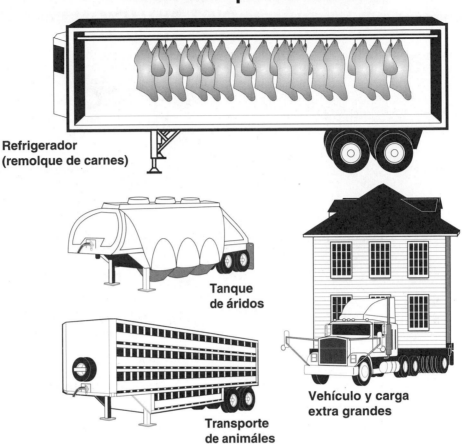

Refrigerador
(remolque de carnes)

Tanque
de áridos

Transporte
de animáles

Vehículo y carga
extra grandes

Figura 9-7 Cada vehículo especializado tiene sus propios
requerimientos de operación.

un líquido en un depósito con el interior pulido o un corte de carne en gancho.
Esto hace que el centro de gravedad cambie constantemente mientras el vehículo
está en movimiento.

Cuando lleve carga, recuerde que:

- Una carga pesada ofrece mejor tracción, lo que significa que se detiene más
  deprisa y con mayor seguridad.
- Una carga ligera o un vehículo vacío no tiene buena tracción. Usted avanzaría
  más rápidamente, pero también se requiere una distancia mayor para detener
  este vehículo.
- Una mala distribución del peso de la carga deja muy ligeros los ejes, lo que
  facilita las patinadas (Figura 9-8).

Al dar una vuelta recuerde que:

- Un remolque cargado pone más peso en los ejes, incluyendo el direccional.
  Cuanto mayor sea el peso en este eje, más difícil será maniobrar el equipo.
- Demasiado peso en los ejes traseros significa que no hay peso suficiente en el
  eje direccional, lo que disminuye el control de la dirección.

EJEMPLOS DE IMPROPIA DISTRIBUCION DE PESO

Figura 9-8 El peso debe distribuirse en forma uniforme sobre todos los ejes.

Manejo en pendientes y curvas

Una carga con un centro de gravedad elevado acentuará los peligros de pendientes y curvas. Si la carga fue estibada de manera incorrecta, con un centro de gravedad elevado, el vehículo volteará al tomar una pendiente abrupta o una curva cerrada (Figura 9-9). Lo mismo ocurrirá si la carga no se equilibró al subirla.

Si conduce una plataforma baja en una pendiente o curva y su carga no está bien asegurada, es posible que se deslice o caiga.

Si transporta carnes que cuelgan de raíles en el remolque, el balanceo originado por el movimiento del vehículo causará un problema. A medida que aumenta la oscilación de la carne, la carga acumula ímpetu, lo que puede hacer que el vehículo sea muy inestable, sobre todo en curvas y rampas.

Si acarrea áridos, llevará una cisterna, que por su diseño tiene un centro de gravedad elevado. A veces, en curvas y vueltas cerradas, la carga se desplazará y creará una situación muy peligrosa.

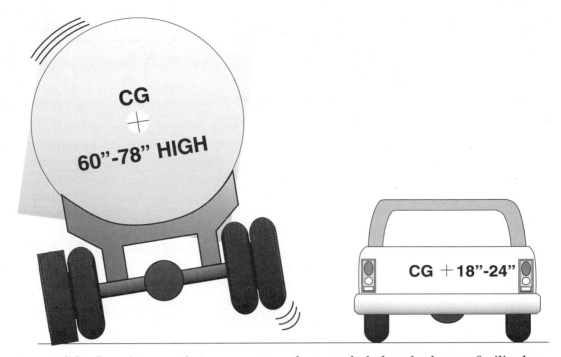

Figura 9-9 Las cisternas tienen un centro de gravedad elevado, lo que facilita las volcaduras.

Manejo en las cuestas

Una carga bien asegurada no dará problemas, pero la forma de cargar un vehículo influye en su desempeño al subir y bajar cuestas.

Si el camión tiene exceso de carga, subirá una colina muy lentamente. Tome siempre el carril de escalada; si no es posible, preste atención al tráfico que viene detrás y a otros conductores que acaso se "peguen" a su vehículo.

Cuestabajo, el vehículo cargado adquiere ímpetu a un ritmo mayor que el mismo vehículo sin carga. Si su velocidad al descender una cuesta aumenta excesivamente, aplique los frenos; pero recuerde que tratar de desacelerar o detener un vehículo cargado que desciende una cuesta a velocidad alta puede ocasionar que fallen los frenos, un accidente común que, no obstante, se previene con facilidad.

Una regla práctica habitual es descender la colina o pendiente a una velocidad más baja que la usada para ascender.

Repaso

Lea cada pregunta y las respuestas que se dan. Escriba en el espacio la letra de la respuesta correcta o bien anote sus respuestas en hoja aparte para tenerlas a la mano al repasar para la CDL. Cuando responda todas las preguntas, verifique sus respuestas con la clave que sigue.

_____ 1. Al manejar, la primera vez que se inspecciona la carga es
  (A) a 500 millas del origen,
  (B) a 25 millas del origen,
  (C) cuando lo crea conveniente,
  (D) ninguna de las anteriores.

_____ 2. Si su vehículo tiene exceso de carga, usted
  (A) tendrá dificultades para dirigirlo,
  (B) dañará el vehículo,
  (C) dañará el camino,
  (D) todas las anteriores.

_____ 3. El peso sobre el eje es
  (A) el peso exacto de cada eje,
  (B) el peso del eje menos el 10 por ciento,
  (C) cuánto peso transmite el eje al suelo,
  (D) ninguna de las anteriores.

_____ 4. El peso vehicular bruto (GVW) es el peso total de
  (A) la carga,
  (B) el vehículo y su carga,
  (C) el vehículo menos el tractor,
  (D) todas las anteriores.

_____ 5. Por razones de estabilidad, el centro de gravedad debe situarse siempre
  (A) en el centro del compartimento de carga,
  (B) hacia la parte posterior del remolque o furgón,
  (C) exactamente atrás del tractor,
  (D) ninguna de las anteriores.

_____ 6. Verdadero o Falso. Un conductor profesional debe conocer sólo los límites de longitud y peso del estado donde obtuvo su licencia.

_____ 7. Para transportar con seguridad una carga pesada, el conductor debe
  (A) llevar la mitad de la carga cada vez,
  (B) desacelerar en vueltas, curvas y rampas,
  (C) manejar en equipo,
  (D) todas las anteriores.

_____ 8. Si la carga se estiba de manera incorrecta, el resultado será
  (A) el desplazamiento de la carga,
  (B) daño al vehículo,
  (C) dificultades para dirigir el vehículo,
  (D) todas las anteriores.

_____ 9. Cuando su vehículo está cargado,
  (A) una carga pesada ofrece mayor tracción, lo que significa un mejor frenado,
  (B) una carga ligera no da una buena tracción,
  (C) es posible avanzar más rápidamente con una carga ligera, pero también se requiere más distancia para detener este vehículo,
  (D) todas las anteriores.

____10. Usted no puede inspeccionar una carga sellada; sin embargo, es responsable de
   (A) no exceder los límites del peso de la carga o del peso en los ejes,
   (B) cubrir la carga,
   (C) trazar un diagrama de la carga,
   (D) ninguna de las anteriores.

Respuestas al repaso

1. B; 2. D; 3. C; 4. B; 5. A; 6. Falso; 7. B; 8. D; 9. D; 10. A.

Términos que hay que saber

Los términos siguientes proceden del contenido del Capítulo 9. Revíselos. Si no está seguro de alguno, compruebe la definición en el glosario al final del libro. Si le sirve, redacte una lista de los términos y su definición (o escriba aquí las definiciones) y repáselos varios días antes de presentar los exámenes para la CDL.

Amarrado

Ascenso de cuestas

Barras de contención

Cables

Cadenas

Camino ancho

Carga equilibrada

Carga excesiva

Carne colgada que oscila

Carril de escalada

Centro de gravedad

Correas

Curvas

Depósito de áridos

Descenso de cuestas

Desplazamiento de la carga

Dispositivos para asegurar la carga

Divisiones portátiles

"Factor nasal"

FMCSR Parte 393

Ganado en pie

Límites de longitud y anchura

Lona alquitranada

Material de estibar o dunnage

Paletas

Pendientes

Peso sobre el eje

Peso vehicular bruto (Gross vehicle weight, GVW)

Peso vehicular bruto combinado (Gross vehicle weight rating, GVWR)

Plataforma plana

Redes

Reefer (remolque refrigerador)

Soporte contra jaquecas o tablero de cabecera

Tornos

EL TABLERO DE DESPACHO
La alimentación para el acondicionamiento y la seguridad

por Ron Adams, Ph.D.

Mientras estaba en la preparatoria, donde jugaba basquetbol y corría en pista, Bob, que medía seis pies, usaba vaqueros talla 30. Después de una estancia de tres años en el ejército estadounidense, durante los cuales fue asignado a la reserva motorizada, Bob decidió que dedicaría su vida laboral al transporte. Un año después de su licenciamiento del servicio, Bob había concluido su capacitación para la CDL y tenía un buen empleo con un transportador nacional.

Seis años más tarde, Bob ha acumulado un gran historial de seguridad y es uno de los mejores conductores activos de su compañía. Bob tiene una buena opinión acerca de su vida. Le gusta su trabajo; ahorra algo para su retiro y para comprarse un bote. Las cosas marchan bien para el viejo Bob, salvo que en ocasiones tiene problemas para dormir cuando está de viaje. Su tensión arterial, como la de su padre y su abuelo, asciende muy lentamente. Ahora usa vaqueros talla 38 y le duele la espalda después de estar sentado un par de horas.

¿Qué le ocurre a Bob? Como muchos conductores, Bob ha pasado demasiado tiempo sentado, ha entrado a demasiados bufetes de "coma todo lo que quiera" y ha comido demasiadas hamburguesas. Padece sobrepeso y su salud comienza una espiral descendente, lo que, según las investigaciones, lo convierten en un conductor menos seguro. Para cualquier conductor de cualquier edad, esta espiral descendente de la mediana edad es un golpe doble. Tener mala salud, que ya de por sí es malo, puede hacer también que Bob plantee un riesgo de seguridad para él mismo y los demás.

¿Qué efectos tiene el sobrepeso de Bob en su salud? Los expertos en medicina creen que el exceso de peso contribuye a los accidentes vasculares cerebrales, enfermedades cardiovasculares, hipertensión y diabetes. También empeora condiciones como artritis o dolor de espalda.

¿Es el sobrepeso un problema en la industria del transporte?

En un estudio realizado en 1993 con 2,945 conductores que asistieron a una exposición comercial se mostró que 73 por ciento de quienes respondieron a una encuesta tenían sobrepeso.

En un estudio de 1993 en el que se examinó la frecuencia de la apnea del sueño en 125 choferes de una compañía se reveló que 71 por ciento de éstos padecían sobrepeso.

En un estudio efectuado en 1994 con una población transversal de 90 choferes comerciales de camionaje pesado, se reveló que aquellos con exceso de peso tenían una tasa de participación en accidentes que duplicaba la de quienes no tenían sobrepeso.

¿Qué puede hacer Bob para revertir la situación? Tiene que elegir mejor. Como conductor, Bob elige cientos de veces al día. Elige cuándo cambiar velocidades, cuándo cambiar de carril, a qué velocidad viajar, cuándo dormir y qué comer. Bob debe escoger mejor lo que come.

continúa

EL TABLERO DE DESPACHO *continuación*

Veamos a continuación algunos guias que para una alimentación sana que Bob debe considerar, tomados del Departamento de Agricultura de Estados Unidos:

Consuma alimentos varlados:

La variedad no sólo es la sal de la vida, sino que la variedad en las elecciones alimenticias es básica para una buena nutrición. Todos los días, el organismo de Bob requiere los nutrientes que proveen diversos alimentos. La mayor parte de los alimentos tienen varios nutrientes, pero ninguno los tiene todos.

Equilibre lo que consume con su actividad física:

Como la mayoría de los estadounidenses, Bob aumenta de peso con cada año. Una buena decisión es que controle su peso con un método combinado en el que compense las calorías de su plan alimenticio con por lo menos 30 minutos de caminata diaria o algún otro ejerlcicio.

Prefiera una dieta con muchos cereales, verduras, y frutas:

Cereales, verduras (incluyendo legumbres) y frutas deben ser la parte principal del consumo alimenticio de Bob. Estos alimentos son fuentes excelentes de vitaminas, minerales y carbohidratos complejos, así como fibra y otras sustancias sanas. Las legumbres también tienen muchas proteínas. Una atracción adicional de estos alimentos es que tienen poca grasa. Bob debe tener el cuidado de no aderezar estos alimentos con salsas de alto contenido de grasas. Casi todas sus elecciones alimenticias deben ser de este grupo. Si dividiera su plato en segmentos con forma de torta, debería llenar 75 por ciento con cereales, frutas o verduras (sin quesos ni salsas ricas).

Escoja una dieta con pocas grasas, grasa saturada, y colesterol:

La grasa es un nutriente esencial para la salud. Aparte de proveer energía, transporta al torrente sanguíneo las vitaminas A, D, E y K. Ahora bien, demasiada grasa y colesterol tienen un efecto negativo en la salud. Una alimentación rica en grasas se relaciona con muchos problemas de salud, como concentraciones elevadas de colesterol en la sangre y obesidad, así como enfermedad cardiaca y algunas formas de cáncer.

Reducir las grasas y las grasas saturadas, sin suprimirlas por completo, es una decisión sensata para la dieta cotidiana de Bob.

Elija una dieta moderada en azúcares:

El azúcar, una forma de carbohidrato, está presente en muchos alimentos. Los azúcares de los alimentos provienen de dos fuentes: las naturales (como los azúcares que se encuentran en frutas y productos lácteos) y las añadidas (los azúcares que se agregan para dar sabor a diversos alimentos).

Los carbohidratos, incluyendo azúcares, son la principal fuente de energía del organismo. En cuanto a los azúcares, la moderación es la mejor guia, en particular si las necesidades energéticas son pocas.

continúa

EL TABLERO DE DESPACHO *continuación*

Prefiera una dieta moderada en sal y sodio:

El sodio es un nutriente y parte natural de muchos alimentos. La sal se forma de cloruro y sodio. Como nutrientes, el sodio y el cloruro contribuyen al equilibrio de fluidos en el organismo y a regular la tensión arterial.

En el caso de algunas personas, el sodio adicional cruza el cuerpo. En cambio, en otras tienen una tensión arterial sensible al sodio y, para ellas, una toma elevada de sodio, junto con obesidad, factores hereditarios y edad, contribuye al aumento de la tensión arterial. La moderación es una norma sensata en el uso del sodio.

Bob puede seguir disfrutando su vida profesional y mejorar su salud si toma decisiones prudentes sobre lo que come y dedica un tiempo a equilibrar su consumo con ejercicio. No es tan malo como suena y, aunque parezca mentira, cinco porciones de frutas y verduras frescas mejoran la mayoría de las comidas al tiempo que favorecen la salud. No es mal resultado para un poco de esfuerzo, ¿no le parece?

_____

(La información de este artículo fue proporcionada por la American Dietetic Association, "Complete Foods & Nutrition Guide," 1998, Chromimed Publishing, Minneapolis, MN.)

10 Permiso de frenos de aire

Este capítulo contiene información para todos los candidatos a la CDL que manejan o manejarán vehículos motorizados comerciales equipados con sistema de frenos de aire. Las personas que deberán aprobar el permiso de frenos de aire de la CDL, serán todos los candidatos a una CDL de clase A y muchos de clase B.

Aquellos que no tomen la prueba de frenos de aire recibirán una CDL con la leyenda "Restricción de frenos de aire" y no se les permitirá operar vehículos equipados con frenos de aire.

Para aprobar permiso de frenos de aire, los candidatos deberán conocer las partes del sistema de frenos de aire y saber cómo funciona. ¿Por qué? Por que el gobierno federal cree que para operar con seguridad un vehículo con frenos de aire el conductor debe tener como mínimo un conocimiento práctico del funcionamiento de los frenos de aire.

La información sobre los frenos de aire es extensa, así que en este capítulo nos ocuparemos sólo de las partes del sistema y cómo funciona. Si quiere más información, consulte el internet, la biblioteca pública o hable con choferes veteranos.

Tres sistemas de frenos de aire

Todos los sistemas de frenos de aire tienen tres sistemas de frenado principales (Figura 10-1):

- **Sistema de frenos de servicio.** Es el sistema que aplica y libera los frenos cuando se ejerce y libera presión en los frenos de servicio. Se usa cotidianamente. El sistema de frenos de servicio funciona aplicando presión con el pie en el pedal del freno.
- **Sistema de freno de mano.** Es el sistema con el que se aplica el freno de estacionamiento.
- **Sistema de frenos de emergencia.** Es el sistema que detiene el vehículo motorizado comercial en una situación de emergencia, por lo regular causada por la falla del sistema de frenado. El sistema de frenos de emergencia usa partes de los sistemas de frenos de servicio y de mano.

Partes del sistema de frenos de aire que debe conocer

Compresor de aire

Los frenos de aire detienen el vehículo con aire comprimido. El compresor comprime el aire y lo bombea a los tanques de aire (también conocidos como tanques de almacenamiento o depósitos de aire).

Figura 10-1   Tres principales componentes del
sistema de frenos de aire.

En la actualidad se utilizan varios tipos de compresores de aire. Algunos son enfriados por aire, en tanto que otros son enfriados por el sistema de enfriamiento del motor. Algunos usan bandas en V; si usted tiene este sistema, verifique la condición de las bandas durante la inspección. Si estas bandas no están en buena condición, el compresor de aire fallará, lo que significa que no habrá aire para el sistema de frenado.

Recuerde: Durante la inspección previa al viaje verifique siempre las bandas del compresor de aire. Algunas se lubrican con aceite de motor. Si el compresor de aire tiene su propio aceite, verifíquelo durante la inspección.

Regulador del compresor de aire

El regulador mantiene constante la presión de aire en los tanques: entre 100 y 125 psi. Mantiene el aire en los tanques y regula la presión, además de que garantiza que el sistema tiene aire suficiente para un frenado correcto, lo que se consigue mediante el **nivel de conexión** (que enciende el compresor) y el **nivel de desconexión** (que lo apaga).

¡Esto es importante! Cuando la presión del aire en los tanques está por debajo de cierto nivel (usualmente 100 psi), el nivel de conexión enciende el compresor para que se incremente de nuevo la presión. Cuando la presión de los tanques llega a unos 125 psi, se alcanza el nivel de desconexión y el compresor apaga.

Tanques de almacenamiento de aire

Estos tanques también se llaman "tanques de aire" o "depósitos de aire" (Figura 10-2). Estos tanques retienen el aire a presión generado por el compresor. Tienen suficiente aire para detener el vehículo varias veces, incluso si el compresor deja de funcionar. El tamaño y número de los tanques de aire de un sistema varía entre los vehículos.

Figura 10-2 Tanques de almacenamiento de aire.
(Foto por cortesía de ATA Associates, Inc.)

Llaves de drenaje o purga

Los tanques de aire están equipados con llaves de drenaje o purga localizadas en la parte inferior. Agua y aceite se acumulan en los tanques y hay que purgarlos a diario.

- **Drenaje manual.** Es operado con un botón o llave que gira un cuarto de vuelta o bien jalando un cable.
- **Drenaje automático.** Se activa automáticamente. Usted oirá cada tanto que este drenaje arroja el aire y cualquier acumulación de agua y aceite.

¿Por qué es importante drenar diariamente los tanques de aire, especialmente en invierno? Porque las temperaturas de congelamiento hacen que se congele cualquier humedad que haya en las líneas, lo que causa problemas graves al sistema de frenado.

Así mismo, el gobierno recomienda drenar los tanques al comienzo del día, por lo que es aconsejable hacerlo durante la inspección previa al viaje y de nuevo en la inspección posterior.

Evaporadores de alcohol

Algunos sistemas de frenos de aire poseen evaporadores de alcohol destinados a inyectar automáticamente alcohol en el sistema para reducir las posibilidades de que el agua se congele. Sin embargo, incluso si el camión tiene un evaporador, de todos modos hay que drenar los tanques a diario. Y en tiempo de fríos, debe verificar y llenar el nivel de alcohol diariamente.

Válvula de seguridad (o válvula botada)

Localizada en el primer tanque al que bombea el compresor, esta válvula libera el exceso de aire y protege al sistema neumático de sobrepasar las limitaciones de psi (lo que posiblemente le causaría daños). Casi todas las válvulas de seguridad se activarán si la presión llega a 150 psi. Si la válvula de seguridad se bota, lo más probable es que haya algo mal con el compresor de aire o bien el problema está en la propia válvula. Pídale a un mecánico que lo verifique a la mayor brevedad.

Pedal del freno

Como parte del sistema de freno de servicio, el pedal también se llama "válvula de pie", "freno de pie" o "válvula de pedal". Cuando se oprime el pedal del freno con el pie, se aplican los frenos. Cuanta más presión se ejerza con el pie, más se aplicarán los frenos y más aire se usará.

Cuando suelte el pedal, el aire usado se libera y se reduce el aire de los tanques. Cuantas más veces se pise y suelte el pedal, menos aire tendrá en el sistema. Cuando la presión del aire llega a más o menos 100 psi (el nivel de conexión), el regulador encenderá el compresor para bombear aire al sistema que reemplace el perdido.

Si gasta demasiado aire (porque pisa y suelta repetidamente el pedal del freno), corre el riesgo de haber inutilizado sus frenos.

Nota: Debe tener un suministro adecuado de aire en los tanques para que el sistema de frenos de servicio opere adecuadamente. Use el pedal del freno sólo cuando lo necesite.

Señal de aviso de baja presión

Todos los vehículos equipados con frenos de aire deben tener una "señal de aviso de baja presión" que se activa antes de que la presión sea menor a 60 psi. La advertencia es por lo regular una luz roja, a veces acompañada por un zumbador agudo. Si ve la luz roja o escucha el zumbador, está en problemas. Si le sucede mientras conduce, deténgase de inmediato en cuanto localice un punto seguro. No trate de conducir el vehículo hasta que el problema haya sido detectado y reparado.

El **wig-wag** ("letrero") es otra señal de aviso de baja presión de aire. Se trata de un brazo metálico colocado sobre la línea visual del conductor y pegada a la parte superior del parabrisas, cerca del retrovisor. Cuando la presión del aire cae a 60 psi, el wig-wag oscilará frente al rostro del conductor. De nuevo, si le ocurre cuando maneja, deténgase de inmediato. No es posible restablecer el wig-wag hasta que la presión del aire del sistema supera los 60 psi.

Guarnición de los frenos

Cada rueda tiene una guarnición de frenos. La más usada es la leva en S. Para aprobar el examen CDL, debe conocer las partes del freno de leva en S y las partes principales del sistema de frenado.

- **Freno de tambor.** Se localiza al final del eje. El tambor contiene el mecanismo de frenado y las ruedas están atornilladas a los tambores.

- **Zapatas y balatas (asbestos).** Las zapatas y las balatas presionan contra el tambor para crear suficiente fricción que desacelere o detenga el vehículo. La fricción genera calor, que es más cuanto más fuerte y por más tiempo se oprimen las zapatas y balatas contra el tambor. Si este calor es excesivo, los frenos se "borran" o pierden su capacidad de detener el vehículo. Demasiado calor hará incluso que el tambor se tuerza o rompa.
- **Cámara de freno.** Cuando el chofer aplica el freno y se introduce aire al sistema de frenado, este aire se bombea a la cámara del freno, en la que suelta la barra de presión unida al ajustador automático. Cuando el manejador suelta el pedal del freno, el aire se libera fuera de la cámara y el resorte de retorno retira del tambor las zapatas.
- **Ajustador automático.** Está unido a un extremo de la barra de presión y por el otro al eje de la cámara del freno. Cuando es jalado, hace que este eje gire y la leva da una vuelta. Esto separa las zapatas y las presiona dentro del tambor, con lo que el vehículo se detiene.
- **Barra de presión.** Está unida a un extremo del ajustador automático.
- **Resorte de retorno.** Retira las zapatas del tambor cuando se suelta el pedal del freno.
- **Eje de la guarnición.** Cuando se saca el ajustador automático, el eje de la cámara gira y la leva da una vuelta que separa las zapatas para que opriman el tambor.

Frenos de cuña y de disco

Se trata de sistemas de frenado adicional, aunque el freno de leva es el más usado en la actualidad. El **sistema de cuña** funciona como el de leva en S, salvo que la cuña cs impulsada por una barra de presión entre los extremos de las zapatas. La barra aparta las zapatas y las presiona contra el tambor. Los frenos de cuña tienen sólo una o dos cámaras. El **sistema de disco** funciona de la misma manera que la leva en S, pero el freno de disco tiene un tornillo de potencia que gira cuando se aplica presión de aire. Esto hace que el tornillo aferre el disco entre las almohadillas de las balatas del calibrador.

Indicador de suministro de presión

Todos los sistemas de aire deben tener un indicador del suministro de aire (Figura 10-3) que señale al conductor la cantidad de presión de aire del sistema, medida en libras por pulgada cuadrada (psi). Si el vehículo tiene frenos de aire dobles, habrá un indicador con dos agujas o dos indicadores separados.

Indicador de aplicación de presión

Este indicador permite al conductor saber cuánta presión de aire se aplica a los frenos. La cantidad de aire aplicado está determinada por el grado de presión que se ejerce sobre el pedal del freno. Asegúrese de saber la diferencia entre el indicador de suministro de aire y el indicador de aplicación de presión.

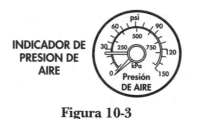

Figura 10-3

Interruptor de luces de alto

Las luces de alto se encienden cuando se aplica el pedal del freno. El interruptor eléctrico que las acciona es activado por la presión del aire.

Válvula de limitación del freno frontal

Los vehículos construidos antes de 1975 tiene en el panel de instrumentos una válvula de control de limitación del freno frontal. La válvula tiene dos posiciones, normal y resbaloso. Si se coloca la válvula en la posición "resbaloso" se disminuye la presión de aire normal a los frenos delanteros en 50 por ciento y, con ello, se reduce su potencia de frenado en 50 por ciento.

Así se entendían las cosas hace 25 años o más. En la actualidad, sabemos que cuando se reduce la potencia de frenado de las llantas delanteras, el único resultado es aumentar la distancia de frenado. El frenado de las llantas delanteras es bueno en todas las condiciones. En ninguna circunstancia debe usarse la válvula de limitación en la posición "resbaloso". Mantenga *siempre* en la posición normal la válvula de limitación del freno frontal.

Frenos de resorte ("Frenos para falla")

Los frenos de resorte son los frenos de emergencia o estacionamiento más comunes en tractores y autobuses. Estos frenos deben ser mecánicos porque el aire puede fugarse.

Cuando se aplican los frenos de mano o estacionamiento, se libera el aire de la cámara, lo que suelta los resortes y aplica los frenos.

En una emergencia (cuando la presión del aire ha caído a más o menos 20 psi), los frenos de resorte se aplican automáticamente. Cuando ocurre, las cosas se ponen un poco más emocionantes de lo que uno esperaba. Ésta es la razón de la luz, el zumbador y el wig-wag que señalan la baja presión de aire. Las señales de advertencia se activan a 60 psi, de modo que usted está a nada más que 30 o 40 psi de que se activen los frenos de resorte. ¡Encuentre rápidamente un lugar seguro para detenerse!

Los frenos de resorte son eficaces sólo cuando están bien ajustados. Y lo mismo vale para el sistema de frenos de servicio.

Cuando el vehículo está estacionado con el freno de mano aplicado, nunca ejerza presión en el pedal del freno, pues podría ocasionar daños! La fuerza conjunta del freno de resorte y del pedal podría causar todo un problema!

Controles del freno de mano

En los vehículos más antiguos, el freno de mano se controla con una palanca. En los modelos más nuevos, el conductor aplica el freno de mano (de resorte) con un botón amarillo de jalar y meter con forma de diamante. Se jala el botón para aplicar el freno de mano y se mete para soltarlo.

Al estacionarse, use siempre el freno de mano, con lo que garantiza que nunca se rodará.

Casi todos los tractores tienen una manija unida o cerca de la columna de dirección llamada "barra de Johnson" o "válvula de trole". Sirve para aplicar los frenos del remolque. Algunos conductores estacionan sus vehículos sólo con estos frenos de manija y cierre. *¡No lo haga!* Es una costumbre peligrosa. Estacione siempre su vehículo con los frenos de mano.

Ajuste de la válvula de control

Esta válvula se encuentra en algunos vehículos. Está controlada por una manija situada en el tablero de instrumentos y sirve para aplicar gradualmente los frenos de resorte. Cuanto más se mueve la manija, más se aplican los frenos. Esta válvula está destinada a usarse en el caso de que los frenos de servicio fallen mientras maneja. Cuando el vehículo se haya detenido, cierre la manija con el seguro en la posición "abajo". No mueva su vehículo hasta que sea reparado el problema con los frenos de servicio.

Válvulas de control doble de estacionamiento

Algunos vehículos (principalmente autobuses) tienen tanques de aire auxiliares que pueden usarse para soltar los frenos de resorte y que sea posible mover el vehículo a un lugar seguro. Los vehículos con válvulas de control doble de estacionamiento tienen dos botones de control en el tablero: uno es un botón de jalar y meter con el que se aplica el freno de resorte en el estacionamiento normal. El otro es un botón activado por resorte en la posición "fuera". Cuando se oprime, libera aire del tanque auxiliar y suelta los frenos de aire. Como es un botón de resorte, debe sostenerse mientras se mueve el vehículo. Si lo suelta, sale de nuevo y aplica otra vez los frenos de resorte. Sirve unas cuantas veces antes de que se acabe el aire.

Sistemas dobles de frenos de aire

Estos sistemas se encuentran en la mayoría de los modelos nuevos. Los sistemas dobles de frenos de aire ofrecen más protección contra un fallo. Con estos sistemas, el camión tiene dos sistemas de frenos de aire pero sólo un juego de controles, primario y secundario.

Un sistema opera los frenos del eje o ejes traseros. El segundo sistema opera los frenos del eje delantero y quizá de un eje trasero. Ambos sistemas proveen aire al remolque o remolques.

Antes de manejar un vehículo con un sistema doble, debe esperar a que la presión de aire se acumule hasta por lo menos 100 psi. Normalmente hay un indicador de aire para cada sistema, pero tal vez sólo haya un indicador con dos agujas, una para cada sistema.

Con un sistema doble de frenos de aire, si el zumbador o la luz de advertencia de presión baja se activa, debe detenerse de la manera más pronta y segura. No maneje el vehículo hasta que reparen el sistema.

Inspección del sistema de frenos de aire

Ningún conductor profesional debe siquiera entrar en su vehículo sin verificar primero sus frenos: es cuestión de sentido común y es su vida la que pone en la cuerda si no lo hace.

Veamos los 10 pasos para verificar el sistema de frenos. Apréndalos completamente:

1. **Revise la banda y el aceite del compresor de aire.** Compruebe la tensión, barnizado y cualquier indicio de desgaste de la banda, como hilachas o rajadas. Si el compresor tiene su propia lubricación, vea que el nivel del aceite esté lleno.

2. **Revise los ajustadores automáticos en los frenos de leva en S.** Para hacerlo, estacione el vehículo en terreno plano, póngalo en velocidad, apague el motor, suelte los frenos y afirme las llantas (para que el camión no se mueva). Tome sus llaves. Localice los ajustadores y jálelos tan fuerte como pueda. Si puede moverlos más de una pulgada de la conexión con la barra de presión, están desajustados y habrá que alinearlos antes de emprender un viaje.

Nota: Los frenos desajustados son el problema más común que se encuentra en las inspecciones del estado y el Departamento de Transporte. Si los inspectores encuentran este problema, le costará tiempo y dinero.

3. **Revise los tambores (discos), zapatas y balatas.** Si los tambores o los discos tienen grietas de más de la mitad del área de fricción, están fuera de servicio y el camión no debe ser manejado hasta repararlos.

    Revise las balatas. No deben estar sueltas ni empapadas de aceite o grasa. Tampoco deben estar muy delgadas: es peligroso. Las partes mecánicas deben estar en su lugar, sin que haya roturas ni faltantes. Las zapatas conectadas a las cámaras no deben estar rajadas, desgastadas ni frotando otras zapatas.

4. **Pruebe la señal de advertencia presión baja.** Con presión de aire acumulada hasta el punto en que está apagado el zumbador o la luz de advertencia, apague el motor y luego gire la llave hasta "encendido" pero no arranque el motor. Aplique y libere los frenos hasta que se encienda la luz o se accione el zumbador, lo que debe ocurrir hacia los 60 psi. Si no sucede, haga las reparaciones antes de iniciar su viaje.

5. **Revise que el freno de resorte se activa automáticamente.** Repita el mismo procedimiento con el que probó la señal de advertencia de presión baja, pero ponga la unidad en velocidad o calce las ruedas y libere el freno de

mano. Bombee los frenos hasta que el botón del freno de mano se bota ente los 20 y 40 psi. Esto indica que se aplicaron los frenos de resorte.

6. **Revise la tasa de incremento de presión.** Con el sistema de aire doble y el motor en vacío, la presión debe acumularse a 84 o 100 psi en el plazo de 45 segundos. Con los sistemas de aire únicos, deben pasar tres minutos para que se acumule la presión a 50 o 90 psi. Si la presión no se acumula en esos tiempos, debe haber un problema. Ordene que lo revisen antes de manejar.

7. **Pruebe la tasa de escape de aire.** Con el sistema de aire cargado por completo y el indicador en alrededor de 125 psi, apague el motor. A continuación, libere los frenos de servicio y deje tiempo para que caiga la presión del aire. En un camión compacto, la tasa de pérdida debe ser de menos de 2 psi por minuto. En un vehículo combinado, la tasa debe ser de menos de 3 psi por minuto.

   Aplique 90 psi o más con el pedal del freno. Después de la caída inicial (no la cuente), la pérdida de aire de los camiones compactos no debe ser de más de 3 psi por minuto. En los vehículos de combinación, la pérdida no debe exceder los 4 psi por minuto (Figura 10-4).

   Si pierde más de 3 psi en un camión compacto o 4 psi en una combinación, revise el vehículo en busca de fugas de aire y hágalas reparar antes de emprender su viaje.

8. **Revise la presión de conexión y desconexión del regulador del compresor de aire.** El regulador debe conectar el compresor cuando la presión del aire llega a unos 100 psi y debe apagarlo a los 125 psi.

   Con la máquina trabajando en vacío y el indicador de aire a unos 125 psi, comience a bombear el pedal del freno. Cuando la presión desciende a más o menos 100 psi, el compresor debe activarse. Si lo hace, la aguja del indicador comenzará a elevarse indicando una acumulación de la presión.

Figura 10-4 Antes de emprender un viaje, pruebe siempre la tasa de fuga de aire.

Cuando el indicador llegue a 125, la aguja dejará de elevarse señalando que el regulador apagó el compresor de aire.

Si el regulador no trabaja apropiadamente, pida que lo revisen antes de iniciar su viaje.

9. **Pruebe el freno de mano.** Con el vehículo detenido, aplique el freno de mano y trate *suavemente* de mover el vehículo en primera velocidad. El freno de mano debe detener al vehículo.

10. **Pruebe los frenos de servicio.** Cuando la presión se haya acumulado completamente, libere el freno de mano y comience a avanzar *lentamente*. A 5 mph, aplique los frenos únicamente con el pedal. Los frenos deben detener al vehículo con firmeza. Si el vehículo tira a un lado, si los frenos se sienten esponjosos o si hay un retraso en la acción de detención, haga que revisen los frenos antes de salir a carretera.

Si maneja un vehículo de combinación (si jala un remolque) verifique los frenos del remolque haciéndolo avanzar *lentamente*. A unas 5 mph, accione la válvula de mano. Los frenos del remolque deben aplicarse con firmeza. En caso contrario, pida que los revisen.

Uso de los frenos de aire

Hay tres situaciones en que el uso de los frenos de aire debe ser aprendido y comprendido. Usted debe asimilar las diferencias entre cada situación. Estas situaciones son las siguientes:

- **Alto normal.** En una situación de alto normal, se aplica presión al pedal del freno hasta que el vehículo se detiene. La presión se aplica de manera suave y constante.

- **Frenado controlado** (también se llama "frenado por opresión". Se consigue oprimiendo los frenos firmemente *sin bloquear las llantas* (Figura 10-5). Al oprimir los frenos, no trate de girar las ruedas, porque pueden trabarse y perderá todo el control de la dirección. Si necesita girar las ruedas o si empiezan a bloquearse, libere los frenos. Haga los ajustes necesarios en la dirección y oprima de nuevo los frenos.

- **Frenado en intentos.** Sólo se usa en situaciones de emergencia (Figura 10-6) y se hace en tres etapas:

  1. Aplique los frenos con toda la fuerza que pueda.
  2. Libere los frenos cuando las ruedas se bloqueen.
  3. Cuando las ruedas giren de nuevo, aplique con fuerza los frenos y repita cuantas veces sea necesario.

Nota: Si su camión está equipado con frenos antibloqueo, esta sección no aplica. Lea el manual del vehículo para conocer los procedimientos de emergencia apropiados.

El objetivo del frenado en intentos es bloquear las llantas.

También debe recordar que:

1. Cuando las ruedas se bloquean, no hay control de la dirección.
2. Cuando retira el pie del freno, pasa un segundo antes deque las ruedas giren de nuevo.

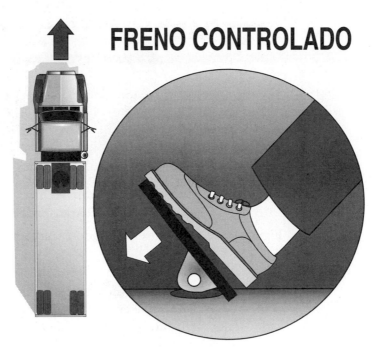

FRENO CONTROLADO

Figura 10-5 El frenado controlado se consigue oprimiendo los frenos con firmeza sin bloquear las llantas.

3. Si mantiene bloqueadas las ruedas demasiado tiempo, pued hacer que el vehículo patine de lado o comience a colear. *¡Tenga cuidado cuando efectúe el frenado en intentos!*

P. **¿Qué debo saber sobre la distancia de frenado cuando se usan frenos de aire?**

R. La distancia de frenado para un vehículo con frenos de aire es distinta que para un vehículo con frenos hidráulicos.

Con los frenos de aire hay una mayor demora por el tiempo que se requiere para que el aire viaje a los frenos después de oprimir el pedal. No es mucho tiempo de más, pero basta para hacer una diferencia.

Hay cuatro factores en la distancia de frenado de un vehículo equipado con frenos de aire y usted debe conocerlos para su examen de la CDL.

1. **Distancia de percepción.** La distancia que recorrerá el vehículo desde el momento en que el conductor ve un peligro hasta el instante en que reacciona (oprime el pedal del freno). El tiempo de percepción es de ¾ de segundo, tiempo suficiente para que el vehículo recorra aproximadamente 60 pies.

2. **Distancia de reacción.** El tiempo que demora el conductor en pasar el pie del acelerador al freno. El tiempo de reacción del conductor promedio es de ¾ de segundo, tiempo en que el vehículo viajará otros 60 pies y apenas en ese momento el conductor empezará a frenar.

3. **Distancia de demora del freno.** La distancia que recorre el vehículo una vez que se aplican los frenos y comienzan a operar. Esto toma otro ½ segundo. Si viaja a 55 mph, el vehículo recorrerá otros 40 segundos en ese lapso.

FRENADO **DE CUCHILLO**

Suéltelos Después Que las Ruedas Traben

Figura 10-6   Aplique el "frenado por intentos" sólo en una emergencia.

4. **Distancia de frenado efectiva.** La distancia que recorre el vehículo una vez que los frenos hacen contacto con el tambor. Con una buena técnica de frenado y frenos perfectamente ajustados en un pavimento bueno y seco, el vehículo que viaja a 5 mph recorrerá otros 150 pies antes de detenerse por completo.

Si se toman en cuenta todas estas distancias, para detener a un vehículo que viaja a 55 mph se requieren 310 pies, que es aproximadamente la longitud de un campo de futbol.

P. **¿Cómo freno correctamente en un descenso (Figura 10-7)?**

R. Los frenos se calientan cuando se usan. Este calor procede de la fricción entre las zapatas y el tambor, al igual que en un automóvil. El truco consiste en usar los frenos de modo que no se calienten, pues así empiezan a "desaparecer", es decir, a perder la capacidad de detener el vehículo.

P. **¿Cómo sé que mis frenos están "desapareciendo"?**

R. La respuesta es sencilla: cuando los frenos requieren más presión para mantener la misma velocidad, están desapareciendo. Si esto ocurre, lo mejor que puede hacer es orillarse y dejar que se enfríen. Cuando lo hagan, recuperarán parte de la capacidad de detener el vehículo y quizá necesitarán un ajuste, dependiendo de cuánto se calentaron.

Si es necesario ajustarlos y usted está calificado para hacerlo, ponga manos a la obra. Si no sabe cómo hacerlo, pídale a un mecánico que lo haga antes de proseguir en el camino.

P. **¿Cómo evito la "desaparición" de los frenos?**

R. Hay varias formas de evitar el problema:
1. Si es posible, antes de bajar una pendiente larga, oríllese y verifique que los frenos están ajustados y en buenas condiciones de funcionamiento.
2. Cuando inicie la bajada, llegue a la velocidad que le permitirá mantener un paso seguro usando el efecto de frenado del motor. Este efecto es mayor cuando está más cerca de las rpm correspondientes a la velocidad elegida, por lo regular una o más velocidades menos que la usada para la subida.
3. El límite de "velocidad segura" es la que se indica como límite. Nunca exceda una velocidad señalada como máxima.

Figura 10-7   Prepárese para cambiar a una velocidad conveniente y frenar cuidadosamente al descender las pendientes.

4. Aplique los frenos cuando llegue a la "velocidad segura". Hágalo de modo que se activen todos los frenos: sentirá que el vehículo desacelera. Para lograrlo, necesitará por lo menos 20 psi de presión de frenado.

5. Sostenga los frenos aplicados hasta que la velocidad del vehículo descienda a 5 mph menos de la "velocidad segura" y entonces libérelos. Si está en la velocidad correcta, la aplicación de los frenos debe durar tres segundos.

P. **¿Qué velocidad de motor me ayudará a mantener la "velocidad segura" de marcha en un descenso?**

R. Los motores de hoy son tan poderosos que pueden subir una pendiente sin bajar de velocidad. Por esta razón, en los descensos debe elegir una velocidad varias veces menor que al ascender.

Veamos un ejemplo: En cierto camino, la "velocidad segura" es de 30 mph. Usted trepó la colina en novena velocidad, pero para mantenerse cerca de las rpm correspondientes a 30 mph necesitará meter la sexta para bajar la colina. Cuando el vehículo llegue a 30 mph, usted aplica aproximadamente 20 psi al pedal del freno y siente que el vehículo aminora. Continúa aplicando los frenos hasta que el vehículo llega a 25 mph, o 5 mph menos que la velocidad segura. En este punto, libera los frenos. Cuando el vehículo acelera de nuevo a 30 mph, repite el proceso hasta llegar al pie de la colina.

P. **¿Qué sucede si mi vehículo pierde presión del aire?**

R. En primer lugar, detenga el vehículo cuanto antes y de la manera más segura.

Cuando se enciende la señal de advertencia de presión baja, significa que hay una fuga en el sistema. Cuando la presión cae a aproximadamente 60 psi, el zumbador de advertencia y la luz se activan.

Los frenos se cierran cuando la presión del aire cae entre 20 y 45 psi.

El tiempo entre las señales de baja presión y el cierre de los frenos es muy breve. ¿Qué debe hacer? Orillarse y detenerse tan pronto como sea posible al activarse la advertencia de presión baja.

Si no se detiene, puede ser que los frenos se cierren mientras usted se desplaza: *¡no es nada bueno!* ¿Por qué? Porque puede perder el control de su vehículo.

Nota: *Si ocurre una ruptura grave en su sistema de aire (como que el remolque se separe del tractor o ruptura de las mangueras de aire), la válvula de una dirección evita que el aire escape del sistema.*

Frenos de mano

Cuando se estacione, nunca use la válvula del trole o el freno de mano del remolque. Use *siempre* el freno de estacionamiento.

Hay ocasiones en que no debe usarse el freno de estacionamiento; por ejemplo, al terminar el descenso por una pendiente larga, cuando los frenos están muy calientes. En este caso, el calor excesivo puede dañar los frenos. Tampoco debe usar los frenos de estacionamiento cuando opera en tiempo frío, pues corre el riesgo de que se congelen y atoren.

Si los frenos se congelan, haga lo siguiente: con el motor apagado, la transmisión en velocidad y las llantas con cuñas, libere el freno de mano. Tome el medidor de aire de las llantas, una barra o tubo metálico y golpee ligeramente los frenos. Esto debe romper el hielo y liberarlos.

Estaciónese siempre *únicamente* con los frenos de estacionamiento. Si no es posible, porque sus frenos están calientes por una bajada o la temperatura es de congelación o menor, use calzas para las llantas.

¡Nunca use el freno de mano del remolque!

Repaso

Lea cada pregunta y las respuestas que se dan. Escriba en el espacio la letra de la respuesta correcta o bien anote sus respuestas en hoja aparte para tenerlas a la mano al repasar para la CDL. Cuando responda todas las preguntas, verifique sus respuestas con la clave que sigue.

___ 1. La advertencia de baja presión activará la luz o el zumbador aproximadamente a

(A) 60 psi, (C) 45 psi,

(B) 30 psi, (D) 25 psi.

___ 2. Los tanques de aire deben purgarse

(A) en las inspecciones previa y posterior al viaje, (C) cada 150 millas,

(D) ninguna de las anteriores.

(B) cada cuatro horas,

___ 3. El "frenado por intentos" consiste en

(A) frenar con fuerza hasta que las llantas bloqueen, liberar el freno hasta que las llantas giren de nuevo y repetir el proceso;

(B) frenar con fuerza pero no tanta que se traben las llantas;

(C) frenar de manera suave y constante mediante una acción de bombeo;

(D) ninguna de las anteriores.

___ 4. En una pendiente prolongada, se recomienda que usted

(A) reduzca las velocidades y se mantenga a 55 mph,

(B) baje tres velocidades y se mantenga a 60 mph,

(C) baje de velocidad y desacelere 5 mph debajo de la "velocidad segura",

(D) todas las anteriores.

___ 5. El sistema de frenos de servicio

(A) detiene el vehículo en una emergencia,

(B) es el sistema que se usa cuando aplica el freno de mano,

(C) presiona y suelta los frenos cuando uno ejerce presión y la libera en los frenos de servicio,

(D) ninguna de las anteriores.

___ 6. Cuando la presión de aire de los tanques baja a menos de cierto nivel, el regulador

(A) notifica al despachador en las oficinas de la empresa,

(B) enciende el compresor de aire,

(C) apaga el compresor,

(D) lee el indicador y da una lectura digital.

___ 7. Verdadero o falso. Al usar los frenos de aire, los tanques acumulan aceite y agua.

___ 8. El indicador de presión de aplicación ordena

(A) deténgase y haga un examen de drogas, (C) detenga el wig-wag,

(D) ninguna de las anteriores.

(B) suelte el pedal del freno,

——— 9. La "desaparición" de los frenos ocurre cuando
  (A) se requiere cada vez más presión en el pedal para desacelerar al vehículo,
  (B) se requiere cada vez menos presión en el pedal para desacelerar el vehículo,
  (C) se requiere cada vez más presión en el acelerador para mover el vehículo,
  (D) ninguna de las anteriores.

———10. Verdadero o falso. Los frenos de disco son los más usados en los vehículos comerciales de hoy.

Respuestas al repaso

1. A; 2. A; 3. A; 4. C; 5. C; 6. B; 7. Verdadero; 8. D; 9. A; 10. Falso.

Términos que hay que saber

Los términos siguientes proceden del contenido del capítulo. Revíselos. Si no está seguro de alguno, compruebe la definición en el glosario al final del libro. Si le sirve, redacte una lista de los términos y su definición (o escriba aquí las definiciones) y repáselos varios días antes de presentar los exámenes para la CDL.

Ajustador automático

Alto normal

Balatas

Barra de Johnson

Barra de presión

Cámara del freno

Compresor de aire

Controles del freno de mano

Demora en la distancia de frenado

Depósitos

Desaparición de frenos

Distancia de frenado

Distancia de percepción

Distancia de reacción

Distancia efectiva de frenado

Drenaje automático

Drenaje manual

Eje de la leva del freno

Evaporadores de alcohol

Frenado controlado

Frenado por intentos

Frenos de cuña

Frenos de disco

Frenos de falla segura

Frenos de leva en S

Frenos de resorte

Guarnición de frenos

Indicador de presión de aplicación

Indicador de suministro de presión

Interruptor de las luces de alto

Llaves de drenaje o purga

Niveles de conexión y desconexión

Pendiente descendente

Regulador del compresor de aire

Resorte de retorno

Señal de advertencia de presión baja

Sistema de freno de mano

Sistema de frenos de emergencia

Sistema de frenos de servicio

Sistemas dobles de frenos de aire

Tambores

Tanques de almacenamiento de aire

Tanques de almacenamiento

Tasa de fuga de aire

Válvula de limitación del freno frontal

Válvula de modulación del control

Válvula de seguridad

Válvula del trole

Válvulas dobles de control de estacionamiento

Velocidad segura

Wig-wag

Zapatas

EL TABLERO DE DESPACHO
Por qué son importantes las inspecciones previas al viaje

Por Martin Garsee, Instructor
Houston Community College Professional Driving Program

La inspección anterior al viaje es muy importante para la seguridad del conductor y la longevidad del vehículo.

En primer lugar, esta inspección es obligatoria, así que no hay la opción de no realizarla. Como quiera que sea, veamos los beneficios de efectuarla.

La seguridad depende del conductor y de la condición del vehículo. Cuando hacemos una revisión previa completa, podemos empezar con un camión seguro. Entonces, si hacemos nuestro trabajo como manejadores seguros, tendremos un viaje seguro.

La inspección previa identifica problemas y permite a los conductores enfrentarlos antes de que comience el viaje. Las reparaciones en la terminal son más rápidas, menos costosas y garantizan un camión seguro en el punto de salida de cualquier viaje.

Veamos un ejemplo de lo que puede ocurrir si usted no hace una inspección previa exhaustiva:

Digamos que tiene una llanta baja que no advirtió al hacer una inspección incompleta. Usted sale de la terminal sin que sea reparada.

A medida que conduce, la llanta se calienta y comienza a desprenderse. Pedazos de la llanta vuelan contra el parabrisas de un coche que pasa y lo estrellan.

Se levanta una queja contra usted y su compañía es demandada por la aseguradora del coche, lo que puede aumentar las primas que paga su patrón.

Usted continúa y la llanta se incendia, con lo que daña el remolque y la carga. El remitente se enoja por dañar el producto. El destinatario también se enoja porque no obtuvo el producto que ordenó a tiempo ni es algo que pueda aprovechar.

Usted, como conductor, perdió el tiempo porque la mayoría de las compañías pagan sólo por millas recorridas, no por sentarse a un lado del camino a esperar un remolque. Si no transita por la carretera, no gana dinero.

Es caro reponer la carga y reparar el remolque.

Pero ¿qué decimos de los temas de seguridad? Veamos otro ejemplo de una inspección previa inadecuada:

Uste no verificó el parachoques de su camión. Los pernos en U no están firmes en las hojas de los resortes. Cuando entra en la carretera y avanza algunas millas, un perno se afloja y un resorte se suelta, con lo que usted comienza a perder el control de la dirección . . . ¡y pum! De pronto sufre un accidente en el que usted u otros pudieron lastimarse o incluso morir, todo porque no dedicó un momento a hacer una inspección previa exhaustiva.

Como puede ver, no importa si maneja cada día el mismo camión o uno diferente, una inspección exhaustiva y apropiada antes de un viaje es un deber.

Nota: *Los estándares mínimos para una inspección previa se encuentran en las FMCSR Parte 392.7. Muchas compañías tendrán sus propias formas para hacer una inspección previa y deben llenarse para cumplir con las normas.*

11 Materiales peligrosos y cumplimiento con la norma para materiales peligrosos (HazMat)

¿Quién debe leer este capítulo?

Si va a transportar materiales peligrosos en una cantidad que requiera de su vehículo porte letreros de advertencia para materiales peligrosos, entonces debe leer este capítulo con mucha atención, porque deberá aprobar el Certificado de Cumplimiento con la Norma de Materiales Peligrosos (HazMat) para obtener su licencia comercial de conductor (CDL).

La Ley de Seguridad de Vehículos Automotores Comerciales de 1986 establece que todas las personas que tengan un Certificado de Cumplimiento HazMat en su CDL deben volver a presentar el examen de Cumplimiento HazMat cada vez que renueven su CDL.

¿Parece demasiado complicado? Tal vez, pero considere lo siguiente. Cada vez con mayor frecuencia se solicita el transporte de materiales peligrosos. Existen cambios constantes en cuanto a la manera de manejar estos materiales y cómo deben transportarse. Y si usted transporta regularmente carga HazMat, debe conocer la forma más actualizada y segura de manejar este tipo de cargas.

En la actualidad algunos estados de la Unión Americana exigen que los conductores vuelvan a presentar la prueba de Cumplimiento con la Norma HazMat cada dos años, otros estados no lo hace, así es que usted deberá consultar con su Departamento de Vehículos Automotores locales lo que debe hacer en este caso.

¿Debe aprender toda la información que se presenta en este capítulo para aprobar el examen? Quizá no todo, pero debe estar informado y conocer bien la forma de manejar cargas HazMat. Lea todo este capítulo con atención. Si lo lee más de una vez, lo ayudará a comprender a fondo todo este tema.

Entonces, comencemos.

Directrices para la capacitación

Las leyes federales exigen que se capacite en HazMat a todos los conductores que transportan materiales peligrosos. Estos reglamentos también exigen que se lleve un registro de la capacitación del conductor en materiales peligrosos, mientras que dicho conductor labore con la compañía y durante 90 días después de que dicho conductor haya dejado de laborar en la misma.

El registro deberá contener: (1) el nombre del conductor, (2) la fecha de su curso de capacitación más reciente, (3) la descripción de los materiales de capacitación utilizados para cumplir con los requisitos de la sección, (4) nombre y domicilio de la persona que capacita al conductor, y (5) certificado de que el empleado fue capacitado y presentó sus exámenes de acuerdo con los reglamentos vigentes.

Las leyes federales también exigen que todos los conductores que participen en el transporte de materiales peligrosos reciban (1) una capacitación en concientización general, (2) capacitación en funciones específicas, (3) capacitación en seguridad, y (4) capacitación en conducción.

Este manual de estudio satisface los requisitos de la capacitación en concientización general, capacitación en seguridad y capacitación en conducción para los conductores de HazMat, e incluye un examen al final de cada capítulo. Estos exámenes pueden agregarse al archivo del conductor y servir como prueba para los conductores de acuerdo con los reglamentos de HazMat.

A fin de certificar que se llevó a cabo la capacitación y el examen de los conductores, el instructor deberá impartir la parte de concientización general de la capacitación con base en el presente capítulo. El certificado de Capacitación en Seguridad y Capacitación en Conducción pueden obtenerse por medio de revisar los Capítulos 7, 10, 11 y 12 de este manual, junto con los exámenes correspondientes.

Los Reglamentos de Materiales Peligrosos (HMR) pueden encontrarse en los artículo 171 al 180 del Título 49 del Código de Reglamentos Federales -49 CFR 171–180.

Preguntas frecuentes acerca de los materiales peligrosos

P. **¿Quién necesita la capacitación y los exámenes de HazMat?**

R. De acuerdo con los reglamentos, todos los conductores que participen en el transporte de materiales peligrosos deben recibir capacitación y presentar los exámenes correspondientes. Se exige a la empresa o persona para la que usted trabaja que le imparta esta capacitación y que lleve una bitácora (registro) de esta capacitación mientras usted labora para la compañía y durante 90 días después de que usted deje de laborar en ella.

Los reglamentos también exigen que los empleados reciban una capacitación actualizada en HazMat cada dos años.

Se exige a los conductores que transportan líquidos criogénicos inflamables y algunas cantidades controladas por rutas de materiales radioactivos que tomen un curso de capacitación cada dos años. En todo momento, estos conductores deberán llevar consigo un certificado vigente que incluya la fecha en que recibieron esta capacitación.

Si usted transporta carga en tanques y tanques portátiles, también debe tomar un curso de capacitación en HazMat cada dos años.

P. **¿Qué es una ruta especial?**

R. Algunas veces, se requiere que las cargas HazMat se transporten por ciertas rutas (Figura 11-1)—y algunos estados exigen un permiso especial antes de que se trasladen algunos materiales peligrosos. Asegúrese de que conoce cualquier regla especial con respecto a materiales peligrosos en su estado y en las áreas que atravesará. Usted puede averiguar con el jefe de seguridad de la compañía o el Departamento local de Vehículos Automotores si usted cumple con todos los reglamentos federales y estatales de HazMat.

P. **¿Por qué hay tantos reglamentos? ¿No sólo se trata de un transporte o carga cualquiera?**

R. Sí y no. Sí, es sólo un transporte, y sí, es una carga, pero muchos materiales peligrosos pueden lesionar o matar a personas si salen de sus contenedores.

Figura 11-1 Los reglamentos de HazMat disminuyen los peligros para el público general.

Así es que, la razón por la cual hay tantos reglamentos es para reducir el peligro.

Las reglas HazMat existen para conductores, compañías despachadoras y el público en general. Estas reglas detallan claramente la forma en que un material debe empacarse, cargarse, transportarse y descargarse.

Estas reglas se llaman **reglas de contención.** Se trata de procedimientos para asegurar que los materiales peligrosos se coloquen en un contenedor adecuado y se les maneje apropiadamente, y para asegurar de que no existan fugas o derrames.

Cualquiera que maneje materiales peligrosos -compañías despachadoras y transportadoras- deben indicar a los conductores y a otros empleados acerca de las características peligrosas. Los conductores deben advertir a los demás conductores en el camino acerca del riesgo que representa su carga. Los conductores deben también advertir a otras personas en caso de que ocurra un accidente o un derrame.

P. **¿Cómo advierto a los demás conductores en el camino acerca de los materiales peligrosos que transporto y los riesgos que representan?**

R. Se usan letreros de advertencia en los cuatro costados de su vehículo para advertir a los demás conductores acerca de los posibles riesgos, y también para asegurar la colocación adecuada de los documentos de embarque mientras se traslada la carga de HazMat.

Si usted transporta una carga de HazMat y no tiene un Certificado de Cumplimiento de Normas HazMat en su CDL, será multado y quizá enviado a prisión por no cumplir con este requisito. Así es que, *no rompa las reglas.* Estas reglas existen para su seguridad y la seguridad de los demás.

P. **¿Quién es responsable del manejo adecuado y legal de la carga HazMat?**

R. Esta es una gran responsabilidad que por lo general comparten por igual la compañía despachadora, el transportador y el conductor.

P. **¿Cuál es la función de la compañía despachadora (compañía que envía los productos)?**

R. Cualquiera que envía materiales peligrosos de un Punto A a un Punto B debe comprender y apegarse a los reglamentos para HazMat a fin de que decida lo siguiente en el caso de cada uno de los productos HazMat:

- Nombre adecuado para embarcar el producto
- Clase de peligro
- Números de identificación
- Tipo correcto de empaque
- Etiqueta y marcas correctas en el paquete
- Letrero(s) de advertencia

La compañía despachadora también es responsable de empacar la carga HazMat adecuadamente, etiquetarla adecuadamente y marcar adecuadamente el empaque. La compañía despachadora también es responsable de suministrar los letreros de advertencia adecuados y preparar los documentos de embarque.

P. **¿Cuál es la responsabilidad del transportador en cuanto a la carga de HazMat?**

R. El transportador desempeña una función menor pero de igual importancia. El transportador deberá:

- Transportar el embarque hasta un destino conveniente.
- Asegurarse de que la compañía despachadora haya descrito, etiquetado y marcado correctamente el embarque de HazMat.
- Informar de cualquier accidente o incidente relacionado con la carga de HazMat a la dependencia gubernamental correspondiente.

P. **¿Cuál es la responsabilidad del conductor?**

R. El conductor tiene la responsabilidad de:

- Volver a verificar con la compañía despachadora y con el transportador que la carga haya sido descrita, etiquetada y marcada correctamente.
- Rechazar cualquier caja o embarque que presente fugas.
- Comunicar el riesgo que representa esta carga por medio de colocar los letreros de advertencia correspondientes en el vehículo.
- Entregar los productos de la manera más segura y rápida posible y obedecer los reglamentos federales y estatales para HazMat.
- Es un requisito que conserve todos los documentos de embarque de los HazMat en un lugar adecuado.

P. ¿Qué significa el término "clase de peligro"?

R. La "Clase de Peligro" de los materiales indica el grado de riesgo que representa un material. La Clase de Peligro tiene nueve clases o categorías. Estas se encuentran en la Parte 173 del HMC y las estipulaciones de la Sección 172.101.

P. ¿Qué significan estos números de clase?

R. El primer número indica la clase del material peligroso (esto es, explosivos, gases, líquidos inflamables, sólidos inflamables, sustancias que se oxidan, venenos, materiales radioactivos, material corrosivo y materiales diversos).

El segundo número indica la división. En el número 1.3, el 1 indica que es un explosivo y el 3 indica la división - que es un explosivo B. La Tabla 11-1 enlista las clases de peligros y sus divisiones.

P. ¿Qué significan exactamente las diferentes clases de explosivos?

R. Un explosivo es un material o sustancia o artículo (como un dispositivo explosivo) diseñado para operar por medio de una acción explosiva o por medio de una reacción química. O este material puede funcionar de manera similar, aunque no esté diseñado para hacer explosión.

Clase 1. Explosivos

- División 1.1. Explosivos que son un peligro porque pueden provocar una explosión masiva. Si uno explota, los demás explotan. Esto representa un riesgo de una situación grave. Es muy peligroso.
- División 1.2. Explosivos que no representan un peligro de explosión masiva pero son un peligro de salir disparados.
- División 1.3. Explosivos que representan un peligro de incendio o de explosión menor o lanzamiento menor, o ambos, pero no un peligro de explosión masiva.
- División 1.4. Dispositivos explosivos que representan un peligro de explosión menor (pueden contener más de 25 gramos de material detonante).
- División 1.5. Explosivos insensibles. Por lo general representan un peligro de explosión masiva, pero es muy improbable que ocurra. En condiciones normales, pasaría de incendiarse a explotar.
- División 1.16. Artículos que no representan ningún peligro de explosión masiva. Sólo son muy insensibles a sustancias detonantes y es muy improbable que ocurra un incendio o explosión accidental.

Clase 2. Gases

- División 2.1. Esta clase de gases es cualquier material que se encienda a 68 grados Fahrenheit (20 grados Celsius) y 14.7 psi de presión cuando se mezcla con el aire.
- División 2.2. Gases no inflamables y no venenosos. Esta división incluye el aire comprimido, gas licuado, gas criónico presurizado, y gas comprimido que se encuentra en una solución. Cualquier material que se clasifique en esta división no cae dentro de la definición de las Divisiones 2.1 ó 2.3.

Tabla 11-1
HM-181 Clases y divisiones

Nuevas clases y divisiones	Clases anteriores
Clase 1 (Explosivos)	**Explosivos**
1.1	Explosivo Clase A
1.2	Explosivo A o B
1.3	Explosivo B
1.4	Explosivo C
1.5	Agente detonante
1.6	
Clase 2 (Gases)	**Gases**
2.1	Gas inflamable
2.2	Gas no inflamable
2.3	Gas venenoso
Clase 3 (Líquidos inflamables)	**Líquidos combustibles inflamables**
3.1	Líquido inflamable
3.2	Líquido combustible
Clase 4 (Sólidos inflamables)	**Sólidos inflamables**
4.1	Sólido inflamable
4.2	Sólido/líquido inflamable
4.3	Sólido inflamable—peligroso cuando se moja
Clase 5 (Sustancias que se oxidan)	**Sustancias que se oxidan**
5.1	Oxidante
5.2	Peróxido orgánico
Clase 6 (Venenos)	**Venenos**
6.1	Véneno B
6.2	Agentes etiológicos (sustancias infecciosas)
Clase 7 (Materiales radioactivos)	**Materiales radiactivos**
Clase 8 (Materiales corrosivos)	**Materiales corrosivos**
Clase 9 (Materiales diversos)	**ORM (Otros materiales reglamentados)**

- División 2.3. Sustancias reconocidas como venenosas y tóxicas que son un peligro para la salud humana, aunque no existan datos suficientes en la actualidad, pero que han demostrado ser tóxicas para los animales de laboratorio.

Clase 3. Líquidos inflamables

La clase tres no tiene divisiones. Un líquido inflamable es aquel que tiene un punto de ignición de no más de 140 grados Fahrenheit. Esto ocurre con todos los materiales excepto por los que caen dentro de la definición de un material Clase 2. Y esta clase también incluye una mezcla de componentes que tienen un punto de ignición superior a 141 grados Fahrenheit o más alto, si constituye cuando menos 99 por ciento del volumen total de la mezcla. O podría ser también una bebida alcohólica destilada de 140 grados o menor, que se considera que tiene un punto de ignición de menos de 73 grados Fahrenheit.

Clase 4. Sólidos inflamables

- División 4.1. Abarca tres tipos de sólidos inflamables. Primero, son explosivos mojados que cuando se secan son explosivos Clase 1; existen algunas excepciones. Segundo, hay materiales auto-reactivos que pueden descomponerse -a temperaturas normales o elevadas- que podrían hacerlos encenderse. Esto puede ocurrir a altas temperaturas durante su transporte o a través de contaminación.

  Cualquier sólido que ya sea combustible puede incendiarse por fricción. Este material muestra una tasa de combustión más rápida de 2.2 milímetros por segundo. El tercer tipo de sólido inflamable en esta división abarca el polvo de metal que puede incendiarse y reaccionar por toda el área de prueba en 10 minutos o menos.
- División 4.2. Son materiales sólidos que, aunque sea en una cantidad pequeña, se incendian a los cinco minutos de ser expuestos al aire en ciertos procedimientos de prueba.
- División 4.3. Estos materiales pueden incendiarse espontáneamente al entrar en contacto con el agua. Esta división también contiene material que puede emitir gases inflamables o tóxicos en una proporción de 1 litro por kilogramo por hora o más.

Clase 5. Sustancias oxidantes

- División 5.1. Debido a que emiten oxígeno, estos materiales pueden causar o aumentar la combustión de otros materiales.
- División 5.2. Esta división incluye al peróxido orgánico, un derivado del peróxido de hidrógeno.

Clase 6. Venenos

- División 6.1. Esta división incluye materiales que son tóxicos para los humanos o tan tóxicos que representan un peligro para la salud durante su transporte. La división también incluye materiales que se supone sean peligrosos para los humanos por los resultados de las pruebas en laboratorio. Esta división también incluye irritantes, como el gas lacrimógeno.
- División 6.2. Sustancias infecciosas que pueden causar enfermedades o la muerte de animales y humanos. Estos incluyen excreciones, secreciones, tejido sanguíneo y componentes de tejidos de seres humanos o de animales.

Clase 7. Materiales radioactivos

Esta clase incluye cualquier material radioactivo con una actividad mayor de 0.002 micro curíes por gramo.

Clase 8. Materiales corrosivos

Incluye materiales—líquidos o sólidos—que destruyen o causan un daño irreversible al contacto con el tejido cutáneo humano. También tiene una alta tasa de corrosión en el acero y/o el aluminio.

Clase 9. Otros materiales reglamentados (ORM)

Cualquier material que presente un peligro durante su transporte, pero que no se incluye en ninguna de las demás clases, y esté sujeto a los reglamentos para HazMat.

P. **¿Exactamente qué es un "documento de embarque"?**

R. Es una forma, un documento que describe la carga de HazMat que usted transporta (Figura 11-2). Cada artículo enlistado en el documento de embarque debe incluir información acerca de la clase de peligro de dichos materiales peligrosos. Los documentos de embarque pueden ser conocimientos y manifiestos de embarque.

P. **¿Qué otra información debe incluir el documento de embarque?**

R. Cada copia del documento de embarque debe tener páginas numeradas. La primer página debe indicar el número total de documentos para el embarque que se transporta.

El documento de embarque debe contener la descripción de cualquier material peligroso.

También se debe incluir el certificado de la compañía despachadora, firmado por el representante de dicha compañía. Este certificado verifica que el embarque ha sido preparado de acuerdo con todos los reglamentos correspondientes.

P. **¿Hay alguna excepción a las reglas de los papeles de embarque?**

R. Sí. Si la compañía despachadora es un transportadora privado que transporta su propia carga, la compañía despachadora no necesita preparar y firmar un certificado de compañía transportadora.

P. **¿Qué sucedería si el embarque tiene una mezcla de materiales peligrosos y no peligrosos?**

R. En este caso, si los documentos de embarque muestran una mezcla de materiales peligrosos y no peligrosos, los artículos peligrosos deben estar marcados de la siguiente manera:

- Descripción del artículo primero, o
- Destacado o impreso en un color diferente, o
- Con una "X" antes del nombre del artículo en la columna marcada como HM, o
- Las letras RQ si el embarque es una cantidad que se pueda reportar.

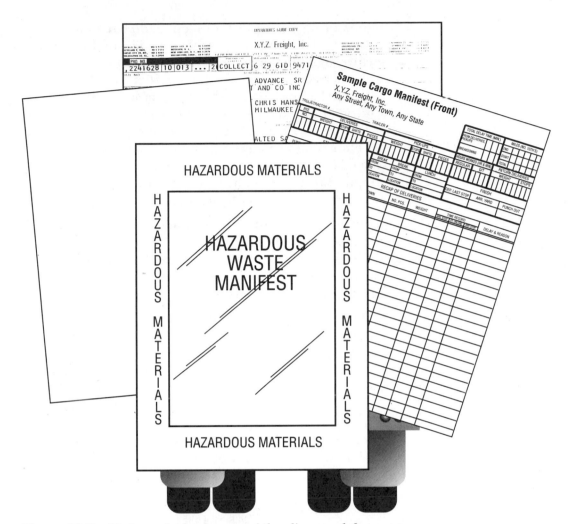

Figura 11-2   Todo artículo de material peligroso debe contar con una clase de peligro HazMat en todos los documentos de embarque.

Recuerde: *La descripción del producto peligroso debe incluir el nombre de embarque apropiado. También debe incluir la clase o división de HazMat y el número de identificación (ID), y debe escribirse en ese orden: nombre de embarque, clase de peligro y número de ID. ¡Sin abreviaturas!*

   Las únicas abreviaturas que se permiten son el tipo de empaque y la unidad de medida—y estas pueden aparecer en el documento de embarque antes o después de la descripción.

   Si el embarque es un desecho peligroso, entonces la palabra "waste" (desecho) debe aparecer antes del nombre del material que se embarca.

También se debe incluir la calidad total y la unidad de medida (esto es, tambores, cilindros, cajas). Y si el embarque de HazMat es una cantidad que se puede reportar, las letras RQ deben marcarse en el papel de embarque en la columna HM.

P. ¿Por qué es tan importante el documento de embarque?

R. El documento se embarque se usa con varios propósitos, pero el principal es comunicar lo que se embarca y si existe algún riesgo (Figura 11-3). Si, por alguna razón, el conductor es lesionado o se enferma y no puede hablar, entonces el documento de embarque informará a las autoridades si la carga incluye algún material peligroso.

Después de que los oficiales que atiendan el caso obtengan la información acerca del embarque, pueden adoptar la medida adecuada para proteger la seguridad de todas personas en el área.

Esto convierte al documento de embarque en una parte muy importante del embarque y subraya la razón por la cual debe llenarse correctamente. Su vida o las vidas de otras personas pueden estar en peligro y tal vez se requiera adoptar una acción rápida—un caso de emergencia no es el mejor momento para tratar de descifrar lo que contiene la carga.

P. **¿Qué ocurre si un camión que transporta una carga HazMat sufre un accidente (Figura 11-4)?**

R. Tal vez sea necesario para la policía obtener información con rapidez, y por esta razón, los siguientes reglamentos también aplican a los documentos de embarque:

- Deben engraparse e identificarse y colocarse por encima de todos los demás documentos de embarque. Esta es responsabilidad del transportador y el conductor.
- Cuando el conductor se encuentre fuera del camión, los documentos de embarque deben ser colocados sobre el asiento del conductor o en una bolsa ubicada en la puerta del lado del conductor.
- Al manejar, el conductor debe colocar los documentos de embarque en una bolsa en la puerta del lado del conductor o a la vista del conductor, cuando se use el cinturón de seguridad.

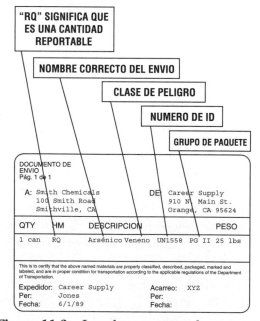

Figura 11-3 Los documentos de embarque indican los artículos que se transportan y cualquier riesgo posible.

Figura 11-4 En caso de un accidente, los documentos de embarque de HazMat proporcionan a la policía toda la información necesaria.

P. **¿La compañía despachadora o el conductor tienen alguna otra responsabilidad con respecto a la carga HazMat?**

R. La compañía despachadora debe etiquetar el paquete de manera adecuada, adhiriendo etiquetas en forma de diamante que indiquen que el paquete contiene materiales peligrosos.

Si la etiqueta no puede colocarse sobre el paquete, la compañía despachadora debe adherir una etiqueta pequeña o calcomanía que indique el peligro representado por la carga.

P. **¿Cuál es la diferencia entre un letrero de advertencia de HazMat y una etiqueta de HazMat?**

R. Ambos tienen forma de diamante y se usan para indicar el contenido y los peligros que representa dicho contenido.

La etiqueta de HazMat es responsabilidad de la compañía despachadora y va sobre el embarque mismo—ya sea una caja, un cilindro, etc. (Figura 11-5).

El letrero de advertencia de HazMat es responsabilidad del conductor y es un letrero en forma de diamante que se coloca en los cuatro lados del remolque que transporta materiales peligrosos. Los letreros de advertencia deben ser legibles en las cuatro direcciones. Los letreros de advertencia deben colocarse en la parte posterior del tractor, en ambos costados, y ya sea al frente del tractor o al frente del remolque (Figura 11-6).

Los letreros de advertencia deben leerse de izquierda a derecha y deben ubicarse cuando menos a tres pulgadas de otras marcas. Y deben colocarse "en punto".

Si se utiliza un carro tanque, el número de ID del embarque de HazMat debe aparecer dentro del letrero de advertencia o en un tablero color naranja.

Figura 11-5   Se requieren etiquetas de papel para todos los
artículos de HazMat.

Nota: *Una vez que la carga de HazMat haya sido descargada, será responsabilidad del
conductor quitar todos los letreros de advertencia. En la mayoría de los casos, no se permite
desplegar letreros de advertencia de HazMat en remolques vacíos.*

P. **¿Hay otra protección que se ofrezca cuando se transporta una carga de HazMat?**
R. Hay tres listas principales de HazMat para compañías despachadoras,
transportadoras y conductores. Estas listas ayudan a cada una de las partes
que participan en dicho transporte a determinar el manejo adecuado de
cualquier carga de HazMat.
   Estas listas son:

1. La tabla de materiales peligrosos (Tabla 11-2)
2. La lista de sustancias peligrosas y cantidades que se pueden reportar
3. La lista de contaminantes marinos

Recuerde: *Antes de transportar cualquier producto o artículo no conocido, busque su
nombre en cada lista. Cada una de las listas contendrá el nombre correcto de embarque,
clase de peligro, número de identificación y etiquetas que se requieren.*

Información acerca de la tabla de materiales peligrosos

La columna 1 contiene símbolos con un significado específico. Estos son:

- + Siempre se debe indicar el nombre de embarque designado adecuado y
  la clase de los materiales peligrosos, aún si el producto no cae dentro de
  la definición de clase de peligro.
- D El nombre del embarque adecuado es conveniente para describir los
  materiales para el transporte nacional, pero tal vez no sea adecuado para
  el transporte internacional.
- A La carga está sujeta a los reglamentos sólo cuando sea transportada por vía
  aérea, a menos que los materiales sean sustancias y desechos peligrosos.

UBICACION DE LOS ROMBOS

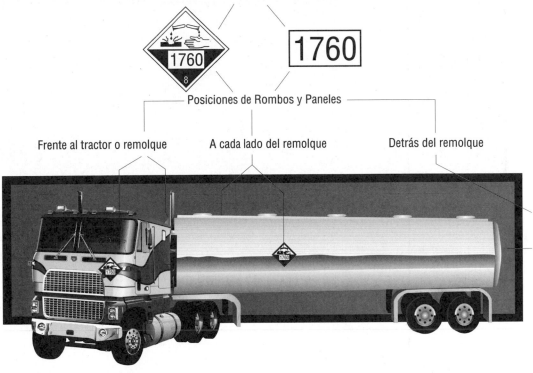

Figura 11-6 Es responsabilidad del conductor colocar los letreros de advertencia apropiadamente para todas las cargas de HazMat.

- W La carga se sujeta a los reglamentos sólo cuando es transportada por vía marítima, a menos que el material sea una sustancia peligrosa, un desecho peligroso o un contaminante marino.
- G Los nombres técnicos de los materiales peligrosos deben agregarse en paréntesis después del nombre de embarque apropiado.
- I El nombre de embarque apropiado es conveniente para su uso en el transporte internacional.

La columna 2 muestra el nombre de los materiales reglamentados por orden alfabético. En esta tabla, los nombres de embarque adecuados siempre aparecen en tipo de letra regular. Los nombres que aparecen en cursivas no son nombres de embarque adecuados y sólo pueden usarse junto con los nombres de embarque adecuados.

La columna 3 muestra la clase o división de peligro o puede contener la palabra "forbidden" (prohibido). Cuando vea la palabra "forbidden," nunca transporte este material.

La clase de peligro para el material es el indicador de qué letreros de advertencia se deben utilizar. Para elegir el letrero de advertencia correspondiente, debe conocer la siguiente información:

1. La clase de peligro de la carga
2. La cantidad que se embarca
3. La cantidad de todos los materiales peligrosos en todas las clases a bordo del vehículo

Tabla 11-2
Parte de la tabla de materiales peligrosos

(1) Símbolos	(2) Descripción de materiales peligrosos y nombres correctos de envío	(3) Clase o división de peligro	(4) Números de identificación	(5) PG	(6) Rótulos de códigos	(7) Provisiones especiales	(8) Embalaje (§173.***)			(9) Limitaciones de cantidad		(10) bodega de barco	
							(8A) Excepciones	(8B) No voluminoso	(8C) Volumen	(9A) Avión/tren de pasajeros	(9B) Avión de carga únicamente	(10A) Sitio	(10B) Otro
	Infladores de bolsas de aire, gas comprimido o módulos de bolsas de aire gas comprimido o tensores de cinturones de seguridad, gas comprimido	2.2	UN3353		2.2	133	166	166	166	75 kg	150 kg	A	
	Infladores de bolsas de aire, pirotécnico o módulos de bolsas de aire, pirotécnico o tensores de cinturones de seguridad, pirotécnico	9	UN3268	III	9		166	166	166	25 kg	100 kg	A	
	Aire, comprimido	2.2	UN1002		2.2		306	302	302	75 kg	150 kg	A	
	Aire, líquido refrigerado (líquido criogénico)	2.2	UN1003		2.2, 5.1	78	320	316	318, 319	Prohibido	150 kg	D	51
	Aire, líquido refrigerado (líquido criogénico) no presurizado	2.2	UN1003		2.2, 5.1		320	316	318, 319	Prohibido	Prohibido	D	51
	Toboganes de evacuación de aeroplanos, aparatos salvadores de vida, etc.												
	Unidad de poder hidraulica de aeroplanos, tanque de gasolina (conteniendo una mezcla de hidrazina anhidra y monomethyl de hidrazina (gasolina M86)	3	UN3165	I	3, 6.1, 8		Nada	172	Nada	Prohibido	42 L	E	
	Juegos para sobrevivencia de aeroplanos, ver aparatos salvavidas, etc.												
G	Solución de alcoholatos, n.o.s., en alcohol	3	UN3274	II	3, 8		Nada	202	243	1 L	5 L	B	
	Bebidas alcoholicas	3	UN3065	II	3	24, B1, T1	150	202	242	5 L	60 L	A	
				III	3	24, B1, N11, T1	150	203	242	60 L	220 L	A	
	Alcohol, n.o.s.	3	UN1987	I	3	T8, T31	Nada	201	243	1 L	30 L	E	
				II	3	T8, T31	150	202	242	5 L	60 L	B	
				III	3	B1, T7, T30	150	203	242	60 L	220 L	A	
G	Alcoholes, inflamables, tóxicos, n.o.s.	3	UN1986	I	3, 6.1	T8, T31	Nada	201	243	Prohibido	30 L	E	40
				II	3, 6.1	T8, T31	Nada	202	243	1 L	60 L	B	40
				III	3, 6.1	B1, T8, T31	Nada	203	242	60 L	220 L	A	
	Aldehidos, n.o.s.	3	UN1989	I	3	T8, T31	Nada	201	243	1 L	30 L	E	
				II	3	T8, T31	150	202	242	5 L	60 L	B	
				III	3	B1, T7, T30	150	203	242	60 L	220 L	A	
G	Aldehidos, inflamables, tóxicos, n.o.s.	3	UN1988	I	3, 6.1	T8, T31	Nada	201	243	Prohibido	30 L	E	40
				II	3, 6.1	T8, T31	Nada	202	243	1 L	60 L	B	40

Tabla de materiales peligrosos. Obtenible: www.access.gpo.gov/nara/cfr

Si las palabras "inhalation hazard" (peligro de inhalación) aparecen en los documentos de embarque, debe usar un letrero de advertencia para venenos además de los otros letreros requeridos.

La columna 4 muestra el número de identificación de cada nombre de embarque apropiado. Estos números de ID van precedidos por las iniciales "UN" o "NA". Las letras "NA" se usan sólo en embarques transportados entre los Estados Unidos y Canadá.

El número de ID debe aparecer también en el documento de embarque, el empaque y los tanques de carga y todo otro paquete voluminoso.

La columna 5 identifica el grupo de empaque que se asigna al material.

La columna 6 muestra la etiqueta del peligro de que se trata, que la compañía despachadora debe colocar en los paquetes de materiales peligrosos. Algunos productos requieren de más de una etiqueta. Si aparece la palabra "none" (ninguno), entonces no se requiere de esta etiqueta.

La columna 7 incluye cualquier estipulación adicional para este material—si hay información en la columna 7, consulte los reglamentos federales para obtener información específica.

La columna 8 es una columna sub-dividida en tres partes que muestra los números de sección que cubren el empaque para la carga HazMat.

Las columnas 9 y 10 no corresponden al transporte por vía terrestre.

P. ¿Tiene alguna otra responsabilidad el conductor con respecto a las cargas HazMat?

R. ¡Qué bueno que lo pregunta!

Se debe notificar al Departamento de Transporte (Department of Transportation, DOT) y a la Agencia para la Protección Ambiental (EPA) en caso de que exista alguna fuga o un derrame de algunos materiales peligrosos.

La **lista de sustancias peligrosas y cantidad que se pueden reportar** le indicará si la carga es una cantidad que se debe reportar. El producto y la cantidad derramada determina si se debe reportar.

Un asterisco (*) junto a un nombre indica que el producto también aparece en la tabla de HazMat.

El conductor debe reportar un derrame a su patrono, sin importar la cantidad de derrame de alguno de los materiales peligrosos que se trate.

P. ¿Cuánto más necesita saber acerca de los HazMat?

R. Como conductor, usted debe conocer la siguiente información:

1. Debe ser capaz de reconocer que está cargando y transportará materiales peligrosos. ¿Cómo lo puede hacer? Primero, revise los documentos de embarque. Después, determine si se trata de materiales peligrosos.
2. Si hay materiales peligrosos que formen parte o constituyan toda la carga, asegúrese de que los documentos de embarque hayan sido llenados correctamente con el nombre de embarque apropiado, la clase de peligro y el número ID, enlistados en este orden preciso.
3. Usted debe buscar que haya productos marcados con un color diferente o con las letras "X" o "RQ" en la columna HM.
4. Cuando acepte la entrega de algún producto para su transporte, usted, el conductor, debe estar 100 por ciento seguro de que los documentos de embarque están correctos, los paquetes están etiquetados apropiadamente,

y el vehículo está cargado de manera apropiada y ostenta los letreros de advertencia correspondientes.

Nota: *Si usted no está 100 por ciento seguro de que el proceso se ha seguido AL PIE DE LA LETRA, debe comunicarse con el despachador de la terminal y asegurarse de que se haya seguido el proceso correspondiente.*

Nunca acepte embarques de HazMat dañados o que presenten fugas. Si tiene alguna duda, comuníquese con el despachador. ¡Los despachadores lo saben todo!

Letreros de Advertencia para HazMat

P. **¿Se puede conducir un vehículo sin los letreros de advertencia adecuados en algún momento?**

R. Sólo en un caso de emergencia para salvaguardar o proteger la vida o los bienes.

P. **¿Cómo sé qué letreros de advertencia son los que debo usar?**

R. No siempre es fácil, pero los siguientes pasos pueden ayudarlo:

1. Revise los documentos de embarque para conocer la clase de peligro, la cantidad que se embarca, y el peso total de todos los materiales peligrosos que contiene el embarque.
2. Revise el cargamento y asegúrese de que los paquetes estén de acuerdo con la clase de peligro indicada en los documentos de embarque.
3. Una vez que las etiquetas estén de acuerdo con los documentos de embarque, revise las tablas de letreros de advertencia para determinar cuáles letreros se deben usar en ese caso en particular.

Hay dos tablas de letreros de advertencia; uno requiere los letreros para cualquier cantidad de materiales peligrosos que se embarcan.

La otra tabla de letreros requiere que estos se usen si la cantidad que se embarca es superior a las 1,000 libras.

Nota: *Si recoge los materiales peligrosos en más de un lugar, agregue el peso del producto que recogió al producto ya cargado*

Si el peso del cargamento combinado es 1001 libras o más, entonces se le requerirá que exhiba el letrero de advertencia correspondiente.

Manifiesto de desechos peligrosos

Cualquier carga que contenga desechos peligrosos debe estar acompañada de un manifiesto de desechos peligrosos y este documento debe ser firmado por el conductor.

P. **¿Quién es responsable de preparar el manifiesto?**

R. Este manifiesto es responsabilidad de la compañía despachadora. El conductor tratará el manifiesto de desechos peligrosos como cualquier otro documento de embarque.

El transportador que acepte la carga de desechos peligrosos debe asegurarse de que el manifiesto de desechos peligrosos sea llenado apropiadamente. Un embarque etiquetado como desecho peligrosos sólo puede entregarse a otro transportador registrado o instalaciones que estén autorizadas para recibir y manejar desechos peligrosos.

El transportador debe conservar una copia del manifiesto de desechos peligrosos durante tres años posteriores a su transporte. Y una vez que la carga se entregue a las instalaciones autorizadas para la recepción de desechos peligrosos, el operador de dichas instalaciones debe firmar la recepción de tal embarque.

P. **¿Cuándo se puede usar el letrero de advertencia "Dangerous" (peligroso)?**
R. Usted puede usar el letrero de advertencia "Peligroso" si tiene una carga que requiera de un letrero de advertencia para productos inflamables y entonces recoge 1000 libras de material combustible, en vez de usar dos letreros de advertencia similares como "flammable" (inflamable) o "combustible."

Hay dos excepciones: (1) si ha cargado 5000 libras de HazMat en un lugar, debe usar el letrero de advertencia para dicho material, y (2) si las palabras "Inhalation Hazard" (peligro de inhalación) aparecen en los documentos de embarque, debe usar el letrero de advertencia específico para dicho material Y un letrero de advertencia "Poison" (veneno).

Los letreros de advertencia agentes detonantes (blasting agents) (1.6), de Oxidantes (oxidizer) (5.1), y de Peligro (Dangerous) no se requieren si un vehículo contiene explosivos Clase 1 y usted usa letreros de advertencia para las divisiones 1.1, 1.2, o 1.3.

Cuando el vehículo muestre un letrero de advertencia de Gas Inflamable (Flammable Gas) u Oxígeno (Oxygen) de la división 2.1, no es necesario que coloque un letrero de Gas No Inflamable (Nonflammable Gas) si recoge dicho material y lo agrega a su carga.

Recuerde: Si coloca un letrero de advertencia incorrecto es tan malo como si no colocara ninguno.

Los letreros de advertencia se usan para comunicarse e informar a otras personas. La información incorrecta es tan perjudicial como si no se tuviera ninguna información.

Nota: Si un vehículo que lleva materiales peligrosos tiene un derrame o una fuga de RQ (cantidad que se debe reportar), se debe reportar al transportador.

El transportador la reporta al Centro de Respuesta Nacional (NCR), que tiene la capacidad para comunicarse con las dependencias gubernamentales correspondientes y el personal de contención o limpieza apropiado (Figura 11-7).

También se requiere que el transportador llame al NRC (800-424-8802) si ocurre una fuga o un derrame, y si:

- Alguien pierde la vida.
- Alguien resulta herido y requiere de hospitalización.
- El daño estimado a la propiedad de terceros excede la cantidad de $50,000 dólares.
- Una o más vialidades principales son cerradas durante una hora o más.
- Ocurre un incendio, una ruptura, un derrame o la sospecha de contaminación radioactiva.
- Ocurre un incendio, una ruptura, un derrame o la sospecha de contaminación de agentes etiológicos.

Centro Nacional de Respuesta
(800) 424-8802

CHEMTREC
(800) 424-9300

EMERGENCIA QUIMICA

Necesita saber y entender lo que estas agencias
hacen y lo que no pueden hacer.

Figura 11-7 Las dependencias a las que se debe llamar en caso de
accidente o de sustancias químicas que incluyan una
carga de HazMat.

Al llamar al NRC, proporcione la siguiente información:

- Nombre
- Nombre y domicilio del transportador
- Número telefónico donde se puede localizar al transportador
- Fecha, hora y ubicación del acontecimiento
- El grado de las lesiones, si las hay
- La clase, el nombre y la cantidad de los materiales peligrosos de que se trata
- El tipo de incidente y la naturaleza de la participación de los materiales peligrosos
- Si se trata de una cantidad que se debe reportar de sustancias peligrosas, la persona que llama debe también proporcionar el nombre de la compañía despachadora y la cantidad de materiales peligrosos descargados.

P. ¿Qué es CHEMTREC?

R. CHEMTREC son las iniciales de Chemical Transportation Emergency Center (Centro de Emergencias del Transporte de Sustancias Químicas) en Washington, D.C. Tiene servicio telefónico sin costo durante las 24 horas del día y ahora proporciona personal de emergencia que cuenta con información y experiencia técnicas acerca de las propiedades físicas de los productos peligrosos. El NCR y el CHEMTREC colaboran estrechamente. Si usted llama a CHEMTREC al teléfono 800-424-9300, o al NRC al teléfono 800-424-8802, la dependencia a la que usted hable notificará a la otra acerca del problema.

Además de llamar al NCR o al CHEMTREC, los conductores son responsables de ayudar a los transportadores a elaborar un reporte detallado por escrito. El conductor es de gran valor al llenar estos reportes. Por ello es bueno que el conductor elabore el reporte, detallando lo que ocurrió, y tan pronto como sea posible.

P. ¿Qué debo saber acerca de la carga, la descarga y el transporte de materiales peligrosos?

R. Hay varias reglas que siempre deben seguirse al manejar materiales peligrosos:

- No fumar en ningún momento, pero en especial cuando se cargan explosivos, oxidantes o sustancias inflamables. Nunca maneje estos materiales cerca de una fuente de calor.
- Nunca cargue paquetes o contenedores dañados o con fugas.
- Nunca abra ningún paquete durante su transporte. Si un paquete se rompe, llame a su despachador de inmediato.
- No coloque cargas colgantes o que arrastren al transportar explosivos, materiales oxidantes o sólidos inflamables.
- Las reglas prohíben el uso de calentadores de carga o aire acondicionado a menos que usted conozca las reglas para la carga que usted transporta. Si tiene alguna duda, verifique con su compañía.
- Cuando se estacione, ponga el freno de mano y ponga una cuña en las llantas.
- Haga todo lo posible por proteger al público en general.

P. ¿Hay alguna regla específica para cargar HazMat?

R. A menos que se indique de alguna otra manera, estos materiales deben ser cargados en un área de carga cerrada. Se puede hacer al aire libre si los paquetes son resistentes al fuego y el agua o están cubiertos con una capa resistente al fuego o al agua.

Explosivos de clase 1

1. Antes de cargar o descargar estos explosivos, apague el motor.
2. Desconecte la calefacción de los calentadores de carga y drene los tanques de combustible del calentador.
3. Verifique que el remolque o la cabina no tenga bordes puntiagudos que pudieran dañar la carga.

4. Verifique los tableros de pisos y paredes; usted debe usar recubrimiento de piso con explosivos de las Divisiones 1.1, 1.2, o 1.3. El recubrimiento no debe contener acero o hierro.

5. Nunca transfiera explosivos de un vehículo a otro en una autopista pública. La única excepción será una situación de emergencia.

6. Nunca acepte paquetes dañados o paquetes manchados de aceite o humedad.

7. Nunca transporte explosivos de la división 1.1 en triples.

8. Nunca transporte explosivos de las divisiones 1.2 y 1.3 combinados si hay un tanque de carga con letrero de advertencia en la combinación, o si está transportando explosivos detonantes, materiales radioactivos (clase 7) o venenos de clase 6 o materiales peligrosos en un tanque portátil.

P. ¿Qué necesito saber acerca de líquidos corrosivos?

R. Si realiza la carga a mano, maneje los contenedores de uno en uno—no los deje caer, no los voltee o no los ponga uno encima de otro a menos que el peso pueda ser estabilizado por la carga que se encuentre en la parte inferior de la pila. Conserve los contenedores con el lado correcto hacia arriba, sin excepción alguna. Nunca cargue ácido nítrico encima de alguna otra cosa, y nunca encime más de dos contenedores.

Nunca cargue corrosivos con explosivos, sólidos inflamables o materiales oxidantes.

Si carga cilindros (de gas comprimido o líquidos criogénicos) y el vehículo no tiene estantes intraconstruidos, entonces los cilindros deben conservarse en posición vertical, u horizontal y asegurados, o en cajas para evitar que se volteen.

Si está manejando venenos, nunca mezcle la carga con alimentos y nunca cargue estos materiales en la cabina o el compartimiento del conductor.

P. ¿Qué hay de los materiales radioactivos, se manejan de manera diferente?

R. No importa si los materiales radioactivos están bien empacados, la radioactividad que escapa de cada paquete. Consulte la clase 7 de HazMat para conocer el número de paquetes que se pueden transportar. Este es un "índice de transporte". Esto indica el grado de control necesario durante el transporte: el índice de transporte total de todos los paquetes en un sólo vehículo no puede exceder de 50.

P. ¿Cómo deben manejarse las cargas mixtas?

R. Los reglamentos federales—la Tabla de Segregación y Separación—exigen que algunos materiales peligrosos sean cargados por separado (consulte la Tabla 11-3).

P. ¿Hay algunas reglas para el transporte real de HazMat?

R. Tan pronto como los documentos de embarque hayan sido revisados y se hayan colocado los letreros de advertencia correspondientes en el camión, existen algunas cosas que los conductores siempre deben realizar:

- Nunca se estacione a menos de cinco pies de la parte transitada del camino si está transportando explosivos.
- Nunca se estacione a menos de 300 pies de un puente, túnel o edificio; lugares donde la gente se reúna; o un fuego abierto cuando transporte explosivos.

Tabla 11-3
Tabla de Segregación y Separación

No cargue . . .	En el mismo vehículo con . . .
Veneno Clase 6	Alimentos para consumo animal o humano, a menos que el paquete de veneno esté muy bien empacado de la manera apropiada. (Alimentos puede ser cualquier cosa que se traga, excepto enjuague bucal, pastas de dientes y cremas para la piel, que no son alimentos.)
Veneno división 2.3	Oxidantes, sustancias inflamables, corrosivos, peróxidos orgánicos.
Baterías de almacenamiento cargadas, división 1.1	Explosivos.
Detonantes	Cualquier otro explosivo, a menos que se encuentren en contenedores o paquetes autorizados.
Cianuros o mezclas	Ácidos, materiales corrosivos u otros materiales ácidos que podrían liberar ácido cianhídrico derivado de los cianuros. Los cianuros son materiales con las letras "cian" (o cyan en inglés) en el nombre de embarque, como cianohidrina de acetona, cianuro de plata o ácido tricloroisocianúrico.
Ácido nítrico	Otros líquidos corrosivos en "carboys" (un contenedor con capacidad de cinco a 15 galones de líquido dentro de una caja de madera, a menos que se separe de la manera aprobada).

- Alguien—la compañía despachadora, el transportador o el consignatario—deben vigilar el vehículo en todo momento cuando se transportan explosivos.
- El conductor puede dejar sólo el vehículo en un lugar custodiado aprobado por el gobierno para estacionar vehículos cargados con explosivos y abandonarlos por un breve tiempo.

Si transporta carga HazMat—pero no explosivos—usted puede:

- Estacionarse a menos de cinco pies del camino, sólo si el trabajo lo requiere y alguien se queda con el vehículo en todo momento y esa persona comprende los peligros relacionados.
- Nunca suelte el remolque y lo deje en una calle pública.
- Colocar triángulos reflejantes en los siguientes 10 minutos, si se estaciona junto al camino.
- Nunca se estacione a menos de 300 pies de un fuego abierto.

P. ¿Cuál es la diferencia entre un vehículo "atendido" y "desatendido"?
R. Si tiene a alguien que vigile el vehículo en vez de usted, esa persona debe permanecer en el vehículo y estar alerta o debe estar a menos de 100 pies del vehículo (sin fumar) y poderlo ver en todo momento.

Esa persona debe saber qué hacer en un caso de emergencia y poder mover el vehículo si es necesario.

P. **¿Se pueden usar antorchas en un caso de emergencia?**

R. Nunca deje una antorcha o cualquier señalización con fuego alrededor de los carros tanque que se usan para sustancias inflamables, los explosivos, los líquidos inflamables, o el gas inflamable.

Instrucciones adicionales para cumplir con los requisitos de HM 126-F

Una parte importante de saber información acerca de transportar materiales peligrosos es el empaque. Es una parte importante del proceso de transporte y esenciales para la seguridad de cualquier persona que maneje o transporte materiales peligrosos.

P. **¿Qué hay acerca de cargar combustible para el vehículo?**

R. Siempre apague el motor antes de cargar combustible para el vehículo. Alguien debe controlar el combustible que sale de la boquilla.

P. **¿Dónde debo conservar los documentos de embarque cuando se transita en el camino?**

R. Siempre deben estar a la mano en la bolsa que se encuentra en la puerta del conductor o donde el conductor puede alcanzarlos mientras el cinturón de seguridad está abrochado. Los documentos de embarque acerca de la información de HazMat debe ser marcada y colocada encima de los demás documentos.

P. **¿Dónde deben estar los documentos de embarque cuando me encuentro fuera del camión?**

R. Esta es una pregunta de repaso: deben colocarse en el asiento del conductor o en una bolsa dentro de la puerta del lado del conductor.

P. **¿Hay alguna inspección especial requerida cuando se transporta carga de HazMat?**

R. Aparte de las verificaciones previas al viaje y en el camino, se requieren paradas de cada dos horas o cada 100 millas para verificar las llantas y cambiar cualquier llanta que esté sobrecalentada. Si hay una llanta ponchada o un llanta baja, sólo maneje lo necesario hasta el lugar donde pueda repararse.

P. **¿Qué hay de las instrucciones para transportar cloruro?**

R. Usted debe tener una máscara para gases aprobada en el vehículo y también saber cómo usar el equipo de emergencia para controlar fugas en la cúpula de la platina de la tapa del tanque.

P. **¿Qué pasa con los cruces de ferrocarril?**

A. *Pase lo que pase,* si usted se encuentra a bordo de un vehículo que porte letreros de advertencia o transporta cualquier cantidad de cloruro o tiene tanques de carga que se usan para transportar carga de HazMat (llenos o vacíos), debe detenerse en los cruces con el ferrocarril a no menos de 15 pies y no más de 50 pies de la vía más cercana. *No cambie velocidad* cuando cruce las vías. Además, sería bueno encender las luces intermitentes de cuatro vías cuando se detenga en un cruce de ferrocarril.

P. **¿Qué hay con las restricciones de rutas?**

R. Algunas áreas del país requieren permisos y rutas especiales para que los transportadores trasladen algunos materiales. Como conductor, usted debe conocer estos requisitos, así es que consulte con su compañía y siempre verifique las rutas antes de iniciar un viaje. Usted desea que se le permita viajar en todos los caminos por los que conduce. Las multas son costosas, para la compañía y para usted como conductor.

Nota: En cualquier momento cuando transporte explosivos (divisiones 1.1, 1.2, o 1.3), se requiere de un plan de ruta por escrito, y usted debe apegarse a ese plan. Lo mismo aplica al transporte de materiales radioactivos: el transportador es responsable de indicarle al conductor que el remolque está cargado con estos materiales.

Emergencias con HazMat

La Guía de Respuesta en Casos de Emergencia (ERG) es usada por bomberos, policías, personal de seguridad industrial, y cualesquier otra persona en el caso de una emergencia relacionada con materiales peligrosos. Este libro está disponible a través del Departamento de Transporte (*www.dot.gov.*), o usted puede descargar las formas en la siguiente dirección de Internet: *http://hazmat.dot.gov/ohmforms.htm*

Cuando ocurra una emergencia, la policía y los bomberos deben determinar cuál es el tipo de material peligroso. Esto se logra al verificar los documentos de embarque, ver los letreros de advertencia y obtener información del conductor. No obstante, en algunos accidentes, tal vez no haya tiempo para buscar los documentos de embarque o hablar con el conductor. Así es que, lo único que pueden hacer es ver los letreros de advertencia.

Una vez que se determina cuál es el tipo de material peligroso, el personal de emergencia puede tomar las medidas para proteger la vida y la propiedad en peligro, que es una razón más para usar los letreros de advertencia correctos, para tener los documentos de embarque con información exacta, y para que el conductor sepa qué transporta.

P. **¿Qué hago, como conductor, en caso de que ocurra un accidente con una carga de HazMat?**

R. Lo siguiente es su responsabilidad cuando ocurra un accidente con materiales peligrosos:

- Advierta a las personas del peligro y aléjelos del lugar (Figura 11-8).
- Asegure la escena del accidente lo mejor que pueda.
- Si lo puede hacer sin exponerse, contenga el derrame.
- Comuníquese con el personal para emergencias adecuado (por ejemplo, la policía, los bomberos) y dígales lo que ocurrió. Esté preparado para dar la siguiente información:

    ___ Nombre de embarque, clase de peligro y número de identificación (ID) del producto
    ___ Tamaño del derrame
    ___ Ubicación
    ___ Cuándo ocurrió el accidente/incidente
    ___ El número de teléfono donde se le puede localizar

Figura 11-8 En caso de una emergencia de HazMat, proteja el área del accidente.

——— Déje que la persona que conteste la llamada cuelgue primero, asegúrese de que tiene toda la información que necesita

——— Comuníquese con su despachador y siga sus instrucciones

P. ¿Qué hago en caso de incendio?

R. Nunca intente combatir un incendio de HazMat a menos que esté entrenado para hacerlo.

La unidad de energía de un vehículo con letreros de advertencia debe contar con un extintor de clase UL de al menos 10 B:C.

P. ¿Qué hago en caso de una fuga o un derrame?

R. Primero, no toque la fuga o el derrame, porque algunos materiales peligrosos lo pueden matar sólo con tocarlos o inhalar los vapores. Determine qué tipo de carga de HazMat se trata por medio de revisar los documentos de embarque, pero no se acerque al derrame, o no permita que alguien más se acerque. Comuníquese con las autoridades locales y su despachador tan pronto como sea posible. *No intente mover el vehículo a menos que sea por razones de seguridad.*

- Si usted maneja y se da cuenta de que algo sale del vehículo, estaciónese tan lejos del camino como sea posible, busque los documentos de embarque y aléjese del vehículo. Después, envíe a alguien a pedir ayuda. Aléjese del camión, pero siempre permanezca en un lugar donde lo pueda ver para mantener a otras personas alejadas.
- NO conduzca hasta un teléfono si encuentra una fuga.
- Cuando envíe a alguien por ayuda, descríbale su ubicación, una descripción de la emergencia, el nombre de usted, el nombre y el número telefónico de la compañía transportadora, además del nombre del embarque, la clase de peligro y el número de ID de los materiales.
- Nunca fume ni permita que otras personas fumen alrededor del vehículo.

Si observa una fuga o daño en un paquete de HazMat cuando realiza la descarga, aléjese del vehículo tan rápido como sea posible y comuníquese con su despachador de inmediato. *¡No toque o inhale el material!*

P. ¿Cómo debe estar marcado un tanque para carga de HazMat?

R. Para los **tanques de carga** que estén unidos permanentemente al vehículo, la carga se realiza con el tanque en el vehículo.

En estos tanques, los requisitos de letreros de advertencia incluyen el número de ID que debe aparecer en el vehículo, ya sean números negros de cuatro pulgadas sobre un fondo color naranja, o un letrero de advertencia del Departamento de Transporte sobre fondo blanco en forma de diamante. Y no lo olvide, los tanques de carga siempre deben mostrar las marcas de la fecha en que se volvieron a probar.

Para los **tanques portátiles** que no están unidos permanentemente al vehículo, la carga y descarga se realiza con los tanques desenganchados del vehículo.

Los tanques portátiles tienen el nombre del propietario o el arrendador. El nombre del embarque y el número de ID deben encontrarse en lados opuestos. Si los tanques contienen 1,000 galones o más, el número de ID debe estar en los cuatro lados, en color negro y de un tamaño de por lo menos dos pulgadas.

P. ¿Hay reglas y regulaciones para cargar y descargar tanques?

R. Sí. La persona que descarga el material debe seguir algunas reglas. Esa persona debe:

- Estar a menos de 25 pies y poder ver bien los tanques.
- Tener cuidado con los peligros.
- Conocer los procedimientos de emergencia.
- Estar autorizado y tener la capacidad de trasladar el tanque de carga si es necesario.

Cuando se cargan y descargan gases inflamables en los tanques:

- No fume.
- Apague el motor. Sólo use el motor para hacer funcionar la bomba, si es necesario.
- El motor sólo debe encenderse después de que se haya instalado la manguera de producto. El motor debe apagarse antes de retirar la manguera.
- Asegure el camión para que no se mueva.
- Asegure el cable de tierra eléctrica correctamente y haga que el cable de tierra esté en posición antes y después de abrir el orificio de llenado.

P. ¿Qué es el empaque orientado al desempeño (POP)?

R. Es un término gubernamental que significa que el empaque utilizado para la carga debe "funcionar" de tal manera que sea seguro y que permita manejar y transportar la carga con toda seguridad.

Estas normas requieren que cada paquete sea diseñado y producido de tal manera que cuando se llene a toda su capacidad, se selle y se transporte en condiciones normales:

- El paquete no deje escapar productos de HazMat.
- No haya nada que reduzca la fuerza o el sello o cause otros cambios debido a los cambios en la temperatura.
- El paquete mismo no debe contener nada que eche a perder el empaque.

Para mayor información, consulte el HMR, Parte 173, "Requisitos Generales de los Transportistas para Embarques y Empaques".

Para cumplir con los reglamentos gubernamentales, todo empaque debe cumplir con estos requisitos y (1) contener las marcas del fabricante, (2) estar marcado con el nombre de embarque apropiado y el número e ID, y (3) ser probado y aprobado antes de usarse.

Repaso

Lea cada pregunta y las respuestas que se dan. Escriba en el espacio la letra de la respuesta correcta o bien anote sus respuestas en hoja aparte para tenerlas a la mano al repasar para la CDL. Cuando responda todas las preguntas, verifique sus respuestas con la clave que sigue.

_____ 1. Cuando el conductor se encuentra en el asiento del conductor con el cinturón de seguridad abrochado, los documentos de embarque deberán estar

(A) en la guantera,

(B) en una bolsa en la puerta del lado del conductor,

(C) en el portafolio del conductor,

(D) ninguna de las anteriores

_____ 2. Si se aproxima a un cruce de ferrocarril con una carga de HazMat, usted debe

(A) hacer sonar el claxon antes de cruzar la vía,

(B) cambiar velocidad antes de cruzar,

(C) detenerse a cinco pies de las vías,

(D) ninguna de las anteriores

_____ 3. Verdadero o Falso. Se permite fumar cerca de una carga de HazMat si fuma cigarros con filtro.

_____ 4. Si es necesario que se detenga en un lugar de descanso durante unos cuantos minutos, debe colocar los documentos de embarque

(A) en el asiento del conductor,

(B) en su bolsillo,

(C) debajo del limpiaparabrisas,

(D) ninguna de las anteriores

_____ 5. Si está transportando explosivos de División 1, ¿no debe estacionar su remolque a cuántos pies de una fogata?

(A) 300 pies

(B) 500 pies

(C) 50 pies

(D) 1000 pies

_____ 6. Mientras transporta una carga de HazMat, debe detenerse cada dos horas para

(A) Revisar si hay fugas,

(B) Revisar si tiene suficiente combustible el vehículo,

(C) Revisar las llantas,

(D) Ninguna de las anteriores.

_____ 7. Se le pide recoger un contenedor de cinco libras de "corrosivos". Los letreros de advertencia que usted debe utilizar son:

(A) Letreros de advertencia de Venenos y Corrosivos

(B) Letreros de advertencia sólo para Venenos

(C) Letreros de advertencia para Venenos y Peligroso,

(D) No se requiere de ningún letrero.

_____ 8. Si transporta un embarque que contenga cloruro, usted debe tener

(A) Un teléfono celular,

(B) una máscara para gas,

(C) un tanque de oxígeno médico,

(D) Ninguna de las anteriores.

___ 9. Si debe estacionar un vehículo cargado con materiales peligrosos y dejarlo desatendido, el mejor lugar para estacionarlo es

(A) el lote de la compañía despachadora,

(B) el lote del transportador,

(C) el lote del consignatario,

(D) todas los anteriores.

___10. Un conductor de un vehículo que transporta materiales peligrosos puede comunicarse con las autoridades al

(A) usar letreros de advertencia,

(B) llamar antes de entrar a los límites de la ciudad,

(C) usar la banda civil (CB),

(D) Todas las anteriores.

Respuestas al repaso

1. B; 2. D; 3. Falso; 4. A; 5. A; 6. C; 7. A; 8. B; 9. D; 10. A

Términos que hay que saber

Los términos siguientes proceden del contenido del capítulo. Revíselos. Si no está seguro de alguno, compruebe la definición en el glosario al final del libro. Si le sirve, redacte una lista de los términos y su definición (o escriba aquí las definiciones) y repáselos varios días antes de presentar los exámenes para la CDL.

Albergue

Antorchas

Calentadores de carga

Cantidad que se debe reportar (RQ)

Carboy

Centro de respuesta nacional

Certificado de la compañía despachadora

Cilindros

Clase de peligro

CMVSA/86

Combustible

Comunicar el riesgo

Con etiquetas adheridas

Con etiquetas desprendibles

Contención

Corrosivo

Criogénico

CHEMTREC

Documentos de embarque

Explosivo

Fusible

Guía de Respuesta de Emergencia (ERG)

HazMat

Índice de transporte

Inflamable

Letrero de advertencia

Lista de contaminantes marinos

Lista de sustancias peligrosas y cantidades que se deben reportar

Manifiesto de desechos peligrosos

Máscara para gas

Material no peligroso

Materiales autorreactivos

NA

Número de identificación

Otros materiales regulados

Peligro de inhalación

Plan de ruta

POP

Radiactivo

Sustancias infecciosas

Sustancias oxidantes

Tabla de materiales peligrosos

Tabla de segregación y separación

Tanque de carga

UN

Veneno

EL TABLERO DE DESPACHO
Conduzca alerta y llegue con vida

Por Ron Adams, Ph.D.

Bob acababa de pasar el aguante, esas 250 millas de la carretera I-35 que va de San Antonio a Dallas, una de las vías más congestionadas en el país y, de acuerdo con la mayoría de los conductores, con tramos de construcción en todo el camino.

Cuando Bob ve las luces de Cowtown desaparecer por los espejos retrovisores, da una mirada al reloj, "Las tres de la mañana, dos horas más para poder descansar. Quizá pueda ganar tiempo después del tráfico pesado en la zona norte de Austin".

El ronronear del potente motor Cummings del vehículo de Bob le dice que todo va bien. "¿Un poco de sueño? Subiré el volumen de la radio".

Bob vuela por la carretera menos transitada a esas horas. Tiene un poco más de sueño y toma su siempre fiel termo. "Un traguito de café me despertará. Estoy muy cansado." Bob baja el vidrio de su ventanilla, "Un poco de aire frío me despertará."

Al sentir el fresco aire de la noche de noviembre en el rostro, el conductor veterano alcanza a ver algo en el camino.

"Es el alce más grande que he visto en mi vida."

Bob ha transitado esta vía desde hace 10 años. Siendo un ávido cazador que habita en Colorado, de pronto se da cuenta que ningún alce puede vivir en el norte de Texas.

Se detiene con cuidado en el siguiente recodo, definitivamente es hora de apagarlo y tomar una siesta.

Un conductor profesional que trata de ganar el tiempo perdido, que trata de esforzarse una hora más antes de descansar. . . ¿Se trata de un incidente aislado? Algunos expertos en seguridad creen que no.

La verdad es que cuando uno se encuentra tras el volante, adormilarse es peligroso. Cuando uno tiene sueño uno no reacciona con tanta rapidez, la conciencia está disminuida, y se nubla en buen juicio. El tener sueño puede contribuir a un accidente o algo peor.

¿Cuán seguro está acerca de dormir y manejar? A continuación se enlistan siete declaraciones de falso o verdadero acerca del sueño. Averigüe cuánto sabe. Conteste y revise sus respuestas a continuación:

_____ 1. El café vence los efectos de adormecerse al volante.
_____ 2. Puedo decir cuándo voy a dormirme.
_____ 3. Soy un conductor seguro, no importa si estoy adormilado.
_____ 4. No puedo tomar siestas.
_____ 5. Duermo bastante.
_____ 6. Los jóvenes necesitan dormir menos.
_____ 7. Cuando uno tiene sueño, las cosas no se perciben bien.

Respuestas

1. **Falso.** Los estimulantes no sustituyen al sueño. Las bebidas que contienen cafeína, como el café o el refresco de soda, pueden ayudarlo a sentirse más alerta, pero los efectos duran poco tiempo.

continúa

EL TABLERO DE DESPACHO *continuacion*

Si evita no dormir por mucho tiempo, aún si bebe café, es muy probable que tenga "micro-sueños", es decir, breves periodos de sueño que duran de cuatro a cinco segundos. A 55 millas por hora, eso es más de 100 yardas y tiempo suficiente para matarse o matar a alguien.

2. **Falso.** Si usted es como la mayoría de las personas, cree que puede controlar su sueño. En un estudio, casi 80 por ciento de las personas dijo que podían predecir cuando estaban a punto de dormirse. Todas se equivocaron.

   La verdad es que el sueño no es voluntario. Si está adormilado, puede dormirse y nunca darse cuenta de ello. Cuando conduce, dormirse unos cuantos segundos puede matarlo o a otra persona.

3. **Falso.** El único conductor seguro es el conductor alerta. Aún los conductores más seguros se confunden y no perciben cuando están somnolientos.

   Para ser un conductor seguro, debe tener los ojos bien abiertos, y eso significa salirse del camino cuando le dé sueño.

4. **Falso.** Muchas personas insisten que no pueden tomar una siesta. E incluso las personas que dicen que no están cansadas se dormirán rápidamente en un cuarto oscuro si no han dormido bien.

   Si usted cree que no puede tomar una siesta, estaciónese en un recodo y descanse unos 15 minutos de todas maneras. Se sorprenderá qué rápido se dormirá una vez se lo permite. Hay sólida evidencia científica de que las siestas ayudan a mantenerse alerta.

5. **Falso.** Es muy posible que usted no duerma lo suficiente. Si contestó "cierto", pregúntese: "¿Me levanto sintiéndome descansado?"

   La persona promedio necesita ocho horas de sueño por día. Si se acuesta tarde y se levanta temprano con un reloj despertador, probablemente está acumulando una deuda de sueño durante la semana.

   Si duerme ocho horas pero todavía se siente cansado, podría tener algún padecimiento que no le permite dormir lo suficiente. Cualquiera que sea la causa, evite conducir cuando se sienta adormilado.

6. **Falso.** Los varones menores de 25 años de edad tienen un mayor riesgo de dormirse al volante.

   La mitad de las víctimas de choques relacionados con la fatiga son conductores menores de 25 años de edad. En un estudio, 24 por ciento de las personas entrevistadas dijeron que se habían dormido mientras manejaban. 32 por ciento de estas personas eran varones y 13 por ciento mujeres.

7. **Cierto.** ¿Alguna vez ha manejado durante la noche y vio algo que usted pensaba que era un animal y resultó ser una bolsa de papel o una hoja que volaba por el camino?

   Esta es sólo una de las muchas formas en que los conductores con sueño pueden juzgar mal lo que les rodea. Un conductor con sueño no piensa tan rápido o con tanta exactitud como un conductor alerta y no puede reaccionar con rapidez para evitar un choque.

¿Tiene sueño atrasado?   Después de una pequeña siesta, Bob reinicia su viaje por la carretera interestatal. "No sé por qué estoy tan cansado. Dormí mucho la semana pasada cuando estaba en casa."

El sueño no es como el dinero. No se puede guardar antes de tiempo y no se le puede tomar prestado. Pero, al igual que el dinero, puede uno adeudarlo. Si no duerme lo suficiente, usted se "debe" más sueño a sí mismo.

EL TABLERO DE DESPACHO *continuacion*

Esta deuda puede pagarse sólo con sueño. No puede sacudírsela con voluntad, y no desaparecerá sola.

Cuando su deuda de sueño sea bastante grande, no hay nada que lo pueda mantener despierto. Tal vez se sienta despierto porque está emocionado, pero tan pronto como se calme, la deuda del sueño se apodera de usted y su cuerpo se duerme.

Es muy probable que esto ocurra cuando esté sentado y quieto y trate de mantenerse alerta, como cuando está manejando.

Las Señales de Peligro para los Conductores Somnolientos. La mayoría de las personas, aún un conductor veterano como Bob, que tienen una deuda de sueño no se dan cuenta que están cansados. La somnolencia se puede apoderar de ellos y ni siquiera se dan cuenta de ello.

A continuación se describen algunas señales de peligro para los conductores somnolientos:

- Sus ojos se cierran o tiene la vista borrosa sin ninguna causa.
- Le cuesta trabajo conservar la cabeza en alto.
- No deja de bostezar.
- Tiene pensamientos dispersos, sin relación alguna.
- No recuerda haber manejado las últimas millas.
- Pasó de largo por la salida que le correspondía.
- Se sale continuamente de su carril.
- Su velocidad es variable.

Si tiene cuando menos uno de estos síntomas, puede estar en peligro de quedarse dormido. Encuentre un lugar seguro para detenerse, sálgase del camino y tome una siesta.

Permanezca Alerta para Llegar Vivo. El manejar, especialmente por largas distancias, le revela su nivel verdadero de somnolencia. Al inicio de un viaje, la emoción hace al conductor sentirse alerta, pero la emoción pasa conforme se avanza en el viaje.

A continuación se dan algunas sugerencias para evitar manejar cansado:

1. Comience cualquier viaje con dormir lo suficiente antes. Si es posible, tome una siesta justo antes del momento en que comenzará a manejar.
2. Vigile si siente alguna somnolencia, especialmente entre las 2 A.M. y las 6 A.M. Si se siente demasiado somnoliento como para manejar, encuentre un lugar seguro y legal para detenerse y tome una siesta.
3. Programe un descanso cada dos horas o cada 100 millas. Deténgase antes si muestra señales de somnolencia. Durante su descanso, tome una siesta, estírese, camine, cheque la seguridad del remolque, haga un poco de ejercicio antes de regresar a la cabina.

¡Recuerda Bob! Maneja alerta. Llega vivo.

(Material de apoyo proporcionado por la Asociación Estadounidense de Camionaje)

12 Conducción de tanques cisterna y permiso para tanques cisterna

Endoso de tanques cisterna: lo que debe saber

Si va a enganchar un tanque cisterna que contiene una carga de líquidos o aire comprimido, requerirá un permiso de vehículo cisterna en su CDL.

Las FMCSR Parte 383 definen el término "tanque" como un vehículo que transporta líquidos y gases comprimidos a granel.

Las FMCSR Parte 383 ofrecen una descripción adicional: Un vehículo cisterna puede ser un tanque unido permanentemente o puede ser un tanque portátil. Ambos tipos pueden contener 1,000 galones de carga o más.

Un tanque permanente es cargado o descargado cuando está unido al vehículo. Un tanque portátil puede desengancharse del vehículo para ser cargado o descargado. Estas definiciones permiten que un vehículo cisterna sea:

- Un camión cstándar con una cisterna unida permanentemente.
- Un semirremolque que sea una cisterna y pueda acoplarse a un tractor.
- Un remolque de plataforma plana que lleva una cisterna portátil.

Los vehículos cisterna se usan para transportar líquidos que van desde leche hasta gasolina. También se usan para transportar cargas secas—como cal o sustancias químicas secas a granel.

¿Por qué es necesario un permiso aparte? Porque acarrear un vehículo cisterna cargado requiere de destrezas de manejo especiales. Este trabajo en particular también requiere que el conductor profesional esté familiarizado con el tipo de cisterna que se acarrea.

Así es que, ¿qué necesita saber acerca de los vehículos cisterna?

Cuando maneje un vehículo cisterna, usted debe tener el conocimiento y la destreza para resolver dos problemas: (1) un centro alto de gravedad, y (2) la elevación del líquido.

P. **¿Qué problemas causa un centro alto de gravedad?**

R. Los vehículos cisterna son de varios tamaños, pero todos tienen un centro alto de gravedad (CG).

Traducción: La mayoría de los vehículos cisterna son más altos que los demás vehículos. Por lo tanto, el peso de la carga se lleva en un punto más alto que la carretera (Figura 12-1). De esta forma, el centro de gravedad de la carga siempre es alto en un tanque cisterna. Y como ya aprendió usted en la sección de Conocimiento General, es importante conservar el centro de gravedad de una carga tan bajo como sea posible.

¿Por qué? Para disminuir la posibilidad de volcarse.

Debido a su centro alto de gravedad, los vehículos cisterna tienden a volcarse en las rampas para subir y bajar de las vías de alta velocidad, en las curvas, y durante maniobras de evasión.

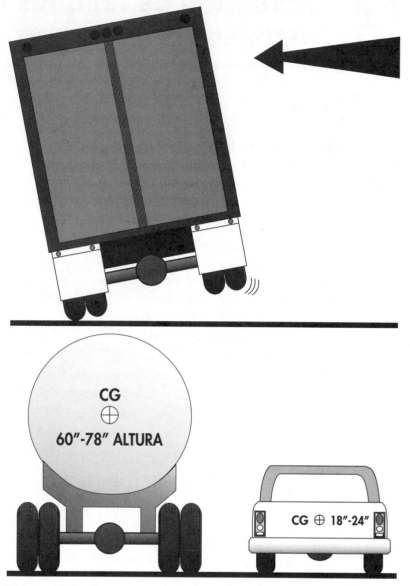

Figura 12-1   Los tanques cisterna se construyen con un
centro alto de gravedad, lo que los hace que
se vuelquen con facilidad, en especial en las
rampas y curvas.

Los conductores experimentados de vehículos cisterna siempre tratan de
entrar a las rampas y curvas muy por debajo del límite de velocidad indicado
para evitar volcarse.

P. ¿Qué es una elevación de líquido y qué problemas causa?
R. La elevación de líquido sucede cuando cambia el contenido de líquido de un
tanque que no está completamente lleno. Hagamos una demostración
sencilla: Tome un frasco, llénelo con agua hasta la mitad, y después coloque
la tapa y apriétela bien. Coloque el frasco de manera horizontal. ¿Ve como el
líquido llena la parte del fondo cuando el frasco está en esta posición?

Ahora tome el frasco (todavía en posición horizontal) entre las dos manos.
Mueva el frasco rápidamente a la izquierda y luego otra vez a la derecha. ¿Ve

cómo el agua crea una pequeña ola y se estrella contra un extremo del frasco y después el otro?

Ahora, con el mismo frasco de agua en posición horizontal y sostenido por ambas manos, mueva el frasco de un lado al otro. ¿Qué hace el agua? ¡Exacto! Se mueve primero hacia arriba y luego hacia abajo en el frasco. Lo mismo ocurre con un tanque cisterna.

En un vehículo cisterna llenado parcialmente, cuando el camión se detiene, el contenido líquido se moverá hacia delante y hacia atrás en el tanque, de enfrente hacia atrás y de lado a lado. Cuando la ola del líquido golpea el extremo del tanque, por lo general empuja el camión en la dirección que se mueve la ola. Así, cuando frena, la elevación del líquido empujará el camión hacia delante y luego hacia atrás hasta que el líquido se asiente en el fondo de la cisterna.

Si un vehículo cisterna se conduce por una carretera mojada o con hielo, la elevación del líquido puede empujar al vehículo detenido hacia la mitad de una intersección o hacia un vehículo parado enfrente.

Un punto más importante: entre más espeso sea el líquido, menos elevación tendrá. Por ejemplo, si la cisterna lleva un líquido de peso más ligero, como leche o salmuera, la elevación será mayor. Si la carga es un líquido más pesado, como melaza o aceite pesado, la elevación será menor.

Sin embargo, cualquier líquido en un vehículo cisterna puede causar problemas muy específicos para el conductor. Y, como cualquier conductor de tanque cisterna le dirá, debe hacer todos sus movimientos de manera gradual y lenta. ¿Por qué? Porque entre menos salpique la carga líquida, menos será su elevación. Así es que realice todos los cambios de velocidades, las vueltas y las paradas de manera lenta y gradual.

Esto requiere de planeación por parte del conductor. Debe calcular más tiempo y más espacio para frenar, más tiempo y más espacio para dar la vuelta, y más tiempo y más espacio para cambiar velocidades.

Cada líquido tiene su propia densidad y su propia capacidad de elevación

Como usted ya sabe, algunos líquidos pesan más que otros. Una vez más, saque su confiable frasco. Primero, pese el frasco. Ahora mida una taza de agua y vacíela en el frasco, y pese el frasco. Haga lo mismo con una taza de jarabe. El jarabe pesará más porque tiene mayor densidad y por ello es un líquido más pesado.

La densidad del agua es de 8.3 libras por galón.

La tabla 12-1 muestra la densidad de los líquidos medidos a 60 grados Fahrenheit.

Recuerde: *Cuanto mayor sea la densidad de un líquido, menor será la elevación de esta carga.*

Así es que, si está cargando un líquido de alta densidad, será muy pesado y usted no podrá cargar un tanque cisterna completo sin sobrepasarse de peso. Por ello, usted tendrá un centro bajo de gravedad con un líquido de alta densidad, como el jarabe de maíz o el azufre derretido.

Usted podrá cargar una mayor cantidad de líquido de menor densidad, quizá hasta un tanque lleno, sin sobrepasarse de peso. Sin embargo, tendrá más salpicadura y más elevación con cargas de menor densidad como el butano y el agua.

Tabla 12-1
Densidades de diversos líquidos a 60°F

Sustancia	Libras por galón
Alcohol	6.8
Asfalto (temperatura de transporte)	7.8
Butano	4.88
Jarabe de maíz	11.82
Petróleo crudo	6.76
Combustible diesel	7.05
Combustible para jet	12.2
Cloro licuado	4.88
Gas de petróleo líquido	4.25
Aceite lubricante	7.2
Azufre derretido	16.80
Aceite de ajonjolí	7.6
Alquitrán	9.00

Tanques cisterna: Tres diseños básicos

Los tanques cisterna tienen tres diseños: con división, con deflectores y de "transportación suave". La figura 12-2 muestra ejemplos de tanques cisterna.

Tanques cisterna con división

Algunos tanques cisterna están equipados con divisiones: una división de acero sólido dentro del tanque. Estas divisiones crean compartimientos separados dentro del tanque cisterna. La mayoría de los tanques cisterna para gasolina están equipados con divisiones.

¿Cuál es la ventaja de estos tanques cisterna con divisiones?

- Con estos compartimentos separados, usted puede llevar diferentes tipos de líquidos al mismo tiempo. Esto facilita atender a un cliente que desea comprar diferentes productos en una sola entrega.
- Los tanques cisterna con divisiones reducen la elevación de líquido de enfrente hacia atrás.

Tanques cisterna con deflectores

Al igual que las divisiones, los deflectores son divisiones dentro del mismo tanque cisterna. Sin embargo, los deflectores tienen orificios y no crean compartimentos separados.

EJEMPLOS DE TANQUES

Tanque para Petróleo/Químicas

Tanque para Acidos

Tanque para Gas Licuado

Tanque Aislado

Figura 12-2 Varios estilos de tanques cisterna son mejores para cierta carga.

¿Por qué se usan los deflectores en los tanques cisterna? Hay una razón principal: los deflectores aminoran la elevación del líquido del frente hacia atrás. Al tener orificios, los deflectores permiten que el producto se mueva en el tanque, pero las divisiones parciales aminoran el movimiento.

¿Significa esto que no es necesario ser precavido cuando conduce una cisterna con deflectores?

Desde luego que no. Todavía debe ejercer la misma cautela que tendría si conduce cualquier otro vehículo cisterna. ¿Por qué? Porque la elevación de lado a lado todavía crea movimiento detrás de usted, y todavía hay un factor de elevación, aunque es menor gracias a los deflectores.

Tanques cisterna sin deflectores

El tanque de transporte suave no tiene ningún compartimento. Es de una sola pieza desde el frente hasta atrás por dentro. Los vehículos cisterna de transporte suave (o sin deflectores) se usan para transportar alimentos y algunas sustancias químicas a granel. Es más fácil limpiar los tanques de transporte suave que los que tienen deflectores o divisiones, por eso los tanques de transporte suave casi siempre se usan para transportar productos tipo alimento.

Así, en este tipo de tanque cisterna, el factor de elevación es el más violento, el más fuerte. Esto significa que debe tener mucho más precavido al iniciar la marcha, detenerse, dar la vuelta, tomar curvas o entrar y salir de rampas.

Lo que debe saber acerca de manejar vehículos cisterna

Cuando conduce un vehículo cisterna será muy estable cuando esté vacío.

Un vehículo cisterna que esté 80 por ciento lleno será menos estable. En muy pocas ocasiones la cisterna estará completamente llena.

¿Por qué? Porque los líquidos se expanden cuando se calientan, y debe haber suficiente espacio para que el líquido se expanda. El espacio que se deje para expansión se llama "faltante." El **faltante** es la cantidad de espacio que requiere una carga de algún líquido para expandirse.

Puesto que los líquidos se expanden de forma diferente, cada líquido necesita una cantidad diferente de espacio, o faltante, para expandirse.

Cuando conduzca un vehículo cisterna, debe conocer el requisito de faltante para los líquidos a granel que se transportan. El despachador generalmente proporciona esta información, pero su patrono debe también darle a usted un manual con una tabla de faltantes para que lo consulte.

Como conductor de un tanque cisterna, también debe saber la "profundidad de llenado." Esta es la profundidad del líquido cargado en el tanque, medida desde el fondo del tanque hasta la superficie del líquido.

Límites legales de las cargas de líquido

Un líquido muy denso puede exceder los límites legales de carga si se llena el tanque, por ello, a menudo los conductores de vehículos cisterna sólo llenan parcialmente el tanque con estos líquidos pesados. Para saber cuánto se debe cargar depende (1) del faltante del líquido en tránsito, (2) el peso del líquido, y (3) los límites legales del peso del vehículo cisterna.

Se requiere que los vehículos cisterna tengan un dispositivo para medir el nivel del líquido, que es una sonda dentro del tanque conectada a un control. Este control se encuentra cerca de los demás controles del operador.

Qué debe saber acerca de los vehículos cisterna y los frenos

En la mayoría de los casos, los frenos están diseñados para funcionar mejor cuando un vehículo está completamente cargado. Entre más pesada sea la carga, mejor será la tracción del vehículo.

Si conduce un vehículo vacío, en ocasiones requerirá del doble de la distancia para detener el vehículo cuando aplique los frenos.

Advertencia: Es más probable que los frenos funcionen cuando trate de hacer una parada de emergencia con un vehículo vacío.

El vehículo más difícil de detener es un vehículo cisterna con una carga de líquido parcial. Recuerde la regla de la tracción: *Un vehículo completamente cargado tiene la mejor tracción.*

Una carga líquida parcial (1) no tiene la mejor tracción, y (2) tendrá un peor factor de elevación que una carga completa.

Como ya se mencionó, el peor factor de elevación ocurre cuando el vehículo cisterna es 80 por ciento lleno, porque hay suficiente líquido para ser pesado y suficiente espacio para que el líquido tenga suficiente elevación.

Un vehículo cisterna que está lleno a 90 por ciento tiene más líquido y más peso, pero ¿qué hay del faltante? Probablemente no hay suficiente espacio para que el líquido se expanda y se mueva.

En un vehículo cisterna que está lleno al 40 por ciento, el líquido no tiene suficiente peso, ni tiene un factor de elevación tan alto como para hacer que el vehículo salga mucho de control.

Recuerde: Con una carga parcial, usted está renunciando a la tracción que tendría con una carga completa. El factor de elevación también sería alto como para sobrepasar el poder de frenado del vehículo. En otras palabras, la carga parcial haría que su vehículo viajara un buen tramo desde el momento en que aplicara los frenos hasta el momento en que realmente se detuviera el vehículo.

Un último consejo acerca de los frenos: Conduzca lenta y cuidadosamente en todo momento. Si necesita frenar, lo puede hacer poco a poco y con calma. Evite frenar al dar la vuelta. Todas estas precauciones reducirán el factor de elevación del líquido. Todas estas precauciones le ayudarán a mantener el control del vehículo conforme se detiene.

Los vehículos cisterna y los sistemas de emergencia

Los vehículos cisterna están diseñados específicamente para evitar fugas accidentales. Algunos sistemas de emergencia operan automáticamente en un accidente Otros deben ser operados por el conductor. Sin embargo, si el tanque se daña—por un accidente o por el desgaste normal—se incluyen algunas características para evitar la pérdida de la carga. Por ejemplo:

- Los accesorios están unidos de tal manera que si se rompieran, la carga no se saldría.
- Una defensa posterior para trabajo pesado protege el tanque y su tubería de sufrir daños en un choque por detrás.
- Las aperturas para llenado e inspección, además de la escotilla, están protegidas contra daños en caso de que el vehículo se volcara. Los dispositivos de seguridad evitan que las cubiertas de la escotilla y del orificio de llenado se abran cuando el tanque es presurizado.
- La tubería que no está protegida contra daños debe tener una válvula de paro y una sección de corte.

Los tanques portátiles no tienen el mismo tipo de sistemas de emergencia que los tanques de carga. Tienen válvulas para el exceso de fluido y una vez que el nivel de flujo sobrepasa el límite de diseño del fabricante, se cierran automáticamente.

La válvula de paro

Una válvula de paro se encuentra en las salidas de carga y descarga del vehículo cisterna y cierra el flujo de la carga líquida. Estas válvulas permanecen en su posición por el suministro propio de energía.

Las válvulas de paro internas se cierran solas. Las válvulas de paro externas se cierran solas en los casos de emergencia (como un incendio o la ruptura de una manguera).

Cada válvula de paro también tiene un control remoto localizado a más de 10 pies de la válvula. Estos controles remotos son parte del sistema de emergencia que el conductor puede operar manualmente con las palancas ubicadas en el gabinete del operador.

La sección de corte

Una sección de corte "fallará" en un accidente y se romperá en caso de una volcadura. Al hacerlo, la sección de corte salvará la parte importante de una tubería y sus accesorios. Esto evitará una fuga.

Las secciones de corte se ubican dentro del dispositivo de protección de daños en caso de accidente, pero fuera de la válvula de paro.

Los vehículos cisterna y los sistemas de alivio de presión

Los sistemas de alivio de presión en los vehículos cisterna vigilan la presión interna del tanque y evitan que la carga salga por alguna fuga mientras el vehículo está tránsito.

- El sistema de alivio de presión principal tiene una o más válvulas de recierre.
- El sistema secundario de alivio de presión respaldará o asistirá a la válvula principal. Ambas están marcadas con la presión a la que descargarán. Ambas también están marcadas con la tasa de flujo. Su ubicación depende de las especificaciones estructurales del tanque.

Lo que los conductores de vehículos deben saber acerca de las especificaciones del Departamento de Transporte

Los materiales peligrosos pueden ser transportados sólo en vehículos autorizados que cumplan con las especificaciones del Departamento de Transporte de los Estados Unidos. Estas especificaciones deben probarse nuevamente. Los conductores no participan en la prueba, pero usted debe saber cómo leer las marcas para cumplir con los reglamentos de tanques de carga.

Los códigos de las especificaciones del Departamento de Transporte se proporcionan a los vehículos cisterna que cumplan con las especificaciones del Departamento. Los tanques de carga están numerados con 300s y 400s. Los tanques portátiles están numerados como 51, 56, 57, 60, IM101 e IM102.

Lo que los conductores de Vehículos Cisterna deben saber acerca de las Marcas

El mes y el año de la última prueba/inspección, y el tipo de inspección, se marcan en el mismo tanque. Puede estar estampado en la placa de certificación usando estas abreviaturas:

- V = Inspección y prueba visual externa
- I = Inspección visual interna
- P = 5 repetición de prueba de presión
- L = 5 Prueba de recubrimiento
- K = 5 Prueba de fuga
- T = 5 prueba de grosor

La marca "10-01, P,V,L" significa que en octubre de 2001, el tanque cisterna aprobó otra prueba de presión, una inspección y prueba visual externa y una prueba del recubrimiento.

En los tanques portátiles, la fecha de la repetición de prueba más reciente se marca en el tanque cerca de la placa de certificación de metal.

Vehículos cisterna e instrucciones especiales de manejo

Las siguientes son instrucciones de manejo importantes para los conductores de vehículos cisterna:

1. Siempre mantenga una distancia segura con respecto al vehículo de adelante: un segundo por cada 10 pies de la longitud de su vehículo para velocidades hasta 40 millas por hora, o más si es necesario. Nunca siga de cerca a otro vehículo porque existe el peligro de la elevación de la carga y la cantidad de espacio requerida para detenerse con el factor de elevación.
2. Aumente su distancia del vehículo de enfrente cuando el pavimento esté húmedo en un segundo más un segundo por cada 10 pies de longitud de su vehículo.
3. Cambie las velocidades empujando. No las cambie jalando.
4. Siempre libere el clutch después de que la elevación del líquido ha golpeado la parte de atrás del tanque al subir.
5. Cuando entre a una rampa de entrada o salida de vías rápidas, siempre disminuya la velocidad, y cambie a una velocidad más baja antes de entrar. Una baja velocidad reducirá el riesgo de una volcadura en una rampa o una curva. Se recomienda un mínimo de cinco millas por hora por debajo de la velocidad máxima.
6. En la cima de una colina larga, siempre cambie a una velocidad menor y seleccione la velocidad adecuada antes de comenzar a descender la colina (figura 12-3), y presione ligeramente el pedal del freno. Si bombea los frenos provocará que el vehículo se bambolee, lo que aumentará la salpicadura y la elevación de la carga líquida.
7. Si sus frenos fallan mientras desciende una colina empinada, use la rampa de escape del camión. Estas rampas han salvado muchas vidas, aparte de equipos y cargas.
8. Cuando transporte cargas líquidas, nunca realice cambios repentinos o drásticos en la dirección a ninguna velocidad, especialmente a alta velocidad. Esta acción repentina sólo aumentaría el factor de elevación.
9. Si, por alguna razón, sale del pavimento con una carga líquida, nunca regrese al camino de inmediato. Más bien, controle el vehículo y reduzca su velocidad hasta detenerse. Esta acción le permitirá regresar con seguridad al camino.
10. Cuando maneje un vehículo cisterna, si tiene buenas prácticas de conducción, nunca tendrá que realizar una acción evasiva repentina o brusca.
11. Los conductores experimentados le dirán que casi siempre es más seguro dar vuelta al volante para evitar un problema que usar los frenos. Pero si es necesario usar los frenos, use frenado controlado, liberando los frenos tan pronto como las llantas se asienten y después pisar los frenos fuerte una segunda vez.

Figura 12-3 Una baja velocidad reduce el riesgo de una volcadura en una rampa o curva.

Conducción de un vehículo cisterna en un camino resbaloso

Siga las mismas reglas para maniobras lentas y constantes cuando maneje un vehículo cisterna en caminos mojados o con hielo. Recuerde que la elevación del líquido de su carga es suficiente para causar que su vehículo pierda la tracción. En algunos casos, es mejor y más seguro detenerse y esperar hasta que el clima o las condiciones del camino mejoren cuando se transporta una carga líquida.

Desacoplamiento y descarga

Cuando desacople un remolque de tanque cisterna, espere hasta que la carga se asiente. De otra manera, la elevación del líquido podría causar que la velocidad de estacionado se venza una vez que se desacople el remolque.

Repaso

Lea cada pregunta y las respuestas que se dan. Escriba en el espacio la letra de la respuesta correcta o bien anote sus respuestas en hoja aparte para tenerlas a la mano al repasar para la CDL. Cuando responda todas las preguntas, verifique sus respuestas con la clave que sigue.

_____ 1. La elevación de líquido se puede definir como
    (A) cuando el tanque cisterna se llena con demasiado líquido,
    (B) cuando la carga líquida es expulsada del tanque,
    (C) cuando la carga líquida se mueve hacia atrás y hacia delante cuando el vehículo se detiene,
    (D) todas las anteriores.

_____ 2. Un conductor profesional necesita destreza especial para manejar un tanque cisterna por
    (A) el factor de elevación de la carga,
    (B) el alto centro de gravedad del tanque cisterna,
    (C) el manejo cuidadoso de las cargas líquidas que se requiere en las curvas y rampas,
    (D) todas las anteriores.

_____ 3. El faltante es
    (A) el espacio requerido en el tanque para que la carga líquida se expanda,
    (B) la cantidad de tiempo que lleva vaciar el tanque,
    (C) la cantidad de líquido que sale por una fuga del tanque cisterna,
    (D) todas las anteriores.

_____ 4. Un tanque cisterna de transporte suave
    (A) se usa por lo general para transportar alimentos,
    (B) no tiene una división adentro,
    (C) no tiene deflectores adentro,
    (D) todas las anteriores.

_____ 5. Los deflectores facilitan un poco el manejo del vehículo cisterna con líquido porque
    (A) controlan la elevación hacia delante y hacia atrás,
    (B) son más fáciles de limpiar,
    (C) controlan la elevación de lado a lado,
    (D) todas las anteriores.

_____ 6. Cuando se toma una curva con un tanque cisterna cargado, el conductor evitará que se vuelque si viaja
    (A) a la velocidad límite indicada,
    (B) con un protector para no volcarse,
    (C) cinco millas por hora más rápido que la velocidad límite indicada,
    (D) a una velocidad inferior a la velocidad límite indicada.

_____ 7. Los líquidos de mayor densidad
    (A) pueden cargarse más rápido,
    (B) tendrán menos elevación que los líquidos de menor densidad,
    (C) no tienen elevación de lado a lado,
    (D) todas las anteriores.

___ 8. Un centro alto de gravedad significa
    (A) una mayoría del peso de la carga se lleva en punto alto por encima del piso,
    (B) el vehículo podrá volcarse con mayor facilidad en las rampas de las vías rápidas,
    (C) el vehículo podrá volcarse con mayor facilidad en las curvas,
    (D) todas las anteriores.

___ 9. El factor de elevación es peor cuando un vehículo cisterna está
    (A) lleno a 40 por ciento,   (C) lleno a 20 por ciento,
    (B) lleno a 90 por ciento,   (D) lleno a 80 por ciento.

___ 10. con una carga parcial de tanque cisterna,
    (A) la tracción es menor,
    (B) el factor de elevación puede superar el poder de frenado del vehículo,
    (C) el vehículo podría viajar una distancia importante antes de detenerse después de haber frenado,
    (D) todas las anteriores.

Respuestas al repaso

1. C; 2. D; 3. A; 4. d; 5. A; 6. D; 7. B; 8. D; 9. D; 10. D.

Términos que hay que saber

Los términos siguientes proceden del contenido del capítulo. Revíselos. Si no está seguro de alguno, compruebe la definición en el glosario al final del libro. Si le sirve, redacte una lista de los términos y su definición (o escriba aquí las definiciones) y repáselos varios días antes de presentar los exámenes para la CDL.

Acción evasiva

Centro alto de gravedad

Centro de gravedad (CG)

Cilíndrico

Compartimento

Curvas

Deflectores

Densidad del líquido

Desacoplamiento

Distribución del peso

División

Elevación del líquido

Elíptico

Faltante

Inercia

Profundidad de llenado

Rampas

Repetición de pruebas y marcas

Salpicadura

Sección de corte

Sistemas de alivio de presión

Sistemas de emergencia de los tanques portátiles

Tanque permanente

Tanque portátil

Tanques cisterna con deflectores

Válvulas de paro

EL TABLERO DE DESPACHO
Conductores: Ventas directas y servicio al cliente

Sin duda, los conductores profesionales son los mejores representantes del servicio al cliente para sus compañías. Tal vez ya oyó este comentario, pero vale la pena repetirlo.

En muchos casos, cuando usted hace una entrega, usted es "el rostro" que se relaciona con el nombre o el logotipo de una compañía. Puede ser que el receptor nunca conozca al presidente o el director general de su compañía. Tal vez hablen con un despachador o un vendedor los llame, pero usted es la persona a quien ven . . . usted es la única persona que posiblemente vean.

¿Y esto qué significa?

Primero, significa que usted es el representante de la empresa que marca el paso. Si usted es paciente y amigable, si es comprensivo, si es una persona que sabe escuchar, o una persona eficiente con quien comunicarse si hay algún problema, entonces representó muy bien a su compañía, desde el director general hasta el empleado de menor rango.

¿Cuáles son las destrezas que requiere un buen servicio al cliente? A continuación se indican algunas sugerencias que lo convertirán no sólo en un conductor profesional, sino también un elemento superior en las áreas de ventas directas y servicio al cliente:

1. Primero y antes que nada, siempre sea amigable, cordial y cortés. Si tuvo un mal día, no lo comente.
2. Escuche cuidadosamente cuando el personal del muelle de carga o los supervisores de recepción le soliciten algo, después haga todo lo que pueda (dentro de lo razonable) para cumplir con sus deseos.

continúa

EL TABLERO DE DESPACHO *continuacion*

3. Averigüe cómo funcionan las cosas con esa compañía despachadora o el receptor. Si siempre se atrasan o no cumplen con sus tiempos, haga lo que pueda por ayudarles. Si desean que sea su última recolección, trate de cumplirlo también, hasta donde sea razonable.

4. Siempre agradezca a las compañías despachadoras y a los receptores por hacer negocio con ustedes. Recuerde, siempre pueden llamar a uno de sus competidores.

5. Si el personal del muelle de carga le hace una pregunta y usted desconoce la respuesta, envíe la pregunta a alguien que conozca la información, y después regrese con dicho personal para decirles lo que averiguó.

6. Esté bien arreglado, aunque haya viajado durante cuatro días. Si usa uniforme, asegúrese de que esté razonablemente limpio. Si sus botas o zapatos están muy gastados, no espere hasta que estén completamente desechos para cambiarlos.

7. Esté consciente de la higiene personal. A pesar de trabajar todo el día, sus dientes deben estar limpios y debe ponerse suficiente desodorante. Si es varón, debe afeitarse o recortarse la barba. Si es mujer, su rostro debe estar limpio y/o bien maquillado. Las manos deben estar razonablemente limpias, las uñas recortadas y limpias. Para estar seguro, mastique un dulce de menta antes de llegar al muelle de carga.

8. Pida realizar algún trabajo. Siempre que su compañía agregue un nuevo servicio o una nueva ruta, menciónelo al personal del muelle de carga. Si usted sabe de carga que pueda manejar, recuerde al supervisor que usted puede ahora recogerla y entregarla en ese destino. En muchas compañías, los conductores se convierten en sus mejores vendedores. ¿Por qué? Porque algunos conductores conocen el muelle de carga de una compañía despachadora tan bien o mejor que el personal de ventas. Acuden a ese lugar frecuentemente y pueden ver un nuevo embarque mientras hacen una recolección o una entrega.

9. Evite usar lenguaje obsceno, platicar de sus problemas personales, y criticar a otro transportador. Siempre sea positivo, cordial, cortés y una vez más, escuche con atención.

10. ¿Cómo escucha a los demás? Mírelos a los ojos para hacerles saber que está escuchándolos. Refleje el sentimiento de lo que dicen: "Así es que están planeando en cerrar durante las Vacaciones de Pascua." Y verifique los detalles. "Si van a cerrar durante el fin de semana de Pascua, ¿cuándo van a volver a abrir?"

11. Sea humano. Si un estibador se vio involucrado en un accidente o si le comentaron que su cónyuge o hijo está enfermo, pregúnteles acerca de ellos la siguiente vez que visite la terminal. Esté dispuesto a interesarse por la persona y mostrar compasión. Si el personal que atiende el muelle de carga pierde a un miembro de su familia o un amigo, pregunte por ellos también. Esfuércese por seguir el protocolo de la compañía, pero también siéntase libre de expresar sus ideas cuando un compañero de trabajo pasa por algún problema difícil. Sea considerado y cortés con la condición frágil de la persona que sufrió la muerte de un ser querido y anticipe sus necesidades.

continúa

EL TABLERO DE DESPACHO *continuacion*

12. Sea profesional, puntual y dispuesto a trabajar. Escuche con cuidado. Sea responsable. Si alguien que hace una pregunta y usted necesita consultar la información y después darles la respuesta, hágalo. No los deje esperándolos a que los ayude a encontrar la solución.

13. No se pasee por el muelle de carga. Realice su trabajo, hable con el personal del muelle de carga, y después póngase en camino. Si arrastra los pies con el resto de su horario, ¿qué pensarán las personas en la compañía? Que es flojo y que en realidad no se interesa mucho por su trabajo. Busque formas de mantenerse ocupado. Actualice su bitácora, llene los documentos, pero no se quede parado estorbando a los demás que deben concluir su labor.

14. No cabe duda que el tiempo es dinero en este negocio. Haga breves las conversaciones. No desperdicie ni un minuto cuando está con un horario apretado. Si comienza a desarrollar buenos hábitos ahora, será muy importante después en su carrera.

Conducción de dobles y triples y permiso de triples/combinación

Permiso de dobles y triples

Los conductores profesionales que desean poder manejar toda la variedad de vehículos deben obtener un permiso de dobles y triples. Este permiso significa que usted tiene el conocimiento y la experiencia necesarios para conducir y trabajar con más de un remolque, por eso se le llama "dobles y triples".

Si planea transportar uno o más remolques, necesitará presentar una prueba CDL en ese vehículo con esos remolques. El examinador también le hará una prueba acerca de cómo enganchar (conectar la combinación de remolques) y desenganchar (desconectar la combinación de esos remolques).

Usted debe saber más acerca de las partes del vehículo cuando presente el permiso de dobles y triples y porque remolcar dobles y triples es mucho más complicado que remolcar un sólo remolque, un conductor con una CDL y el permiso de dobles y triples goza de gran respeto y es de gran valor para muchas compañías.

Combinaciones legales

En los Estados Unidos, un tractor de tres ejes que arrastra un semirremolque de dos ejes es el vehículo más popular en las carreteras. Estas combinaciones de "18 ruedas" transportan la mayoría de nuestra carga hoy en día.

Los remolques dobles (algunas veces llamados "pups") son aceptados en la mayoría de los estados. Los triples son legales en algunos estados y prohibidos en otros.

La conducción segura al remolcar dobles y triples

Los conductores profesionales deben tener mucha precaución cuando remolcan dobles y triples. Las palabras claves son "planear de antemano", porque la planeación es muy importante cuando se remolcan combinaciones.

No hay duda alguna, la ley de los promedios le indica que pueden ocurrir muchos problemas cuando remolca dos o tres remolques que si sólo remolca uno. Incluso, se ha demostrado que los dobles y triples son menos estables. Por ello, existen varias áreas que se deben atender y cuidar al mismo tiempo.

Volcaduras

Un remolque completamente cargado es 10 veces más fácil de que se vuelque en un choque que un remolque vacío. Esto, por sí mismo, es razón suficiente para conducir una combinación de remolques despacio y con cuidado.

Para evitar que los remolques dobles/triples se vuelquen, recuerde estas palabras: lenta y suavemente. Casi como los tanques cisterna cuando dan la vuelta en una esquina, usan rampas para entrar o salir de una vía rápida, o toman una curva remolcando remolques dobles/triples, es importante dar vuelta al volante con suavidad y disminuir la velocidad. Una velocidad segura en una curva para un tractor y un sólo remolque sería demasiado rápido para un conjunto de dobles o triples.

Evite el "efecto de latigazo"

Los niños que usan patines les gusta formar cadenas y después "dar el latigazo", esto es, dar una vuelta tan fuerte que la última persona en la cadena se mueve el doble de rápido que los del centro. Créalo o no, este mismo efecto ocurre cuando se remolcan dobles y triples. Para evitar que el "latigazo" dé en el último remolque y que se vuelque, debe dar la vuelta suavemente.

¿Qué significa en realidad "dar la vuelta suavemente"? Justo eso. Evite movimientos bruscos, desviaciones repentinas, u otras maniobras violentas. Dé vuelta en las esquinas con facilidad y mano firme, tome las rampas lentamente y deje de acelerar cuando tome las curvas. Una vez más, las palabras clave son "planee de antemano". Una maniobra rápida o repentina puede causar que los dobles/triples se vuelquen o se partan por la mitad.

Conserve la mirada en el camino y permita suficiente espacio

No es física cuántica: cuando transporte remolques dobles o triples, su vehículo necesitará mucho espacio para realizar cualquier maniobra, ya sea cambiar de carril o detenerse en una intersección. Permita que haya un poco más de espacio para realizar cualquier maniobra. Cuando entre a una vía rápida, asegúrese de tener suficiente espacio entre los vehículos que vienen en su dirección, antes de entrar en un carril.

Se requiere de una conducción suave cuando se remolcan dobles y triples. Ejerza tácticas de conducción defensiva. Vea tan adelante como sea posible y disminuya la velocidad o cambie de carril lenta, firme y gradualmente, cuando sea necesario.

Conducción en mal clima

En mal clima, tome el doble de precauciones con los remolques dobles/triples. Si la carretera está mojada o con hielo y usted remolca dobles y triples, recuerde que los peligros de este tipo de condiciones se duplican y triplican para usted, dependiendo de lo que remolque. La mayor longitud y la mayor cantidad de ejes muertos que debe remolcar con sus ejes de impulso crean más oportunidades para patinar o perder la tracción.

Conducción con otros vehículos en el camino

Cuando remolque dobles y triples por una carretera, aunque usted se dé cuenta o no, probablemente causa dificultades para otros conductores en el camino. Los dobles y triples se tardan más en pasar. También existen situaciones en las que la combinación triple podría dificultar que los demás conductores entren o salgan del camino. ¿Por qué? Porque la combinación triple puede bloquear las rampas de entrada o salida.

También hay lo que se llama "golpes aerodinámicos." Al manejar su vehículo doble o triple por una carretera, va cortando el aire y, al terminar de pasar, se crea una "corriente de aire" detrás de su vehículo. Cuando un vehículo más pequeño va junto a usted, esta corriente lo golpea y es como ser golpeado por un viento cruzado.

Recuerde también que los dobles y triples se tardan más en cambiar de carril, así que necesita planear para no "cerrársele" a otro conductor en el carril donde desea entrar.

Cómo inspeccionar los dobles y triples

Bien, empecemos a trabajar. Aquí usaremos el Procedimiento de Inspección de Siete Pasos para comenzar con la inspección, y después agregaremos los puntos de inspección para los dobles y triples. Revisemos los siete pasos:

1. Al acercarse
   - Revise las condiciones generales del vehículo.
   - Trate de detectar algún daño.
   - Vea el piso debajo del vehículo, ¿puede ver alguna fuga de aceite, enfriante, grasa o combustible?
   - Revise todo el vehículo en busca de peligros, como ramas de árboles que cuelguen bajo, cables, o cualquier cosa que sería un problema cuando mueva el vehículo.
   - Revise el último reporte de inspección del vehículo. ¿Ya se repararon los problemas reportados que afectarían la operación segura del vehículo?
   - Inspeccione el vehículo para ver si los problemas han sido reparados.
2. Revise el motor
   - Revise que los frenos de estacionado estén puestos y/o las llantas estén aseguradas con cuñas.
   - Levante la capota, incline la cabina (recuerde asegurar todos los objetos libres), o abra la puerta del compartimiento del motor. Inspeccione lo siguiente:
     ——Nivel de aceite del motor
     ——Nivel de enfriante en el radiador y la condición de las mangueras
     ——Nivel del líquido de la conducción y condición de las mangueras (si es necesario)
     ——Nivel del líquido del limpiaparabrisas
     ——Nivel del líquido de la batería (si no es libre de mantenimiento), conexiones y retenes (especialmente si la batería está ubicada en algún otro lugar)
     ——Nivel del líquido de la transmisión automática

——Las bandas y estos componentes: alternador, bomba de agua, compresor de aire. Sin embargo, la mayoría de los compresores de aire hoy en día se mueven por engranajes, así es que si es necesario, debe inspeccionar los engranajes del compresor de aire.

——Busque si hay fugas en el compartimiento del motor que sean de combustible, enfriante, aceite, líquido de la conducción, líquido hidráulico y líquido de la batería.

——Busque si hay algún aislamiento de cables eléctricos que esté roto o desgastado.

- Una vez que concluya la inspección, baje la capota, la cabina o la puerta del compartimiento del motor y asegúrela.

3. Encienda el motor e inspeccione el interior de la cabina.

Encienda el motor.

- El freno de estacionado debe estar puesto.
- Siempre pise el clutch cuando de vuelta a la llave de encendido.
- La palanca de velocidades debe estar en neutral (si es de transmisión automática, debe estar en estacionado).
- Escuche si hace algún ruido fuera de lo común.

Mire los medidores

- La presión del aceite debe registrar una lectura normal a unos cuantos segundos de encender el motor.
- El amperímetro y/o el voltímetro deben estar en los rangos normales.
- La temperatura del enfriante debe comenzar a subir gradualmente hasta un rango normal.
- La temperatura del aceite del motor debe comenzar a elevarse gradualmente hasta llegar a un rango normal.
- Los focos y las alarmas de advertencia, todos los focos de advertencia se deben apagar de inmediato excepto por el medidor de presión de aire baja que se apagará cuando llegue a 60–80 psi.

Revise la condición de los controles, si están flojos, se pegan, están dañados, o la lectura es inadecuada.

- Volante
- Clutch
- Acelerador
- Controles de frenado
  ——Freno de pie
  ——Freno de remolque (si lo hay)
  ——Freno de estacionado
  ——Controles de retraso (si los hay)
- Controles de transmisión
- Seguro del diferencial entre ejes (si lo hay)
- Claxon
- Limpiaparabrisas/válvula de lavado
- Luces
  ——Luces altas
  ——Interruptor para bajar la intensidad
  ——Señales para dar la vuelta
  ——Luces intermitentes de cuatro vías
  ——Interruptores de luces de espacio, identificación y marcadores
- Revise si los espejos y el parabrisas tienen rajaduras, etiquetas ilegales u otras obstrucciones visuales. Limpie y ajuste lo que sea necesario.

- Revise el equipo de emergencia.
  —Si cuenta con los fusibles de repuesto, tres triángulos reflejantes, y un extintor debidamente cargado/de la clasificación adecuada.
- Revise los artículos opcionales
  —Cadenas para llantas (requeridas en algunas áreas en invierno)
  —Equipo para cambiar llantas
  —Lista de números telefónicos de emergencia
  —Paquete para reportar accidentes

4. Apague el motor y revise las luces. Asegúrese de que el freno de estacionado esté puesto, apague el motor, y quite la llave. Después cambie las luces altas a bajas, encienda las intermitentes de cuatro vías, y salga de la cabina, llevando la llave de encendido con usted.
   - Vaya al frente del vehículo, revise que las luces cortas estén encendidas y que las dos luces intermitentes de cuatro vías estén funcionando bien.
   - Regrese a la cabina, presione el interruptor para bajar la intensidad de las luces, y luego revise que las luces altas funcionen bien.

5. Camine alrededor del camión revisándolo para regresar a la cabina y cambiar las luces.
   - Apague las luces altas y las intermitentes de cuatro vías.
   - Encienda las luces de estacionado, espacio, marcadores de costado y de identificación.
   - Encienda la señal para dar vuelta a la derecha, después salga de la cabina e inicie la inspección caminando alrededor del vehículo.
   Inspección general:
   - Camine alrededor del vehículo inspeccionándolo.
   - Limpie todas las luces, los reflectores y los vidrios conforme pase por ellos.
   Para los remolques dobles y triples:
   - Las válvulas de cierre deben abrirse en la parte trasera del primer remolque y cerrarse en la parte trasera del último remolque.
   - La válvula de drenado del tanque de aire del convertidor dolly debe estar cerrada.
   - Revise las líneas de aire, ¿están bien apoyadas y los retenes están conectados adecuadamente?
   - Si la llanta de repuesto viaja en el dolly, asegúrela bien.
   - Revise que el orificio del dolly esté bien colocado en el gancho del perno del o los remolques.
   - Revise que el gancho macho tenga el pestillo y que el pestillo de seguridad esté puesto.
   - Las cadenas de seguridad deben estar aseguradas al o los remolques.
   - Revise que los cables de las luces estén bien conectados a los receptores en los remolques.
   - Revise que la quinta rueda del dolly esté asegurada.
   Revise la parte izquierda del frente:
   - El vidrio de la puerta del conductor debe estar limpio.
   - Las chapas deben funcionar bien.
   - Revise la condición de las ruedas, los rines y las llantas. No debe haber pernos, abrazaderas y orejas faltantes, doblados o rotos.
     —Las llantas deben estar bien infladas, con válvulas y tapones de válvulas. No debe haber cortes, rasgaduras, bultos o signos de desgaste de las cuerdas (el desgaste de las cuerdas no debe ser mayor de $4/32''$).

——Revise que las tuercas de las orejas no estén flojas o tengan signos de oxidación excesiva.

——El nivel del aceite del eje esté bien y que no tenga fugas.

- La suspensión izquierda frontal: los muelles, los ganchos de los muelles, las abrazaderas, y los amortiguadores deben estar en buenas condiciones.
- El tambor de los frenos del lado izquierdo frontal y las mangueras deben estar en buenas condiciones.

Revise el frente:

- Revise que el eje frontal no tenga cuarteaduras u otros problemas.
- Revise que las partes del sistema del volante no estén flojas, desgastadas, dobladas, dañadas o faltantes, y pruebe si el sistema está flojo.
- El parabrisas debe estar en perfectas condiciones y limpio. Los limpiaparabrisas deben funcionar bien. Revise que los resortes de los limpiaparabrisas tengan buena tensión. Revise que los hules de los limpiaparabrisas estén flexibles y bien colocados.
- Revise que las luces de estacionado, espacio e identificación estén limpias, funcionen bien, y que sean del color correcto (amarillo en las luces de adelante).
- La señal de vuelta a la derecha debe estar limpia, funcionar bien y ser del color correcto (amarillo o blanco).

Revise el frente del lado derecho:

- Revise todo en la parte delantera derecha igual que en la izquierda.
- Si tiene un modelo de vehículo con la cabina sobre el motor, todas los cierres de seguridad estén bien asegurados y funcionen bien.
- El tanque de combustible derecho debe estar montado de manera segura, y no tener ninguna fuga. Las líneas de cruce de combustible deben estar seguras, y que haya combustible adecuado en el tanque para el viaje. Que las tapas estén en su lugar y bien apretadas.
- Las condiciones de las partes visibles, que no haya fugas en la parte posterior del motor o la transmisión, y el sistema de escape esté bien asegurado, que no tenga fugas, o que no toque cables o líneas. No haya cuarteaduras o partes dobladas en la estructura y los elementos de cruce.
- Las líneas de aire y el cableado eléctrico no deberán estar demasiado estirados, rozarse o tener desgaste.
- La parte que transporta la llanta de repuesto no debe estar dañada y la llanta de repuesto debe ser del tamaño correcto y estar bien inflada.
- La carga debe estar bien asegurada: está cubierta, con abrazaderas, amarrada y encadenada. El tablero frontal debe estar asegurado, los tableros laterales y los varales no estén dañados y estén colocados adecuadamente, la lona o cubierta está asegurada para evitar que se rasgue, se abulte o bloquee los espejos.
- Las cargas demasiado grandes deberán tener los letreros adecuados y todos los permisos requeridos deberán estar en la bolsa del conductor.
- Las puertas del compartimiento de carga del lado de la acera deben estar cerradas y con llave, con todos los sellos de seguridad requeridos.

Revise la parte trasera derecha:

- La condición de las llantas, los rines y los ejes: que no falte ningún perno, rondana, abrazadera u oreja, esté doblado o roto. Las llantas deben ser iguales, del mismo tipo (sin mezclar radiales con reforzadas), y que estén bien infladas con válvulas y tapones de válvulas. No deben tener cortes, abultamientos o señales de desgaste de cuerda. Las llantas no se raspan y no tienen suciedad, y están con espacios adecuados.

- Los cojinetes/sellos de las llantas no tienen fugas.
- Suspensión—que los muelles, ganchos de muelles, las abrazaderas y los pernos en U estén en buenas condiciones, el eje esté asegurado y el (los) eje(s) no tengan fugas de aceite de transmisión.
- Revise la condición de los brazos y los bujes del eje de tensión.
- Revise la condición de los amortiguadores.
- Si hay un eje retráctil, revise el mecanismo de elevación. Si funciona por aire, revise si no hay fugas.
- Frenos—que los tambores de los frenos estén en buenas condiciones y las mangueras hayan sido revisadas para detectar cualquier desgaste, rozadura, etc.
- Las luces y los reflectores—que los marcadores de costados estén limpios, funcionen bien y sean rojos en la parte posterior (los otros son amarillos). Lo mismo aplica para los marcadores de costados.

Revise la parte posterior:
- Que las luces de espacio e identificación estén limpias, funcionen bien y sean rojas para la parte posterior. Que los reflectores estén limpios y sean rojos en la parte posterior. Que las luces posteriores estén limpias, funcionen bien y sean rojas en la parte posterior. Que la señal para dar vuelta a la derecha funcione bien y sea del color correcto: rojo, amarillo o ámbar en la parte posterior.
- Que las placas de circulación estén en su lugar, limpias y bien aseguradas.
- Que las salpicaderas estén bien aseguradas, sin daños y que no se arrastren o rocen con las llantas.
- Que la carga esté bien asegurada; que esté bien firme con abrazaderas, amarrada y encadenada. Los tableros posteriores estén levantados y asegurados. Que las compuertas posteriores no estén dañadas y estén aseguradas en los sockets de los varales. Si hay una compuerta de elevación, verifique que esté bien asegurada.
- La lona o la cubierta esté bien asegurada para evitar que se abulte, se rasgue, estorbe el espejo retrovisor o que cubra las luces posteriores.
- Para cargas de longitud o anchura excesiva, que tenga todas las señales y las indicaciones / luces adicionales en posición correcta y tenga todos los permisos requeridos.
- Que las puertas posteriores estén cerradas con llave.
- Que todas las puertas de los remolques estén aseguradas, y revise los números de los sellos.

Revise el lado izquierdo:
Revise todo lo que revisó del lado derecho, y también lo siguiente:
- Las baterías (si no se encuentran en el compartimiento del motor)—que la caja de la batería esté bien asegurada y que la cubierta también esté bien asegurada.
- Si las baterías no están dañadas o tienen fugas y si se mueven.
- Cheque los niveles del líquido de las baterías (excepto en las baterías libres de mantenimiento).
- Revise que los tapones de las celdillas y ventilación estén bien colocados, sin suciedad y bien aseguradas.

6. Revise las luces de las señales.
   - Súbase a la cabina y encienda todas las luces.
   - Encienda las luces de paro (use el freno de estacionado del remolque).
   - Encienda las señales para dar vuelta a la izquierda.
   Salga de la cabina y revise las luces.
   - La señal frontal para dar vuelta a la izquierda. Revise que esté limpia, funcione bien y sea color ámbar o blanco en las señales que dan hacia el frente.
   - La señal posterior para dar vuelta a la izquierda. Revise que esté limpia, funcione bien y sea color rojo, amarillo o ámbar.
7. Encienda el motor y revise el sistema de frenos.
   - Suba a la cabina y apague las luces que no son necesarias para conducir.
   - Revise todos los documentos requeridos, manifiestos de viaje, permisos, etc.
   - Asegure todos los objetos sueltos que se encuentren en la cabina.
   - Encienda el motor.
   - Pruebe si hay fugas del líquido de frenos. Si el vehículo tiene frenos hidráulicos, bombee tres veces. Después pise el pedal y sosténgalo cinco segundos. El pedal no se debe mover, si se mueve, puede haber una fuga u otro problema. Arréglelo antes de iniciar su viaje.
   - Pruebe los frenos neumáticos.
   - Pruebe el freno de estacionado.— Abróchese el cinturón, permita que el vehículo avance lentamente y después ponga el freno de estacionado. Si no detiene el vehículo, mándelo arreglar.
   - Pruebe la acción del freno de servicio. Deje avanzar el vehículo a unas cinco millas por hora y frene con firmeza. Si el vehículo se jala hacia un lado, esto significa que hay algún problema con los frenos. Cualquier sensación diferente del pedal o acción de frenado retrasada puede indicar algún problema.
   Revise los frenos neumáticos en los remolques dobles y triples como en cualquier otro vehículo de combinación.

Acoplamiento y desacoplamiento de remolques dobles y triples

Este proceso no es difícil, pero es indispensable que se realice correctamente todo el tiempo (consulte la Figura 13-1).

¿Qué incluye enganchar y desenganchar un remolque?

1. Haga retroceder la cabina hasta el remolque para que se conecten los ensambles.
2. Después, conecte la energía para que las luces del remolque funcionen.
3. Si es necesario usar frenos neumáticos, el remolque necesita suministro de aire.
4. Asegúrese del que el remolque puede controlarse desde la cabina.
5. Conozca la anchura de la cabina y compárela con la anchura del remolque.
6. Recuerde que el centro de la quinta rueda es siempre el centro de la estructura de la cabina y que el perno maestro siempre se encuentra en la parte central al frente del remolque (Figura 13-2).

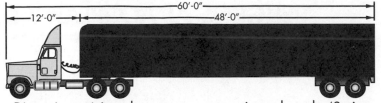

Dimensiones típicas de un tractor con semi-remolque de 48 pies

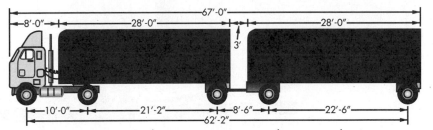

Dimensiones típicas de un camión con remolques gemelos (Nota: Usar un tractor convencional añade de 3 a 7 pies al largo total).

Figura 13-1 La conducción de dobles y triples requiere destrezas de conducción especiales.

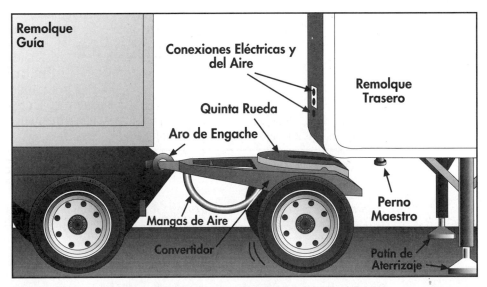

Figura 13-2 Preste cuidadosa atención a los detalles paso por paso cuando acople y desacople remolques.

Consejo: Realice estos procedimientos con calma y correctamente, sin saltarse nada. Siga cada paso de los procedimientos al pie de la letra.

Es importante saber cómo enganchar y desenganchar los remolques correctamente por varias razones:

1. El tiempo. Nunca tendrá tiempo suficiente, especialmente si tiene que regresar y volver a hacer algo que se hizo mal.
2. Si el acoplamiento y desacoplamiento se hacen mal, se crea una situación muy peligrosa (Figura 13-3).

PELIGROS AL ACOPLAR Y DESACOPLAR

VEHICULO

PELIGRO	RESULTADO
• Tractor No Asegurado	• Daña las Línea de Freno
• Frenos del Remolque No Funcionan	• Remolque se Lleva a Obstrucción
• Mandíbulas No Cierran con Seguridad	• Se suelta el Remolque en el Camino
• Terreno no es firme para desacoplar	• El remolque cae y se daña
• No se colocan cuñas al remolque	• Es empujado, se desliza y obstruye

CONDUCTOR

PELIGRO	RESULTADO
• Subiendo al Tractor	• Cae por superficie resbaladiza
• Trabajar Bajo un Remolque Sin Soporte (No hay soporte "de gato" o Tractor Bajo la Nariz del Remolque)	• Heridas al colapsar el patín de aterrizaje y el remolque cae al suelo

Figura 13-3   Peligros del acoplamiento y desacoplamiento.

Recuerde: Por el bien de su seguridad, el remolque con carga más pesada debe ser el primero, inmediatamente después de la cabina. El remolque con carga más ligera deberá siempre ir al final. Esto es muy importante para transportar remolques dobles y triples.

Pasos para enganchar remolques dobles

Hay diferencias entre combinaciones, por ello debe aprender las condiciones específicas de los vehículos que conducirá.

1. Antes de comenzar con un procedimiento de acoplamiento, camine alrededor de los remolques y la cabina. Asegúrese de que la vía está libre de cualquier cosa que pudiera dañar la cabina o los remolques.
2. Revise los pernos maestros de los remolques: no deben estar doblados o rotos.
3. Este paso sólo es necesario para los remolques fabricados antes de 1975. Asegure el segundo remolque. Para ajustar los frenos de emergencia del segundo remolque:
   • Lleve la cabina cerca del remolque.
   • Conecte la línea de emergencia, cargue el tanque de aire del remolque.

- Desconecte la línea de emergencia. Esto ajustará los frenos de emergencia del segundo remolque si los ajustadores de espacio se ajustan correctamente.

4. Inspeccione la quinta rueda.
   - Trate de detectar si alguna parte falta o está dañada.
   - Revise que el montaje a la cabina no tenga cuarteaduras y esté asegurado.
   - Revise que la placa de la quinta rueda esté engrasada (si no se lubrica la placa de la quinta rueda puede provocar que haya problemas en la conducción por la fricción que se produce entre la cabina y el remolque).
   - Revise que la quinta rueda esté en la posición adecuada para realizar el acoplamiento.
     —La llanta esté inclinada hacia la parte trasera de la cabina.
     —La mordaza esté abierta.
     —La manija de desacoplamiento de seguridad esté en la posición de cierre automático.

Nota: Si usa una quinta rueda deslizante, debe estar en la posición de cierre.

5. Asegure con cuña las llantas del remolque. Si el remolque tiene frenos de resorte, asegúrese de que funcionan.
6. Revise que la carga esté bien asegurada para evitar su movimiento durante el acoplamiento.
7. Coloque la cabina directamente en frente del remolque.
   - Nunca acople un remolque por medio de retroceder hasta quedar debajo de él en ángulo.
   - Revise la posición usando los espejos exteriores, vea hacia ambos lados del remolque.
8. Retroceda hasta colocarse debajo del remolque. Retroceda hasta que la quinta rueda toque el remolque, y deténgase. ¡No golpee el remolque!
9. Asegure la cabina, ponga el freno de estacionado y ponga la palanca de velocidades en neutral.
10. Revise el perno maestro y la quinta rueda, deben estar alineados.
11. Revise la altura del remolque, si está demasiado bajo, la cabina lo puede golpear y dañar la parte frontal del remolque. Si está muy alto, no se enganchará correctamente. El remolque debe tener la altura suficiente para ser elevado un poco cuando la cabina retroceda para colocarse debajo de él.
12. Conecte las líneas de aire al remolque.
    - Revise los sellos de las abrazaderas y conecte las líneas de aire de emergencia de la cabina a la abrazadera de emergencia del remolque (Figura 13-4).
    - Revise los sellos de la abrazadera y conecte la línea de aire de servicio de la cabina a la abrazadera de servicio del remolque.
    - Revise que las líneas de aire estén bien apoyadas y que no serán aplastadas cuando la cabina retroceda hasta quedar debajo del remolque.
13. Entre en la cabina y suministre aire al remolque.
    - Haga girar el control de la válvula de protección de la cabina de la posición "emergencia" a "normal," o presione la perilla de "suministro de aire."
    - Espere hasta que la presión del aire llegue a "normal."
    - Revise los frenos de las líneas de aire cruzadas por medio de apagar el motor para que pueda oír los frenos. Pise y libere los frenos del remolque, escuche si el freno se mueve y si escapa aire cuando se libera.

Figura 13-4 La conexión de las líneas de aire al remolque.
(Fotografía cortesía de ATA Associates, Inc.)

- Cuando los frenos funcionen, encienda el motor.
- Revise si la presión del aire es normal.

14. Asegure los frenos del remolque. Jale la perilla de "suministro de aire" o haga girar el control de protección de la cabina de la posición "normal" a "emergencia."

15. Haga retroceder la cabina por debajo del remolque *lentamente*, usando la velocidad en reversa más baja para evitar golpear el perno maestro demasiado fuerte. Deténgase cuando el perno maestro cierre en la quinta rueda.

16. Revise la seguridad de la conexión por medio de elevar ligeramente el tren de aterrizaje del remolque del suelo y jalando la cabina *lentamente* hacia delante mientras que los frenos del remolque todavía están asegurados.

17. Asegure la combinación, ponga la palanca de velocidades en neutral, con el freno de estacionado puesto. Después, apague el motor y retire la llave como una precaución de seguridad (de manera que nadie más pueda mover el camión mientras usted inspecciona el acoplamiento).

18. Inspeccione el acoplamiento, use una linterna durante la noche.
    - Asegúrese de que no haya ningún espacio entre la quinta rueda superior e inferior. Si ve algún espacio, algo está mal, el perno maestro puede estar encima de la mordaza de la quinta rueda y el remolque podría soltarse en el camino. Revise para encontrar el problema.
    - Colóquese debajo del remolque y observe la quinta rueda, asegúrese de que la mordaza esté cerrada alrededor del vástago del perno maestro.
    - La palanca de cierre debe estar en la posición de "cierre", y el perno de seguridad debe estar en posición sobre la palanca de cierre.
    - En algunas quintas llantas, el perno de seguridad debe colocarse sobre la palanca de cierre a mano.

Nota: Si el acoplamiento no se hace correctamente o si los dispositivos de acoplamiento están dañados, no maneje la unidad. ¡Mándela a arreglar!

19. Conecte el cable eléctrico y revise las líneas de aire:
    - Enchufe el cable eléctrico al remolque y apriete el perno de seguridad.

- Revise las líneas de aire y la línea eléctrica para detectar daños.
- Revise que las líneas de aire y eléctrica no golpeen partes en movimiento del vehículo combinado.

20. Levante el eje de aterrizaje frontal del remolque, si lo hay. Comience por el rango de velocidades bajas y después libere el peso, cambie al rango alto de velocidades.
    - Levante el tren de aterrizaje hasta arriba. Nunca mueva un vehículo combinado sin el tren de aterrizaje parcialmente elevado. Podría atorarse en las vías del tren u otras porciones elevadas del camino.
    - Cuando todo el peso del remolque lo lleva la cabina, revise el espacio para dar vuelta entre la parte trasera de la estructura de la cabina y el tren de aterrizaje.
    - Asegúrese de que hay suficiente espacio entre la parte superior de las llantas de la cabina y la parte delantera del remolque.
    - Quite las cuñas de las llantas y guárdelas.

21. Coloque el convertidor dolly en frente del segundo remolque o el último remolque:
    - Abra la llave de purga del tanque de aire y libere los frenos del dolly (si el dolly tiene frenos de muelle, use el control de los frenos de estacionado del dolly).
    - Lleve el dolly hasta la posición necesaria para que esté en línea con el perno maestro (si está a una distancia corta).
    - Si la distancia es demasiada, use la cabina y el primer remolque para recoger el convertidor dolly.
    - Coloque la cabina y el primer remolque tan cerca como sea posible al convertidor dolly.
    - Lleve el dolly hasta la parte posterior del remolque y engánchelo al remolque:
        —Cierre el gancho del perno.
        —Asegure el soporte del dolly en posición elevada.
        —Coloque el dolly tan cerca como sea posible de la parte delantera del segundo remolque.
        —Baje el soporte del dolly.
        —Desacople el dolly del primer remolque.
        —Lleve el dolly a la posición deseada, enfrente del segundo remolque, alineado con el perno maestro.

22. Conecte el convertidor dolly al remolque de enfrente. Haga retroceder el primer remolque enfrente de la lengüeta del dolly. Después, cierre el gancho del perno y asegure el soporte del engrane del convertidor en posición elevada.

23. Conecte el convertidor dolly a la parte posterior del remolque. Revise los frenos del remolque. Deben estar asegurados y las llantas deben ser detenidas con cuñas.
    - Revise que la altura del remolque sea la correcta, ligeramente menos que el centro de la quinta rueda de manera que el remolque esté elevado cuando el dolly se empuje por debajo de él.
    - Haga retroceder el convertidor dolly debajo del remolque posterior.
    - Como precaución, eleve el tren de aterrizaje un poco del suelo para evitar daños si se mueve el remolque.
    - Pruebe el acoplamiento por medio de jalar en dirección contraria al perno del segundo remolque.

- Quite la velocidad. Ponga los frenos y salga.
- Visualmente revise el acoplamiento. No debe haber ningún espacio entre la quinta rueda superior e inferior y la mordaza debe estar cerrada sobre el perno maestro.
- Conecte las cadenas de seguridad, las mangueras de aire, los cables eléctricos.
- Cierre la válvula de purga del tanque de aire del convertidor dolly.
- Cierre las válvulas de cierre en la parte trasera del segundo remolque (servicio y emergencia).
- Eleve completamente el tren de aterrizaje.
- Presione la perilla de "suministro de aire" y revise el aire en la parte posterior del segundo remolque. Para hacer esto, abra el cierre de la línea de emergencia. Si no hay presión de aire, los frenos no funcionarán y esto indicará que algo está mal.

Pasos para desenganchar dobles

Desacoplamiento del último remolque

Para desenganchar los remolques dobles o triples, comience por el último remolque y realice los siguientes pasos, trabajando con lentitud y seguridad para evitar dañar los vehículos o que usted u otros salgan lesionados:

1. Estacione el vehículo combinado en terreno parejo y en una línea recta.
2. Ponga los frenos de estacionado.
3. Asegure las llantas con cuñas en el segundo remolque (si no tiene frenos de muelle).
4. Baje el tren de aterrizaje del segundo remolque, lo suficiente para quitar algo del peso del dolly.
5. Cierre los cierres de aire en la parte posterior del primer remolque y en el dolly. Después, desconecte todo el aire del dolly y las líneas eléctricas y asegúrelo.
6. Libere los frenos del dolly, ya sea al presionar el botón de liberación de freno o drenar todo el aire del tanque de aire del dolly.
7. Libere el pestillo de la quinta rueda del convertidor dolly.
8. Lentamente jale la cabina y el primer remolque y el dolly de debajo del último remolque.

Desacoplamiento del convertidor dolly

1. Primero, baje el tren de aterrizaje del dolly.
2. Quite las cadenas de seguridad.
3. Asegure las llantas con cuñas o ponga los frenos de muelle de engrane del convertidor.
4. Libere el gancho del perno del primer remolque y libere el dolly.

Recuerde: *Cuando el dolly todavía esté debajo del último remolque, nunca libere el gancho del perno. Esto podría provocar que la barra de arrastre del dolly saliera volando, lo que es muy peligroso. Pero, también puede ser muy difícil de volverlo a enganchar.*

Repaso

Lea cada pregunta y las respuestas que se dan. Escriba en el espacio la letra de la respuesta correcta o bien anote sus respuestas en hoja aparte para tenerlas a la mano al repasar para la CDL. Cuando responda todas las preguntas, verifique sus respuestas con la clave que sigue.

_____ 1. Al enganchar remolques, la mordaza de la quinta rueda debe cerrarse alrededor de
    (A) la cabeza del perno maestro,   (C) el eje del perno maestro,
    (B) el fondo del perno maestro,   (D) ninguna de las anteriores.

_____ 2. Antes de hacer retroceder el vehículo por debajo del remolque, asegúrese de
    (A) encender las luces,   (C) drenar la manguera de aire,
    (B) cerrar los frenos del remolque,   (D) inguna de las anteriores.

_____ 3. Cuando el dolly todavía se encuentre debajo del último remolque en los dobles o triples, nunca libere el gancho del perno porque esto puede provocar que
    (A) el dolly se colapse,   (C) la barra de arrastre del dolly salga disparada y dificultar el acoplamiento,
    (B) daño al remolque,
    (D) nada ocurra.

_____ 4. Al enganchar dobles o triples, si el remolque no tiene frenos de muelle, es necesario
    (A) instalar unos frenos temporales,   (C) asegurar las llantas con cuñas,
    (B) aplicar los frenos de aire de la cabina,   (D) todas las anteriores.

_____ 5. Cuando inspeccione el vehículo combinado después del acoplamiento, ¿cuánto espacio debe haber entre la quinta rueda superior e inferior?
    (A) 12 pulgadas o menos   (C) 1 pie
    (B) 18 pulgadas   (D) ningún espacio.

_____ 6. El dispositivo que se usa para enganchar que conecta las líneas de aire de servicio y emergencia de la cabina al remolque se llama
    (A) abrazaderas (glad hands)   (C) abrazaderas en C
    (B) quinta rueda,   (D) ninguna de las anteriores.

_____ 7. Para reducir el riesgo de una volcadura,
    (A) realice cada maniobra rápidamente,
    (B) escoja una ruta que no tenga curvas,
    (C) mantenga el centro de gravedad tan cerca del suelo como sea posible,
    (D) todas las anteriores.

_____ 8. Cuando acople un remolque y una cabina, antes de hacer retroceder la cabina debajo del remolque, debe revisar la altura del remolque, que deberá estar
    (A) más abajo de la cabina,
    (B) elevada ligeramente por la cabina conforme retrocede hacia debajo del remolque,
    (C) dos pies más alto que la cabina,
    (D) ninguna de las anteriores.

___ 9. El "golpe aerodinámico" ocurre cuando la cabina y los remolques empujan el viento al pasar, lo que causa que los vehículos que les siguen

(A) vayan más despacio de lo usual,   (C) suavemente muevan el

(B) vayan más rápido de lo usual,   remolque,

(D) ninguna de las anteriores.

___10. Cuando se enganchan remolques dobles y después se inspecciona una quinta rueda, usted debe

(A) buscar si hay partes dañadas / faltantes,

(B) revisar que el montaje a la cabina no tenga cuarteaduras y esté seguro,

(C) A y B,

(D) ni A ni B.

Respuestas al repaso

1. C; 2. B; 3. C; 4. C; 5. D; 6. A; 7. C; 8. B; 9. D; 10. C.

Términos que hay que saber

Los términos siguientes proceden del contenido del capítulo. Revíselos. Si no está seguro de alguno, compruebe la definición en el glosario al final del libro. Si le sirve, redacte una lista de los términos y su definición (o escriba aquí las definiciones) y repáselos varios días antes de presentar los exámenes para la CDL.

Ajustadores de tensión

Asegurar con cuñas

Cadenas de seguridad

Conducir-contraconducir

Convertidor dolly

Desacoplamiento

Ejes de impulso

Ejes muertos

Acoplamiento

Engrane del convertidor

Frenos de resorte

Gancho de perno

Gemelos

Golpe aerodinámico

Lengüeta del dolly

Línea de emergencia

Perno maestro

Pups (dobles)

Quinta rueda

Remolques dobles

Remolques triples

Soporte del dolly

Tren de aterrizaje

Válvula de purga del tanque de aire

Viento cruzado

EL TABLERO DE DESPACHO
El patrón de búsqueda visual del conductor:
una necesidad para la seguridad

Por encima de todo, un conductor siempre debe estar a salvo. Para manejar adecuadamente cualquier vehículo, un conductor debe usar un patrón de búsqueda visual sistemático. Este es un patrón que se mueve hacia adelante y hacia atrás, revisando el camino, el tráfico o cualquier peligro que exista a su paso y detrás del camión también.

Muchas veces, los conductores usan espejos sólo como algo secundario, cuando en realidad deberían usarlos cuando menos cada seis a ocho segundos.

Si se presta estricta atención a la dirección en que viaja el vehículo (sentido común), el conductor debe usar este mismo enfoque a la búsqueda visual.

Un buen conjunto de principios que el conductor debe utilizar son I.P.D.E. ¿Qué significa?

I = Identificación

P = Predicción

D = Decisión

E = Ejecución

Estos principios se enseñan en las clases básicas de la educación de conductores por todo el país, pero estos mismos principios le servirán igualmente al conductor profesional. Así es que, ¿cómo se usan en la conducción profesional?

La "identificación" es para indicar cualquier cosa que podría ser un problema para el conductor. La "predicción" es la manera en que podrían ocurrir estos problemas y cómo afectarían la seguridad de todos los involucrados. La "decisión" es simplemente ¿Qué debo (el conductor) hacer para evitar el problema predecido? La "ejecución" es la acción que se requiere para evitar un problema o una situación que cause inseguridad.

Un vehículo que viaja hacia adelante debe evitar los choques mortales de frente y atrás por medio de vigilar una distancia de 12–15 segundos al frente, o en el horizonte y evitar ir muy de cerca de cualquier vehículo que se encuentre frente al *suyo* (ahora lo hice personal, estamos hablándole a usted, el conductor).

continúa

EL TABLERO DE DESPACHO *continuacion*

Una distancia segura del vehículo de enfrente es un segundo por cada 10 pies de longitud de su vehículo más un segundo adicional si viaja a más de 40 millas por hora.

Ahora, ¿cómo usar esos espejos? "Sistemático" es la palabra clave. Vigile el camino adelante de usted para ver cómo está el tráfico, después use el espejo izquierdo. Ahora revise hacia el frente y use el espejo derecho. Este es un proceso de conducción. Cada cinco o seis veces que revise, tómese su tiempo para revisar sus medidores principales del tablero.

Muchas veces un conductor realiza su búsqueda visual por hábito y en realidad ve los espejos en vez de ver lo que muestran los espejos. El proceso de conducción es un proceso mental. Así es que es importante alejarse de los hábitos automáticos y hacerse consciente de todo lo que hace. Esto significa siempre estar alerta de qué es lo que hace, cómo lo hace y por qué lo hace.

Cuando conduzca, encontrará puntos ciegos en todas partes y sólo una inspección visual sistemática le indicarán cuáles son.

Para eliminar los puntos ciegos al frente y atrás de su vehículo, siempre camine alrededor del vehículo antes de entrar a la cabina. Busque enfrente y detrás del vehículo para detectar algún peligro potencial.

Nunca haga retroceder un vehículo a menos que sea necesario y siempre use una guía de piso (una persona que pueda indicarle si puede realizar un movimiento y que le pueda guiar con seguridad en un área de estacionamiento.).

Siempre salga del vehículo y vea (get out and look, GOAL) antes de retroceder.

Recuerde también siempre revisar los peligros y obstáculos que puedan existir por encima de su vehículo y que pudieran dañar la parte superior o inferior del vehículo combinado.

Recuerde usar con éxito los IPDE. Debe darse tiempo y tener espacio para usar el proceso IPDE.

No sería bueno identificar un problema si no tiene el tiempo o el espacio para predecir la manera en que esa situación le afectará, para decidir qué hacer, y para realizar una acción que pudiera prevenir el incidente o el accidente.

¿Para qué necesita información acerca de estas cosas? Por su propia seguridad, su carrera como conductor profesional, su vehículo combinado, y su carga. Su bienestar y su carrera dependen de que usted preste constante atención a la seguridad.

Hemos cubierto el quién, qué es usted, la qué, que es la seguridad, el cuándo, que es constantemente, y el dónde, que es en todo lugar.

Los accidentes pueden ocurrir en cualquier lugar cuando un vehículo está en movimiento. Su seguridad personal y la seguridad de aquellos que lo rodean son lo más importante para los autores de este libro.

¡Aprenda a conducir con seguridad! ¡Después conduzca con seguridad para ganar dinero!

14 Conducción de vehículos de pasajeros y preparación para el permiso para transporte de pasajeros

¿Quién necesita un permiso para transporte de pasajeros?

Los conductores que operan autobuses y camionetas que transportan a más de 15 personas, incluyendo al conductor, deben tener una CDL. Existe la excepción de las personas que transportan a los miembros de la familia por razones personales, no por un salario o ganancias.

Los conductores de autobuses también necesitan tener un permiso para transporte de pasajeros en su CDL. Esto incluye pasar los exámenes de conocimientos generales, de destrezas y el endoso de frenos de aire—si el autobús tiene frenos de aire—además del endoso por escrito para transporte de pasajeros.

Como cualquier otro conductor de vehículos comerciales, el conductor de autobús o camioneta revisa la seguridad del vehículo por medio de realizar una inspección previa al viaje. Esto podría incluir verificar los problemas reportados por conductores previos.

Si los problemas reportados antes han sido corregidos, entonces el siguiente conductor debe firmar el reporte del conductor anterior. Esto sirve como un certificado del conductor con respecto a que los problemas anteriores han sido corregidos.

Durante cada revisión previa al viaje, el conductor debe asegurarse de que los siguientes puntos funcionen bien y con seguridad:

- El freno de estacionado
- Todas las luces y los reflectores
- La bocina
- Los limpiaparabrisas
- Los espejos retrovisores
- El mecanismo de dirección
- Las llantas (que las llantas delanteras no sean reconstruidas o renovadas)
- Las llantas y los rines
- Los frenos de servicio (incluyendo las conexiones de las mangueras si el autobús tiene un remolque o semirremolque)
- Dispositivos de acoplamiento
- Equipo de emergencia
  ——Cierre todas las salidas de emergencia que estén abiertas.
  ——Cierre las divisiones de acceso (al motor, el servicio de baño, el compartimento del equipaje).

Los conductores deben revisar el interior de los siguientes puntos para ver que todo esté seguro y funcione bien:

- Los pasillos y los escalones estén libres.
- Los recubrimientos del piso no tengan espacios abiertos o rasgaduras.
- Los pasamanos y manijas estén intactos.
- Todas las manijas de las salidas de emergencia estén aseguradas.
- Todos los avisos/las señales funcionen, incluyendo el dispositivo de emergencia del baño.
- Todos los asientos estén bien asegurados al piso (una excepción: un autobús rentado para trabajadores agrícolas puede tener hasta ocho sillas plegables temporales).
- Todas las puertas y ventanas de salida de emergencia estén cerradas.
- Todas las salidas de emergencia estén claramente marcadas con avisos.
- La luz roja de emergencia debe funcionar y estar a la vista. Viaje con esta luz encendida por las noches o en cualquier momento en que usted use las luces exteriores.
- Las escotillas del techo deben estar aseguradas en la posición de parcialmente abiertas, pero no las deje abiertas como regla general.
- El extintor y los reflectores de emergencia estén presentes, como lo requiere la ley.
- Al menos que el autobús esté equipado con disyuntores de circuito, debe tener fusibles eléctricos de repuesto a bordo del autobús.

Abordaje de pasajeros y carga

Los pasajeros deben sentarse y todo el equipaje debe guardarse debajo de los asientos. No se permite que el equipaje de mano se ponga sobre los escalones o en el pasillo.

Todo el equipaje de mano debe colocarse de tal manera que permita que las personas se muevan con libertad por el interior del autobús y no debe obstruir las salidas o ventanas de emergencia.

El equipaje de mano debe asegurarse para evitar que los pasajeros se lastimen si los objetos se caen o cambian de posición.

Ningún pasajero debe permanecer de pie en el área adyacente al conductor. La mayoría de los autobuses tienen una "línea de límite para pasajeros" que se pone por detrás del asiento del conductor. Todos los pasajeros deben situarse detrás de esta línea.

Cuando se encuentre en el camino, mencione las reglas y los reglamentos de seguridad de la compañía, incluyendo las reglas de "no fumar", "no beber" y otras reglas pensadas para proteger la comodidad de los pasajeros, tal como el uso de computadoras, teléfonos celulares, radios y reproductores de audio cintas y discos compactos.

Cuando llegue a su destino

Cuando llegue a su destino, el conductor debe:

- Anunciar el lugar donde se encuentran.
- Anunciar la razón por la cual se detienen.
- Anunciar la hora de salida.
- Anunciar el número del autobús.
- Recordar a los pasajeros que deben tener cuidado al bajar las escalerillas.
- Si los pasillos se encuentran en un nivel inferior al de los asientos, recuerde a los pasajeros que deben tener cuidado al bajar.
- Recuerde a los pasajeros que lleven sus pertenencias con ellos.
- Para evitar robos, no permita que algunos pasajeros aborden el autobús antes de la hora de salida.

Lo que los conductores de autobús deben saber acerca del camino

Al conducir, en ocasiones revise el interior del autobús, y si algún pasajero no obedece las reglas, recuérdele que lo debe hacer y explíquele por qué. Esto puede evitarle problemas más adelante en el camino.

Si un pasajero está causando problemas—por cualquier razón—su responsabilidad es velar por la seguridad de esa persona al igual que la de los demás pasajeros.

Nunca deje que un pasajero permanezca en un lugar inseguro o aislado. Espere hasta la siguiente parada programada, en un área bien iluminada para dejarlo bajar del autobús.

Cuando debe detenerse el autobús

- Todos los autobuses deben detenerse entre 15 y 50 pies del cruce del ferrocarril. No se detenga a menos de 15 pies y a no más de 50 pies. Mire y escuche hacia ambas direcciones. Abra su puerta de enfrente si esto le permite ver mejor y oír si viene un tren. Si pasa un tren, antes de atravesar, mire y escuche otra vez para asegurarse de que no viene otro tren detrás del primero.
- Si un autobús tiene transmisión manual, nunca cambie de velocidad cuando cruce una vía de ferrocarril.
- Deténganse en todos los puentes levadizos—cuando menos a 50 pies antes de la zona en que se eleva el puente—que no estén controlados por una señal o un oficial de control de tráfico. Avance cuando la parte levadiza esté completamente cerrada.
- No se requiere que los autobuses se detengan, pero deben aminorar la velocidad y cercionarse que no vengan otros vehículos:
  - ——En los cruces con trenes urbanos.
  - ——En las vías de ferrocarril que se usan exclusivamente para la industria.
  - ——Cuando un policía o un indicador de ferrocarril esté dirigiendo el tráfico.

————Si el semáforo está en verde.

————En los cruces que sean "cruces exentos."

- Los autobuses también deben aminorar la velocidad cuando:

————El semáforo está en verde.

————El puente tiene un vigilante que controla el tráfico cuando se abre un puente levadizo.

Cosas que los conductores de autobuses no deben hacer

En ninguna circunstancia, un conductor debe:

- Cargar combustible con los pasajeros a bordo, y nunca cargar combustible en un edificio cerrado con los pasajeros a bordo.
- Conversar con otro pasajero o participar en una actividad que lo distraiga. Su obligación es conducir el autobús.
- Remolcar un autobús con los pasajeros a bordo, y nunca permitir que los pasajeros viajen en un vehículo remolcado.
- La mayoría de las compañías permitirían que un autobús con pasajeros a bordo fuera remolcado de donde hay peligro. Consulte el manual de la compañía para averiguar otras reglas.

Conducción de un autobús a la defensiva

Los choques de autobuses inmediatamente van a los titulares de los periódicos, y si no ha visto ninguna de estas noticias, sabrá que estos choques ocurren por lo general en las intersecciones. Esto significa: sea cuidadoso.

Muchos choques de autobuses ocurren cuando llueve o nieva. Tenga cuidado de conducir a alta velocidad pues también puede ser "mortal" en las curvas y en el camino mojado o con hielo. Si hay un tramo de camino que parece difícil, aminore la velocidad. Aún con buena tracción, el autobús podría volcarse. Con una mala tracción, puede resbalar y salir del camino.

¿Cómo sabe si va a demasiada velocidad? Si el autobús se inclina hacia la parte exterior de una curva, ¡va demasiado rápido!

Tenga suficiente espacio para cada maniobra. Los periódicos a menudo reportan que un autobús escolar rompió los espejos de otros vehículos que pasaban a su lado, o incluso que golpeó a otros vehículos al pasar.

Recuerde cuánto espacio necesita su autobús y acelere con cuidado cuando entre al tráfico. Nunca suponga que el conductor que enciende la señal para dar vuelta a la derecha vaya a dar vuelta a la derecha.

Entrecierres de frenos y puertas

Todos los conductores de autobús—especialmente los conductores de transportes masivos urbanos—deben conocer bien los sistemas de seguridad de entrecierre de los frenos y el acelerador. ¿Cómo funcionan? El sistema de entrecierre de frenos y puerta aplican a los frenos y sostienen la válvula de estrangulación (throttle) en una posición de descanso cada vez que la puerta se abre.

Cuando la puerta se cierra, el entrecierre se libera. Algunos conductores usan esta característica en vez de los frenos de estacionado.

Tres palabras lo dicen todo: ¡No lo haga!

Materiales peligrosos a bordo de los autobuses

Como conductor responsable, debe vigilar el equipaje o la carga que contenga materiales peligrosos, porque se prohíbe que se transporte la mayoría de estas sustancias peligrosas en los autobuses.

A continuación se anotan algunos de los materiales peligrosos que está prohibido llevar en los espacios ocupados por pasajeros en un autobús.

- Venenos clase 2, venenos líquidos clase 6, gas lacrimógeno, materiales irritantes
- Más de 100 libras de venenos sólidos clase 6
- Explosivos, excepto por municiones para armas pequeñas
- Materiales etiquetados como radioactivos
- Más de 500 libras en total de materiales peligrosos permitidos, no más de 100 libras por clase.

Nota: Algunos pasajeros pueden abordar un autobús con materiales peligrosos que no estén etiquetados. Tal vez no se den cuenta de lo peligroso que es llevar estos materiales. No permita que los pasajeros transporten materiales peligrosos comunes como baterías o gasolina.

La Tabla Federal de Materiales Peligrosos

La Tabla Federal de Materiales Peligrosos indica qué materiales son peligrosos transportar. Se les designa "materiales peligrosos" porque ponen en peligro la salud, la seguridad y la propiedad de las personas que se encuentran a su alrededor durante su transporte.

Las reglas federales indican que la compañía despachadora de origen debe marcar cualquier material peligroso con el nombre del material, su número de identificación (ID) y la etiqueta de peligro.

Existen nueve etiquetas de peligros diferentes. Miden cuatro pulgadas y son en forma de diamante.

Cuando usted vea etiquetas en forma de diamante adheridas a un contenedor de un material que se va a transportar, no permita que dicho contenedor sea subido al autobús, a menos que usted esté seguro de que se trata de un material permitido.

Inspección del vehículo después del viaje

Cuando los pasajeros hayan descendido del autobús, inspecciónelo. Los transportistas interestatales requieren un informe por escrito de dicha inspección realizada por cada conductor al final de cada turno. Estos informes refieren los problemas que los sistemas del autobús hayan tenido, o cualquier daño que haya ocurrido durante el último turno.

Revise bien las áreas que los pasajeros pudieran haber dañado en el camino, como agarraderas sueltas, asientos, salidas y ventanas de emergencia.

Reporte estos daños al final del turno para que las reparaciones se puedan realizar antes de iniciar el siguiente viaje.

Si trabaja para una empresa de transporte colectivo, también revise el vehículo para ver si lo siguiente funciona bien:

- Unidades de señalización de pasajeros
- Entrecierres de frenos y puertas

Repaso

Lea cada pregunta y las respuestas que se dan. Escriba en el espacio la letra de la respuesta correcta o bien anote sus respuestas en hoja aparte para tenerlas a la mano al repasar para la CDL. Cuando responda todas las preguntas, verifique sus respuestas con la clave que sigue.

—— 1. Cuando conduce un autobús, debe
   (A) invitar a los pasajeros a pasar al frente del autobús para que conversen con usted para que los conozca mejor,
   (B) mantener los ojos en el camino,
   (C) mantener los ojos en el camino y periódicamente dar una ojeada al interior del autobús,
   (D) todas las anteriores.

—— 2. Si un pasajero se emborracha y empieza a tener conducta inapropiada, como conductor debe
   (A) detener el autobús y bajar al pasajero,
   (B) decirle al pasajero que vaya al frente del autobús para que puedan llegar a un arreglo,
   (C) en voz alta, pedir al pasajero que deje de beber,
   (D) ninguna de las anteriores.

—— 3. Los reglamentos federales indican que un autobús debe contar con un extintor para incendios y
   (A) reflectores de emergencia,   (C) un baño,
   (B) una pistola,   (D) todas las anteriores.

—— 4. El anuncio acerca de las políticas y reglas de la compañía con respecto de fumar, usar reproductores de discos compactos, etc., debe hacerse
   (A) antes de que el autobús entre a otro estado,
   (B) cuando los pasajeros se quejen acerca de otro pasajero,
   (C) al principio del viaje,
   (D) todas las anteriores.

—— 5. Para cargar combustible a un autobús, la mejor situación es
   (A) mientras los pasajeros están conversando y no se den cuenta de que usted carga combustible,
   (B) cuando encuentre gasolina barata,
   (C) en un edificio cerrado,
   (D) ninguna de las anteriores.

—— 6. En un cruce de ferrocarril, el autobús debe detenerse
   (A) cuando menos 15 pies antes del cruce,
   (B) 25 pies antes de llegar al cruce,
   (C) 100 pies antes del cruce,
   (D) ninguna de las anteriores.

—— 7. Durante su inspección después del viaje, revise
   (A) las agarraderas y los asientos,
   (B) cualquier bolsa de comida que haya sido dejada por los pasajeros,
   (C) la señal del baño,
   (D) todas las anteriores.

___ 8. En la inspección previa al viaje, el conductor debe revisar
  (A) todos los sistemas del autobús,
  (B) la bocina, los frenos y el espejo de emergencia,
  (C) los reflectores,
  (D) todas las anteriores.

___ 9. Si se encuentra un problema en la inspección antes del viaje, el conductor debe
  (A) reportar el problema y esperar la reparación,
  (B) no decirle a los pasajeros,
  (C) arreglarlo por sí mismo,
  (D) todas las anteriores.

___10. Después de detenerse, cuando ingrese al tráfico debe
  (A) esperar a que se abra un espacio en el tráfico,
  (B) hacer sonar la bocina antes de ingresar al tráfico,
  (C) simplemente entre al tráfico: lo esperarán, ya que su autobús es más grande que la mayoría de los vehículos,
  (D) encontrar una intersección donde un policía ayude a los amigos a entrar y salir del tráfico.

Respuestas al repaso

1. C; 2. D; 3. A; 4. C; 5. D; 6. D; 7. A; 8. D; 9. A; 10. A.

Términos que hay que saber

Los términos siguientes proceden del contenido del capítulo. Revíselos. Si no está seguro de alguno, compruebe la definición en el glosario al final del libro. Si le sirve, redacte una lista de los términos y su definición (o escriba aquí las definiciones) y repáselos varios días antes de presentar los exámenes para la CDL.

Agarradera

Autobús

Cinturón de seguridad

Cruce de ferrocarril

Destino

Dispositivo de acoplamiento

Entrecierre de frenos y puerta

Equipaje de mano

Escotilla de techo

Inspección del vehículo después del viaje

Línea límite para los pasajeros

Oficial de control de tráfico de puente

Puente levadizo

Puertas interiores de acceso

Salida

Salida de emergencia

Supervisión de pasajeros

Tabla Federal de Materiales Peligrosos

EL TABLERO DE DESPACHO
Un conductor sobresaliente que fue más allá de su deber

El operador de autobús METRO de Houston Vincent White ayudó a una joven pareja durante una de las peores inundaciones en el área de Houston. La inundación provocada por la tormenta tropical Allison en junio de 2001 fue tan grave que la región fue declarada área de desastre.

El proceder de White dio un nuevo significado al Programa de refugio de METRO, en el que las personas que creen que están en peligro o necesitan ayuda de emergencia pueden dirigirse a METRO. El programa, auspiciado por el Departamento de Policía y la Administración de Tráfico de METRO, permite a la gente solicitar que se detenga un autobús de METRO—no solo en una parada de autobús, sino donde se encuentren—si se sienten amenazados o creen que se encuentran en una situación de peligro. Originalmente este programa se inició en 1988, y se promovió una vez más en el 2000 para dar énfasis a la preocupación de METRO por proporcionar un ambiente seguro para sus clientes asiduos en la comunidad.

White inició su turno en la ruta 82 Westheimer a la 1:17 A.M. el sábado 9 de junio, en medio de una lluvia torrencial, esperando ni siquiera tener que salir. La pareja y su recién nacido se alegraron de que sí diera servicio.

Antes de poder siquiera alejarse de la terminal, White recibió un boletín de su la oficina de despacho de su central que debería esperar porque el camino se estaba convirtiendo en un río de 8 a 10 pulgadas de altura. Esperó a bordo del autobús unas dos horas hasta que el agua pareció ceder. Alrededor de las 4 A.M., conducía por Westheimer Road en la zona central de la ciudad con solo cuatro pasajeros, cuando recibió otro boletín que le indicaba que debía regresar a la Central Oeste, localizada en la lejana zona sudoeste de Houston.

En ese momento, un hombre desesperado agitó los brazos para pedir que el autobús se detuviera y le dijo a White que él y su esposa encinta, que tenía contracciones cada cinco minutos, habían estado esperando mucho tiempo para que llegara una ambulancia. White sabía que tenía que ayudarlos si podía, y de inmediato llamó a su despachador para pedirle permiso para llevar el autobús hasta el hospital pasando por zonas inundadas si era necesario. Transfirió a los pasajeros restantes a otro autobús METRO antes de conducir con dificultad hasta el Centro Médico de Texas en medio de una lluvia torrencial y el creciente nivel del agua.

Al llegar al Hospital Ben Taub, una de las pocas instalaciones médicas que estaba aceptando pacientes durante la tormenta, White mantuvo la compostura mientras trataba de "quedarse en la línea amarilla." Utilizó algunos trucos que le habían enseñado operadores veteranos, como bombear los frenos. "Fue lo peor que había visto en mis nueve años y medio de conducir autobuses—dijo—. La gente estaba atrapada, los automóviles estaban detenidos. Era como estar en una zona de guerra."

Pero White, nacido en 1967, tenía confianza en su autobús, que era el número 4067. pudo llevar a la joven pareja al hospital a tiempo, aunque no tuvieron la oportunidad de decirse sus nombres. White les deseó "buena suerte" y el hombre le dijo que era un héroe. White regresó a la Central Oeste.

"Tal vez no debí haberme arriesgado. Pero me sentí bien cuando me llamaron héroe—explicó—. No puedo sugerir que no salgan en esas condiciones, porque nunca se sabe qué puede pasar."

White es uno de los operadores de autobuses de METRO que fueron más allá de su deber para ayudar a las víctimas de la inundación.

PARTE III

Pruebas de práctica y repaso

15 Consejos para aprobar el examen de la CDL

¡Felicidades, ya casi es el momento esperado!

Estudiar y repasar no es un gran esfuerzo físico sino más bien mental. Sabemos que cuando haya llegado a este punto, ya habrá pasado muchas horas preparándose para los exámenes de conocimientos generales y destrezas de la CDL, así como uno o más endosos.

Las siguientes son ayudas y herramientas para hacer su estudio menos difícil y más eficiente. No lea rápido esta parte de su preparación. ¡Puede ser la información más importante del libro!

Empecemos.

Lea toda esta sección antes de comenzar el repaso. Le ayudará a presentar las pruebas y medir con exactitud las áreas en que tiene conocimiento sólido y en las que necesita estudiar más.

A continuación se presentan algunas sugerencias que le ayudarán a pasar los exámenes escritos de la CDL:

- Cada una de las preguntas de las pruebas serán "falso o verdadero" o de "opción múltiple" con cuatro posibles respuestas. Solo una es correcta.
- Lea la pregunta. Después vuélvala a leer.
- Primero conteste todas las preguntas que usted esté totalmente seguro de que sabe la respuesta.
- Cuando conteste una pregunta, no regrese a cambiarla. Es probable que su primera impresión sea la más exacta.
- Si la hoja de examen va a ser corregida por una máquina y usted cambia una respuesta, borre completamente la respuesta anterior antes de marcar la nueva.
- Al ir avanzando en el examen, asegúrese de que marca la pregunta correcta con la respuesta correcta.
- Algunas veces puede encontrar una pregunta más adelante en la página que le ayudará a contestar otra pregunta o le ayudará a llenar los espacios en blanco para una pregunta con la que tiene duda.
- Si la respuesta correcta no viene a su mente, elimine una a una cada una de las opciones.
- Nunca deje una respuesta en blanco. Una respuesta en blanco cuenta como incorrecta. Conteste algo, a veces atinará.

La mayoría de los Estados Unidos ofrecen exámenes escritos de la CDL. En algunos se utilizan computadoras: usted lee la pregunta y después presiona el botón A, B, C, o D para indicar su respuesta.

P. ¿Qué debo hacer para repasar?

R. Todos somos diferentes. Algunos vuelven a leer rápidamente los capítulos principales. Otros vuelven a tomar las pruebas de repaso que se encuentran al final de cada capítulo.

Use las preguntas de repaso al final de los capítulos y el libro para repasar todo lo que ha leído y estudiado.

Si un capítulo le resultó difícil, repáselo con cuidado. Si subrayó información cuando lo leyó, repase toda la información subrayada.

P. **¿En verdad ayudan las pruebas de repaso?**

R. Estas pruebas tienen dos propósitos: primero, le ayudan a repasar y recordar la información de las lecturas anteriores. Segundo, las pruebas de repaso le ayudan a determinar cuál información conoce bien (necesita trabajar menos) y cuál no (necesita trabajar en estas áreas).

Por último, si hace las pruebas de repaso se preparará para el día en que presente el examen oficial. Le da la "práctica" para que sienta cómo se presentan los exámenes escritos.

Los exámenes de la CDL; preguntas y respuestas

Las siguientes son las preguntas que los solicitantes de CDL hacen con más frecuencia. Lea con cuidado esta sección para que esté al tanto de esta información.

P. **¿Cuál es el trámite para solicitar los exámenes de CDL?**

R. Este proceso depende del estado en que va a presentar el examen. Puede obtener información exacta de la oficina local del Departamento Estatal de Transporte (consulte en el Apéndice A los números de teléfono, direcciones y sitios en internet).

Casi siempre podrá presentar el examen de conocimientos por escrito al llegar, sin necesidad de previa cita. Sin embargo, en muchos estados deberá hacer una cita para presentar el examen de destrezas.

P. **¿Cuánto cuesta el examen de la CDL?**

R. Los costos son diferentes en cada estado. En la Tabla 15-1 presenta el costo promedio de algunos exámenes.

Tabla 15-1
Costo promedio de los exámenes de CDL

Licencia	Primera CDL o Renovación con Examen Escrito	Renovación (Sin Examen Escrito)	Prueba en el Camino
Clase A	$25.00	$15.00	$25.00
Clase B	$25.00	$15.00	$25.00
Clase C	$12.50	$10.00	$12.50
Endosos			
HazMat	$10.00	$10.00	Ninguno
Pasajeros	$10.00	Sin costo	$ 5.00
Tanque cisterna	$10.00	Sin costo	Ninguno
Tanque cisterna/Hazmat	$20.00	$10.00	Ninguno

P. **¿Dónde debo presentar los exámenes de la CDL?**

R. Casi siempre presentará un examen escrito en los centros de licencias de conductores del Departamento de Vehículos Motorizados. Algunos de los centros no estarán equipados para aplicar el examen de destrezas. En este caso, el Departamento de Vehículos le indicará dónde realizará dicho examen.

En algunas comunidades, una compañía o una persona autorizada puede aplicarle el examen de destrezas.

Lo invitamos a visitar nuestro sitio de pruebas un día o dos antes de tomar el examen, averigüe donde se encuentra y conozca el área antes de acudir a su examen. Asegúrese y pida permiso solamente para visitar el lugar. Por lo general no habrá ningún problema.

P. **¿A qué edad debo presentar los exámenes de la CDL? ¿Hay algún límite de edad?**

R. En la mayoría de los Estados Unidos, los solicitantes de la CDL deben tener 21 años de edad para poder presentar los exámenes de conocimientos generales y de destrezas de la CDL. En algunos estados, los conductores entre 18 y 21 años de edad pueden solicitar una CDL parcial, que los limita a conducir sólo dentro del estado.

No hay una edad máxima para que los solicitantes presenten los exámenes.

P. **¿Por cuánto tiempo debo presentar los exámenes de CDL?**

R. Por lo general no hay ningún límite, pero consulte con su departamento local de vehículos motorizados para saber qué normas rigen en su estado. En cualquier caso, debe tener suficiente tiempo para terminar el examen, lo que significa que debe llegar mucho antes de la hora de cierre de la oficina de licencias.

Pregunte al departamento de vehículos motorizados sus horas de oficina.

Después, planee el examen. Tal vez requiera pedir medio día libre en su trabajo para tener tiempo suficiente para presentar los exámenes. Lo que sea que haga, esté preparado y no se apresure con los exámenes.

P. **¿Puedo llevar a mis hijos para que me acompañen a presentar los exámenes?**

R. No es buena idea. Si el cuidado de sus hijos es importante, no conviene presentar los exámenes mientras sus hijos corren por el lugar de examen. No obtendrá los mejores resultados. Es más aconsejable que consiga una niñera o que haga algún otro arreglo para que esté tranquilo a la hora de presentar los exámenes.

P. **¿Qué identificación u otros documentos necesito llevar al presentar los exámenes?**

R. Si ya tiene una CDL y va a renovarla, revise que su tarjeta médica no haya expirado. Si ya expiró, necesitará solicitar que el Departamento de Transporte le practique un examen físico. Muchos estados requieren que solicite su CDL antes de que se le practique el examen físico.

También debe llevar su licencia de manejo o alguna credencial con fotografía y su tarjeta del seguro social.

Si va a presentar exámenes de permiso, y especialmente los permisos de tanque cisterna y materiales peligrosos (Hazardous Materials), algunos estados requieren otros documentos, licencias y certificados. Consulte la información específica en el Departamento de Vehículos Automotores.

P. **¿Hay manera de presentar un examen oral en vez de uno escrito?**

R. Algunos estados los ofrecen. Consulte con el Departamento de Vehículos Automotores si los hay en su localidad. Tal vez necesite hacer una cita.

P. **¿Cuál es la calificación de aprobado del examen de conocimientos de la CDL?**

R. Las leyes federales indican que usted debe obtener 80 por ciento o más respuestas acertadas para aprobar el examen de conocimientos de la CDL. El estado donde usted vive podría requerir de una calificación más alta para aprobar el examen de CDL. Pida información acerca de los requisitos en su localidad cuando llame a pedir la cita para presentar el examen.

P. **¿Puedo presentar el examen de destrezas aunque no apruebe el de conocimientos?**

R. Bueno, sabemos que le va a ir bien, así es que no debe preocuparse por esta pregunta, pero ya que la hace . . .

Regla 1: No puede presentar el examen de destrezas hasta que no pase el de conocimientos.

Algunos de los estados permiten presentar partes del examen de destrezas aunque no haya aprobado alguna otra sección. Otros estados dan por terminada la sesión de dicho examen si el solicitante falla en alguna sección.

Muy contados estados establecen un límite con respecto al número de veces que el solicitante puede volver a presentar los exámenes. Sin embargo, la mayoría cobrará una cuota por cada examen que se vuelva a presentar, así es que presentar varios exámenes resultaría muy costoso. Comuníquese con el Departamento de Vehículos Motorizados para conocer las reglas precisas en su estado.

P. **¿Hay alguna sugerencia para presentar el examen de destrezas?**

R. Sólo una: escuche con atención las instrucciones del examinador. Asegúrese de entenderlas bien. Si no comprende lo que el examinador le pide que haga, solicite más información. Si le pide al examinador que repita las instrucciones o explique lo que desea, no ira en su contra . . . y no le costará ningún punto.

P. **¿Algún último consejo?**

R. No queremos sonar como su profesora de primaria, pero . . .

- Lea lenta y cuidadosamente las preguntas; entienda bien lo que le pide la pregunta.
- Escriba con limpieza para que todos entiendan lo que escribió.
- No deje espacios en blanco. Si no conoce la respuesta, conteste lo que mejor crea.
- Sólo marque las respuestas en la hoja, no haga ninguna otra anotación o dibujo.
- Pregunte lo necesario como ¿qué tipo de lápiz se requiere? ¿Cuál es la calificación promedio requerida? No haga preguntas sin sentido; más, bien averigüe lo que necesita para presentar el examen con comodidad.

Tipos de exámenes

Como sin duda sabe, hay varios tipos de exámenes: de redacción, de opción múltiple, de falso o verdadero o para llenar los espacios en blanco. A continuación se dan algunos consejos para los diferentes tipos de exámenes:

Falso o verdadero

En este examen se dan enunciados. Las preguntas de los exámenes de falso o verdadero son consideradas como el tipo más fácil de examen.

¡Están equivocados! En un examen de falso o verdadero debe revisar si todas las partes del enunciado o pregunta son verdaderos. Si una parte es falsa, todo el enunciado es falso y debe contestarse "falso", aunque la mayoría del enunciado sea verdadero.

Busque palabras como "siempre," "nunca," "completo" y "todos." Cuando vea estas palabras en el examen, lea el enunciado varias veces. Cualquiera que sea la respuesta, debe abarcar todo el enunciado, no sólo una parte.

Opción múltiple

Este examen es muy popular entre los examinadores y quienes presentan exámenes. Las preguntas de opción múltiple son más fáciles de entender si sigue los pasos que se indican a continuación:

1. Lea la pregunta.
2. Lea la pregunta y la primera respuesta. ¿Esta combinación es un solo enunciado verdadero? Si no, vaya a la siguiente opción.
3. En general, sólo una combinación es un enunciado verdadero.
4. Si más de una respuesta parece ser verdadera, use el proceso de eliminación o "adivine inteligentemente" por medio de descartar las respuestas que sepa que están mal. ¿Una de las respuestas restantes contiene las palabras "cada," "siempre," "todos" o "nunca"? Recuerde que es raro que algo ocurra *siempre* o *nunca*. Eso reduce las opciones.
5. Si le quedan sólo dos respuestas posibles, una "elección al azar" le deja una probabilidad de 50–50 de dar la respuesta correcta.
6. Si una respuesta es mucho más corta o mucho más larga que las demás, a menudo es la respuesta correcta.
7. Cuando una de las opciones es "todas las anteriores," elija esta respuesta sólo si está convencido de que todas las opciones de respuesta son correctas. Puede ser que nada más una respuesta complete un enunciado verdadero con la pregunta.
8. Pueden haber preguntas en las que ninguna de las combinaciones constituya un enunciado verdadero. Tenga cuidado y asegúrese de que ninguna opción sea correcta antes de elegir "ninguna de las anteriores."

Respuestas cruzadas

Cuando se le pide relacionar una idea con otra, lea las instrucciones con atención. Se le puede pedir que relacione la primera lista de términos con una segunda lista de definiciones. O se le puede pedir que relacione un encabezado en una lista con varias cosas en el segundo.

Primero, cerciórese de lo que se le pide hacer. Si hay un número igual de cosas en cada lista, posiblemente se le pide que las relacione una de un lado con otra del otro lado. Si hay más cosas en una lista que en la otra, es seguro que le van a sobrar puntos o cosas con más de una palabra que se relacione. Entonces, siga los pasos que se indican a continuación:

1. Lea rápidamente las dos listas. Relacione los puntos que san obvios.
2. Conforme relaciona las dos columnas, debe marcar las opciones que ha utilizado.
3. Después, tome el resto de cada una de las listas y trate de contestar cada enunciado con lo que usted sabe. Después revise la otra lista para encontrar algo que se le parezca.
4. Relacione todos los puntos que pueda. Deje sin contestar por ahora los puntos que no sepa en absoluto.
5. Para los términos que no pueda relacionar, compárelos con las opciones restantes y elija la que mejor le parezca.

Recuerde: *Nunca deje ninguna pregunta sin contestar.*

Preguntas para redactar

Este tipo de pregunta se contesta con una explicación más o menos larga. En este examen, emplee sus propias palabras. Algunas de las preguntas que le hace el examinador en el examen de destrezas son de este tipo. Le piden que explique algo en sus propias palabras.

Llenar los espacios en blanco

No encontrará muchas de estas preguntas o de composición en el examen de conocimientos generales, pero en este tipo de pregunta, se presenta un enunciado al que le falta una palabra. Una línea en blanco sustituirá a la palabra que falta en el enunciado. Elija la opción o palabra que haga al enunciado falso o verdadero.

Para prepararse y preparar su vehículo para el examen de destrezas de la CDL

P. **¿Qué herramientas debería llevar al examen de destrezas?**
R. Para la inspección, lleve una linterna, un medidor de presión de aire para llantas, un medidor de profundidad de rodadura de llantas y un par de guantes.

P. **¿Qué sugerencias hay para presentar el examen de destrezas?**
R. Tenga el vehículo adecuado. El vehículo deberá funcionar bien. Conozca todo el vehículo, de puerta a puerta y de llanta a llanta.

Si va a presentar el examen de destrezas para una CDL clase A, debe hacerlo en un vehículo de clase A. Si va a presentar el endoso de frenos de aire y no desea tener la restricción de frenos de aire en su CDL, necesita tener estos frenos en su vehículo.

P. **¿El examinador proveerá un vehículo si yo no tengo uno?**

R. Ningún estado ni ningún examinador proporcionarán un vehículo. Usted debe llevar su propio vehículo, sin ninguna excepción.

P. **¿Debo arreglar el vehículo antes de presentar el examen de destrezas?**

R. Parte del examen de destrezas es realizar una inspección, un mal momento para detectar algún problema con los frenos, la transmisión, las llantas, etc. Realice varias inspecciones antes de que vaya a presentar el examen de destrezas y tenga el vehículo en las mejores condiciones de funcionamiento posibles.

P. **¿Debo tratar de limpiar el vehículo antes de llevarlo a un examen de destrezas de la CDL?**

R. No vendría mal. Usted desea causar una buena primera impresión. Apriete todas las tuercas y los tornillos flojos y repare cualquier problema. Lave el vehículo. No le hará obtener puntos adicionales, pero un vehículo limpio es más fácil de inspeccionar que uno lleno de lodo.

P. **¿Qué tan bien debo conocer el camión en el que presentaré le examen de destrezas?**

R. Muy, muy bien. Si es un camión nuevo, pase el mayor tiempo posible aprendiendo dónde están los controles y sienta cómo responde cada palanca, pedal e interruptor.

Conozca qué ruidos son normales en el vehículo y cuáles indican problemas.

Esté preparado. El examinador podría pedirle que nombre o explique cada palanca e interruptor que hay en la cabina. No podrá impresionar al examinador si no tiene ni la menor idea acerca de cuál interruptor hace qué.

Para prepararse, lea el manual de propietario. Siéntese en la cabina y conozca cada control, hasta los seguros de las ventanas y las puertas.

P. **¿Qué más me ayudará a salir bien en los exámenes?**

R. Estudie, prepárese y una última cosa . . . organice el día que va a presentar el examen. ¿Qué tiene que ver la organización con todo esto? A continuación se dan algunas sugerencias:

1. Consiga información acerca de los exámenes con el Departamento de Vehículos Motorizados: dónde acudir, cuándo presentarse.
2. Haga un "recorrido de prueba" hasta el sitio donde realizan los exámenes. ¿Cuánto tiempo le toma llegar? ¿A qué hora deberá presentar el examen? ¿Cómo estará el tráfico?
3. Averigüe dónde está el estacionamiento, el edificio, entre para ver si puede observar el sitio donde se realizan los exámenes, si se le da permiso.
4. No vaya con prisa, tómese su tiempo. Si necesita pedir medio día en el trabajo, hágalo.
5. Tenga el tiempo suficiente para llegar a buena hora a su cita en el lugar donde realizan los exámenes.
6. La noche antes de tomar su examen de CDL duerma bien, nada de quedarse a ver televisión hasta muy tarde o irse de juerga.

7. Coma un desayuno balanceado en la mañana del examen.

8. Tenga cuidado con la cantidad de café, té o cafeína que tome ese día. Lo mismo va para el chocolate.

9. Sea positivo. Piense en cosas positivas acerca del examen y de usted mismo.

10. Esté comprometido. Sea responsable para estudiar y repasar. Comprométase a tener un buen resultado para que pueda avanzar sus planes de empleo . . . y el siguiente emocionante capítulo de su vida.

EL TABLERO DE DESPACHO
No tenía por qué detenerse, pero lo hizo

Conducía por el mismo camino cuatro veces a la semana contratado por una cadena local de tiendas de abarrotes. La mayoría de los viajes eran sin problema alguno. Le gustaba eso. También le gustaba estar en casa la mayoría de las noches. Pero esta noche sería diferente.

Al regresar a la terminal después de realizar su última entrega, bajó el volumen de su receptor de BC y puso una cinta de Linda Ronstadt en el reproductor de cintas. La luna brillaba, el cielo estaba limpio, y apenas y soplaba una fresca brisa. Se sentía bien. Estaría en casa muy pronto.

Al ir por la carretera estatal 71, tamborileaba los dedos al ritmo de la música. Qué podría ser mejor: un trabajo que le encantaba, ir a su hogar todas las noches y una familia que lo amaba.

Pero sus pensamientos fueron interrumpidos.

En medio de un campo por el que había pasado cientos de veces o más algo estaba diferente. Aminoró la velocidad, se detuvo y regresó. Era mejor revisar qué pasaba.

El campo que por lo general estaba oscuro estaba cuajado de maíz en la primavera y el otoño. A menudo admiraba las robustas mazorcas en las plantas y se preguntaba si el agricultor que había arado y plantado el campo sabía algo que los demás agricultores desconocían.

Sin embargo, esta noche algo más le llamó la atención. Observó el campo, hacia una luz roja que brillaba casi en el centro en el campo ahora oscuro. "¿Qué carambas es eso?", dijo en voz alta. Aminoró la velocidad y estacionó el camión.

Él sabía que iba en contra de las reglas de la compañía detenerse sin una razón mecánica en medio de una noche oscura. Salió de la cabina con una linterna en mano.

Pudo pasar la cerca de alambre de púas defendiéndose con sus guantes e instintivamente caminó hacia la luz que le había llamado la atención. "Por alguna razón no tenía miedo por mi persona—dijo después—. Sólo necesitaba saber qué hacía una luz en medio de ese campo."

Eran casi las 2 de la mañana.

El conductor caminó varios cientos de yardas por la tierra mullida y por fin pudo acercarse lo suficiente como para distinguir la fuente de la luz roja. A unos cuantos pasos estaba un Camaro último modelo. ¿Pero qué hacía en medio del campo?

"Podría ser una pareja de jóvenes besándose," pensó el conductor conforme avanzaba. Pero no podía ver a nadie dentro del automóvil. Llegó a la puerta del automóvil, pero no había nadie cerca.

"Esto es muy extraño—murmuró—. Muy extraño."

continúa

EL TABLERO DE DESPACHO *continuación*

Se quedó parado y escuchó con atención, no pudo oír nada excepto por el viento que recorría el panorama. De pronto oyó algo más, un gruñido o un lloriqueo que parecía más humano que animal.

El conductor buscó con su linterna alrededor y debajo del automóvil. No encontró nada.

Caminó alrededor del automóvil y después caminó en círculo alejándose hasta que encontró la fuente del lamento. En el piso había el cuerpo de una joven que apenas respiraba y estaba cubierto de sangre. Aparentemente había salido disparada del automóvil. El conductor se arrodilló para evaluar la condición de la joven. Le preguntó si podía oírlo. No le contestó.

El conductor sacó su teléfono celular y marcó el 911 para solicitar el servicio de emergencia más cercano y dio su ubicación. Prometió que los encontraría en la carretera para guiarlos hasta el sitio del accidente.

Cuando escuchó las sirenas, le dijo a la mujer que la ayuda venía en camino y corrió, tropezándose, por el campo en dirección de la carretera y las luces intermitentes.

La joven tuvo que estar hospitalizada varios meses. El grado de sus lesiones pudo costarle la vida, pero los rápidos reflejos de un conductor profesional alerta le salvaron la vida y acortaron su tiempo de rehabilitación.

Más adelante, el conductor recibió un reconocimiento por su ayuda en aquella noche. Ser ruborizó al recibir el premio de héroe mientras su familia lo victoreaba con orgullo.

No tenía por qué detenerse, pero lo hizo. Esto sirvió para que una muy afortunada joven regresara la universidad el siguiente otoño y reanudara su vida normal.

La familia de la joven quiso darle al conductor un premio en efectivo y otras recompensas, pero él los rechazó. Mucho tiempo después, cuando todo el barullo había pasado, el conductor le comentó a un compañero: "Sólo hacía mi trabajo. Bueno, no tenía por qué detenerme, pero lo hice, y estoy contento por ello."

16 Repaso final del examen de destrezas de la CDL

Si pretende obtener una CDL de clase A, se le pedirá que presente el examen de destrezas en el tractorremolque o camión que va a manejar.

¿Qué es el examen de destrezas?

Tal como lo dice, este examen pondrá a prueba sus destrezas como conductor profesional. El examen se divide en tres partes:

- **Examen de inspección previa al viaje.** Es un examen para determinar si sabe realizar una inspección de su vehículo. También se examina su capacidad de determinar si es seguro conducir el vehículo.
- **Examen de destrezas básicas de control.** Es un examen para demostrar al examinador que usted es capaz de andar en reversa, estacionarse y calcular la longitud del vehículo.
- **Examen práctico de manejo.** Es un examen de real manejo en el que saldrá al camino para probar su capacidad de operar el vehículo en casi cualquier condición de la carretera.

Hay algunas excepciones en lo que atañe a los requisitos para el examen de destrezas:

- Si solicita la CDL de clase C, no se le exigirá que tome la parte del examen práctico del examen de destrezas.

Nota: Se le pedirá que realice el examen de destrezas básicas de control y el práctico de manejo en el mismo vehículo para el que solicite su CDL.

Información general sobre el examen de destrezas

1. Casi todos los exámenes de destrezas se hacen cita previa.
2. Algunos procedimientos difieren por estado. Llame al Departamento de Vehículos Motorizados de su estado para averiguar qué exámenes se ofrecen, dónde se realizan y cuándo.
3. Algunos estados recurren a terceros examinadores, de modo que también es posible que el examen se realice en una escuela de manejo o una compañía camionera.
4. El examen de destrezas tiene por objeto ponderar exhaustivamente sus habilidades de manejo. El examen de destrezas no es fácil, así que no lo tome sin prepararse y practicar.

La inspección antes del viaje

Antes de acudir a presentar su examen de destrezas, deber realizar una inspección previa a fondo de su vehículo. No vaya al puesto del examinador para descubrir ahí un defecto en el vehículo. El examinador no le permitirá que conduzca ese vehículo para el examen de manejo, lo que significa que perderá la hora de la cita y tendrá que solicitar otra para varias semanas después.

Para realizar una buena inspección previa, tenga con usted lo siguiente:

- Medidor de presión de las llantas
- Medidor de profundidad de rodadura
- Comprobador de llantas ("billy")
- Cuñas para las ruedas
- Trapo (para limpiar luces y reflectores)
- Guantes
- Documentos de registro del vehículo
- Prueba de seguro (en ciertos estados)
- Todos los permisos requeridos para operar en el estado
- Su licencia de manejo actual

Cuando llegue al centro de examinación, el examinador le dará las instrucciones (que serán semejantes a las siguientes):

Durante este examen, será sometido a prueba en tres áreas: un examen de inspección del vehículo, un examen de destrezas básicas de control y un examen práctico de manejo. En la inspección del vehículo se le pedirá que realice una inspección exhaustiva del vehículo. En el examen de destrezas básicas de control realizará ejercicios de marcha en reversa, estacionamiento y vueltas. En el examen práctico de manejo, saldremos a la calle para un viaje que durará de 30 a 45 minutos.

Durante todo el tiempo que se encuentre tras el volante, usted está a cargo del vehículo. Nunca le pediré que haga nada que sea inseguro o ilegal.

Le daré las instrucciones a medida que avancemos. Si tiene preguntas, hágalas. Si no entiende una instrucción, pídame más información.

Cuando llegue la hora de comenzar la inspección previa el examinador dirá:

Realice una inspección completa y exhaustiva del vehículo. Si quiere, puede apoyarse en el auxiliar memotécnico de inspección vehicular del manual del conductor. Mientras realiza la inspección, señale o toque aquello que revisa y explique lo que busca en su inspección.

Primero inspeccione el compartimento del motor. Luego suba a la cabina y encienda el motor. Al terminar las verificaciones de arranque en la cabina, apague el motor y realice el resto de la inspección. ¿Tiene preguntas? Entonces, adelante y comience la inspección.

Las claves para hacer una inspección previa adecuada son:

- Hágala todo el tiempo.
- Practique.
- Conozca los sistemas y componentes.

Practique su inspección previa y hágala igual todas las veces. Al actuar de esta manera, adquirirá un ritmo o rutina. Si se salta la verificación de algo, lo sabrá por la sensación de estar "fuera de ritmo."

Practique hasta que asimile la rutina al dedillo. Por lo regular le tomará de 45 a 60 minutos.

Cuando presente el examen de inspección previa, el examinador le pedirá que proceda de la siguiente manera:

- Inspeccione el compartimento del motor.
- Arranque el motor y realice las verificaciones internas del vehículo.
- Apague el motor y realice la inspección externa.

Es posible que el examinador le pida que verifique sólo un lado del vehículo, porque si lo hace bien, también sabrá cómo revisar el otro lado.

En un camión compacto o tractorremolque, quedará a discreción del examinador qué lado verificará. Un autobús se revisará sólo del lado de la puerta de pasajeros.

Si tiene un vehículo de cabina superior, el examinador no le pedirá que la incline. Ahora bien, si por esa razón no puede comprobar un elemento, dígale al examinador que no puede verificar esa parte y explíquele lo que buscaría: esto le dará el crédito de haber revisado ese elemento.

Mientras realice la inspección, el examinador tomará notas. No se llene de ideas sobre lo que escriba: no se apresure ni se ponga nervioso.

A medida que efectúe su inspección previa, nombre lo que revisa y lo que buscará en esa zona. Veamos un ejemplo:

"Verifico la rueda, espigas y tuercas. Busco grietas, señales de óxido (que indicarían una tuerca floja) o espigas o tuercas faltantes."

Si el examinador no sabe lo que verifica o busca, es probable que no lo acredite. Vaya lentamente y sea preciso. Pruebe al examinador que sabe lo que hace.

Revisión de los siete pasos de la inspección antes del vehículo (Figura 16-1)

- **Paso uno. Al acercarse al vehículo.** Mientras camina hacia el vehículo, busque señales de daños, goteras o si el vehículo está inclinado.
  A continuación, verifique que no haya peligros en el entorno.
- **Paso dos. Verifique todos los componentes:** nivel de líquidos, cables, bandas, mangueras, controles de dirección, frenos delanteros y suspensión, etcétera.
- **Paso tres. Arranque el motor y verifique el interior de la cabina.** Con la transmisión en neutral (o en estacionado si es transmisión automática), aplique los frenos, libere el clutch y arranque el motor. Verifique todos los indicadores y controles y todo el equipo de emergencia. Asegúrese de que tiene los documentos de registro del vehículo (es parte de su inspección).
- **Paso cuatro. Apague la máquina y verifique las luces.** Verifique las luces delanteras (altas y bajas) y las luces intermitentes de cuatro vías de la parte frontal. A continuación, apague las luces delanteras y las intermitentes y encienda todas las luces de altura y la señal de vuelta a la derecha.
- **Paso cinco. Realice una inspección de contorno.** Comience en la cabina, del lado del conductor. Repase todos los elementos: luces, tanques de combustible, ruedas, espejos, dispositivos de acoplamiento, suspensión,

SECUENCIA DE LA INSPECCIÓN

1. Lado Izquierdo del Area de Cabina
2. Frente del Area de Cabina
3. Lado Derecho del Area del Tractor
4. Montura Derecha del Area del Tanque
5. Area del Sistema de Acoplamiento
6. Area Derecha de las Ruedas del Tractor
7. Area Trasera del Tractor
8. Area Delantera del Remolque
9. Lado Derecho del Area del Remolque
10. Lado Derecho de las Ruedas Traseras del Remolque
11. Area Trasera del Remolque
12. Lado Izquierdo de las Ruedas Traseras del Remolque
13. Lado Izquierdo del Area del Remolque
14. Montura del Area Izquierda del Tanque

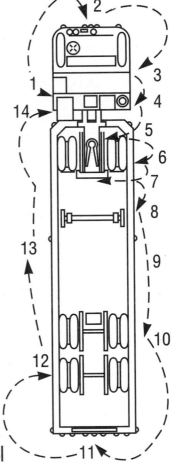

Figura 16-1 Secuencia de inspección antes del viaje

conexiones y líneas de aire, frenos, puertas, etc. Debe inspeccionar exhaustivamente cada eje.

- **Paso seis. Verifique las luces direccionales.** Apague toas las luces del conjunto, encienda las luces de frenado y las de vuelta a la izquierda. Entonces, salga de la cabina y verifíquelas.
- **Paso siete. Arranque el motor y verifique el sistema de frenos.** Ya casi termina. Apague todas las luces y realice una verificación de los frenos. Si tiene frenos de aire, recuerde apagar su máquina antes de bombearlos para verificar la señal o la luz de advertencia de presión baja.

El método para aprobar el examen de la inspección antes del viaje es el siguiente:

1. Practique hasta que pueda terminar su inspección previa en 45 a 60 minutos.
2. Sea constante. Siga cada vez la misma rutina para hacer su inspección.
3. Estudie toda la información sobre las inspecciones antes del viaje.

4. Asegúrese de que el examinador sabe lo que usted inspecciona y lo que busca en cada área.

5. Esté preparado. Verifique el camión antes de acudir al centro del examen. Tome un medidor de presión, medidor de profundidad de rodadura, cuñas para ruedas, trapo, guantes y todos los documentos de registro, permisos y su licencia de manejo.

Recuerde: Haga todas las verificaciones de frenos requeridas.

Algunos estados han añadido una pregunta sobre el descenso por una pendiente hipotética, que se formula después de la inspección previa y antes de salir al examen práctico de manejo. Así, el examinador le pedirá que simule el descenso por una pendiente prolongada y le preguntará que haría. Debe responderle:

- "Probaría mis frenos antes de iniciar el descenso."
- "Bajaría a la velocidad correcta antes de comenzar."
- "No oprimiría el embrague ni cambiaría de velocidad mientras recorro la bajada."
- "Vería mis espejos constantemente."
- "Usaría una presión de frenado suave y constante."

Mencione todos estos pasos: ¡todos son importantes!

Preparación para el examen de destrezas básicas de control

P. ¿Por qué se aplica este examen?

R. Básicamente, con este examen se determina si usted puede o no puede operar y controlar con seguridad un camión en la carretera y entre el tránsito.

Hay seis ejercicios y el examinador le pedirá que realice más o menos cuatro de ellos. El examinador estará atento para ver si usted calcula la longitud de su vehículo y si es capaz de juzgar su posición en relación con otros.

Tendrá tiempo para practicar antes del examen. Aprenda y practique con antelación los seis ejercicios, que son los siguientes:

- Vuelta a la derecha
- Reversa en serpentina
- Estacionamiento en paralelo (lado del conductor)
- Estacionamiento en paralelo (lado del pasajero)
- Paso de entrada; reversa a la terminal
- Reversa en línea recta; avance a la línea de alto

Los examinadores veteranos dicen lo siguiente acerca de la prueba:

Las personas que tienen confianza en sus destrezas se desenvuelven muy bien.
Algunas personas se ponen muy nerviosas . . . demasiado nerviosas. Por tanto, practique hasta que sepa que asimiló todo por completo.

El examen de destrezas básicas de control se aplica después de la inspección previa y antes del examen de manejo. En algunos lugares, los examinadores prefieren empezar el examen práctico de manejo y luego, en el camino, lo harán que se detenga y realice el examen de destrezas básicas.

P. **¿Qué debo esperar en el examen de destrezas básicas de control?**

R. El examinador le dirá esto:

Éste es un examen compuesto de una serie de movimientos de control básicos. Trate de no pisar ninguna raya ni golpear los conos y divisores, que marcan nuestros límites. Recuerde que es mejor hacer un alto que pasar sobre un límite.

"Con cada ejercicio, le daré las instrucciones y cuando usted termine, suene la bocina y ponga los frenos para que yo sepa que completó la maniobra."

"Si levanto la mano con la palma hacia usted, detenga su vehículo."

Luego de que el examinador le dé estas instrucciones, comenzará su examen de destrezas básicas de control.

Reversa en línea recta (Figura 16-2)

El examinador le dirá: "Avance por el carril y deténgase con el parachoques frontal lo más cercano posible a la línea pintada al final sin rebasarla y sin asomarse por la ventana o la puerta. Sólo puede detenerse una vez. Le haré la señal para que avance en cuanto llegue al final del carril."

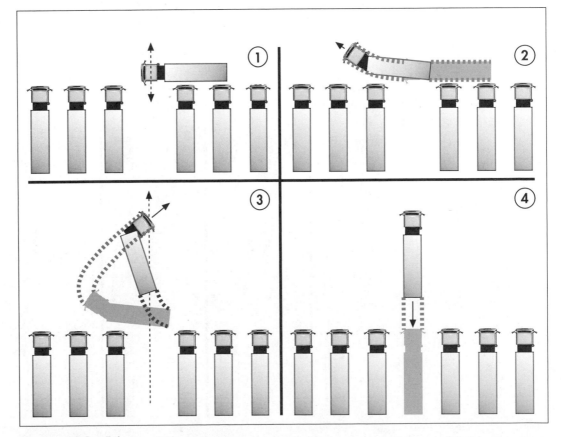

Figura 16-2   Línea recta en reversa

Cuando termine esta maniobra, el examinador le dará las siguientes instrucciones: "Ahora, retroceda por el carril sin tocar sus lados y deténgase cuando el parachoques delantero esté al nivel de la línea de alto al extremo del carril."

Sugerencias útiles

- Cuando avance, hágalo lentamente. Mantenga el vehículo derecho y centrado entre los límites o los lados del carril.
- Cuando se detenga, hágalo con suavidad y sin titubeos. La forma en que detenga su vehículo cuenta en el ejercicio, así que hágalo de manera uniforme.
- Recuerde que detenerse a no más de dos pies de la línea de alto es tan importante como retroceder sin tocar los lados del carril.
- La longitud del carril es de 100 pies y el ancho entre los límites es de 12 pies.

Estacionamiento en paralelo (Figura 16-3)

El examinador comenzará el ejercicio:

(Para tractorremolques): Rebase el punto de estacionamiento y acomódese en reversa. Sólo se le pide que meta el remolque al espacio. Trate de llevar el remolque lo más cerca de la parte posterior y de la banqueta sin golpear los límites o tocar los bordes. Puede colear su remolque, pero métalo en el espacio. Cuando le haga con la mano la seña de avanzar, comience el ejercicio. Suene la bocina y ponga los frenos cuando haya terminado.

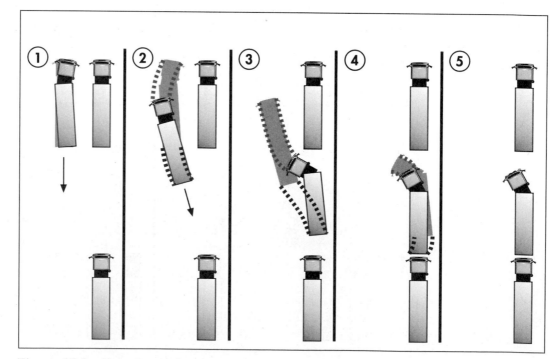

Figura 16-3   Estacionamiento en paralelo

Sugerencias útiles

- El espacio de estacionamiento tendrá 10 pies más que el remolque.
- El ancho del espacio de estacionamiento es de 12 pies.
- Para aprobar, el remolque debe quedar a no más de 18 pulgadas de la línea de alto posterior y lo más cercano posible a la banqueta (que en realidad es una línea pintada).
- La práctica facilita aprobar este examen.

Ejercicio de entrada al terminal

Para este ejercicio, el examinador dirá:

Supere la entrada del carril teniéndolo a su mano izquierda. Lleve su camión a un ángulo de 45 grados. Deténgase y marche en reversa. Cuando se enderece, acérquese tanto como pueda al extremo del carril, pero no lo rebase. Me pararé junto a la entrada del carril. Cuando le haga la seña de avanzar, comience el ejercicio. Suene la bocina y ponga los frenos cuando haya completado la maniobra.

Sugerencias útiles

- Rebase la entrada de la terminal.
- Cuando la mitad del tractor haya rebasado la entrada, haga un giro grande a la derecha con el volante.
- Ejerza un frenado suave durante toda la maniobra y hágalo lentamente.
- Ponga la velocidad de reversa más baja.
- Aproxímese al cono en un ángulo de 45 grados y manténgase a la izquierda de dicho cono.
- Deténgase cuando el camión y el remolque estén rectos y en un ángulo de 45 grados con respecto a la terminal.
- Comience a retroceder lentamente. Haga pequeños ajustes con el volante para evitar una maniobra grande de corrección y retroceda hacia el carril de entrada.
- ¡Atienda la oscilación del remolque!
- Deténgase a dos pies del extremo posterior del carril.
- Cuando la cola de su vehículo rebase la línea de espacio, se encontrará a dos pies del final del carril.
- Manténgase dentro de los límites.

Vuelta a la derecha (Figura 16-4)

En este ejercicio se simula una vuelta a la derecha en una intersección y se incluye para poner a prueba su capacidad de hacer este giro con seguridad.

El examinador dirá: "Avance y dé una vuelta a la derecha alrededor del cono. Trate de acercar las llantas traseras tanto como pueda al cono sin golpearlo. Le haré la seña de avance desde el cono."

HACIENDO LA VUELTA A LA DERECHA

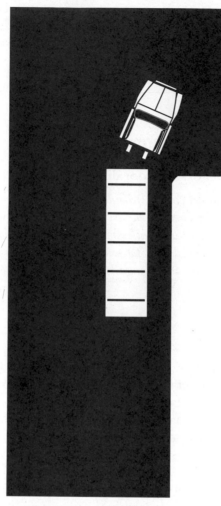

- • Asuma la Posición y Velocidad Apropiada

- • Dé el Cambio de Velocidad Correcto

- • Comience a Dar Vuelta Cuando la Cabina Esté A Mitad de la Esquina

- • Revise En Su Espejo Durante la Vuelta

Figura 16-4   Una vuelta correcta

Sugerencias útiles

- Para hacer una buena vuelta a la derecha, manténgase hacia el centro de la calle pero en su carril.
- En cuanto pase la vuelta, comience a girar a la derecha. La vuelta estará determinada por qué tanto se desplaza su vehículo (y un tractorremolque se desplaza mucho más que un camión compacto pequeño).
- Mantenga sus llantas traseras tan cerca como pueda del cono sin tocarlo: perderá puntos si toca al cono o si oscila demasiado lejos.
- Antes de acudir a su examen, practique las vueltas con el vehículo que manejará en esa ocasión.
- Maneje lentamente.
- No toque ni pise los límites.
- Después de voltear, avance hasta que el vehículo esté recto y espere las siguientes instrucciones.

Reversa en serpentina

La distancia total de este recorrido es de 270 pies y la distancia entre los conos de tránsito es la longitud de su vehículo. La distancia de los conos a cualquiera de los límites exteriores es de 35 pies. La distancia total entre límites es de 70 pies.

El instructor dirá:

> *Ajustaré la distancia entre los conos de acuerdo con las dimensiones de su vehículo. Cuando haga la señal, avance por el lado derecho de la fila de conos. Deténgase cuando todo el vehículo haya rebasado el tercer cono y entonces retroceda en serpentina según este diagrama hasta que rebase el primer cono. Trate de no tocar los conos y no permita que ninguna parte de su vehículo pase por encima. Mantenga su vehículo dentro de los límites pintados.*

Sugerencias útiles

- Si llega a un punto en que va a golpear un cono, deténgase y avance para volver a poner en posición el vehículo.
- Cada parada le cuesta puntos, pero es mucho mejor detenerse que golpear un cono.
- No cruce las líneas limítrofes.
- ¡Practique, practique y vuelva a practicar!
- Marche lentamente: ¡no tiene limite de tiempo!

Cómo aprobar el examen de manejo para la CDL

Dos partes despachadas y sólo una por delante, la más divertida. El examen práctico de manejo determinará si es capaz de conducir con seguridad su vehículo en situaciones y condiciones de manejo reales.

El examen práctico de manejo para la CDL requiere aproximadamente 45 a 60 minutos y abarcará varias condiciones de camino y maniobras, como vueltas a la derecha, vueltas a la izquierda, pendientes diversas, cruce de vías férreas, caminos rurales de doble sentido, zonas comerciales y autopistas interestatales.

Si no son asequibles las condiciones de camino, el examinador le preguntará que haría en ciertas situaciones de manejo. En estas simulaciones marginales, el examinador le dará instrucciones para establecer la situación y enseguida le pedirá que explique lo que haría en ese caso particular.

El examinador nunca le pedirá que haga algo inseguro o que pueda causar un accidente. Sin embargo, usted es el conductor, es decir, el individuo responsable del vehículo y la seguridad; por eso, si el examinador le pide que haga algo con lo que usted no se siente a gusto, pregúntele o incluso rehúsese cortésmente a seguir esa instrucción. No olvide que debe tener una razón para negarse.

Los examinadores no harán trampas ni trucos con usted, pero son seres humanos y todos estamos sujetos a equivocarnos. De nuevo, explique con cortesía por qué cree que lo que el examinador le pide es inseguro.

En el examen de manejo para la CDL oirá instrucciones como las siguientes:

Durante el examen le daré las instrucciones para las maniobras con toda la antelación posible. Mientras avanzamos, señalaré algún lugar y le pediré que finjamos que es la cumbre de una colina empinada o bien un cruce de ferrocarril. A continuación le pediré que realice los movimientos que haría si fueran una cuesta o un cruce reales. Al tiempo que realiza los movimientos, dígame qué hace y por qué.

En el examen no le daré instrucciones tramposas ni le pediré que haga nada inseguro o ilegal. También haré anotaciones en la forma del examen, pero no se sienta nervioso, pues una marca no significa que haya hecho algo mal.

Basta que se concentre en manejar.

P. ¿Qué pasa si tengo un accidente durante el examen?

R. Obtendrá de inmediato una calificación reprobatoria. Por tanto, estudie para el examen de manejo, practique y estudie también para el examen de conocimientos generales respondiendo las preguntas de aquel capítulo.

En el examen de manejo, no se preocupe si comete un error o dos. El examinador quiere ver antes que nada si usted es capaz de manejar con seguridad un vehículo comercial. Unos deslices mínimos no lo harán fracasar.

P. En el examen de manejo para la CDL, ¿qué observará el examinador?

R. El examinador verificará lo siguiente:

1. Arranque y alto
   - ¿Realiza estas maniobras suavemente sin jalones ni rebotes?
2. Cambio de velocidades
   - ¿Cambia de velocidades sin que rechinen las velocidades o se sacuda el vehículo?
   - ¿Usa el embraque y el doble embraque?
3. Control de motor
   - ¿Mantiene las revoluciones por minuto apropiadas sin exceder la velocidad o arrastrarse? Si maneja un motor nuevo que cambia velocidades a menos revoluciones por minuto, señálelo al examinador.
4. Conservación de las distancias adecuadas
   - ¿Conserva una distancia segura todo el tiempo?
5. Señales de vuelta
   - ¿Señala de antemano un cambio de carril o vuelta? ¿Apaga la señal inmediatamente después de la maniobra?
6. Preparación adecuada
   - Cuando da vueltas, ¿sitúa su vehículo en la posición correcta?
7. Intersecciones
   - ¿Entra con precaución a la intersección? ¿Está preparado para detenerse?
   - ¿Mueve la cabeza para verificar si se acercan vehículos o hay peatones?
   - ¿Se detiene en las líneas de alto? ¿Pone la transmisión en neutral y libera el embraque en las luces y señales de alto? ¿Se detiene en las líneas de alto y luego avanza lentamente?
8. Control de la transmisión
   - ¿Está su camión todo el tiempo en una velocidad, es decir, no llega en punto muerto a un alto ni lo hace al dar la vuelta?

9. Frenado
   - ¿Frena suavemente con el pedal del freno (nunca con la válvula de mano)?
   - ¿Observa los espejos cuando frena para ver si alguien lo sigue muy de cerca?
10. Señales y control del tráfico
    - ¿Obedece siempre los límites de velocidad y los medios de control de tráfico, como semáforos, letreros de alto, etcétera?
11. Curvas
    - ¿Desacelera para tomar una curva? Nunca permita que su camión se incline al tomar una curva.
12. Manejo interestatal
    - ¿Se mantiene en el carril de la derecha salvo cuando se mueve a la izquierda para dejar que el tráfico entre en una vía libre desde una rampa de acceso o para rebasar a un vehículo más lento?
    - ¿Vigila con frecuencia los espejos?
    - ¿Se incorpora al tránsito suavemente?
    - ¿Usa sus señales de cambio de dirección cuando se incorpora o cambia de carril y las apaga en cuando hace el cambio?
    - ¿Se fija con 12 a 15 segundos de antelación?
    - ¿Está centrado su vehículo en su carril?
13. Ascensos
    - ¿Mantiene las rpm correctas y baja la velocidad conforme sea apropiado?
    - ¿Puede arrancar en una cuesta ascendente sin retroceder?
    - Al detenerse, ¿enciende sus intermitentes de cuatro vías?
14. Descensos
    - ¿Mantiene su rapidez usando una velocidad más baja y un frenado ligero y constante?
    - ¿Verifica sus frenos antes de emprender un descenso prolongado?
    - Vigila en los espejos señales de que los frenos se calientan en exceso?
15. Vueltas
    - ¿Avisa de antemano que va a dar vuelta y apaga la señal en cuanto completa la vuelta?
    - ¿Se mantiene en su carril?
    - ¿Tiene las dos manos en el volante cuando da la vuelta?
    - ¿No cambia de velocidad durante una vuelta?
16. Cruce de vías férreas
    - ¿Mira a izquierda y derecha y luego vuelve a mirar a izquierda y derecha?
    - ¿Baja la ventanilla para escuchar?
    - Si transporta pasajeros o una carga de HazMat, ¿se detiene por lo menos a 15 pies y a no más de 50 pies?
    - ¿No cambia de velocidades cuando atraviesa las vías?
17. Puentes y pasos a desnivel
    - ¿Verifica las señales de peso y de altura de todos los puentes?

(Cuando libre un paso a desnivel, el inspector querrá saber la altura de éste o los límites de altura o peso. No se olvide de mirarlos.)

¡Evite estos malos hábitos!

Cuando tome el examen de manejo:

- No se olvide de abrocharse el cinturón de seguridad.
- No maneje con una sola mano en el volante.
- No exceda los límites de velocidad.
- No permita que el vehículo oscile adelante y atrás cuando se detenga.
- No se olvide de desacelerar y mirar a los dos lados en una intersección o cruce de ferrocarril.
- Ponga sus señales direccionales, pero no se olvide de apagarlas.
- Use el embrague, pero no abuse.
- No ponga la transmisión en punto muerto para deslizarse a un semáforo o señal de alto.
- No se suba a la banqueta al dar una vuelta.
- No se olvide de desacelerar en los caminos irregulares (hacer que el examinador rebote no le dará más puntos de calificación).
- No se olvide de conservar una distancia de seguimiento segura.

17 Repaso final del examen de conocimientos de la CDL

Preguntas de conocimientos generales

Cada uno de los siguientes enunciados es verdadero o falso. Apunte sus respuestas en el espacio en blanco y luego compruébelas con la clave que se encuentra al final del capítulo.

_____ 1. Las leyes estatales no pueden regular el peso de su vehículo y su carga.

_____ 2. No hay problema si infla las llantas a más de su capacidad.

_____ 3. Un vehículo vacío tiene más probabilidades de patinar con las ruedas traseras.

_____ 4. Un vehículo con exceso de carga en la parte posterior tiene más probabilidades de causar un patinazo con las ruedas traseras.

_____ 5. Un vehículo tiene más probabilidades de empinarse si tiene un centro de gravedad alto.

_____ 6. Es su obligación llevar una bitácora de sus horarios.

_____ 7. Cuando recibe su CDL de un estado, no tiene que informar de las infracciones de tránsito que cometa en otro estado.

_____ 8. Un conductor perderá su CDL por un año si maneja bajo la influencia de drogas, intoxicado o portándolas.

_____ 9. Si un manejador usa un vehículo motorizado comercial para cometer un delito con sustancias controladas, perderá su licencia durante un año.

_____10. Los manejadores que operen vehículos motorizados comerciales de manera insegura no pueden conseguir una CDL.

_____11. Para obtener una CDL, los conductores deben presentar el examen de conocimientos generales.

_____12. No es necesario anotar todos los nombres y direcciones de todos los patrones para los que ha trabajado al solicitar trabajo como manejador de un vehículo motorizado comercial.

_____13. Los manejadores pueden conducir un vehículo motorizado comercial aunque estén descalificados.

_____14. Las infracciones de manejo graves en un vehículo motorizado comercial incluyen el exceso de velocidad, el manejo imprudente u otras infracciones que causen una muerte.

_____15. Si se rehúsa a que su patrón le practique un examen de consumo de drogas, es como si hubiera dado positivo.

_____16. Cuando un conductor aprueba el examen de manejo de una empresa, ya no tiene que aprobar el examen de destrezas de la CDL.

_____17. Sólo si el vehículo tiene letreros de advertencia de materiales peligrosos debe llevar un extintor de fuegos.

_____18. El examen de destreza de la CDL puede tomarse en cualquier vehículo.

____19. Un conductor debe conocer las leyes de la CDL y satisfacer los requisitos de las FMCSR Parte 391.

____20. Después de una enfermedad o lesión grave que afecte las capacidades de manejo, hay que renovar todos los certificados médicos.

____21. Las empresas transportadoras no tienen que hacer exámenes de consumo de drogas a los choferes antes de contratarlos.

____22. Cuando los frenos se atoran, por lo regular se debe a que el conductor se asusta y no a fallas del equipo.

____23. Las llantas bajas o con fugas se pueden usar en un vehículo motorizado comercial pero con precaución.

____24. Los conductores de un vehículo motorizado comercial deben anunciar que van a dar una vuelta 50 pies antes.

____25. Al detenerse en una autopista, los manejadores deben encender las luces intermitentes de cuatro vías y mantenerlas prendidas hasta que arranquen de nuevo.

____26. Los vehículos motorizados comerciales deben tener frenos de servicio, de emergencia y de estacionado.

____27. Todas las luces de advertencia del tablero deben encenderse en cuanto se enciende el vehículo.

____28. En un vehículo motorizado comercial, la caja de la batería debe tener una tapa cerrada.

____29. Unas cervezas tienen aproximadamente el mismo efecto que un par de tragos fuertes, como whisky.

____30. La cafeína es la mejor cura para la fatiga.

____31. El óxido alrededor de las tuercas de las llantas indican que las tuercas están sueltas.

____32. Aumentar de velocidad a más rpm conforme se incrementa ésta se denomina cambio progresivo.

____33. Las señales direccionales que se encuentran hacia el frente pueden ser blancas o ámbar.

____34. Use un verificador especial para comprobar su anticongelante durante el tiempo invernal.

____35. El hielo en los cierres del radiador se fundirá cuando el motor se caliente.

____36. Al funcionar en vacío, la presión normal del aceite es de 5 a 15 psi.

____37. Los vehículos marcados "peligrosos" están clasificados con carga de materiales peligrosos.

____38. Los conductores deben encender las luces del vehículo media hora después del ocaso y media hora antes del amanecer.

____39. Después de abrir un interruptor de circuito, debe remplazarlo.

____40. La presión del vacío crea la fuerza de frenado para el sistema de frenos.

____41. Hay que verificar el aire de las llantas cuando están frías.

____42. Las distancia de alto total es la longitud del vehículo más la distancia del tiempo de reacción más la distancia de frenado.

____43. Al manejar en la autopista junto a otros vehículos se hace difícil cambiar de carril y uno puede quedar atrapado.

____44. Cuando las luces delanteras se ensucian, la visibilidad puede reducirse 50 por ciento.

____45. Cuando se acerca un vehículo con las luces altas, debe prender y apagar sus luces altas.

___46. Cuando un manejador toma drogas o alcohol manejará más rápidamente, más despacio o cambiará de velocidad sin razón alguna.

___47. Para no chocar al operar el volante, se aplican los frenos al dar una vuelta.

___48. En tiempo caluroso, la presión de las llantas puede ser mayor que la normal, por lo que hay que sacar aire de las llantas cuando la presión exceda los 105 psi.

___49. En tiempo caluroso, los caminos se vuelven resbalosos y peligrosos por los escurrimientos de brea.

___50. Tenga cuidado cuando baje de velocidad al descender una pendiente abrupta, porque podría atorarse en neutral.

___51. Un vehículo de emergencia se distingue por las luces y la sirena.

___52. Las leyes sobre puentes controlan el tránsito en los puentes.

___53. La carga de las llantas se refiere al máximo peso que sostienen con seguridad las llantas.

___54. Aun si su carga está sellada, usted es el responsable de exceder el peso neto o los límites de los ejes.

___55. Cuanto menos cargue, más breve será su tiempo de alto y la distancia de frenado.

___56. Se aplican de golpe los frenos para evitar un patinazo con las llantas delanteras.

___57. Soltar los frenos es el primer paso para corregir un patinazo por volanteo.

___58. Si tiene que salirse del camino para evitar a otro vehículo, haga una vuelta amplia.

___59. El tipo más común de patinazo ocurre cuando las llantas traseras pierden tracción por exceso de frenado o aceleración.

___60. Para determinar la mejor velocidad de la máquina para embragar, debe consultar la información en el manual del propietario del vehículo.

___61. Apague los retardadores cuando las condiciones del camino son riesgosas, como pavimento húmedo, helado o cubierto de nieve.

___62. Debe rebasar la velocidad máxima permitida para hacer cambios de carril, vueltas, entradas y maniobras apretadas.

___63. Como cortesía, debe indicar a los otros conductores cuándo es seguro que pasen.

___64. Es ilegal manejar su vehículo de forma que pueda descomponerse o causar un accidente.

___65. El bloqueo, que consiste en asegurar la carga al piso del compartimento, se usa para que la carga no se mueva o desplace.

___66. Para proteger su carga y a otras personas en el camino, debe colocar una lona.

___67. En un viaje, debe verificar su carga después de recorrer 50 millas.

___68. Es importante efectuar en el vehículo que maneja una inspección después de cada corrida.

___69. Debe verificar los dispositivos de aseguramiento de la carga cada vez que se detenga en el transcurso de un viaje.

___70. Cuanto menos pesada sea su carga, menos tracción tendrá su vehículo.

___71. El que las distribuciones de tamaño y peso sean las legales no significa que garantizarán una operación segura en mal tiempo.

___72. Para asegurar la carga, use tan pocas amarras como sea posible.

_____73. Las llantas de conducción de su vehículo deben tener ¼ de pulgada de grabado.

_____74. Las llantas del eje de la dirección deben tener por lo menos ¼ pulgadas de grabado.

_____75. Humos venenosos que entran en la cabina son un peligro de las fugas en el sistema de escape.

_____76. Una barra de amarre torcida es un defecto del sistema de dirección.

_____77. Todos los guardafangos deben tocar el suelo.

_____78. Los tanques cisternas con áridos son estables en curvas y vueltas.

_____79. Un funcionario o agente estatal tiene la autoridad para ponerlo "fuera de servicio" si realiza una inspección en tránsito y descubre que su vehículo es inseguro.

_____80. La distancia normal de viaje del embrague es de más de dos pulgadas.

_____81. En una inspección previa, jale el botón rojo para verificar las luces de frenado.

_____82. Cualquiera que sea su vehículo, al terminar los siete pasos de la inspección está listo para salir al camino.

_____83. En algunos estados, es posible que le exijan que instale cadenas para nieve en los meses de invierno.

_____84. Unos segundos después de encender el motor, la presión del aceite debe llegar a lo normal.

_____85. La temperatura promedio del motor va de unos 180 a 250 grados Fahrenheit.

Los siguientes enunciados son de opción múltiple. Apunte sus respuestas en el espacio en blanco y luego compruébelas con la clave que se encuentra al final del capítulo.

_____ 1. En una inspección antes del viaje, ¿qué aspecto deben tener las llantas?
   (A) La llantas concuerdan en tamaño y capa y no están gastadas ni dañadas.
   (B) La profundidad de la rodadura debe ser menor de $\frac{4}{32}$ de pulgada en las llantas frontales y $\frac{2}{32}$ en las demás.
   (C) Las llantas dobles deben tocarse.
   (D) Todas las anteriores.

_____ 2. En una inspección antes del viaje, que debe verificar en ruedas y rines?
   (A) Buscar herrumbre alrededor de las tuercas, lo que indica que están sueltas.
   (B) Llantas o rines con grietas o daños.
   (C) Desajustes o torceduras en los cierres de los rines.
   (D) Todas las anteriores.

_____ 3. En una inspección antes del viaje, verifique en los frenos y el sistema de suspensión que:
   (A) Zapatas y amortiguadores tienen líquido.
   (B) Las zapatas no tengan un desgaste más delgado que ¼ de pulgada.
   (C) No haya partes agrietadas, faltantes o rotas.
   (D) Todas las anteriores.

___ 4. Las leyes federales y estatales prohíben manejar un vehículo inseguro, por lo que debe asegurarse que se arregle uno de los problemas siguientes.
   (A) Una pequeña fuga del líquido de la dirección.
   (B) El volante tiene un juego libre de más de 10 grados (dos pulgadas en un volante de 20 pulgadas).
   (C) Una fuga en el sistema de escape.
   (D) Todas las anteriores.

___ 5. ¿Qué equipo de emergencia debe tener siempre en su vehículo?
   (A) Por lo menos un extintor de incendios.
   (B) Triángulos de advertencia.
   (C) Fusibles eléctricos de repuesto.
   (D) Todas las anteriores.

___ 6. En una inspección antes del viaje, ¿cuál de las siguientes no se inspecciona en el compartimento del motor?
   (A) Válvula de limpieza.
   (B) Aislamiento de los cables eléctricos.
   (C) Nivel de aceite del motor.
   (D) Estado de las mangueras.

___ 7. Antes del viaje y durante el recorrido, ¿qué debe verificar?
   (A) El aseguramiento de la carga.   (C) Las llantas.
   (B) Los indicadores del vehículo.   (D) Todas las anteriores.

___ 8. Durante una inspección en el recorrido, ¿qué debe verificar?
   (A) Frenos y llantas.   (C) La carga.
   (B) Dispositivos de acoplamiento.   (D) Todas las anteriores.

___ 9. ¿Cómo arranca su vehículo en un ascenso?
   (A) Deja que el vehículo ruede hacia atrás y entonces mete el embraque.
   (B) Usa el freno de mano para evitar que el vehículo ruede hacia atrás y entonces mete el embraque.
   (C) Saca el embraque lentamente mientras acelera.
   (D) Quita el pie del freno y cambia pronto de velocidad.

___10. ¿Cómo debe acelerar?
   (A) Acelerar hasta que se sienta un movimiento de sacudida.
   (B) Acelerar suavemente para no dañar el acoplamiento.
   (C) Acelerar rápidamente cuando hay poca tracción.
   (D) Todas las anteriores.

___11. Cuando arranca después de detenerse y sus ruedas de tracción comienzan a girar, ¿qué debe hacer?
   (A) Aplicar los frenos.   (C) Apagar el motor.
   (B) Sacar el pie del acelerador. (D) Todas las anteriores.

___12. ¿Cómo debe sostener el volante?
   (A) Puede poner las manos en cualquier parte el volante.
   (B) Con las dos manos cerca de la parte inferior del volante.
   (C) Con las manos a las 3 y las 9 del reloj.
   (D) Con las manos a las 12 y las 6 del reloj.

_____13. ¿Cómo debe ajustar su velocidad cuando llueve o nieva?
  (A) En nieve fuerte, mantenga su velocidad constante.
  (B) En camino mojado, maneje con precaución.
  (C) Conceda más tiempo para detenerse, porque se tardará más y será más difícil no patinar al dar una vuelta.
  (D) Todas las anteriores.

_____14. El hidroplanaje:
  (A) Ocurre cuando agua o salpicaduras forman una película entre las llantas y el camino.
  (B) Puede ocurrir a cualquier velocidad.
  (C) Es más probable que ocurra cuando la presión de las llantas es baja.
  (D) Todas las anteriores.

_____15. De noche, siempre debe:
  (A) Vigilar los vehículos que se acercan.
  (B) Verificar que su distancia de frenado está al alcance de su vista.
  (C) Manejar más rápidamente con las luces bajas que con las altas.
  (D) Todas las anteriores.

_____16. ¿Qué puede producir una patinada?
  (A) La aceleración excesiva.   (C) No usar los frenos.
  (B) Dar una vuelta muy lentamente.   (D) Todas las anteriores.

_____17. Para corregir un patinazo por aceleración de las llantas de tracción, debe:
  (A) Contravolantear.
  (C) Meter los frenos.
  (B) Aplicar más fuerza al volante.
  (D) Dejar de acelerar y meter el embrague.

_____18. ¿Cómo corrige una patinada de los frenos de las llantas traseras?
  (A) Se gira en el sentido de la patinada.
  (B) No se frena, se gira rápidamente y se contravolantea.
  (C) Se desliza lateralmente y se detiene.
  (D) Se desliza lateralmente y se da un giro.

_____19. Los retardadores:
  (A) Ofrecen frenado de emergencia.
  (B) Aplican fuerza de frenado adicional en los ejes que no son de tracción.
  (C) Ayudan a detener el vehículo y reducir el desgaste de los frenos.
  (D) Evitan los patinazos.

_____20. Cuando se usan retardadores, ¿cuál es la principal preocupación?
  (A) Causan mayor desgaste en los frenos.
  (B) Pueden hacer que las llantas de impulso patinen cuando hay poca tracción.
  (C) Su uso es ilegal en algunas autopistas.
  (D) Pueden hacer que fallen los frenos del eje de dirección.

_____21. Al manejar, debe mirar al frente:
  (A) 1 a 3 segundos.   (C) 12 a 15 segundos.
  (B) 6 a 9 segundos.   (D) 20 a 25 segundos.

____22. Cuando viaja a velocidad crucero, debe ver hacia adelante:
    (A) ⅛ de milla.   (C) ¼ de milla.
    (B) 1/32 de milla.   (D) 1/10 de milla.

____23. Debe vigilar los espejos para ver:
    (A) La situación de la cola de su vehículo en una vuelta.
    (B) La condición de algunas de sus llantas.
    (C) Las brechas del tráfico al incorporarse.
    (D) Todas las anteriores.

____24. ¿Qué es importante recordar acerca del uso de los espejos?
    (A) Aunque se usen espejos, puede haber "puntos ciegos".
    (B) Debe ver los espejos dos veces antes de hacer un cambio de carril.
    (C) Los espejos convexos hacen que los objetos se vean más cercanos.
    (D) Hay que mirar el espejo varios segundos cada vez.

____25. ¿Cuál enunciado es verdadero acerca de la direccional?
    (A) Apague la señal mientras da la vuelta.
    (B) Al dar una vuelta, advierta de antemano.
    (C) Use sus direccionales sólo cuando cambie de carril en tráfico pesado.
    (D) Todas las anteriores.

____26. ¿Cuál enunciado es verdadero acerca de las luces de su vehículo?
    (A) En el día, use las luces delanteras cuando llueva o nieve.
    (B) Destelle las luces de frenado para advertir a quienes vienen detrás que va a detenerse.
    (C) Encienda las luces cuando se estacione al lado del camino.
    (D) Todas las anteriores.

____27. ¿Cuál enunciado es verdadero acerca de cómo señalar un vehículo detenido?
    (A) Si se detiene más de 10 minutos, ponga triángulos reflejantes a 10, 100 y 200 pies del vehículo.
    (B) Tenga prendidas las luces de cola.
    (C) Coloque un triángulo tras una colina que impide que el tráfico vea su vehículo antes de 250 pies.
    (D) No use las luces intermitentes de cuatro vías a la luz del día.

____28. No use la bocina porque:
    (A) No es buena manera de informar a los demás dónde se encuentra.
    (B) Puede sobresaltar a otros manejadores.
    (C) Consume presión de aire de los frenos.
    (D) Todas las anteriores.

____29. ¿Qué efecto tienen en la distancia de frenado la velocidad y el peso?
    (A) Los camiones vacíos tienen una distancia de frenado más corta.
    (B) Al duplicar la velocidad, se triplica la distancia de frenado.
    (C) Cuanto más pesado es el vehículo, más tienen que detener los frenos.
    (D) Todas las anteriores.

____30. ¿Quién es responsable de ver que la carga no es excesiva?
    (A) El conductor.   (C) El embarcador.
    (B) Funcionarios estatales y federales.   (D) Todas las anteriores.

——31. ¿Por qué debe cubrir la carga?
    (A) Lo exigen leyes federales y estatales.
    (B) Para proteger la carga y evitar que se caiga o derrame.
    (C) Son especificaciones del Departamento de Transporte.
    (D) Todas las anteriores.

——32. ¿Qué es importante conocer acerca de la estiba de la carga?
    (A) Verificar que la carga es baja y uniforme.
    (B) Poner las cargas más ligeras hacia la parte posterior.
    (C) Cuanto más elevado sea el centro de gravedad, más segura está la carga.
    (D) Todas las anteriores.

——33. En la vía libre durante las horas pico en las que la mayoría de los coches viajan a 35 millas por hora, la velocidad más segura de su vehículo es
    (A) 20 millas por hora.
    (B) 25 millas por hora.
    (C) 35 millas por hora.
    (D) 45 millas por hora.

——34. Cuando tenga a alguien pegado atrás, debe:
    (A) Aumentar el espacio frente a usted.
    (B) Acelerar.
    (C) Desacelerar.
    (D) Destellar sus luces de cola.

——35. En tiempo cálido, sus llantas
    (A) Pueden enfriarse manejando, si están demasiado calientes.
    (B) Disminuyen su presión a medida que aumenta el calor.
    (C) Deben ser inspeccionadas cada 150 millas o tres horas.
    (D) Todas las anteriores.

——36. Si su motor comienza a calentarse en exceso, ¿qué se debe hacer?
    (A) Detener el vehículo y levantar la capota.
    (B) Terminar el viaje y verificar el motor.
    (C) Deténgase a la mayor brevedad y apague el motor.
    (D) Mantenga en marcha el motor.

——37. Cuando desciende por una colina empinada, ¿cómo debe usar los frenos?
    (A) Bombear los frenos ligeramente.
    (B) Bombear los frenos con mucha presión.
    (C) Aplicar mucha presión que se incrementa a media que se desciende.
    (D) Presión ligera, uniforme y constante.

——38. ¿Cuál es el significado de los triángulos rojos con un centro anaranjado que se ponen en la parte posterior del vehículo?
    (A) Este vehículo es de emergencia.
    (B) El vehículo se mueve lentamente.
    (C) El conductor es un estudiante.
    (D) La carga del vehículo es peligrosa.

——39. Para evitar un choque, debe:
    (A) Volantear con una mano y cambiar de velocidad con la otra.
    (B) Aplicar los frenos al tiempo que volantea y da la vuelta.
    (C) No girar nada más que lo necesario para evitar el choque.
    (D) No contravolantear.

____40. Contravolantear significa:
(A) Girar el volante en sentido contrario a las agujas del reloj.
(B) Girar el volante varias veces a un lado y otro.
(C) Girar el volante más de lo necesario.
(D) Girar el volante de regreso a la dirección opuesta, una vez que se ha librado un obstáculo en el camino.

____41. Si un vehículo que se aproxima ingresa a su carril en una vía de doble sentido, ¿qué debe hacer?
(A) Esquivar el vehículo a la izquierda, cambiando lugares.
(B) Conservar su posición hasta que lo vean.
(C) Frenar con fuerza.
(D) Girar el volante a la derecha para evitar el vehículo.

____42. ¿Cuándo puede usar los frenos si debe salir del camino en una emergencia?
(A) Sólo cuando sienta que su vehículo comienza a ladearse.
(B) Cuando su velocidad caiga a unas 20 millas por hora.
(C) Tan pronto como sea posible.
(D) Cuando una llanta esté todavía en el pavimento.

____43. Si está en el recodo derecho a 55 millas por hora, ¿cuál es la forma más segura de entrar a la carretera?
(A) Mantenerse en el recodo si está libre y detenerse. Luego, volver al camino cuando sea seguro.
(B) Frenar con fuerza y mover enérgicamente el volante hacia la carretera.
(C) Conservar la velocidad y entrar suavemente al camino.
(D) Contravolantear.

____44. ¿Qué es el frenado controlado?
(A) Oprimir ligeramente los frenos.
(B) Atorar los frenos un instante.
(C) Mantenga el vehículo en línea recta mientras frena.
(D) Todas las anteriores.

____45. Si los frenos hidráulicos fallan, ¿qué debe hacer?
(A) Tratar de bombear los frenos para generar presión.
(B) Cambiar a una velocidad más baja.
(C) Usar el freno de estacionado.
(D) Todas las anteriores.

____46. El o los signos de falla de las llantas son:
(A) Un tronido fuerte.
(B) Volanteo pesado.
(C) Vibración.
(D) Todas las anteriores.

____47. Si se revienta una llanta delantera en una autopista llana a 50 millas por hora, ¿qué debe hacer primero?
(A) Salir rápidamente al recodo.
(B) Contravolantear.
(C) No aplicar el freno hasta que el vehículo pierda velocidad.
(D) Oprimir con fuerza los frenos.

____48. ¿Cuál enunciado es verdadero acerca de la marcha en reversa?
(A) Debe recurrir a auxiliares.
(B) Marche en reversa hacia el lado del conductor siempre que pueda escoger.
(C) Evite la marcha en reversa siempre que sea posible.
(D) Todas las anteriores.

_____49. ¿Cuál enunciado es verdadero acerca del doble embrague y el cambio de velocidades?
    (A) Use su tacómetro y la velocidad en carretera para decidir cuándo cambiar.
    (B) Recurra al doble embrague sólo en caminos resbaladizos.
    (C) Si se salta una velocidad al cambiar ascendentemente, detenga su vehículo.
    (D) Recurra al doble embrague sólo con carga pesada.

_____50. ¿Qué es importante al bajar de velocidad?
    (A) Bajar de velocidad después de descender una pendiente.
    (B) Bajar de velocidad antes de entrar en una curva.
    (C) Al hacer doble embrague, dejar que las rpm del motor disminuyan mientras la palanca de cambios está en neutral y el clutch está liberado.
    (D) Todas las anteriores.

_____51. En un patinazo de las llantas delanteras, ¿qué hace el vehículo?
    (A) Avanza en línea recta, aunque se mueva la dirección.
    (B) Comienza a girar.
    (C) Gira si se aplican los frenos.
    (D) Gira si se acciona la dirección.

_____52. ¿Qué puede producir fuego en un camión?
    (A) Llantas con presión baja.
    (B) Corto circuito.
    (C) Carga inflamable.
    (D) Todas las anteriores.

_____53. Se usan los extintores B:C en:
    (A) Líquidos encendidos y fuegos eléctricos.
    (B) Fuegos de maderas y papeles.
    (C) Fuegos de telas.
    (D) Todas las anteriores.

_____54. Los extintores A:B:C se usan en:
    (A) Líquidos encendidos y fuegos eléctricos.
    (B) Fuegos de maderas y papeles.
    (C) Fuegos de telas.
    (D) Todas las anteriores.

_____55. ¿En qué tipo de fuegos se puede usar agua?
    (A) Fuegos eléctricos.
    (B) Fuegos por gasolina.
    (C) Fuegos de llantas.
    (D) Todas las anteriores.

Autoverificación. Respuestas a las preguntas de repaso de conocimientos generales

Verdadero/Falso	36. V	72. F	21. C
1. F	37. V	73. F	22. C
2. F	38. F	74. F	23. D
3. V	39. F	75. V	24. A
4. F	40. F	76. V	25. B
5. V	41. V	77. F	26. D
6. V	42. F	78. F	27. A
7. F	43. V	79. V	28. B
8. V	44. V	80. F	29. C
9. V	45. F	81. F	30. A
10. F	46. V	82. F	31. B
11. V	47. V	83. V	32. A
12. V	48. F	84. V	33. C
13. F	49. V	85. F	34. A
14. V	50. V		35. C
15. V	51. F	**Opción múltiple**	36. C
16. F	52. F	1. A	37. D
17. F	53. V	2. D	38. B
18. F	54. V	3. D	39. C
19. V	55. F	4. D	40. D
20. V	56. F	5. D	41. D
21. F	57. V	6. A	42. B
22. V	58. F	7. D	43. A
23. F	59. V	8. D	44. C
24. F	60. V	9. B	45. D
25. V	61. V	10. B	46. D
26. V	62. F	11. B	47. C
27. V	63. F	12. C	48. D
28. V	64. V	13. C	49. A
29. V	65. V	14. D	50. B
30. F	66. V	15. B	51. A
31. V	67. F	16. A	52. D
32. F	68. V	17. D	53. D
33. V	69. V	18. B	54. D
34. V	70. V	19. C	55. C
35. F	71. V	20. B	

Repaso final de los exámenes para los permisos de la CDL

En este capítulo ofrecemos varias preguntas de repaso para ayudarlo a prepararse para los exámenes de los permisos. No son las mismas preguntas que los exámenes, pero son semejantes a las que verá en los exámenes escritos. Si quiere, escriba las respuestas junto a cada pregunta o use otra hoja de papel con las respuestas junto al número correspondiente a cada pregunta. Así, puede repetir estos exámenes varias veces, si lo considera necesario.

Preguntas de repaso para el permiso de frenos de aire

Cada uno de los siguientes enunciados es verdadero o falso. Anote sus respuestas en los espacios en blanco y compruébelas con la clave al final del capítulo.

_____ 1. Abanicar los frenos de aire aumenta la presión del aire.

_____ 2. Aun si el compresor de aire deja de funcionar, debe tener presión de aire almacenada en los tanques.

_____ 3. La válvula de alivio del sistema de seguridad de los frenos de aire se abre a 60 psi.

_____ 4. Si la válvula de alivio del sistema de seguridad de los frenos de aire se abre un par de veces, debe mandar a reparar su sistema.

_____ 5. Cuando los frenos están calientes, no debe poner el freno de estacionado.

_____ 6. Los frenos de resorte deben activarse automáticamente si se bombea la presión de aire hasta que baje a 60 psi.

_____ 7. Cuando el dispositivo de advertencia de baja presión de aire se enciende, no debe hacer nada hasta que llegue a una gasolinería.

_____ 8. La válvula de escape se llama también válvula de protección del tractor.

_____ 9. Cuando sus frenos están desajustados, será escasa su potencia en los frenos de servicio, estacionado y emergencia.

_____10. Los frenos de resorte no son afectados por la presión del aire.

_____11. Los frenos de aire de los vehículos más grandes tienen frenos de resorte como parte del sistema de emergencia y estacionado.

_____12. El freno de mano del remolque también sirve para estacionado.

_____13. Si tiene una válvula de control de limitación del freno delantero, debe estar en posición "normal" en todas las condiciones del camino.

_____14. El sistema de los frenos de servicio comprende la bomba y las válvulas de verificación que conservan la presión en los tanques de aire.

_____15. En un sistema de freno único que tiene un sistema de aire cargado completamente, la presión del aire no debe bajar más de cinco psi por minuto después de la caída inicial.

____16. Los frenos de tambor o de disco no deben tener grietas de más de la mitad del ancho de la zona de fricción.

____17. Los ajustadores automáticos de tensión nunca necesitan ajuste.

____18. El código de color del control manual los frenos de servicio es el azul.

____19. Hay que ajustar el sistema de freno único del vehículo si el regulador se detiene entre 100 y 125 psi.

____20. El código de color del control manual de los frenos de emergencia es el azul.

____21. Salvo si tiene un sistema doble de aire, los frenos de resorte se activarán si se rompen las líneas de aire de los frenos de emergencia.

____22. Salvo si tiene un sistema doble de aire, los frenos de resorte se activarán si se rompen las líneas de aire de los frenos de servicio.

____23. Para ajustar el ajustador automático, debe aplicar siempre los frenos de servicio y de estacionado.

____24. Para probar los frenos en un sistema de aire único, encienda el motor y déjelo en neutro rápido para cargar el sistema de aire: verá un aumento en la presión de 50 a 90 psi en tres minutos.

____25. Al probar los frenos en un sistema doble, se arranca el motor y se deja correr en neutral para cargar el sistema de aire. Se observa un incremento en la presión de 85 a 100 psi en 45 segundos.

Los siguientes enunciados son de opción múltiple. Anote sus respuestas en el espacio en blanco y luego compruébelas con la clave al final del capítulo.

____ 1. Los frenos de aire tardan más en activarse que los frenos hidráulicos porque:
(A) El aire tarda más en fluir por las líneas.
(B) Los frenos de aire usan otro tipo de tambor.
(C) Los frenos de aire están más lejos de las ruedas.
(D) Un sistema de frenos de aire se compone de varios sistemas.

____ 2. ¿Por qué la distancia de frenado de los frenos de aire es mayor que con los frenos hidráulicos?
(A) Por el tiempo de reacción.
(B) Por la distancia de demora de freno.
(C) Por la distancia efectiva de frenado.
(D) Todas las anteriores.

____ 3. ¿Qué influye en la potencia de los frenos de resorte?
(A) La condición de los frenos de emergencia.
(B) El ajuste de los frenos de resorte garantiza la potencia.
(C) Las condiciones climáticas.
(D) La condición de los frenos de estacionado.

____ 4. Cuando el conductor pisa el pedal del freno, ¿qué sistema aplica y libera los frenos?
(A) De estacionado.   (C) Doble.
(B) De servicio.   (D) De emergencia.

____ 5. Los frenos de aire modernos están compuestos de una combinación de frenos de servicio, estacionado y _____.
(A) Mano.   (C) Tambor.
(B) Emergencia.   (D) Doble.

___ 6. ¿Qué controla el regulador del compresor de aire?
   (A) La presión de aire aplicada a los frenos.
   (B) La velocidad del compresor de aire.
   (C) La liberación de presión de la cámara del freno.
   (D) El aire bombeado en los tanques.

___ 7. Hay que purgar el agua de los tanques de aire a presión porque:
   (A) El agua mezclada con aceite puede hacer que se resbalen los frenos.
   (B) El agua enfría en exceso al compresor.
   (C) El agua inunda el aceite del compresor.
   (D) El agua puede congelarse y hacer que fallen los frenos.

___ 8. En tiempo frío, ¿qué debe hacer con un evaporador de alcohol?
   (A) Quitar el alcohol.
   (B) Verificar que el alcohol no tenga aceite.
   (C) Verificar y llenar el nivel del alcohol.
   (D) Limpiar el filtro de aire del evaporador.

___ 9. En un sistema de frenos de aire, el pedal del freno:
   (A) Conecta el amortiguador.
   (B) Controla la presión del aire aplicada a los frenos.
   (C) Une los sistemas de frenos de servicio y estacionado.
   (D) Une los sistemas de frenos de estacionado y emergencia.

___10. ¿Qué tienen todos los vehículos equipados con frenos de aire?
   (A) Un indicador del suministro de presión de aire.
   (B) Un sistema hidráulico.
   (C) Por lo menos un calentador de frenos.
   (D) Un indicador de uso del aire.

___11. El indicador del suministro de presión de aire señala:
   (A) La presión que pasa a la cámara de los frenos.
   (B) Cuánto aire se ha usado en el viaje.
   (C) La presión en el tanque de aire.
   (D) La cantidad de aire que puede contener el tanque.

___12. El objetivo de las válvulas de doble control de estacionado es:
   (A) Equilibrar la presión de los frenos.
   (B) Utilizar el sistema de frenos de servicio al estacionarse.
   (C) Equilibrar la potencia de estacionado.
   (D) Liberar los frenos de resorte en una emergencia.

___13. En un descenso prolongado, ¿cómo se sabe que los frenos están desapareciendo?
   (A) Se comienzan a oír ruidos chirriantes al aplicar los frenos.
   (B) Hay que presionar más para controlar la velocidad.
   (C) Los frenos no se enfrían lo suficiente entre aplicaciones.
   (D) Todas las anteriores.

___14. ¿Cómo se verifica el juego libre de los ajustadores manuales en los frenos de leva en S?
   (A) Se estaciona en piso horizontal y se pone el freno de emergencia.
   (B) Se estaciona en piso horizontal, se calzan las ruedas con cuñas y se cierran los frenos de estacionado.
   (C) Se pone el freno de estacionado, se purga el aire de los frenos de servicio.
   (D) Se estaciona en una pendiente y se ponen sólo los frenos de emergencia.

___15. ¿Qué señala el indicador de presión de aplicación?
   (A) La presión de los tanques de aire.
   (B) La cantidad de aire en los tanques.
   (C) Cuánta presión de aire se aplica a los frenos.
   (D) La presión aplicada al pedal del freno.

___16. La luz de advertencia de presión de aire debe encenderse antes de que la presión caiga por abajo de:
   (A) 60 psi.   (C) 30 psi.
   (B) 90 psi.   (D) 100 psi.

___17. ¿Qué retiene los frenos de resorte?
   (A) Presión hidráulica.   (C) Resortes.
   (B) Presión de aire.   (D) Fuerza centrífuga.

___18. Si hay una fuga en el sistema de frenos de aire, los frenos de emergencia o estacionado sólo se mantienen en posición mediante:
   (A) Presión del resorte.   (C) Presión del pie.
   (B) Presión hidráulica.   (D) Fuerza centrífuga.

___19. Con el motor apagado y los frenos de servicio liberados, el sistema de frenos de aire de un camión compacto no debe tener fugas a una tasa mayor que:
   (A) 0 psi por minuto.   (C) 2 psi por minuto.
   (B) 1 psi por minuto.   (D) 3 psi por minuto.

___20. Se tiene un problema si al probar los frenos de servicio se observa que:
   (A) Hay una sensación inusual.
   (B) El vehículo tira para un lado.
   (C) La acción de frenado está retardada.
   (D) Todas las anteriores.

___21. ¿En qué eje o ejes opera el sistema doble de frenos de aire?
   (A) Eje trasero.   (C) El remolque.
   (B) Eje delantero.   (D) Todos los ejes.

___22. ¿Qué debe hacerse si falla el sistema secundario de un vehículo equipado con frenos de aire dobles?
   (A) Llevar el vehículo a una parada segura y mandar arreglar el sistema.
   (B) Aminorar la marcha y seguir usando el sistema primario.
   (C) Manejar al taller más próximo para hacer las reparaciones.
   (D) Avanzar hasta el siguiente lugar de parada conveniente.

___23. Cuando se verifica que los frenos de resorte se activen automáticamente, el pomo o perilla del freno de estacionado debe saltar al:
   (A) Encender el camión.
   (B) Bajar la presión de aire entre 20 y 40 psi.
   (C) Pisar el pedal del freno.
   (D) Todas las anteriores.

___24. Durante un alto de emergencia, ¿cómo se debe frenar?
   (A) Con toda la potencia de los frenos de emergencia y servicio.
   (B) De manera que sea posible volantear y mantenerse en línea recta.
   (C) Siempre con fuerza y rapidez.
   (D) Con una presión constante en los frenos.

———25. El frenado de emergencia por intentos consiste en:
    (A) Lo mismo que el frenado controlado.
    (B) Meter los frenos con firmeza sin trabar las ruedas.
    (C) Frenar repetidamente hasta que se traben las ruedas y entonces liberar la presión.
    (D) Frenar suavemente varias veces consecutivas.

———26. ¿Por qué el frenado controlado o por intentos es mejor que una presión ligera y breve del pedal en los descensos prolongados?
    (A) La presión constante funciona mejor con un vehículo que está en una velocidad baja.
    (B) El consumo de aire es menor con el frenado controlado o por intentos.
    (C) La presión ligera calienta los frenos.
    (D) Todas las anteriores.

———27. Cuando se enciende la advertencia de baja presión, hay que:
    (A) Detenerse y estacionarse lo antes posible.
    (B) Proseguir hasta el destino.
    (C) Aplicar los frenos de estacionado o emergencia para detenerse.
    (D) Golpetear el indicador de presión de aire para ver si funciona.

———28. ¿Cuándo se pone el freno de estacionado en un vehículo equipado con frenos de aire?
    (A) Sólo al estacionarse en una colina.
    (B) Sólo en una emergencia.
    (C) Cada vez que se estacione.
    (D) Para inspeccionar los frenos de servicio.

———29. Si no se hace automáticamente en su vehículo, ¿con qué frecuencia debe purgar los tanques de aire?
    (A) Cada vez que se detenga más de 10 minutos.
    (B) Al final de cada día de manejo.
    (C) Con cada dos horas de manejo.
    (D) Por lo menos una vez al mes.

Preguntas de repaso del permiso de vehículos de combinación, dobles y triples

Cada uno de los siguientes enunciados es verdadero o falso. Anote sus respuestas en los espacios en blanco y compruébelas con la clave al final del capítulo.

——— 1. El soporte del dolly lleva las líneas de aire.
——— 2. Es imposible verificar si está cargado todo el sistema de frenos de un triple.
——— 3. Los triples tienen la mayor amplificación hacia atrás.
——— 4. El primer paso para acoplar es meter los frenos del remolque.
——— 5. Para terminar el proceso de acoplamiento, comience en la velocidad más alta y baje hasta la velocidad descanso.
——— 6. Los remolques dobles y triples deben ser inspeccionados cuidadosamente porque tienen más partes.
——— 7. Es posible tener una fuga de aire en las líneas de servicio si la manija en la línea azul no tiene un sello.

____ 8. El desacoplamiento es mucho más fácil si estaciona el remolque en ángulo.

____ 9. Cuando termina el acoplamiento, siempre se verifica que no quede una parte floja en las líneas de aire.

____10. Para evitar volcaduras, se verifica que la carga es baja y está centrada entre los lados del remolque.

____11. Un convertidor dolly debe ser tratado como un eje con una quinta rueda y puede tener su propio tanque de aire.

____12. Los frenos no funcionarán en absoluto si se cruzan las líneas de aire en un nuevo remolque equipado con frenos de resorte.

____13. La válvula de protección del tractor debe cerrar automáticamente cuando se reduce la presión a 60 psi.

____14. Se puede verificar el sistema de frenos de emergencia del remolque si se cargan los frenos y se mete el pomo redondo azul.

____15. Para dar una vuelta correcta a la derecha con un vehículo largo, debe tomarse otro carril para no golpear la banqueta.

____16. Al acoplar dobles, lo mejor es llevar hacia atrás el convertidor dolly bajo el segundo remolque.

____17. En los remolques dobles o triples se encuentran válvulas de apagado sólo en las líneas de aire de emergencia.

____18. Uno puede lastimarse si suelta el gancho de perno cuando el convertidor dolly todavía está bajo el remolque.

____19. Se pueden probar los frenos de servicio del remolque jalando el pomo rojo de ocho lados.

____20. Para verificar que las líneas de aire no están cruzadas, hay que apagar la máquina, aplicar y liberar los frenos del remolque con la válvula manual y escuchar movimientos de los frenos o escape de aire.

____21. Se tienen problemas cuando se dobla una esquina y las ruedas del remolque siguen un camino distinto que las ruedas del tractor.

____22. Se sueltan los frenos del remolque si el vehículo comienza a patinar.

____23. Al acoplar dobles, no hay nada que pueda hacerse si el segundo remolque no tiene frenos de resorte.

____24. Hay que verificar los peligros del trayecto antes de comenzar el acoplamiento.

____25. Es posible causar un daño en el tren de aterrizaje si retrocede bajo el remolque en ángulo.

Los siguientes enunciados son de opción múltiple. Anote sus respuestas en el espacio en blanco y luego compruébelas con la clave al final del capítulo.

____ 1. Al manejar dobles o triples, ¿qué debe recordarse acerca de ver adelante?
   (A) Dar más distancia de seguimiento.
   (B) Mirar adelante para aminorar la velocidad gradualmente.
   (C) Mirar adelante aumenta la seguridad del manejador.
   (D) Todas las anteriores.

____ 2. Para mantener la seguridad al arrastrar un doble o triple, se debe:
   (A) Tener especial cuidado con mal tiempo y en los caminos de montaña.
   (B) Estar listo para paradas de último minuto.
   (C) Observar sólo las luces de frenado del vehículo de enfrente.
   (D) Todas las anteriores.

_____ 3. Para evitar una volcadura, se sitúa la carga lo más cerca del suelo que sea posible y:
   (A) Se volantea y se aplican los frenos en las curvas.
   (B) Se verifica que los frenos funcionen adecuadamente.
   (C) Se reduce la velocidad en las curvas.
   (D) Se inflan las llantas apropiadamente.

_____ 4. ¿Por qué es más difícil detener los tractores de "cola recortada"?
   (A) La parte posterior del vehículo es menor.
   (B) El vehículo es más ligero.
   (C) Hay menos llantas para detener el tractor.
   (D) Hay menos sistemas de frenos.

_____ 5. En un vehículo de combinación, para detener un coleado:
   (A) Se frena con fuerza.
   (B) No se usa el freno de mano del remolque.
   (C) Se gira el volante en dirección opuesta al patinazo.
   (D) Todas las anteriores.

_____ 6. Ocurre una descarrilada:
   (A) Cuando las ruedas traseras siguen una trayectoria distinta que las delanteras.
   (B) Cuando se quitan los ejes del tractor.
   (C) Cuando un conductor no consigue mantener las ruedas en el carril.
   (D) Cuando por error no se lleva el registro de las horas y millas de manejo.

_____ 7. Al jalar un doble de 100 pies a 30 millas por hora, cuántos segundos de espacio debe dejar entre usted y el vehículo siguiente?
   (A) Por lo menos dos segundos.
   (B) Por lo menos cinco segundos.
   (C) Por lo menos siete segundos.
   (D) Por lo menos 10 segundos.

_____ 8. Al jalar un triple de 100 pies a 50 millas por hora, cuántos segundos de espacio debe dejar entre usted y el vehículo siguiente?
   (A) Por lo menos dos segundos.
   (B) Por lo menos cinco segundos.
   (C) Por lo menos 11 segundos.
   (D) Por lo menos 15 segundos.

_____ 9. Cuando las ruedas del remolque de un doble patinan, ¿qué es probable que ocurra?
   (A) El remolque se inclinará.
   (B) El remolque coleará.
   (C) Los frenos chirriarán
   (D) Las ruedas delanteras del tractor patinarán.

_____ 10. ¿Cuál de los siguientes enunciados es verdadero acerca de los volanteos rápidos con dobles y triples?
   (A) Siempre se usa un frenado por intentos en el volanteo rápido.
   (B) Los dobles y triples se empinan con facilidad si se volantea rápidamente.
   (C) El contravolanteo es más fácil con dobles y triples.
   (D) Ninguna de las anteriores.

___11. Al manejar dobles y triples, ¿cuál de las siguientes afirmaciones es la correcta?

(A) El remolque de cola de un triple tiene menos probabilidades de ladearse que un doble.

(B) La amplificación hacia atrás evita el efecto del latigazo.

(C) Un volanteo repentino puede hacer que el remolque de cola se ladee.

(D) Todas las anteriores.

___12. Se necesita _____ más distancia de frenado al detener una combinación a 40 millas por hora que a 20 millas por hora.

(A) Tres veces.   (C) Ocho veces.

(B) Cuatro veces.   (D) 10 veces.

___13. Cuando se aplican los frenos de emergencia en dobles y triples, ¿qué debe hacerse?

(A) Usar sólo los frenos del tractor.

(B) Frenar con fuerza.

(C) Aplicar un frenado controlado o por intentos.

(D) Recurrir al frenado de cierre y volanteo.

___14. El suministro de aire del remolque:

(A) Controla el suministro de aire del tractor.

(B) Controla el suministro de aire de la válvula de protección.

(C) Provee de aire al remolque.

(D) Provee de aire al control del tractor.

___15. La línea de aire de servicio:

(A) Controla los frenos de aire del tractor.

(B) Controla el suministro de aire.

(C) Lleva aire a los frenos del tractor.

(D) Lleva aire a los frenos del remolque.

___16. ¿De qué color son los acopladores de las líneas de emergencia?

(A) Rojo.   (C) Azul.

(B) Amarillo.   (D) Negro.

___17. ¿Por qué deben conectarse los acopladores de las mangueras?

(A) Para mantener un suministro de aire constante.

(B) Para evitar que se introduzcan agua y tierra a las líneas.

(C) Para que no se sequen los sellos de goma.

(D) Ninguna de las anteriores.

___18. ¿Qué pasa cuando se cruzan las líneas de aire de un remolque viejo sin frenos de resorte?

(A) El pedal del freno no funcionará.

(B) No será posible encender el vehículo.

(C) La válvula manual accionará los frenos del remolque cuando se apliquen los frenos de aire.

(D) Es posible manejar, pero sin frenos en el remolque.

___19. ¿Por qué tantos remolques construidos antes de 1975 no tienen frenos de estacionado?

(A) No tienen frenos de aire.

(B) No tienen frenos de resorte.

(C) Usan los frenos de emergencia para estacionado.

(D) En ese entonces no había válvulas de apagado.

_____20. Si la línea de aire de servicio se separa pero la línea de emergencia está bien, ¿qué ocurre enseguida?
   (A) Lo mismo que cuando hay una fuga en la línea de emergencia.
   (B) Los frenos de emergencia del remolque se accionan inmediatamente.
   (C) No es probable que pase nada hasta que se pisen los frenos.
   (D) Los frenos de emergencia del tractor se activarán.

_____21. Hay que engrasar siempre la quinta rueda porque:
   (A) Facilita el acoplamiento.
   (B) Facilita el desacoplamiento.
   (C) Evita problemas de dirección.
   (D) Previene la herrumbre y la corrosión.

_____22. ¿Qué debe hacerse antes de acoplar el tractor?
   (A) Verificar que el remolque y el tractor están alineados.
   (B) Calzar con cuñas las ruedas del remolque.
   (C) Conectar las líneas de aire de servicio y emergencia.
   (D) Ninguna de las anteriores.

_____23. En el acoplamiento, ¿dónde debe alinearse el tractor?
   (A) Enfrente del perno maestro.
   (B) Ligeramente a la derecha del remolque.
   (C) Directamente en frente del remolque.
   (D) Ninguna de las anteriores.

_____24. En el acoplamiento, el remolque está a la altura correcta si:
   (A) La parte superior del perno maestro está al nivel de la parte superior de la quinta rueda.
   (B) El perno maestro está dos pulgadas arriba del nivel de la quinta rueda.
   (C) El tren de aterrizaje del remolque está totalmente extendido.
   (D) El remolque se eleva ligeramente cuando se conecta el remolque.

_____25. Durante el acoplamiento, ¿cómo se cierran los frenos del remolque antes de retroceder debajo de éste?
   (A) Se oprime el pomo del suministro de aire.
   (B) Se saca el pomo del suministro de aire.
   (C) Se aplican los frenos de aire.
   (D) Ninguna de las anteriores.

_____26. ¿Qué debe hacerse para verificar que el perno maestro y la conexión de la quinta rueda estén seguros?
   (A) Adelantar lentamente con los frenos del remolque cerrados.
   (B) Retroceder lentamente.
   (C) Avanzar y volantear a derecha e izquierda.
   (D) Avanzar bruscamente.

_____27. Al terminar el acoplamiento, ¿cuánto espacio debe quedar entre las partes superior e inferior de la quinta rueda?
   (A) Aproximadamente una pulgada.
   (B) Por lo menos dos pulgadas.
   (C) ⅛ de pulgada.
   (D) Ningún espacio.

____28. ¿Qué se hace cuando la palanca de cierre de la quinta rueda está casi en posición de cierre pero no ajusta?
   (A) Pida que la reparen antes de manejar.
   (B) No es ningún problema: la palanca no es más que una precaución de seguridad.
   (C) Insistir con la palanca.
   (D) Ninguna de las anteriores.

____29. Después de acoplar el tractor, no hay que moverse hasta que se jala el pomo del suministro de aire y:
   (A) Se escucha un ruido fuerte.
   (B) esperar hasta que la presión del aire sea normal.
   (C) La válvula de protección del tractor.
   (D) Se enjuaga toda la humedad del sistema.

____30. Después del acoplamiento, se sabe que las líneas de aire no están cruzadas porque:
   (A) Al bombear los frenos se escucha su movimiento y escape de aire.
   (B) El tractor se mueve fácilmente atrás y adelante.
   (C) Salta la válvula de protección del tractor.
   (D) Todas las anteriores.

____31. Cuando el motor y los frenos no están activos, la tasa de fuga de aire en los vehículos de combinación debe ser de menos de:
   (A) 0 psi por minuto.
   (B) 3 psi por minuto.
   (C) 6 psi por minuto.
   (D) Ninguna de las anteriores.

____32. La tasa máxima de fuga en un vehículo combinado con el motor apagado y los frenos metidos es de:
   (A) 1 psi por minuto.
   (B) 2 psi por minuto.
   (C) 4 psi por minuto.
   (D) 10 psi por minuto.

____33. Se usa la válvula manual del remolque:
   (A) Para probar los frenos del remolque.
   (B) Sólo cuando el remolque está totalmente cargado.
   (C) Para completar una parada de emergencia.
   (D) En combinación con el freno de pie.

____34. ¿Para qué se necesita una válvula de protección del tractor?
   (A) Se conserva el aire del tractor si el remolque se separa o tiene una fuga grave.
   (B) Protege de daños al tractor.
   (C) Es un respaldo del control de suministro de aire del remolque.
   (D) Todas las anteriores.

____35. La válvula de protección del tractor se cerrará automáticamente cuando:
   (A) Se mete el control del suministro de aire.
   (B) La presión del aire es baja (20 a 45 psi).
   (C) La presión del aire es demasiado alta (70 a 90 psi).
   (D) Los frenos de emergencia están activados.

___36. ¿Cómo se evita que el remolque se mueva al enganchar una combinación a un segundo remolque?
   (A) Se usan los frenos de emergencia del remolque.
   (B) Se usan los frenos de resorte del remolque.
   (C) Se usan cuñas para las ruedas.
   (D) Cualquiera de las anteriores funcionará.

___37. Al conectar dos o más remolques al tractor, el más pesado debe colocarse:
   (A) Al frente, junto al tractor.
   (B) Atrás, en último sitio.
   (C) No se conectan remolques que no sean del mismo peso.
   (D) Ninguna de las anteriores.

___38. ¿Cuál de las siguientes afirmaciones es verdadera acerca de los convertidores dollies?
   (A) Necesitan convertidores manuales.
   (B) Tienen poco poder de frenado porque son pequeños.
   (C) No tienen frenos de resorte.
   (D) Todas las anteriores.

___39. En el acoplamiento, al conectar un remolque a un convertidor dolly, ¿cuál es la altura correcta del remolque?
   (A) La mordida de cierre y la ceja del perno maestro deben estar a la misma altura.
   (B) Debe estar ligeramente más abajo que el centro de la quinta rueda.
   (C) El remolque debe estar más elevado que la parte superior del dolly.
   (D) La quinta rueda debe estar a la misma altura que el perno maestro.

___40. ¿Cómo se suministra aire a los tanques de aire del segundo remolque?
   (A) Se abre la válvula de cierre en la cola del primer remolque y se cierra la válvula en la cola del segundo.
   (B) Se abre la válvula de cierre de los dos remolques.
   (C) Se cierra la válvula de cierre de los dos remolques.
   (D) Ninguna de las anteriores.

___41. Después de acoplar dobles, para verificar que el aire llegó al último remolque:
   (A) Se abre la válvula manual y se escucha el aire.
   (B) Se mira el indicador del aire de cada remolque.
   (C) Se abre la válvula de cierre de la línea de emergencia en la cola del último remolque.
   (D) No hay manera de saberlo hasta que se empieza a manejar.

___42. ¿Qué pasará si se suelta el gancho de perno cuando el dolly todavía está debajo del remolque de cola?
   (A) El dolly puede retroceder.
   (B) La barra de arrastre del dolly puede saltar.
   (C) Se encenderán las luces del freno.
   (D) Puede romperse el gancho de perno.

___43. Durante una inspección alrededor del vehículo, ¿cuál es la posición del gancho de perno y la válvula de purga de aire del dolly?
   (A) Abierto, libre.
   (B) Cerrado, libre.
   (C) Abierto, cerrada.
   (D) Cerrado, cerrada.

___44. ¿Qué debe oírse al inspeccionar los frenos del remolque en un doble, se apaga la válvula manual y se abre la válvula de la línea de servicio en la cola del aparejo?

(A) Un silbido agudo.

(B) Que se abre la válvula de protección del tractor.

(C) Aire que escapa de la válvula abierta.

(D) Nada en absoluto, si todo está en orden.

___45. Al probar los frenos de emergencia del remolque, se debe cargar el sistema de frenos de aire, verificar que el remolque ruede libremente y:

(A) Abrir las líneas de aire de los frenos de emergencia.

(B) Sacar el control del suministro de aire del remolque.

(C) Meter el control del suministro de aire del remolque.

(D) Ninguna de las anteriores.

___46. Después de activar el freno de mano, ¿cómo se verifican los frenos del remolque?

(A) Se hace subir la presión del aire hasta la medida normal.

(B) Se liberan los frenos de estacionado.

(C) Se avanza lentamente para ver si el vehículo aminora su velocidad.

(D) Todas las anteriores.

Preguntas de repaso del permiso de tanques cisterna

Cada uno de los siguientes enunciados es verdadero o falso. Anote sus respuestas en los espacios en blanco y compruébelas con la clave al final del capítulo.

___ 1. El faltante es peligroso.

___ 2. Las marcas de repetición de pruebas se estampan en el propio tanque.

___ 3. Para evitar las volcaduras con un tanque cisterna, debe acelerar en una curva.

___ 4. Un tanque con interior suave consiste en un tubo largo y hueco sin esquinas agudas.

___ 5. Como los tanques cisterna para líquidos tienen un centro de gravedad elevado, son difíciles de maniobrar.

___ 6. Los deflectores se localizan dentro de tanques cisterna que tienen aperturas arriba y abajo.

___ 7. Los deflectores eliminan la elevación lateral del líquido.

___ 8. La forma cilíndrica es la más estable para un tanque de líquidos.

___ 9. Una marca de segunda lectura de "12-01, P, V, L" indica que en diciembre de 2001 el tanque de carga recibió y pasó una prueba de presión, inspección y prueba visual externa e inspección de revestimientos.

___10. En caso de emergencia, las válvulas de paro cerrarán los tanques de la carga.

Los siguientes enunciados son de opción múltiple. Anote sus respuestas en el espacio en blanco y luego compruébelas con la clave al final del capítulo.

____ 1. ¿Por qué es necesario tener cuidado especial al transportar líquidos en tanques cisternas?
   (A) Porque el centro de gravedad es bajo.
   (B) Porque el centro de gravedad es alto.
   (C) Porque el centro de gravedad es ancho.
   (D) Porque el centro de gravedad es plano.

____ 2. Al salir de una vía libre con un tanque cisterna, se debe manejar a una velocidad menor que la indicada porque:
   (A) La velocidad indicada de salida puede ser demasiado elevada para la carga.
   (B) El tanque puede voltearse.
   (C) La elevación del líquido dificultará el manejo del vehículo.
   (D) Todas las anteriores.

____ 3. La elevación de un líquido en un tanque afecta el manejo pues:
   (A) Mueve el vehículo en la dirección de la elevación.
   (B) Facilita doblar las esquinas.
   (C) Aumenta la potencia del vehículo al bajar cuestas.
   (D) Hace que el tanque se desplace más lentamente.

____ 4. ¿Qué debe hacerse cuando se carga un tanque cisterna equipado con divisores?
   (A) Nada en particular.
   (B) Verificar la distribución del peso.
   (C) Vigilar el consumo de energía.
   (D) No conducir hasta que esté lleno.

____ 5. La ventaja de las divisiones de deflectores es que:
   (A) Habrá menos elevación lateral.
   (B) Habrá más elevación lateral.
   (C) Habrá menos elevación adelante atrás.
   (D) Habrá más elevación adelante atrás.

____ 6. Los deflectores en los tanques de carga líquida no evitan las elevaciones:
   (A) Descendentes.   (C) Atrás adelante.
   (B) Lado a lado.   (D) Dentro y fuera.

____ 7. ¿Qué puede ocurrir si al transportar líquidos se producen elevaciones de lado a lado?
   (A) Se sobrecalienta el motor.   (C) Falla de frenos.
   (B) Falla de llantas.   (D) Volcaduras.

____ 8. ¿Cuándo pueden ser muy peligrosos los tanques cisterna para líquidos con interior o alma suave?
   (A) Al arrancar y al detenerse.
   (B) Al manejar contra el viento.
   (C) Al cargar o descargar.
   (D) Al bajar una cuesta.

____ 9. ¿Por qué hay que conocer el faltante de la carga de su tanque cisterna?
   (A) Los líquidos se evaporan a velocidades diferentes.
   (B) Algunos líquidos se expanden más que otros cuando se calientan.
   (C) Algunos líquidos pesados no requieren faltante.
   (D) No es necesario conocer el faltante de la carga del tanque.

_____10. ¿Cuánto líquido puede cargar en un tanque cisterna?
    (A) Depende del peso del líquido.
    (B) Depende del grado de expansión del líquido.
    (C) Depende del límite legal.
    (D) Todas las anteriores.

Preguntas de repaso del permiso de materiales peligrosos

Cada uno de los siguientes enunciados es verdadero o falso. Anote sus respuestas en los espacios en blanco y compruébelas con la clave al final del capítulo.

_____ 1. Cuando se cargan y descargan tánques cisterna, el responsable debe encontrarse a 50 pies del tanque.

_____ 2. En la columna 1 de la tabla de materiales peligrosos se indica cómo embarcarlos.

_____ 3. Se permite al conductor que encienda el motor del vehículo mientras carga explosivos.

_____ 4. Los conductores que llevan explosivos de clase A o B deben tener un revestimiento en el piso que no contenga hierro ni acero.

_____ 5. La tabla de distancias de separación explica a qué distancias deben colocarse los empaques de materiales peligrosos de la gente y de las paredes de la carga.

_____ 6. Cuando un destinatario rechaza un embarque de materiales peligrosos, lo único que puede hacer el manejador es volver con el remitente.

_____ 7. La palabra "desecho" se escribe junto a los nombres de los materiales en los documentos de embarque.

_____ 8. Cualquiera puede manejar un vehículo con letreros de materiales peligrosos.

_____ 9. Los explosivos de clase A son los más peligrosos.

_____10. Se regula ORM B porque puede dañar el vehículo.

_____11. La tabla de segregación y separación indica qué materiales peligrosos se prohíbe transportar juntos.

_____12. Está prohibido fumar a menos de 25 pies de un vehículo cargado con materiales peligrosos.

_____13. Al acarrear materiales peligrosos en un vehículo con llantas dobles, debe verificar con frecuencia las llantas.

_____14. Los conductores deben estar alertas siempre a los materiales peligrosos que plantean un riesgo para la salud, la seguridad y la propiedad durante su traslado.

_____15. Los tanques cisternas en los que se transportan materiales peligrosos deben llevar la fecha de fabricación.

_____16. Negro III indica el nivel superior de radiactividad.

_____17. Se necesita un letrero de "Peligro" al transportar oxígeno licuado a presión.

_____18. La declaración uniforme de desechos peligrosos debe llevar una copia del plan de carga.

——19. Un vehículo con letreros de explosivos de clase A o B nunca debe quedar sin vigilancia.

——20. Los nombres de embarque adecuados se escriben con letras claras y en el orden alfabético de la tabla de materiales peligrosos.

——21. Al colocar los letreros en un vehículo, se deben poner en el frente, atrás y a ambos lados.

——22. Para comunicar los riesgos, se debe verificar que se incluyen los documentos de embarque, etiquetas de empaque y letreros correctos junto con los materiales peligrosos.

——23. Hay que rechazar siempre los embarques de los que se escapen materiales peligrosos.

——24. Cuando ocurre un accidente con un remolque que contiene explosivos, hay que asegurarse de retirar todos los materiales explosivos antes de separar los vehículos.

——25. Si su vehículo deja salir materiales peligrosos, hay que detenerlo y conseguir ayuda.

——26. Si ocurre un accidente mientras se transportan materiales peligrosos, la responsabilidad del conductor es limitar la propagación de los materiales incluso si se pone en riesgo su seguridad.

——27. Hay que llamar al Centro Nacional de Respuesta si alguien resulta muerto, lesionado u hospitalizado o bien si hay daños a la propiedad por más de 50,000 dólares a causa de un accidente con carga de materiales peligrosos.

——28. El Centro Nacional de Respuesta es un centro de apoyo para la policía y los bomberos que deben ocuparse de un incidente con materiales peligrosos

——29. Se llama al Departamento de Transporte si se presenta un derrame o caída de materiales peligrosos.

Los siguientes enunciados son de opción múltiple. Anote sus respuestas en el espacio en blanco y luego compruébelas con la clave al final del capítulo.

—— 1. ¿Quién se asegura de que el remitente haya nombrado, etiquetado y marcado un embarque de HazMat?
   (A) El conductor.
   (B) El transportador.
   (C) El remitente.
   (D) Todas las anteriores.

—— 2. ¿Dónde pueden investigar manejadores, remitentes y transportadores si los materiales están controlados?
   (A) La lista de sustancias peligrosas y cantidades reportables.
   (B) Tabla de materiales peligrosos.
   (C) Las respuesta A y B son correctas.
   (D) Ni A ni B son correctas.

—— 3. ¿Los conductores que transportan material radiactivo o líquidos criogénicos inflamables deben tener una capacitación especial cada cuántos años?
   (A) Medio año.
   (B) Un año.
   (C) Dos años.
   (D) Cinco años.

____ 4. ¿El remitente no es responsable de qué de lo siguiente?
    (A) Poner etiquetas.
    (B) Empaquetar.
    (C) Poner letreros.
    (D) Preparar los documentos de embarque.

____ 5. No se puede describir un material no peligroso con:
    (A) una clase de peligro o número de identificación.
    (B) Palabras vulgares.
    (C) Abreviaturas.
    (D) Códigos.

____ 6. ¿Cuál es el letrero correcto si transporta 500 libras de explosivos clases A y B?
    (A) "Peligro".   (C) "Explosivo" B.
    (B) "Explosivo" A.   (D) "Explosivo y peligroso".

____ 7. ¿Cuál es el letrero correcto si transporta 600 libras de peróxido orgánico y 500 libras de oxidante?
    (A) "Peligro".
    (B) "Peróxido orgánico".
    (C) "Oxidante".
    (D) Ninguna de las anteriores.

____ 8. ¿Qué debe hacerse cuando un material de transporte común es clasificado como "prohibido" en la tabla de materiales peligrosos?
    (A) Transportarla de cualquier manera e informar al Departamento de Transporte.
    (B) Verificar que la cantidad no excede las 500 libras.
    (C) Transportarlo como embarque normal pero tener mucho cuidado.
    (D) Nunca transportar el material.

____ 9. ¿Con qué tipo de letrero se señalan dos litros de "líquido inflamable" denominado "peligro de inhalación de veneno" en el documento de embarque?
    (A) Letrero de gas venenoso.
    (B) Letrero de veneno y letrero de la clase de peligro correspondiente.
    (C) Las respuestas A y B son correctas.
    (D) Ni A ni B son correctas.

____10. ¿Qué significa ver una "X" o "RQ" en la columna HM de una entrada en el documento de embarque?
    (A) La carga no será expedida.
    (B) El conductor debe informar del embarque al Departamento del Transporte.
    (C) El embarque está sujeto a las regulaciones de materiales peligrosos.
    (D) Ninguna de las anteriores.

____11. El orden correcto para la descripción de los materiales peligrosos en el documento de embarque es:
    (A) Nombre del embarque, clase de peligro y número de identificación.
    (B) Clase de peligro, número de identificación, nombre del embarque.
    (C) Número de identificación, nombre del embarque, clase de peligro.
    (D) El orden no importa siempre que aparezcan las tres descripciones.

____12. ¿Qué equipo especial debe llevar el manejador cuando transporte cloro en tanques de carga?

(A) Un equipo que mida las concentraciones de cloro.

(B) Un teléfono celular.

(C) Una máscara de gas y un equipo de emergencia para controlar fugas.

(D) No se necesita equipo especial.

____13. El remitente certifica que empacó el material de acuerdo con las regulaciones excepto cuando:

(A) El remitente es una empresa privada que transporta su propio producto.

(B) El compartimento de carga del manejador está sellado.

(C) El vehículo no cruzará las líneas estatales.

(D) El embarque es de desechos peligrosos.

____14. Se sabe que un embarque incluye materiales peligrosos si:

(A) Uno habla con el remitente.

(B) Uno inspecciona todos los paquetes.

(C) Uno verifica la tabla de materiales peligrosos.

(D) Uno estudia los documentos de embarque.

____15. ¿Por qué es necesaria una declaración uniforme de desechos peligrosos?

(A) Indica que se transportan materiales peligrosos.

(B) Es exactamente igual que los documentos de embarque.

(C) Ninguna de las anteriores.

(D) Todas las anteriores.

____16. Un vehículo que lleva materiales peligrosos debe tener _____.

(A) Un letrero.   (C) Ocho letreros.

(B) Cuatro letreros.   (D) Diez letreros.

____17. Cuando un vehículo que lleva explosivos se para al lado del camino, que medio de advertencia de emergencia debe usarse?

(A) Triángulos reflectores.

(B) Antorchas.

(C) Conos de tránsito.

(D) Cualquiera de las anteriores.

____18. Cuando un vehículo que lleva líquidos o gases inflamables se para al lado del camino, que medio de advertencia de emergencia debe usarse?

(A) Triángulos reflectores.   (C) Conos de tránsito.

(B) Antorchas.   (D) Cualquiera de las anteriores.

____19. Siempre que se cargan materiales peligros, es preciso:

(A) Envolver en plástico dos veces las cajas húmedas.

(B) No fumar a menos de 50 pies de los explosivos, oxidantes e inflamables.

(C) No usar ganchos nunca.

(D) Alejar 100 pies a los observadores.

____20. Cuando se transportan explosivos, debe verificarse el espacio de la carga:

(A) Para asegurarse de que no hay objetos afilados ni puntas.

(B) Para asegurarse de que los calentadores de la carga están listos y funcionan.

(C) Para asegurarse de que los forros del suelo están flojos.

(D) Todas las anteriores.

___21. No se pueden transportar explosivos de clase A con:
  (A) Un remolque con base de llantas grande.
  (B) Un tanque cisterna con letreros de advertencia.
  (C) Dos o más remolques.
  (D) Un vehículo que contiene alimentos.

___22. Para cargar los cilindros de gas a presión:
  (A) Se ponen en cajas que no permiten que se caigan.
  (B) Se ponen en soportes fijados al vehículo.
  (C) Se sostienen hacia arriba o se aferran en el suelo.
  (A) Cualquiera de las anteriores.

___23. ¿Qué significa el índice de transporte en las etiquetas de los empaques radiactivos II?
  (A) Sólo lo utilizan los inspectores del Departamento de Transporte.
  (B) No significa nada y puede ser tapado o eliminado.
  (C) Indica el letrero correcto.
  (D) Indica el grado de control necesario durante el transporte.

___24. En un vehículo único, el índice total de transporte de todos los materiales radiactivos no puede exceder de:
  (A) 0.
  (B) 15.
  (C) 25.
  (D) 50.

___25. Un vehículo que transporta alimento animal y humano no debe cargarse con:
  (A) Venenos.
  (B) Explosivos.
  (C) Oxidantes.
  (D) Todas las anteriores.

___26. ¿Qué debe hacer justo antes de mover un tanque con carga de materiales peligrosos?
  (A) Verificar dos veces el sistema de frenos de aire.
  (B) Cerrar todas las bocas y válvulas.
  (C) Llamar a CHEMTREC al (800) 424-9300.
  (D) No se necesitan más precauciones de seguridad.

___27. Hay que estacionarse a no menos de _____ pies de un fuego abierto si el vehículo tiene letreros de advertencia.
  (A) 50.   (C) 200.
  (B) 100.   (D) 300.

___28. Al supervisar un vehículo con letreros de advertencia, es necesario:
  (A) Estar alerta y dentro del vehículo o a menos de 100 pies de él.
  (B) Estar alerta de los peligros de la carga.
  (C) Saber qué hacer en una emergencia.
  (D) Todas las anteriores.

___29. ¿Cuándo debe verificar las llantas dobles de un vehículo con letreros de advertencia?
  (A) Dos veces al día.
  (B) Una vez al día.
  (C) Al comienzo del día.
  (D) Cada dos horas o 100 millas, lo que ocurra primero.

___30. Cuando transporta explosivos de clase A o B, el conductor siempre debe tener:

(A) Los documentos de embarque.

(B) Una copia de las FMCSR Parte 397.

(C) Un plan de ruta escrito y las instrucciones de emergencia.

(D) Todas las anteriores.

___31. Si se requiere un permiso o una ruta especial para transportar una carga de HazMat, ¿quién tiene la responsabilidad de conseguirlo?

(A) El Departamento del Transporte.

(B) El embarcador.

(C) El conductor.

(D) Todas las anteriores.

___32. Si se transportan materiales peligrosos, ¿cuándo hay que verificar los permisos y restricciones de la ruta?

(A) Cada vez que se detenga a cargar gasolina.

(B) A medida que sea necesario.

(C) Antes de iniciar el viaje.

(D) Cuando vea señales en la autopista que indican las restricciones.

___33. Es imposible que un vehículo con letreros de advertencia maneje cerca de una flama abierta salvo que:

(A) Pueda pasar seguramente sin detenerse.

(B) Tenga un letrero de tipo 2.

(C) El compartimento de la carga esté sellado.

(D) El viento sople hacia el camino.

___34. Cuando transporte materiales peligrosos, se requiere un plan escrito de la ruta:

(A) Siempre.

(B) Cuando transporte explosivos de clases A y B.

(C) Sólo cuando el transportador es de clase B.

(D) Nunca.

___35. Si fuma, ¿qué tan cerca puede situarse de un vehículo con letreros de advertencia que transporta explosivos, oxidantes o inflamables?

(A) Nunca debe fumar cerca de esta carga.

(B) A no menos de 25 pies.

(C) A no menos de 50 pies.

(D) Tan cerca como quiera.

___36. Al cargar combustible en un vehículo con letreros de advertencia y el motor apagado, hay que acordarse de:

(A) Pagar antes de surtir con la bomba.

(B) Pedir que alguien esté junto a la válvula de cierre de la bomba.

(C) Permanecer junto a la boca de la manguera para verificar el flujo de combustible.

(D) Vigilar personas que fumen.

___37. En la unidad de poder de un vehículo con letreros de advertencia, ¿qué clasificación de extintor se requiere?

(A) Clasificación de 10 B:C o más.

(B) Clasificación de 25 B:C o más.

(C) Clasificación de 40 B:C o más.

(D) Clasificación de 100 B:C o más.

Preguntas de repaso de transporte de pasajeros

Cada uno de los siguientes enunciados es verdadero o falso. Anote sus respuestas en los espacios en blanco y compruébelas con la clave al final del capítulo.

____ 1. Todos los autobuses deben detenerse entre 15 y 50 pies de un cruce de ferrocarril.

____ 2. Hay que detenerse por lo menos a 10 pies del comienzo de todo puente levadizo.

____ 3. No se permite transportar materiales peligrosos en autobuses.

____ 4. Todo el equipaje de mano debe guardarse para permitir el desplazamiento dentro del autobús y no debe obstruir la salida de emergencia o las ventanas.

____ 5. Los pasajeros deben estar sentados y todo el equipaje debe estibarse debajo de los asientos.

____ 6. Cuando el autobús está lleno, se permite llevar equipaje de mano en los escalones o el pasillo.

____ 7. Los autobuses están obligados a reducir la marcha cuando las luces de los semáforos indican verde.

____ 8. El conductor de un autobús puede conversar con un pasajero mientras maneja.

Los siguientes enunciados son de opción múltiple. Anote sus respuestas en el espacio en blanco y luego compruébelas con la clave al final del capítulo.

____ 1. Los espejos curvos (convexos) en los autobuses:
(A) Son contrarios a las leyes federales.
(B) Hacen que los objetos se vean más alejados de lo que están.
(C) Hacen que los objetos se vean más grandes.
(D) Todas las anteriores.

____ 2. En una inspección antes del viaje, debe verificar:
(A) Los dispositivos de señalamiento para los pasajeros.
(B) Los pasamanos.
(C) Las manijas de las salidas de emergencia.
(D) Todas las anteriores.

____ 3. Al transportar trabajadores agrícolas, ¿cuántos asientos plegables puede tener el vehículo en el pasillo?
(A) Ninguno. (C) Cinco.
(B) Diez. (D) Ocho.

____ 4. ¿Cuántos asientos no asegurados pueden tener los autobuses de las iglesias?
(A) Ninguno. (C) Cinco.
(B) Diez. (D) Ocho.

____ 5. Las salidas de emergencia del autobús deben:
(A) Tener señales de salida claras.
(B) Estar abiertas.
(C) Mantener puertas y ventanas cerradas.
(D) Todas las anteriores.

_____ 6. Al operar un autobús, ¿qué equipo de emergencia debe tener siempre consigo?
   (A) Reflectores de emergencia.
   (B) Por lo menos un extintor.
   (C) Fusibles eléctricos de repuesto.
   (D) Todas las anteriores.

_____ 7. Debe ponerse el cinturón de seguridad:
   (A) En los viajes cortos.
   (B) Para manejar en autopista.
   (C) Siempre.
   (D) Durante el mal tiempo.

_____ 8. ¿Cómo se asegura el equipaje en un autobús?
   (A) Los paquetes deben tener sólo un pie de alto para que cuando se encuentren en el pasillo sea fácil pasar sobre ellos.
   (B) Puede asegurar equipaje frente a la salida de emergencia.
   (C) Los paquetes deben estibarse de modo que no vayan a caer sobre los pasajeros.
   (D) Todas las anteriores.

_____ 9. ¿Qué tipo de carga se prohíbe en un autobús?
   (A) Pollos.
   (B) Municiones marcadas ORM-D.
   (C) Irritantes o gas lacrimógeno.
   (D) Todas las anteriores.

_____10. El peso máximo de todos los materiales peligrosos que pueden transportarse en un autobús es de:
   (A) 500 libras.
   (B) 150 libras.
   (C) 1000 libras.
   (D) 50 libras.

_____11. Si un pasajero quiere abordar el autobús con una lata cerrada de gasolina, ¿qué debe hacer usted?
   (A) Guardar la gasolina en la parte delantera del autobús.
   (B) Cobrar un pasaje extra por la carga.
   (C) Impedir que aborde la persona.
   (D) Puede dejar que aborde la persona, siempre que la lata esté cerrada y se mantenga lejos del motor.

_____12. Los pasajeros no deben situarse:
   (A) En el espacio reservado para pasajeros discapacitados.
   (B) Pueden ponerse donde quieran.
   (C) A más de seis pies de fondo.
   (D) Frente a la línea de pasajeros a pie.

_____13. Los pasajeros desordenados o descontrolados deben ser bajados:
   (A) En un lugar seguro.
   (B) Cerca de una estación de policía.
   (C) Tan pronto como sea posible.
   (D) En la siguiente parada del autobús.

___14. De acuerdo con las estadísticas, ¿dónde ocurre la mayoría de los accidentes de autobuses?
   (A) Mientras el autobús está estacionado.
   (B) En los caminos de doble sentido.
   (C) en las intersecciones.
   (D) Cuando el autobús se detiene.

___15. ¿Cómo se mantiene el control del autobús en las curvas?
   (A) Se pisan con fuerza los frenos y se gira abruptamente.
   (B) Se disminuye a una velocidad segura antes de la curva y entonces se acelera ligeramente.
   (C) Se contravolantea.
   (D) Se mete el freno durante toda la curva.

___16. ¿El conductor de un autobús debe detenerse en un cruce de ferrocarril a _____ pies antes de la vía más cercana?
   (A) 50 a 100.
   (B) 10 a 15.
   (C) 15 a 50.
   (D) 10.

___17. ¿Debe detenerse a _____ pies delante de un puente levadizo que no tiene vigilante?
   (A) 50.
   (B) 20.
   (C) 175.
   (D) 100.

___18. No es posible cargar combustible a un autobús:
   (A) Cerca de una llama abierta.
   (B) Cuando el motor está prendido.
   (C) Si hay pasajeros a bordo.
   (D) Todas las anteriores.

___19. Es ilegal arrastrar o empujar un autobús de pasajeros salvo si:
   (A) La grúa es mayor que 20,000 VWR.
   (B) Bajar a los pasajeros es inseguro.
   (C) Lo sigue un vehículo escolta.
   (D) La distancia es de menos de una milla.

___20. Cuando se viaja a 50 millas por hora en un autobús de 40 pies, cuántos segundos de espacio debe mantener con respecto al vehículo que tiene delante?
   (A) Dos segundos.
   (B) Ocho segundos.
   (C) Cinco segundos.
   (D) Tres segundos.

Compruebe sus respuestas a los exámenes de los permisos

**Frenos de aire,
verdadero o falso**
1. Falso
2. Verdadero
3. Falso
4. Verdadero
5. Verdadero
6. Falso
7. Falso
8. Verdadero
9. Verdadero
10. Falso
11. Verdadero
12. Falso
13. Verdadero
14. Falso
15. Falso
16. Verdadero
17. Falso
18. Verdadero
19. Falso
20. Falso
21. Verdadero
22. Verdadero
23. Falso
24. Verdadero
25. Verdadero

**Frenos de aire,
opción múltiple**
1. A
2. B
3. B
4. B
5. B
6. D
7. D
8. C
9. B
10. A
11. C
12. D
13. B
14. B
15. C
16. A
17. B
18. A

19. C
20. D
21. D
22. A
23. B
24. B
25. C
26. C
27. A
28. C
29. B

**Combinaciones, triples
y dobles, verdadero
o falso**
1. Falso
2. Falso
3. Verdadero
4. Falso
5. Falso
6. Verdadero
7. Verdadero
8. Falso
9. Falso
10. Verdadero
11. Verdadero
12. Falso
13. Verdadero
14. Falso
15. Verdadero
16. Verdadero
17. Falso
18. Verdadero
19. Falso
20. Verdadero
21. Falso
22. Verdadero
23. Falso
24. Verdadero
25. Verdadero

**Combinaciones, triples
y dobles, opción múltiple**
1. D
2. A
3. C
4. B

5. B
6. A
7. D
8. C
9. B
10. B
11. C
12. B
13. C
14. C
15. D
16. A
17. B
18. D
19. B
20. C
21. C
22. C
23. C
24. D
25. B
26. A
27. D
28. A
29. B
30. A
31. B
32. C
33. A
34. A
35. B
36. D
37. A
38. C
39. B
40. A
41. C
42. B
43. D
44. C
45. B
46. D

**Tanque cisterna,
verdadero o falso**
1. Falso
2. Falso

3. Falso
4. Verdadero
5. Verdadero
6. Verdadero
7. Falso
8. Falso
9. Verdadero
10. Verdadero

Tanque cisterna, opción múltiple
1. B
2. D
3. A
4. B
5. C
6. B
7. D
8. A
9. B
10. D

Materiales peligrosos, verdadero o falso
1. Falso
2. Falso
3. Falso
4. Verdadero
5. Verdadero
6. Falso
7. Verdadero
8. Falso
9. Falso
10. Verdadero
11. Verdadero
12. Verdadero
13. Verdadero
14. Verdadero
15. Falso
16. Falso
17. Verdadero
18. Falso
19. Falso

20. Verdadero
21. Verdadero
22. Verdadero
23. Verdadero
24. Verdadero
25. Falso
26. Verdadero
27. Verdadero
28. Verdadero
29. Falso

Materiales peligrosos, opción múltiple
1. B
2. C
3. C
4. C
5. A
6. B
7. A
8. D
9. B
10. C
11. A
12. C
13. A
14. D
15. A
16. B
17. A
18. A
19. C
20. A
21. B
22. D
23. D
24. D
25. A
26. B
27. D
28. D
29. D
30. D

31. C
32. C
33. A
34. B
35. B
36. C
37. A

Transporte de pasajeros, verdadero o falso
1. Verdadero
2. Falso
3. Falso
4. Verdadero
5. Verdadero
6. Falso
7. Verdadero
8. Falso

Transporte de pasajeros, opción múltiple
1. B
2. D
3. D
4. A
5. D
6. D
7. C
8. C
9. C
10. A
11. C
12. D
13. A
14. C
15. B
16. C
17. A
18. D
19. B
20. B

Apéndice A

Departamentos de Transporte estatales

Las siguientes direcciones serán útiles no sólo para responder preguntas, sino también para recopilar información impresa apropiada para la CDL.

Departamento del Transporte de los Estados Unidos (US Department of Transportation, DOT)
www.dot.gov
400 7th St, SW
Washington, DC 20590
Información: 202-366-4000
Débiles de oído TTY: 202-755-7687

Departamento del Transporte de Alabama (Alabama Department of Transportation)
www.dot.state.al.us
1409 Coliseum Blvd
Montgomery, AL
Teléfono: 334-242-6358

Departamento del Transporte de Alaska (Alaska Department of Transportation)
www.dot.state.ak.us
3132 Channel Dr
Juneau, AK 99801-7898
Teléfono: 907-465-3900

Departamento del Transporte de Arizona (Arizona Department of Transportation)
www.dot.state.az.us
PO Box 2100
Phoenix, AZ 85001-2100

Departamento del Transporte de Arkansas (Arkansas Department of Transportation)
www.ahtd.state.ar.us
Dirección postal: PO Box 2261
Little Rock, Arkansas 72203
Ubicación: 10324 Interstate 30
Little Rock, Arkansas 72209
Teléfono: 501-569-2000

Departamento del Transporte de California (California Department of Transportation)
www.dot.ca.gov/
Dirección postal: PO Box 942873
Sacramento, CA 94273-0001
Ubicación: 1120 N St
Sacramento, CA
Teléfono: 916-654-5266

Departamento del Transporte de Colorado (Colorado Department of Transportation)
www.dot.state.co.us
4201 E Arkansas Ave
Denver, CO 80222

Departamento del Transporte de Connecticut (Connecticut Department of Transportation)
www.state.ct.us/dot/
2800 Berlin Turnpike
Newington, CT 06131-7546
Teléfono: (860) 594-2000

Departamento del Transporte de Delaware (Delaware Department of Transportation)
www.state.de.us/deldot/
800 S Bay Rd
PO Box 778
Dover, DE 19903
Teléfono: 302-760-2080 o 800-652-5600

Departamento del Transporte de Florida (Florida Department of Transportation)
www.dot.state.fl.us/
605 Suwannee St
Tallahassee, FL 32399-0450
Teléfono: (850) 414-4100

Departamento del Transporte de Georgia (Georgia Department of Transportation)
www.dot.state.ga.us/
#2 Capitol Square
Atlanta, GA 30334-1002
Teléfono: 404-656-5267 o
808-532-3700

Departamento del Transporte de Hawaii (Hawaii Department of Transportation)
www.hawaii.gov/icsd/dot/dot.html
869 Punchbowl St
Honolulu, HI 96813

**Departamento del Transporte de Idaho
(Idaho Transportation Department)**
www.state.id.us/itd/itdhmpg.htm
3311 W State St
PO Box 7129
Boise, ID 83707-8606
Teléfono: (208) 334-8000

**Departamento del Transporte de Illinois
(Illinois Department of Transportation)**
www.dot.state.il.us
2300 S Dirksen Parkway
Springfield, IL 62764

**Departamento del Transporte de Indiana
(Indiana Department of Transportation)**
www.ai.org/dot/

**División de Servicios a Empresas
Transportistas (Motor Carrier Services
Division)**
www.in.gov/dor/mcs/
Indiana Department of Revenue
5252 Decatur Blvd, Ste R
Indianapolis, IN 46241
Teléfono: (317) 615-7200

**Departamento del Transporte de Iowa
(Iowa Department of Transportation)**
www.dot.state.ia.us
800 Lincoln Way
Ames, IA
Teléfono: 515-239-1111
Fax: 515-239-1120

**Departamento del Transporte de Kansas
(Kansas Department of Transportation)**
www.ink.org/public/kdot/
915 Harrison, Room 754, Docking State
Office Building
Topeka, KS 66612-1568
Teléfono: 785-296-3585

**Gabinete del Transporte de Kentucky
(Kentucky Transportation Cabinet)**
www.kytc.state.ky.us/
501 High St
Frankfort, KY 40622
Teléfono: 502-564-4890

**Departamento de Transporte y Desarrollo
de Louisiana (Louisiana Department of
Transportation and Development)**
Dirección postal: PO Box 94245
Baton Rouge, LA 70804-9245
Ubicación: 1201 Capitol Access Rd
Baton Rouge, LA 70802-4438
Teléfono: 225 379-1100

**Departamento del Transporte de Maine
(Maine Department of Transportation)**
www.state.me.us/mdot
16 Statehouse Station
Augusta, ME 04333
Teléfono: (207) 287-2551

**Departamento del Transporte de Maryland
(Maryland Department of
Transportation)**
www.mdot.state.md.us
PO Box 8755
BWI Airport, MD 21240
Teléfono: 888-713-1414

**Departamento del Transporte de
Massachusetts (Massachusetts
Department of Transportation)**
www.magnet.state.ma.us/mhd/home.htm
10 Park Plaza
Boston, MA 02116

**Departamento del Transporte de Michigan
(Michigan Department
of Transportation)**
www.mdot.state.mi.us
State Transportation Building
425 W Ottawa St
PO Box 30050
Lansing, MI 48909
Teléfono: 517-373-2090

**Departamento del Transporte de Minnesota
(Minnesota Department of
Transportation)**
www.dot.state.mn.us/ o
motorcarrier@dot.state.mn.us
395 John Ireland Blvd
St. Paul, MN 55155-1899
Teléfono: 800-657-3774

**Departamento del Transporte de
Mississippi (Mississippi Department of
Transportation)**
www.mdot.state.ms.us/
401 N West St
Jackson, MS 39201
601-359-7001
Fax: 601-359-7050

**Departamento del Transporte de Missouri
(Missouri Department of Transportation)**
www.modot.state.mo.us
105 W Capitol Ave
PO Box 270
Jefferson City, MO 65102
Teléfonos: 888-275-6636 o 1-573-751-2551
(fuera del estado)

**Departamento del Transporte de Montana
(Montana Department of
Transportation)**
www.mdt.state.mt.us
PO Box 201001
2701 Prospect Ave
Helena, MT 59620-1001
Teléfono: 406-444-6200

**Departamento del Transporte de Nebraska
(Nebraska Department of Roads)**
www.dor.state.ne.us
PO Box 94759
1500 Hwy 2
Lincoln, NE 68509-4759
Teléfono: 402-471-4567

**Departamento del Transporte de Nevada
(Nevada Department of Transportation)**
www.nevadadot.com
1263 S Stewart St
Carson City, NV 89712
Teléfono: 775-888-7000

**Departamento del Transporte de Nueva
Hampshire (New Hampshire Department
of Transportation)**
www.state.nh.us/dot
John O. Morton Building
1 Hazen Dr
Concord, NH 03302-0483
Teléfono: (603) 271-3734

**Departamento del Transporte de Nueva
Jersey (New Jersey Department
of Transportation)**
www.state.nj.us/transportation
1035 Parkway Ave
PO Box 600
Trenton, NJ 08625
Teléfono: 888-486-3339 o 609-292-6500
      (fuera del estado)

**Departamento de Autopistas Estatales
y Transporte de Nuevo México
(New Mexico State Highways
and Transportation Department)**
www.nmshtd.state.nm.us
1120 Cerrillos Rd
PO Box 1149
Santa Fe, NM 87504-1149
Teléfono: 505-827-5100

**Departamento del Transporte de Nueva
York (New York Department of
Transportation)**
www.dot.state.ny.us

Región 1
84 Holland Ave
Albany, NY 12208
Teléfono: 518-474-6178

Región 2
Utica State Office Building
Genesee St
Utica, NY 13501;
Teléfono: 315-793-2447

Región 3
Senator John H. Hughes
State Office Bldg
333 E Washington St
Syracuse, NY 13202
Teléfono: 315-428-4351

Región 4
1530 Jefferson Rd
Rochester, NY 14623-3161
Teléfono: 716-272-3300

Región 5
General William J. Donovan Office Bldg
125 Main St
Buffalo, NY 14203
Teléfono: 716-847-3238

Región 6
107 Broadway
Hornell, NY 14843
Teléfono: 607-324-8404

Región 7
Dulles State Office Building
317 Washington St
Watertown, NY 13601
Teléfono: 315-785-2333

Región 8
Eleanor Roosevelt State Office Bldg
4 Burnett Blvd
Poughkeepsie, NY 12603-2594
Teléfono: 914-431-5750

Región 9
New York State Office Bldg
44 Hawley St
Binghamton, NY 13901
Teléfono: 607-721-8116

Región 10
New York State Office Bldg
Veterans Memorial Hwy
Hauppauge, NY 11788
Teléfono: 516-952-6632

Región 11
Hunters Point Plaza
47-40 21st St
Long Island City, NY 11101
Teléfono: 718-482-4526

**Departamento del Transporte de Carolina
del Norte (North Carolina Department
of Transportation)**
www.dot.state.nc.us
Dirección postal:
1503 Mail Service Center,
Raleigh, NC 27699-1503
Ubicación: 1 S Wilmington St
Raleigh, NC 27611
Teléfono: 919-733-2522

**Departamento del Transporte de Dakota
del Norte (North Dakota Department
of Transportation)**
www.state.nd.us/dot
608 E Boulevard Ave
Bismarck, ND 58505-0700
Teléfono: 701-328-2500

**Departamento del Transporte de Ohio
(Ohio Department of Transportation)**
www.dot.state.oh.us
1980 W Broad St
Columbus, OH 43223
Teléfono: 614-466-7170

**Departamento del Transporte de Oklahoma
(Oklahoma Department
of Transportation)**
www.okladot.state.ok.us
200 NE 21st St
Oklahoma City, OK 73105
Teléfono: 405-425-2026

**Departamento del Transporte de Oregon
(Oregon Department of Transportation)**
www.odot.state.or.us
355 Capitol St, NE
Salem, OR 97301-3871
Teléfono: 888-ASK-ODOT

**Departamento del Transporte
de Pensilvania (Pennsylvania
Department of Transportation)**
www.dot.state.pa.us
PO Box 2047
Harrisburg, PA 17105-2047
Teléfono: 800-932-4600 o 717-391-6190
(fuera del estado)

**Departamento del Transporte de Rhode
Island (Rhode Island Department
of Transportation)**
www.dot.state.ri.us
Two Capitol Hill
Providence, RI 02903-1124
Teléfono: 401-222-1362

**Departamento del Transporte de Carolina
del Sur (South Carolina Department
of Transportation)**
www.dot.state.sc.us
955 Park St
PO Box 191
Columbia, SC 29202-0191
Teléfono: 803-737-2314

**Departamento del Transporte de Dakota
del Sur (South Dakota Department
of Transportation)**
www.state.sd.us/dot
700 E Broadway Ave
Becker-Hansen Bldg
Pierre, SD 57501
Teléfono: 605-773-3265

**Departamento del Transporte de Tennessee
(Tennessee Department
of Transportation)**
www.tdot.state.tn.us
505 Deaderick St
Nashville, TN 37243
Teléfono: 615-741-2848

**Departamento del Transporte de Texas
(Texas Department of Transportation)**
www.dot.state.tx.us
125 E 11th St
Austin, TX 78701-2483
Teléfono: (512) 465-3500

**Departamento del Transporte de Utah
(Utah Department of Transportation)**
www.sr.ex.state.ut.us
Calvin Rampton Building
4501 S 2700 West
Salt Lake City, UT 84119-5998
Teléfono: 801-965-4000

**Departamento del Transporte de Vermont
(Vermont Agency of Transportation)**
www.aot.state.vt.us
120 State St
Montpelier, VT 05603-0001
Teléfono: 802-828-2000

**Departamento del Transporte de Virginia
(Virginia Department of Transportation)**
www.vdot.state.va.us
1401 E Broad St
Richmond, VA 23219
Teléfono: 804-786-2716

**Departamento del Transporte
de Washington (Washington Department
of Transportation)**
www.wsdot.wa.gov
Ubicación: 310 Maple Park Ave SE
Olympia, WA
Dirección postal: PO Box 47308
Olympia, WA 98504-7308
Teléfono: 360-705-7070

**Departamento del Transporte de de
Virginia Occidental (West Virginia
Department of Transportation)**
www.wvdot.com
Bldg 5, Room A110
1900 Kenawha Blvd E
Charleston, WV 25305
Teléfono: 304-558-3456

**Departamento del Transporte de Wisconsin
(Wisconsin Department
of Transportation)**
www.dot.state.wi.us
4802 Sheboygan Ave
PO Box 7910
Madison, WI 53707-7910
Teléfono: 608-266-2353

**Departamento del Transporte de Wyoming
(Wyoming Department of
Transportation)**
http://wydotweb.state.wy.us
5300 Bishop Blvd
Cheyenne, WY 82009-3340
Teléfono: 307-777-4375

Apéndice B

Principales empresas camioneras y compañías de transporte

C. R. England
800-338-0575

Smithway Motor Xpress
800-247-8040

Watkins Shepard
800-548-8895

Danny Herman Trucking Inc.
800-325-0253-Midwest
800-331-3725-Southwest

CRST
800-553-2778

Star Transportation Inc.
800-416-5912

Werner Enterprises
888-493-7637

Stevens Transport
800-333-8595

MS Carriers
800-231-5209

Willis Shaw Express
800-564-6973

Van-Pak
888-736-4879

C. H. Dredge and Co., Inc.
800-348-8224

Dick Simon Trucking
800-993-7483

PGT Trucking, Inc.
800-832-6748

JB Hunt
800-2JB-HUNT

Roehl Transport Inc. (se pronuncia "rail")
800-585-7073

US Xpress
800-USXPRESS

Cannon Express
800-845-9390

Schneider Transportation
800-752-5318

Arrow Trucking Co.
800-444-6116

FFE Transportation Svcs., Inc.
800-569-9233

M.W. McCurdy & Co.
800-323-8810

Contract Freighters, Inc.
800-641-4747

Sunflower Carriers
800-775-7005

Swift Transportation Inc.
800-669-7943
www.swft.com

Merit Distribution Services Inc.
800-771-2507

Melton Truck Lines
800-545-8669

Ozark Motor Lines, Inc.
800-264-4100

Glosario

A lomo de cerdo Remolques o contenedores que se llevan primero por ferrocarril.

A lomo de pez Llevar remolques y contenedores por barco.

Acción evasiva Acción emprendida para evitar un accidente, golpear escombros en la carretera o una situación peligrosa. Consiste en desviaciones, frenado, cambio repentino de carril, etcétera.

Aceleración excesiva Aplicar mucha potencia a las ruedas de impulso. Manejar con velocidad excesiva para las condiciones del camino y el tráfico.

Acelerador Pedal situado bajo el volante que se opera con el pie derecho para controlar la velocidad del motor.

Acoplador ficticio Sello de la manguera de aire cuando la conexión no está en uso.

Acoplamiento Conexión de dos secciones de un vehículo o remolque.

Acusación Decisión de que una persona ha infringido o desobedecido la ley en un tribunal de la jurisdicción original o una infracción de una liberación condicionada sin fianza, independientemente de que la pena sea rebajada, suspendida o probada.

Administrador El administrador de las autopistas federales, director ejecutivo de la Administración Federal de Autopistas, una dependencia del Departamento del Transporte.

Agarradera En los autobuses, pieza de la que se sostienen los pasajeros que van de pie en el pasillo.

Agentes etiológicos Microorganismos (también llamados gérmenes) que producen enfermedades.

Aislante Material con el que se mantienen ciertas temperaturas dentro de los remolques. Es particularmente importante en los vehículos refrigerados, para mantener las temperaturas frías.

Ajustador automático de tensión Dispositivo unido por un extremo a la barra de presión y por el otro al árbol de levas. Cuando se jala, hace girar el árbol y con ello las levas. Esto separa las zapatas y las oprime contra el tambor para detener el vehículo.

Ajustadores automáticos Estos dispositivos se encuentran en la barra de presión de la cámara del freno con el objeto de compensar el desgaste de las zapatas.

Albergue Lugar autorizado a servir como estacionamiento de vehículos desatendidos cargados con explosivos.

Alcohol o "bebida alcohólica" Cerveza, vino, bebidas destiladas o licores.

Alerta visual Verificación constante de los espejos retrovisores de izquierda y derecha así como al frente del vehículo para evitar obstáculos, accidentes o situaciones que pondrían en peligro al conductor o la carga.

Alquitrán derretido Alquitrán escurrido sobre la superficie de manejo y que puede ser muy resbaloso.

Alternador Instrumento que mantiene cargada la batería y alimenta los sistemas del camión mientras está en marcha.

Alto normal   En una situación de alto normal, se aplica presión al pedal del freno hasta que el vehículo se detiene. La presión se aplica de manera suave y constante.

Amarrado   Método para evitar el movimiento de la carga en el remolque u otro compartimento de carga.

Amarras   Conjunto de cadenas, cuerdas y otros implementos para asegurar la carga.

Amperaje   Cantidad de amperes generada por el sistema eléctrico del vehículo.

Amperímetro   Instrumento para medir el flujo de las corrientes eléctricas.

Anfetaminas   Drogas estimulantes para mantenerse despierto.Son ilegales.

Anticongelante   Elemento asociado con la unidad de calefacción del vehículo que limpia el parabrisas de hielo vaho distractor.

Antorchas   Señales ardientes que son parte del equipo de seguridad.

Apagado del motor   Detener la ignición del motor y dejar que se enfríe.

Árbol de levas   El ajustador automático del freno está unido por un extremo a la barra de presión y por el otro al árbol de levas. Cuando el ajustador es empujado, el árbol gira y separa las zapatas para que opriman los lados del tambor del freno.

Armazón   Infraestructura metálica de cualquier vehículo que sostiene el resto de las partes.

Aseguramiento de la carga   Disposición de la carga para que no resbale ni caiga.

Aterrizar   Ruta segura para la corriente eléctrica si la ruta normal se suspende accidentalmente.

Autobús   Vehículo que lleva más de 15 pasajeros.

Bajada   Véase Cuesta descendente.

Balatas   Piezas que se oprimen contra el tambor y crean suficiente presión para desacelerar o detener el vehículo.

Barras de contención   También se llaman "cuñas", impiden que el camión se mueva inesperadamente. Se usan para probar los frenos o acoplar remolques.

Barra de enlace   Parte del mecanismo de dirección que conecta los mecanismos de la columna de dirección para permitir que giren las ruedas el camión o tractor.

Barra de Johnson   Casi todos los tractores tienen una manija unida o cerca de la columna de dirección que sirve para aplicar los frenos. También se llama "válvula del trole".

Barra de presión   Pieza unida a un extremo del ajustador automático.

Barras de arrastre   Parte de un remolque completo que le permite acoplarse con el tractor u otro remolque mediante un dispositivo de cierre y cadenas de seguridad o un cable para prevenir separaciones accidentales.

Base del freno   Parte del freno que no rota, situada en cada rueda. La más común es el tambor de levas. Los frenos de cuña y disco son menos comunes.

Batería   Aparato que convierte la energía química en electricidad. Se usa para encender el vehículo.

Bocina   Aparato sonador para comunicarse con otros manejadores.

Bomba de combustible   Aparato que lleva el combustible al motor.

Bombona   Contenedor de vidrio, plástico o metal que lleva entre cinco y 15 galones de un líquido.

Brazo de Pitman   Palanca unida a la caja de dirección. Mueve las ruedas delanteras adelante y atrás.

Brillo   Condición causada por el sol o luces brillantes que se reflejan en el pavimento o las partes de vidrio o metal de un vehículo. Dificulta la visión del manejador y es un problema en especial al ocaso cuando el manejador se dirige al oeste.

Cabina   Parte del vehículo donde se instala el conductor.

Cables   Alambres, cadenas y otros conectores del tractor al remolque.

Cadenas de seguridad   Pares de cadenas usadas con la conexión de una barra de tracción para evitar que los remolques se separen.

Cadenas para llantas   Cadenas que se ponen en las llantas para dar más tracción en caminos con nieve o hielo.

Cadenas   Piezas para atar la carga con seguridad.

Caja de la dirección   Receptáculo bajo la columna de la dirección que contiene la bomba de potencia para hacer girar las ruedas a izquierda y derecha.

Calentador   Dispositivo para calentar la cabina del vehículo.

Calentadores de la carga   Dispositivos con los que se mantiene caliente la carga.

Calentamiento   Acto de permitir que el motor y los líquidos se calienten hasta las temperaturas de marcha normales antes de hacer avanzar el vehículo.

Calificación de la carga   Calificación de la fuerza de las llantas.

Cámara del freno   Cuando el conductor aplica los frenos y se lleva aire al sistema de frenos, dicho aire se bombea en la cámara del freno y desaloja la barra de presión, que está unida al ajustador automático. Cuando el conductor quita el pie del pedal del freno, el aire se libera de la cámara y el resorte de retorno jala las zapatas del tambor.

Campo de visión   Zona que se alcanza a ver al frente de uno.

Capas   En las llantas, capas de cuerdas amortiguadas por caucho.

Carga ancha   Remolque que lleva una carga más ancha que lo normal y que por tanto requiere más espacio en la carretera.

Carga equilibrada   Carga distribuida uniformemente de arriba abajo, de adelante atrás y de un lado a otro.

Carga excesiva   Carga que supera la que el vehículo puede soportar o la que es legal.

Carga inflamable   Carga que puede prenderse si se expone a fuego o flama.

Cargas excedentes   Carga que proyecta partes que requieren banderas rojas para advertir a los demás. La carga debe extenderse más de cuatro pulgadas a los lados del camión o cuatro pies hacia atrás. Las banderas de señalamiento deben tener por lo menos 12 pulgadas cuadradas y ser rojas.

Carne en canal que oscila   Carne en canal o de cualquier otro tipo que puede ser extremadamente inestable colgada de un vehículo refrigerador (reefer).

Carril de escalada   Carril adicional por el que los vehículos más lentos suben las cuestas.

CAS   Concentración de alcohol en la sangre.

CDL no residente   CDL expedida por un estado a un individuo que vive en otro país.

Centro de gravedad alto   Cuando la mayor parte del peso de la carga se encuentra muy arriba del suelo.

Centro de gravedad   Punto en el que el peso actúa como fuerza. El centro de gravedad afecta la estabilidad del vehículo.

Centro Nacional de Respuesta   Dependencia que tiene la capacidad de contactar a la oficina legal adecuada y el personal apropiado de contención y limpieza. El teléfono del Centro Nacional de Respuesta es 800-424-8802.

Certificado de la compañía despachadora   Declaración por escrito de que la carga fue preparada de acuerdo con la ley.

Cierres de radiador   Parte externa del radiador. Si se congelan cerrados, el motor puede sobrecalentarse y pararse. En este caso hay que eliminar el hielo.

Cilíndrico   Con forma de cilindro. Se refiere por lo general a algo largo y redondeado.

Cilindros   Tanque presurizado destinado a contener gases.

Cinturón de seguridad   Arnés de seguridad que sostiene al manejador en su asiento. Hay que usarlo siempre al manejar. No debe olvidarse antes de arrancar el vehículo.

Circuito cerrado   Circuito eléctrico en un rizo completo en el que los polos eléctricos positivo y negativo están conectados. Esto permite que la corriente viaje de la fuente a su punto de uso.

Clases de peligro   Clases que indican el grado de riesgo que plantea un material en particular.

CMVSA/86   La ley de seguridad de los vehículos comerciales de 1986 (Commercial Vehicle Safety Act of 1986) que exige que los 50 estados satisfagan los mismos requisitos básicos al examinar y licenciar a todos los manejadores comerciales y exige asimismo que todos estos manejadores aprueben y tramiten la CDL.

Coletazo del volante   Coletazo causado al golpear un objeto u hoyo: el volante salta en la dirección opuesta. Para evitar daños, hay que mantener los pulgares fuera del volante al asirlo con las manos.

Columna de la dirección   Conexión entre el volante y la caja de dirección.

Combustible y sistema de combustible   Provisión de energía para que el motor camine.

Combustible   Todo material que pueda encenderse o arder.

Comercio   Todo intercambio, tráfico o transporte en una jurisdicción de los Estados Unidos entre un lugar de un estado y un lugar fuera de ese estado, intercambio, tráfico o transporte en los Estados Unidos que afecta todo intercambio, tráfico y transporte.

Compartimento del motor   Lugar donde se sitúa el motor.

Compartimento   Espacio cerrado donde se guardan ciertos elementos.

Compresor de aire   Aparato que comprime aire y lo bombea a los tanques de aire. Es parte del sistema de frenos de aire del vehículo.

Compuerta trasera   En la jerga, expresión para el vehículo que sigue muy de cerca.

Comunicación con otros   Uso de luces, bocinas y señales de mano para indicar a otros conductores nuestras intenciones.

Comunicar el riesgo   Acto de colocar en el vehículo los letreros de advertencia adecuados.

Con etiquetas adheridas   A los documentos de embarque marcados para mostrar que una carga contiene materiales peligrosos, se les adhieren etiquetas con colores u otras marcas especiales.

Con etiquetas desprendibles Al igual que las tarjetas adheridas, es un método para marcar los documentos de embarque e indicar que una parte de la carga es material peligroso.

Concentración de alcohol (CA) Concentración de alcohol en la sangre o el aliento de una persona. Cuando se expresa como porcentaje, significa gramos de alcohol por 100 mililitros de sangre o por 210 litros de aliento.

Conducción errática Manejo a un lado y otro entre carriles.

Conducción nocturna Manejar de noche.

Conducir un vehículo motorizado comercial bajo la influencia del alcohol Manejar un VMC con una concentración de alcohol en sangre de 0.04% o más. Manejar bajo la influencia del alcohol según determinan las leyes estatales. Rehusarse a presentar la prueba correspondiente.

Conector de mangueras Conexión de las mangueras de aire de los frenos entre el tractor y el remolque.

Congelamiento de los puentes En clima frío, los puentes se congelan antes que los caminos. En clima frío, conduzca lentamente en los puentes.

Contención Capacidad de impedir que una situación o sustancia se mueva de su estado original. La contención de un incendio significa restringir su movimiento desde su origen. La "contención" de un líquido significa evitar que se propague más allá de su fuente, como en un derrame.

Contenedores intermodales Contenedores sellados por el remitente, transportados por embarcación y luego llevados en remolque a su entrega final. Los remitentes prefieren contenedores porque resisten el pillaje (robo) y otros problemas.

Contravolanteo Después de girar el volante para evadir un obstáculo, acto de girar el volante en la dirección contraria.

Control de patinadas Capacidad de controlar el movimiento del vehículo cuando ha entrado en una patinada. Se hace con volanteo y nunca con frenos.

Controles del freno de estacionado En los vehículos antiguos, el freno de estacionado se controla con una palanca. En los modelos más recientes, el conductor aplica los frenos de estacionado (de resorte) con un pomo en forma de diamante de color amarillo para sacar y meter: se jala para aplicar los frenos y se mete para liberarlos.

Controles del retardador Controles que permiten que el motor reduzca la velocidad del vehículo, particularmente en las bajadas.

Convertidor dolly Se usa para conectar el remolque al tractor u otro remolque.

Correas Equipo apropiado para amarrar las carga.

Corrosivo Se dice del material que causa destrucción o daño irreversible cuando entra en contacto con tejido cutáneo humano. Puede ser líquido o sólido.

CR Cantidad reportable.

Criogenia Técnica para conservar los materiales por congelamiento.

Cruce de ferrocarril Zona en la que una calle cruza las vías de un ferrocarril.

Cruce de tranvía Zona en la que una calle cruza las vías de un tranvía.

Cuesta ascendente Inclinación del camino que por lo regular se encuentra en terreno montañoso o en región de colinas. Es lo opuesto que cuesta descendente.

Cuesta descendente   Pendiente del camino, por lo regular cerca de montañas o en región de colinas.

Cuña   Barra (casi siempre de madera) para detener las llantas y evitar que el vehículo se mueva.

Curva   Parte en que la autopista se tuerce en otra dirección. Por lo regular tiene una pendiente ligera que puede hacer que la carga se desplace. Las curvas deben tomarse a una velocidad inferior a la normal.

CHEMTREC   Siglas del Centro de Emergencia de Transporte de Químicos (Chemical Transportation Emergency Center) en Washington, DC. Tiene una línea telefónica gratuita de 24 horas y ha evolucionado para proveer al personal de emergencia información técnica y conocimientos sobre las propiedades físicas de los productos peligrosos. El número telefónico de CHEMTREC es 800-424-9300.

Declaración o manifiesto de materiales peligrosos   Cualquier carga que contenga desechos peligrosos debe estar acompañada por una declaración de desechos peligrosos que el conductor debe firmar.

Defensa trasera   Aparato de protección que evita que los aparatos más bajos se inserten en los más altos. El espacio libre entre la defensa y el suelo es de no más de 30 pulgadas, medidas cuando el vehículo está vacío.

Deflectores   Divisores en un tanque que evitan que la carga se desplace.

Delito   Infracción de acuerdo con las leyes estatales o federales que es castigable con la muerte o una condena de por lo menos un año.

Demora en la distancia de frenado   Distancia que recorre el vehículo una vez que se aplicaron los frenos y comenzaron a funcionar.

Densidad del líquido   Líquido en un tanque que tiene una masa elevada para su volumen.

Depósitos de frenos   En los sistemas de freno de aire o vacío, unos depósitos (o tanques) guardan el aire comprimido hasta que se necesita.

Depósitos   Tanques de aire.

Desaceleración   Acto de disminuir la velocidad del vehículo.

Desacoplamiento   Acto de desenganchar el o los remolques del tractor.

Desaparición de los frenos   Se dice de lo que ocurre cuando se requiere cada vez más presión en el pedal del freno para desacelerar el vehículo.

Descalificación   Suspensión, revocación, cancelación u otro retiro por parte del estado de los privilegios de una persona para manejar o una determinación de la FHWA, de acuerdo con las reglas de ejercicio de la seguridad para las empresas transportadoras, de que dicha persona ya no está calificada para operar un vehículo motorizado comercial.

Descenso   Desigualdad de la autopista en la que el nuevo pavimento forma un tramo más alto que el resto y se crea una "descenso" que puede ser un peligro de manejo.

Desempeño de los frenos   Combinación de la rapidez con que los frenos detienen el vehículo y la distancia que éste recorre antes de pararse. El desempeño de los frenos también se mide por cuánta fuerza debe aplicarse para que el vehículo se detenga.

Desplazamiento de la carga   Carga que se mueve de su posición original.

Destino   Lugar de llegada.

Diferencial   Engranaje que permite que cada rueda gire a distinta velocidad en el mismo eje para facilitar las maniobras al dar la vuelta.

Direccionales delanteras   Dos señales de ámbar situadas a izquierda y derecha en el frente del tractor. Pueden estar arriba o abajo de los faros delanteros. Se exigen en autobuses, camiones y tractocamiones.

Dispositivo de acoplamiento   Dispositivo llamado "convertidor dolly" que permite unir un remolque a otro o a un tractor.

Dispositivos para asegurar la carga   Amarras, cadenas, lonas y otros métodos para asegurar la carga en una plataforma plana.

Distancia de frenado   Percepción del tiempo más el tiempo de reacción más la brecha de frenado (necesaria para detener un aparejo). Por lo regular se calcula de forma que tome en cuenta la velocidad.

Distancia de frenado   Tiempo que requiere un vehículo para detenerse.

Distancia de reacción   Tiempo que se requiere para que el conductor saque el pie del acelerador y pise el freno.

Distancia efectiva de frenado   Distancia que recorrerá el vehículo una vez que los frenos hacen contacto con el tambor. Con una buena técnica y frenos perfectamente ajustados sobre pavimento bueno y seco, un vehículo que corra a 55 millas por hora recorrerá otros 150 pies antes de detenerse por completo.

Distancia total para detenerse   Distancia desde el momento en que se ve un peligro hasta que el vehículo se detiene: aproximadamente la longitud de un campo de futbol. Si el vehículo viaja a más de 55 millas por hora, se incrementa la distancia requerida para frenar. Si se duplica la velocidad, se cuadruplica la distancia para detenerse.

Distribución del peso   Porcentaje de peso transportado en cada eje de acuerdo con la forma de estibar la carga.

División   Divisor de acero sólido dentro de un tanque.

Doble   Vehículo que acarrea dos remolques o tanques.

Documentos de embarque   Documentos que incluyen toda la información que exigen las FMCSR Partes 172.202, 172.203, y 172.204.

DOT   Departamento de Transporte (Department of Transportation).

Drenaje manual   Llave de purga de los tanques de aire que se opera girando un cuarto de vuelta un pomo (o llave) o bien jalando un cable.

Eje de la dirección   que dirige el vehículo; puede llevar la tracción o no llevarla.

Eje del perno maestro   Dispositivo de acoplamiento en el remolque alrededor del cual se une la mordida del mecanismo de cierre para una conexión segura.

Ejes de impulso   Eje que provee toda la potencia a las llantas y jala la carga.

Ejes muertos   Ejes jalados por el eje de impulso que no dan potencia a las ruedas. Sin el eje de impulso, estos ejes serían estacionarios.

Electrón   Partícula diminuta que lleva una carga negativa de electricidad.

Elementos de unión   Elementos usados para atar cargas en los remolques de plataforma plana.

Elevación del líquido   Movimiento de un líquido en un tanque creado por la física del movimiento hacia delante. Cuando el tanque cisterna se detiene, la fuerza de la elevación del líquido puede empujar todo el vehículo varios pies.

Elíptico   De forma oval, como se encuentra a veces en los espejos de "ojo de pescado".

Empleado   Operador de un vehículo motorizado comercial incluyendo manejadores de tiempo completo; casuales, intermitentes y ocasionales, y operadores propietarios independientes que trabajan por contrato.

En el camino   Durante el viaje o en la carretera.

Engrane del convertidor   Parte del convertidor dolly usado para acoplar el tractor y el remolque o éste a otro remolque.

Entrecierre de frenos y puerta   Dispositivo que aplica los frenos y retiene el estrangulador en posición media cada vez que se abre la puerta.

EPA   Environmental Protection Agency (Oficina de Protección Ambiental).

Equipaje de mano   Maletas, bolsas y paquetes introducidos al autobús por los pasajeros. El equipaje de mano debe mantenerse fuera del pasillo y no impedir el movimiento de los pasajeros. También es imperativo que se estibe de manera segura para no lastimar a los pasajeros si el autobús se detiene o se sacude repentinamente.

Equipo de emergencia   Equipo necesario en una emergencia. En un vehículo motorizado comercial, el equipo de emergencia consta de extintor de fuegos, triángulos reflejantes, fusibles (si se necesitan), equipo de cambio de llanta, equipo de notificación de accidente y lista de números de emergencia.

Escotilla de techo   Apertura en la parte alta de un autobús para permitir la entrada de aire.

Espacio para dar vuelta   Giro amplio al comienzo de la maniobra o, si no hay espacio suficiente, giro amplio mientras se completa la vuelta.

Espejo buscador   Al igual que los espejos convexos, espejo en que los objetos aparecen más pequeños y alejados de lo que realmente son. Hay que revisarlos y ajustarlos siempre antes de cada viaje.

Espejo de "ojo de pescado"   Espejo convexo situado al lado del camión para dar al manejador una vista más extensa de la parte posterior del remolque. Hace que los vehículos y objetos se vean más pequeños y alejados.

Espejos   Espejos para ver detrás y a los lados del vehículo.

Espejos retrovisores   Espejos usados para ver a los lados y detrás del vehículo.

Estado de residencia   Estado en el que una persona tiene su domicilio verdadero, fijo y permanente y la residencia principal a la que tiene la intención de retornar siempre que se ausenta.

Estado   Cada uno de los Estados Unidos y el Distrito de Columbia.

Estados Unidos   Abarca los 50 estados y el Distrito de Columbia.

Estrangulador   Cable conectado al carburador que actúa como acelerador al permitir que el motor avance más deprisa cuando se jala el pomo en el tablero. Al meter el pomo, el estrangulador desacelera el motor.

Evaporadores de alcohol   Instrumentos diseñados para inyectar automáticamente alcohol en el sistema y reducir la posibilidad de que el agua del sistema de frenos de aire se congele.

Examen de conocimientos   Examen por escrito que debe aprobar el conductor para recibir una CDL o permisos especiales.

Examen de destrezas   Prueba de manejo para demostrar que un chofer puede operar un remolque o tanque.

Exámenes de endosos   Exámenes opcionales con los que los manejadores obtienen permisos para ciertos vehículos o cargas.

Explosivo   Material o mezcla que puede estallar.

Extintor de fuegos   Instrumento de seguridad para apagar incendios.

"Factor nasal"   Al transportar ganado en pie, como la carga despide un olor hay que estacionar el vehículo en contra del viento en relación con otros vehículos o o paraderos para que todos estén satisfechos.

Faltante   Espacio en un tanque que permite que las cargas líquidas se expandan. Los manejadores deben conocer los requisitos de faltante para cada producto que acarrean.

Falla de los frenos   Falla que ocurre cuando los frenos no funcionan.

Falla de llanta   Falla que ocurre cuando la llanta tiene un daño o defecto.

Faros delanteros   Dos luces blancas a derecha e izquierda en el frente del tractor. Se exige en autobuses, camiones y tractocamiones. Se usan para iluminar el camino de modo que el manejador vea y para que los demás vean el vehículo.

FMCSR Parte 393   Describe las partes y accesorios necesarios para operar con seguridad un vehículo motorizado comercial.

Foráneo   Fuera de los 50 Estados Unidos y el Distrito de Columbia.

Frenado controlado   Frenado que se consigue aplicando los frenos con fuerza *sin trabar las ruedas.*

Frenado excesivo   Freno aplicado con tal fuerza que las ruedas se traban y se produce una patinada.

Frenado por intentos   Aplicar los frenos con toda la fuerza, liberarlos cuando se traban las ruedas y cuando éstas rueden de nuevo, volver a aplicarlos con fuerza. Se repite el proceso tanto como sea necesario.

Frenado   Acto de aplicar los frenos.

Frenos de aire   Frenos que usan aire en lugar de líquido para parar o frenar. Requieren un manejo especial y un permiso especial en la CDL.

Frenos de cuña   La cuña se inserta mediante una barra de presión entre los extremos de las zapatas del freno. La barra separa las zapatas y las oprime contra el tambor del freno. Los frenos de cuña sólo tienen una o dos cámaras.

Frenos de disco   Frenos que tienen un tornillo de aumento que gira cuando se aplica presión de aire. Esto hace que el tornillo atrape el disco entre los cojinetes del calibrador.

Frenos de emergencia   Frenos que detienen el vehículo en una situación de emergencia, causada casi siempre por una falla del sistema de frenado.

Frenos de estacionado   Frenos usados al estacionar el vehículo.

Frenos de falla segura   También llamados frenos de resorte. Los frenos de emergencia más usados y el sistema de frenos de estacionado de tractores y autobuses. Deben ser mecánicos porque puede fugarse el aire.

Frenos de leva en S   Configuración habitual de los frenos en los vehículos modernos. Al oprimirse el pedal del freno, la leva oprime las zapatas contra el tambor. Al liberar el pedal, la leva gira de regreso y devuelve a las ruedas el libre movimiento.

Frenos de resorte   También llamados frenos de falla segura. Los frenos de emergencia más usados y el sistema de frenos de estacionado de tractores y autobuses. Deben ser mecánicos porque puede fugarse el aire. De otro modo, conforman la caja de frenado convencional.

Frenos de servicio   Principal sistema de frenado del vehículo. Sirve para detenerlo en las situaciones de manejo normales.

Frenos de vacío   Tipo de frenos que se encuentran en los remolques y se operan mediante un pomo o perilla en el tractor. Para funcionar, requiere tanques de aire.

Frenos hidráulicos (sistema)   Frenos que usan presión de un líquido para detener un vehículo.

Frenos   Dispositivos para detener los vehículos.

Fricción   Frotamiento de dos objetos que produce resistencia.

Fuerza centrífuga   Fuerza natural que jala líquidos y objetos lejos de su centro.

Fuerza de frenado   Porcentaje del GVWR o el GCWR.

Fusible   Aparato que completa el circuito eléctrico e impide que un calentamiento excesivo rompa el circuito. Reduce el peligro de incendios.

Ganado en pie   Animales vivos como vacas y reses, además de perros, caballos, ovejas y cabras.

Gancho de perno   Gancho para acoplar al final de la quinta rueda y con el que se arrastran remolques.

Gemelos   Desconectar un remolque o combinación de remolques.

Generador   Aparato que cambia la energía mecánica por electricidad para alimentar la batería y otros sistemas eléctricos.

Golpe aerodinámico   "Corriente" que se forma detrás de un doble o triple que corta el aire al recorrer la autopista.

Grabado   Parte exterior de la llanta que dá tracción.

Grupo vehicular   Clase o tipo de vehículo con ciertas características de operación.

Guía de Respuesta de Emergencia (Emergency Response Guidebook, ERG)   Manual de bomberos, policías, personal de seguridad industrial y otros en caso de una emergencia por carga de materiales peligrosos. El libro se consigue a través del Departamento de Transporte.

HazMat   Materiales peligrosos (Hazardous Materials).

Hidroplanaje   Fenómeno que ocurre cuando se junta agua o aguanieve en la autopista y las llantas resbalan sobre el agua en lugar del pavimento, con lo que el conductor pierde control del vehículo.

Hielo negro   Capa delgada de hielo que por ser invisible permite ver el pavimento.

Indicador de la presión del aceite   Indicador que mide la presión del aceite.

Indicador de la temperatura del aceite   Indicador que muestra la temperatura del aceite.

Indicador de la temperatura del motor   Indicador marcado como "Temp" o "Water Temp" ("temperatura del agua"). Señala en grados la temperatura del sistema de enfriamiento del motor.

Indicador del suministro de presión   Indicador que muestra al chofer la presión de aire (medida en libras por pulgada cuadrada, psi) del sistema. Si el vehículo tiene sistema doble de frenos de aire, habrá un indicador con dos agujas o dos indicadores.

Indicadores   Medios para señalar los vehículos que tienen un exceso de largo o de ancho.

Índice de transporte   Grado de control necesario durante el transporte. El índice total de transporte de todos los paquetes en un solo vehículo no puede exceder de 50.

Inercia   Tendencia de los objetos a conservar la misma condición, sea de movimiento o reposo, hasta que se ejerza sobre él una fuerza externa (por ejemplo, aplicar los frenos para detener el vehículo).

Inflamable   Material que puede prenderse en llamas.

Infracción de tráfico grave   Infracción recibida por operar un vehículo motorizado comercial con exceso de velocidad, manejo imprudente, cambios de carril inadecuados o erráticos, pegarse al vehículo siguiente o una violación procedente de un accidente mortal.

Inspección antes del viaje   Antes de emprender un viaje, se verifica el vehículo para asegurarse de que todos los sistemas están intactos y que trabajan apropiadamente para un manejo seguro.

Inspección después del viaje   Inspección del vehículo que hace el conductor después de cada viaje.

Intermitentes de cuatro vías   Dos luces ámbar situadas al frente y dos luces ámbar o rojas situadas en la parte posterior. Por lo regular son las direccionales delanteras y traseras equipadas para realizar una tarea doble como luces de advertencia.

Interruptor de encendido en frío y calentamiento   Interruptor que se encuentra en los motores diesel. Cuando la máquina está fría hay una demora en el arranque. Al girar la llave se calientan los eyectores del motor. Una luz se enciende para anunciar que el motor está lo bastante caliente para arrancar.

Interruptor de encendido o ignición   Interruptor que suministra electricidad al motor y otros sistemas. Cuando se gira la llave, se encienden los circuitos accesorios. En cuanto el motor se enciende, hay que soltar la llave. Con una "salida en falso", es preciso dejar que el motor se enfríe 30 segundos antes de intentarlo de nuevo.

Interruptor de las luces de alto   Interruptor activado por presión de aire que enciende las luces de alto cuando se aplica el pedal del freno.

Interruptor regulador   Interruptor situado en el piso a la izquierda del pedal del freno (cuando no está en el tablero). Alterna las luces altas y bajas.

Inyectores de combustible   Aparatos que rocían combustible en las cámaras de combustión.

Lengüeta del dolly   Parte del convertidor dolly que va debajo del remolque y lo une al tractor u otro remolque.

Letrero (de advertencia)   Señal colocada en la carga para indicar que contiene materiales peligrosos. Esta señal debe ser visible desde todos los ángulos.

Levante y arrastre   Método de arrastre en el que la carga es uno o más vehículos con uno o más juegos de llantas en la carretera.

Licencia comercial de conductor (Commercial driver's license, CDL)   Licencia expedida por un estado u otra jurisdicción que autoriza a un individuo a operar cierta clase especificada de vehículo motorizado comercial.

Licencia de manejo   Licencia expedida por un estado u otra jurisdicción que autoriza a un individuo a operar un vehículo motorizado en las autopistas.

Límites de longitud y anchura   Limitaciones de longitud y anchura de un camión o tractorremolque. Las combinaciones que excedan estos límites deben obtener permisos especiales y viajar por rutas irregulares o bien trazar un plan de ruta.

Limpiaparabrisas   Pieza que retira la precipitación del parabrisas.

Línea de emergencia   Línea de aire entre el tractor y el remolque. Si la línea de servicio se desconecta, la línea de emergencia entrega el suministro de aire a los frenos del remolque. Si la línea de emergencia se rompe, se traban los frenos del remolque.

Línea límite para los pasajeros   Línea detrás del asiento del conductor de un autobús que los pasajeros no deben rebasar.

Líneas de combustible   Líneas que llevan el combustible de la bomba a los cilindros.

Lista de contaminantes marinos   Lista de materiales que son nocivos para la vida marina o para los seres humanos si pasan al agua potable.

Lista de sustancias peligrosas y cantidades que se deben reportar   Lista de los materiales peligrosos que deben aprender los manejadores si acostumbran transportar dichos materiales.

Lista de verificación   Lista de las partes del vehículo que se revisan.

Llanta de refacción   Llanta adicional que se lleva como precaución en caso de que pase algo con las llantas montadas en el vehículo.

Llanta radial   Llanta en la que las capas no se cruzan en ángulo sino que se sobreponen a lo largo. Tiene varios cinturones y su construcción hace que las caras sean menos flexibles y tengan menos fricción, lo que requiere menos potencia y ahorra combustible.

Llantas contrasesgadas   Llantas en las que las capas se cruzan en ángulo y se añade un cinturón tejido entre éstas y la rodadura. Estos cinturones dan a la rodadura más rigidez que las llantas sesgadas, aparte de que la rodadura dura más.

Llantas sesgadas   Llantas en las que las capas están dispuestas en ángulos cruzados. Esto hace que las caras y la rodadura sean muy rígidas.

Llantas   Ruedas de goma que proveen tracción y reducen la vibración del camino al transferir al suelo las fuerzas de frenado y aceleración.

Lona   Material para cubrir las cargas. Se ata con cuerda, redes o ganchos elásticos.

Luces altas   Luces usadas de noche para distancias largas. Se usa sólo cuando no hay otros autos cercanos.

Luces bajas   Disposición normal de los faros delanteros para iluminar de manera que el manejador vea y los demás vean el vehículo.

Luces de alto   Las mismas que las "luces de estacionado". Se sitúan en la parte posterior del tractor o remolque e indican que se va a detener el vehículo.

Luces de altura   Luces que marcan la altura y anchura del vehículo. Estas luces se encuentran en las partes más altas y anchas de los lados y las partes posterior y frontal del vehículo.

Luces de cola   Luces situadas en la parte posterior de los camiones. Son de color ámbar.

Luces de estacionado   Dos luces ámbar o blancas situadas debajo de los faros delanteros en los camiones y autobuses pequeños.

Luces de identificación   Luces situadas en la parte superior, lados y posterior de un camión para identificarlo como un vehículo grande.

Luces delanteras de altura   Dos luces ámbar situadas a cada lado del frente de camiones y autobuses grandes, tractocamiones, semirremolques grandes, remolques completos, remolques de postes y cargas excedentes.

Luces delanteras de identificación   Tres luces ámbar situadas en el centro del vehículo o la cabina. Se exige en autobuses y camiones grandes y en tractocamiones.

Luces direccionales traseras   Dos luces ámbar o rojas situadas cada una situada en la parte baja izquierda y derecha de la cola de camiones y autobuses, tractores, semirremolques, remolques completos, remolques de postes y convertidores dollies.

Luces marcadoras laterales   Dos luces ámbar situadas a cada lado o cerca del centro del vehículo entre las luces marcadoras laterales. Se exige en autobuses, camiones, semirremolques, remolques completos y remolques de postes.

Luces marcadoras laterales traseras   Una red roja situada a cada lado de la parte inferior de la cola de autobuses y camiones, semirremolques, remolques completos y remolques de postes.

Luces traseras de altura   Dos luces rojas situadas en la parte superior izquierda y derecha de la cola de camiones y autobuses grandes, tractores, semirremolques, remolques completos, remolques de postes y cargas excedentes. Estas luces trazan el ancho general del vehículo. No se exige en vehículos menores.

Luces traseras de identificación   Tres luces rojas centradas en la parte superior trasera de autobuses grandes y camiones, semirremolques grandes, remolques completos y remolques de postes. No se exige en los vehículos pequeños.

Luces   Faros para hacerse ver por los demás, ver a los demás, señalar intenciones (como cambio de carril, desaceleración, alto) y comunicarse con otros vehículos.

Luz de la placa   Luz blanca situada en la parte central trasera de autobuses, camiones, tractores, semirremolques, remolques completos y remolques de postes.

Luz de reversa   Luz blanca situada en la parte trasera de autobuses, camiones y tractocamiones. Es una señal a otros conductores de que uno retrocede.

Luz marcadora delantera lateral   Dos luces ámbar situadas a cada lado o cerca el centro del vehículo, entre las luces marcadoras laterales delanteras y traseras. Se exige en autobuses, camiones, semirremolques, remolques completos y remolques de postes.

Mamparas portátiles   Mamparas que pueden quitarse del remolque o ponerse en otra configuración.

Manifiesto o declaración   Documento que describe la carga del vehículo.

Máscara de gas   Artículo de seguridad que se lleva en los vehículos que transportan materiales peligrosos; en caso de accidente, el conductor usará la máscara para no inhalar humos venenosos o dañinos.

Material de estibar   Materiales sueltos para empacar.

Material no peligroso   Material que en sí mismo o en conjunto no presenta ningún peligro para la salud o el ambiente.

Materiales autorreactivos   Materiales inestables térmicamente y que pueden sufrir una descomposición fuerte y aun detonar sin presencia de oxígeno (del aire).

Materiales peligrosos   Grupo de materiales que de acuerdo con el secretario del Transporte plantean una amenaza o riesgo para la seguridad, salud o propiedad mientras se transporta con fines comerciales. El significado que posee tal término en la sección 103 de la ley de transporte de materiales peligrosos.

MBI   Manejar bajo la influencia.

Mecanismo de cierre   Mecanismo que mantiene unidos el remolque y el tractor hasta estar listo para acoplarlos. Se llama también "mordida de cierre" y se cierra alrededor del eje del perno maestro del remolque.

Ménsulas y soportes   Dispositivos para evitar que la carga se mueva. Sea que el vehículo es una plataforma plana o un tanque de áridos, la carga debe bloquearse o amarrarse para evitar que se mueva a los lados.

Mordida de cierre   Véase Mecanismo de cierre.

MPH   Millas por hora.

N.O.S.   Not otherwise specified: no especificado de otro modo.

NA   Iniciales que preceden los números de identificación que se usan sólo en los embarques entre los Estados Unidos y Canadá.

Niveles de conexión y desconexión   Regulador en el compresor de aire. Cuando la presión del aire cae debajo de cierta medida de psi, el regulador se conecta y acumula de nuevo presión hasta su nivel necesario. Entonces, el regulador se desconecta automáticamente.

Niveles de ruido   Grado de concentración del ruido.

Número de identificación (ID)   Número para identificar materiales peligrosos en los documentos de embarque. Los números de ID comienzan con UN, salvo aquellas cargas que viajan entre los Estados Unidos y Canadá, que se identifican con un número NA.

Odómetro   Instrumento que registra las millas totales que ha recorrido el vehículo.

Oficial de control del tráfico del puente   Funcionario asignado a un puente levadizo para dirigir el tránsito y detenerlo antes de comenzar a elevar el puente.

Operación de arrastre   Operación de camionaje que ofrece servicios de arrastre para vehículos descompuestos o transportar varios tractores o camiones al mismo tiempo y con un vehículo.

Orden de fuera de servicio   Declaración de un funcionario autorizado de una jurisdicción federal, estatal, canadiense, mexicana o local de que un conductor, un vehículo motorizado comercial o la operación de una empresa transportadora no pueden continuar en funciones.

ORM (Other Regulated Materials: Otros materiales regulados)   Materiales que no se consideran peligrosos por definición, pero que son peligrosos cuando se transportan en el comercio, por lo que hay que regularlos.

Oxidantes   Sustancias que reaccionan con el oxígeno.

Palanca de control de la transmisión   Palanca de velocidades.

Palanca de velocidades   Palanca situada dentro del tractor con la que el manejador selecciona la velocidad.

Paletas   Estructura de sostén plana y de madera que se usan para agrupar la carga para embarque y estiba.

Paneles de acceso   Paneles que dan acceso a controles, partes vehiculares y almacenamiento de herramientas y otros artículos.

Paradas   Altos y nuevas maniobras para corregir la posición.

Patinadas de las llantas delanteras   Son el tipo más común de patinadas que resultan de un exceso de fuerza al frenar o acelerar. No se detienen quitando el pie del acelerador. Si las condiciones del camino son resbalosas, se mete el embrague.

Patinadas de las ruedas traseras Estas patinadas ocurren cuando se traban las ruedas de impulso traseras y tienen menos tracción, lo que hace que el vehículo se resbale a los lados. Para corregirlas, se sacan los frenos para permitir que las ruedas traseras rueden de nuevo y se da vuelta rápidamente. Cuando el vehículo comienza a deslizarse a los lados, se volantea rápidamente en la dirección en que se quiere que vaya el vehículo.

Patrón Persona o entidad (incluyendo los Estados Unidos, un estado, el Distrito de Columbia o una subdivisión política de un estado) que posee o arrienda un vehículo motorizado comercial o asigna empleados para operar tal vehículo.

Pedal del embraque Pedal situado a la izquierda del pedal del freno y que se opera con el pie izquierdo. Se oprime el pedal para desembragar y se libera para embraqar.

Pedal del freno Pedal situado a la izquierda del acelerador y que se acciona con el pie derecho. Cuando se oprime el pedal, los frenos se aplican y el vehículo aminora la velocidad.

Peligro de inhalación Material que puede ser nocivo si se inhala.

Peligro Objeto o situación nociva.

Pendiente Zona inclinada que hace que la autopista se desvíe ligeramente en sentido vertical.

Percepción de la distancia Distancia que recorrerá el vehículo desde el momento en que el manejador ve un peligro hasta el momento en que reacciona (oprime el pedal del freno).

Perilla del selector Palanca accionada por aire en el cambio de velocidades que lleva la transmisión de abajo arriba.

Permiso Autorización que se requiere en una CDL para que el individuo opere ciertos tipos de vehículos motorizados comerciales.

Perno maestro Perno para acoplar hecho de acero reforzado en un remolque que cierra en la quinta rueda.

Pernos en U Pernos que sostienen los resortes en el armazón y sobre el eje.

Peso neto Peso de un paquete sin incluir los materiales de empacado.

Peso sobre los ejes Peso transmitido al suelo por un eje o conjunto de ejes. ¡El peso sobre los ejes no es cuánto pesan éstos! Los ejes soportan el vehículo y su carga.

Peso vehicular bruto (Gross vehicle weight, GVW) Peso total de un vehículo único y su carga.

Peso vehicular bruto combinado (Gross combination weight rating, GCWR) Valor especificado por el fabricante como el peso cargado de un vehículo combinado. Si un valor especificado, el GCWR se determinará sumando el GVWR de la unidad de potencia y el peso total del vehículo arrastrado y cualquier carga que lleve.

Pirómetro Instrumento que muestra la temperatura del escape del motor.

Plan de ruta Ruta prescrita antes del viaje, por lo regular cuando el vehículo lleva materiales peligrosos o cargas irregulares. El conductor puede abordar los caminos menos transitados o en horas en las que dichos materiales pueden ser acarreados en ciertos caminos.

Plataforma plana Camión o remolque sin lados ni techo.

POP Empaque orientado al desempeño (performance oriented packaging).

Posición de 10 en punto y 2 en punto Si el volante fuera un reloj, en estas dos horas deben ponerse las manos.

Preferencia   El derecho de una persona o vehículo a ir delante de otro.

Presión de aire   Aire comprimido y guardado en un espacio reducido. La compresión genera energía con la que se operan los frenos de aire.

Presión de aplicación (indicador)   Indicador que muestra al chofer cuánta presión de aire se aplica a los frenos.

Presión de llantas   Cantidad de presión de aire que permite que las llantas sustenten su peso máximo.

Presión hidráulica   La naturaleza de los líquidos es fluir; cuando no fluyen, acumulan presión que se usa para operar los frenos hidráulicos.

Profundidad de llenado   Profundidad de la carga líquida del tanque cisterna, medida desde el fondo del tanque hasta la superficie del líquido.

Proporción de peso vehicular bruto (Gross vehicle weight rating, GVWR)   Valor especificado por el fabricante como el peso cargado de un solo vehículo.

Proyección posterior   Extensión de cuatro pies tras la cola del camión. Las banderas para marcar las cargas excedentes deben tener por lo menos 12 pulgadas cuadradas y deben ser rojas.

Psi   Libras por pulgada cuadrada (pounds per square inch).

Psia   Libras por pulgada cuadrada absoluta (pounds per square inch absolute).

Puente levadizo   Puente que se levanta para dejar pasar embarcaciones altas. Cuando se levanta la mitad del puente, se interrumpe el tráfico.

Puertas de la carga   Puertas situadas en la parte trasera o lateral del remolque por donde la carga se sube o baja.

Punto ciego   Zona que no se puede ver con los espejos retrovisores. Por lo regular, del eje trasero a la mitad del remolque y de la mitad inferior de la puerta al suelo.

Punto de destello   Menor temperatura a la que una sustancia desprende vapores inflamables que pueden prenderse si entran en contacto con fuego o chispas.

Punto de ignición   Punto en el que una sustancia inflamable se prenderá.

Puños de la dirección   Piezas que se encuentran en los brazos de Pitman y los extremos de los extremos de las barras de enlace. La conexión los hace girar.

Purga automática   Llave de un tanque de aire que se activa automáticamente. Cada tanto, se escucha salir de estas llaves aire y el agua y aceite acumulados.

Purga de los frenos de aire   Llaves situadas por lo regular debajo de los tanques de aire. En los tanques se acumula diariamente agua y aceite que deben purgarse diariamente.

Quinta rueda   Pieza que controla la distribución del peso en cada eje del tractor. Es parte el mecanismo de cierre con que se conecta el remolque al tractor.

Quitar la direccional   Apagar la luz de cambio de dirección del vehículo.

Radiactivo   Sustancia que desprende radiación dañina.

Rampa de entrada / rampa de salida   Rampas que lo entran y lo sacan de las autopistas. Algunas rampas tiene pendiente, así que es recomendable abordarlas a velocidades menores que la máxima.

Rampa de escape   Rampa, por lo regular al pie de una bajada, para que los manejadores detengan el vehículo si los frenos fallan.

Rampas   Entradas o salidas a las principales autopistas. Pueden tener una ligera pendiente o peralte.

Receptor de televisión   Aparato que recibe las señales de televisión. Las FMCSR establecen que el receptor de televisión debe instalarse detrás del asiento del manejador o, en general, fuera de su vista cuando maneja. La norma también asienta que el receptor debe situarse de tal manera que el conductor tenga que levantarse de su asiento para verlo.

Redes   Conjunto de redes para sostener las lonas en su lugar.

Reefers (remolque refrigerador)   Camión o tanque cisterna con el que se lleva carga refrigerada o perecederos.

Reflectores laterales delanteros   Dos reflectores ámbar situados a cada lado hacia el frente de autobuses, camiones, tractores, semirremolques, remolques completos y remolques de postes.

Reflectores laterales traseros   Reflectores rojos situados debajo de las luces marcadoras laterales traseras. Se exigen en autobuses, camiones, semirremolques, remolques completos y remolques de postes.

Reflectores laterales   Dos reflectores ámbar situados a cada lado o cerca del punto central del vehículo entre los reflectores laterales delantero y trasero de autobuses y camiones, semirremolques grandes, remolques completos y remolques de postes.

Reflectores traseros   Dos reflectores rojos situados en la parte inferior de la cola, a derecha e izquierda, de autobuses grandes y pequeños, remolques, remolques completos y remolques de postes.

Reflujo de aire   Si el suministro de aire del tractor presenta un problema, el aire del remolque tenderá a "refluir" y llenar el suministro de aire del tractor. Cuando ocurre esto, tanto el remolque como el tractor pueden quedarse sin potencia.

Refrigerante   Líquido para mantener frío el motor.

Registro del estado de funciones del manejador   Forma que entrega el manejador al transportador al terminar un periodo de 24 horas de trabajo.

Regulaciones Federales de Seguridad de las Empresas Transportadoras (Federal Motor Carrier Safety Regulations, FMCSR)   Normas que rigen la operación de camiones y autobuses en las empresas transportadoras comunes, por contrato y privadas.

Regulador del compresor de aire   Parte que mantiene constante la presión de aire en los tanques: entre 100 psi y 125 psi.

Remolques de postes   Remolque compuesto de un poste telescópico, un tándem de cola y un dispositivo de acoplamiento para unir dicho remolque con el tractor.

Repetición de pruebas y marcas   Actividad especificada por el Departamento de Transporte, exige un calendario de prueba y marca periódico de los tanques autorizados a transportar carga de HazMat. Es responsabilidad de la empresa transportadora.

Resorte de retorno   Pieza que jala las zapatas del tambor.

Retardador del motor   Retardadores que permiten usar el motor para desacelerar el vehículo, particularmente si los frenos desaparecen en una bajada.

Reversa   Acto de hacer retroceder el vehículo.

Rin   Parte de la rueda que sostiene la llanta.

Rodadura   Serie de franjas y filetes en la cobertura exterior de la llanta para mejorar la tracción. La profundidad debe ser de por lo menos ⅔₂ de pulgada.

RPM   Revoluciones por minuto. Las lee un tacómetro e indica cuándo cambiar de velocidad.

Rueda   Pieza a la que se une la llanta con tuercas. Debe inspeccionarse en cada viaje.

Rutina de inspección   Lista de los pasos que se siguen para inspeccionar el vehículo, de la misma manera cada vez para no olvidar uno solo.

Salida de emergencia   Salida sólo con fines de emergencia.

Salida   Hora en que el vehículo está programado para abandonar las instalaciones.

Salpicaderas   Láminas de caucho detrás de las llantas que aminoran la cantidad de agua o lodo que patea el remolque o camión.

Salpicadura   Dícese de la acción de los líquidos en el tanque; movimiento adelante y atrás o a los lados.

SCF (Standard cubic foot)   Pie cúbico estándar.

Sección de corte   Rescata la parte importante de un tupo y sus aditamentos, con lo que impide un escurrimiento.

Señal de advertencia de presión baja   Señal en todos los vehículos equipados con frenos de aire que indica cuando la presión baja a menos de 60 psi.

Silla de montar   Ensamble de acero que une un vehículo arrastrado (remolque o semirremolque) con el vehículo de arrastre.

Sistema de dirección   Está compuesto por el volante, columna, caja de dirección, brazos de Pitman, vástagos y eje delantero.

Sistema de emergencia de los tanques portátiles   Sistemas que aminoran el impacto de un accidente sellando automáticamente los tanques.

Sistema de escape   Sistema exigido en todos los vehículos motorizados y que sirve para descargar los gases generados por la operación del motor.

Sistema de freno de estacionado   Sistema que se usa cuando se aplica el freno de estacionado.

Sistema de frenos de servicio   Sistema que aplica y libera los frenos conforme se aplica y libera la presión en los frenos de servicio.

Sistema de información de licencias comerciales de conductor (Commercial Driver's License Information System (CDLIS)   Programa de la FHWA en concordancia con la sección 12007 de la ley de seguridad de vehículos motorizados comerciales de 1986 (Commercial Motor Vehicle Safety Act of 1986).

Sistemas de alivio de presión   Sistemas que vigilan la presión interna del tanque y evitan que la carga se fugue mientras el vehículo está en movimiento.

Sistemas de frenos de emergencia   Sistema que detiene el vehículo en una situación de emergencia, causada generalmente por una falla del sistema de frenado. El sistema de frenos de emergencia usa partes de los sistemas de frenos de servicio y estacionado.

Sistemas dobles de frenos de aire   El camión tiene dos sistemas de frenos de aire: el primario y el secundario, pero sólo un juego de controles.

Sobrevolanteo   Girar las ruedas más de lo que el vehículo soporta.

Solicitante   Individuo que solicita en un estado el trámite para obtener, transferir, aumentar o renovar una CDL.

Soporte contra jaquecas o tablero de cabecera   Medio que protege al chofer de cargas que se desplacen y lo golpeen en un accidente o parada súbita.

Soporte del dolly   Dispositivo que sostiene el extremo delantero del dolly cuando no está unido al tractor.

Supervisión de pasajeros   Proporcionar a los pasajeros información necesaria para su seguridad durante el viaje. Incluye movimiento del vehículo, almacenamiento del equipaje, colocación del equipaje de mano y conducta general.

Suspensión de barra de torsión   Rodillo, barra o brazo de ensamble que actúa como resorte en lugar de hojas o alambre para crear una suspensión sobre las ruedas del tractor.

Suspensión de bolsa de aire   Sistema de suspensión del remolque que usa bolsas de aire en lugar de los resortes tradicionales.

Suspensión de resorte de hojas   Sistema que amortigua la vibración de las ruedas. Todas las hojas deben estar intactas para brindar esta comodidad. Durante la inspección, vea que no haya hojas perdidas o rotas.

Suspensión de resorte en espiral   Sistema que amortigua las vibraciones de las ruedas con resortes que absorben el "rebote" entre las llantas y el camino.

Suspensión   Resortes para sustentar un vehículo y sus ejes.

Sustancia controlada   Toda sustancia anotada en los inventarios I a V de 21 CFR 1308 (secciones 1308.11 a 1308.15).

Sustancias infecciosas   Sustancias que pueden causar enfermedades o muerte de animales o seres humanos. Incluye excrementos, secreciones, sangre y tejidos de seres humanos y animales.

Tabla de materiales peligrosos   Lista de materiales peligrosos que resume los lineamientos federales.

Tabla de segregación y separación   Tabla que estipula qué materiales peligrosos deben ser cargados por separado.

Tabla Federal de Materiales Peligrosos   Tabla que designa qué materiales son peligrosos al transportarlos. La designación de "materiales peligrosos" procede de que ponen en peligro la salud, la seguridad y la propiedad de quienes están cerca durante el traslado.

Tablero   Panel de control detrás del volante que alberga todos los indicadores, botones y otra información operativa para que el conductor maneje el camión con seguridad.

Tacómetro   Instrumento situado en el tablero que indica el número de revoluciones por minuto (rpm) del motor. Esta medida sirve para señalar cuándo cambiar de velocidades.

Tambores del freno   Piezas situadas a los extremos del eje. Contienen el mecanismo de frenado y llevan atornilladas las ruedas.

Tanque cisterna   Remolque especial para trasladar líquidos o áridos, como granos, sustancias químicas, etcétera.

Tanque de carga   Tanque que contiene líquidos o gases a presión.

Tanque de combustible   Tanque que contiene el combustible.

Tanque permanente   Tanque unido al vehículo que debe ser cargado y descargado ahí mismo.

Tanque portátil   Tanque que puede ser separado del vehículo para cargar y descargar.

Tanques cisterna con deflectores Tanques con divisores destinados a reducir la elevación de adelante atrás.

Tanques de almacenamiento de aire También se llaman "tanques de aire" o "depósitos". Contienen el aire a presión generado por el compresor. Poseen aire suficiente para detener el vehículo varias veces, aun si el compresor deja de funcionar.

Tanques de almacenamiento Tanques de aire.

Tanques de áridos Tanques que tienen un centro de gravedad elevado, lo que significa que el conductor deberá tener cuidado especial, particularmente al tomar curvas y al entrar o salir de vías libres mediante rampas.

Tasa de frenado Capacidad de los frenos de un vehículo de detenerlo cuando viaja a cierta velocidad. El fabricante proporciona estas especificaciones. El vehículo debe satisfacer por lo menos la tasa de frenado requerida.

Tasa de fuga de aire Tasa a la que se fuga el aire de los frenos de aire. Con esta tasa se prueba la presión de aire.

Torno Dispositivo para cargar y asentar la carga. También se usa para arrastrar vehículos o mover carga pesada de un lugar a otro.

Tracción Capacidad de las llantas de "agarrarse" al suelo.

Tractor de cola recortada Tractor guía y suministro de potencia cuando se arrastran remolques u otros tractores.

Tren de aterrizaje Sostén del frente del remolque cuando no está unido al tractor.

"Trenza" Conexiones eléctricas desprendibles entre los vehículos de arrastre y arrastrado que se hacen con sólo torcer alambres junto con cables aislados.

Triple Vehículo que lleva tres remolques o tanques cisterna.

UN Primera parte de un número de materiales peligrosos. Si las letras son NA, se sabe que el embarque se traslada entre Estados Unidos y Canadá. Todos los demás números de identificación empiezan con UN.

Uniones en U Juntura situada entre el eje de dirección y la transmisión, por un lado, y el diferencial, por el otro.

Válvula de limitación del freno frontal Los vehículos contruidos antes de 1975 tienen en el tablero un interruptor de una válvula de limitación del freno frontal. Esta válvula tiene dos posiciones: "normal" y "slippery" ("resbaloso"). Al ponerla en la posición "slippery", se reduce la presión normal del aire en los frenos delanteros en 50 por ciento; con ello se reduce la potencia de frenado en la misma proporción de 50 por ciento.

Válvula de modulación del control Válvula controlada por una manija en el tablero que sirve para aplicar gradualmente los frenos de resorte. Cuando más se mueve la manija, más se aplican los frenos. Está válvula está destinada para el caso de que los frenos de servicio fallen durante el manejo.

Válvula de seguridad Válvula situada en el primer tanque al que bombea el compresor de aire. Libera el exceso de aire y protege al sistema de los excesos en los límites de psi (lo que podría dañar al sistema).

Válvula del trole Casi todos los tractores tienen una manija unida o cerca de la columna de dirección para aplicar los frenos del remolque. Se llama también barra de Johnson.

Válvula o llave de purga de los tanques de aire Válvula en un tanque que se abre para purgarlo.

Válvulas de paro   Válvulas situadas en las salidas de carga y descarga del tanque cisterna para detener el flujo de líquido de la carga.

Válvulas dobles de control de estacionamiento   Algunos vehículos (principalmente autobuses) tienen tanques de aire auxiliares que sirven para liberar los frenos de resorte de modo que el vehículo pueda ser trasladado a un lugar seguro. Los vehículos con válvulas dobles de control de estacionado tienen dos pomos o perillas de control en el tablero: uno es un botón de sacar y meter para aplicar los frenos de resorte en el estacionado normal y el otro un botón con resorte que salta en la posición "out".

Vástago   Véase Eje.

Vehículo cisterna   Cualquier vehículo motorizado comercial destinado a transportar materiales líquidos o gaseosos dentro de un tanque unido al vehículo o chasís de manera permanente o temporal.

Vehículo comercial motorizado (VMC)   Vehículo motorizado o combinación de vehículos motorizados usados con fines comerciales para transportar pasajeros o pertenencias y si el vehículo tiene una tasa de peso bruto combinado de 11,794 kilogramos o más (26,001 libras o más), incluyendo una unidad de arrastre con un peso vehicular bruto de más de 4536 kilogramos (10,000 libras); o bien que está destinado a transportar 15 o más pasajeros, incluyendo al chofer.

Vehículo motorizado   Vehículo, máquina, tractor, remolque o semirremolque impulsado o jalado por potencia mecánica que se rueda en autopistas. El término no incluye al vehículo, máquina, tractor, remolque o semirremolque que se opera exclusivamente sobre rieles.

Vehículo representativo   Vehículo motorizado que representa el tipo de vehículo que el solicitante opera o va a operar.

Vehículo   Máquina motorizada, salvo que se especifique de otra manera. Igualmente, cualquier artefacto rodante, incluyendo motocicletas, automóviles, camiones y tractorremolques.

Velocidad (de la transmisión)   Cada una de las fases de la transmisión. Cada cambio provee cierta velocidad al vehículo. Cuanto más baja es la velocidad, menos de prisa avanza el vehículo y mayor es su potencia.

Velocidad segura   La velocidad señalada como límite máxima.

Velocímetro   Instrumento que muestra la velocidad en marcha del vehículo, en millas por hora (mph).

Veneno   Clase de materiales peligrosos que incluye aquellos que son tóxicos para los seres humanos o son tóxicos a tal grado que plantean un peligro para la salud durante su traslado. Esta clase también incluye materiales que se suponen peligrosos por exámenes de laboratorio. Comprende también irritantes, como gas lacrimógeno, y sustancias infecciosas.

Viento de costado   Corrientes aéreas que viajan de lado a lado. Son especialmente peligrosas en los caminos de montaña.

Viscosidad   Tendencia de los líquidos a no fluir. Los líquidos poco viscosos fluyen con más facilidad que los muy viscosos.

Volante   Mecanismo para dirigir las ruedas delanteras del vehículo.

Volantear y contravolantear   Al librar un obstáculo, se hace girar el volante en la otra dirección.

Volantear   Movimiento del volante para dirigir el vehículo.

Voltímetro   Instrumento que muestra el voltaje del alternador o generador. Registra la cantidad de electricidad producida que pasa a la batería.

Vuelta a la derecha   Más difícil maniobra debido a que el conductor no ve lo que ocurre a la derecha del vehículo.

Wig-wag   Advertencia de presión baja de aire. Consiste en un brazo de metal situado sobre la línea visual del manejador, unido a la parte superior del parabrisas, cerca del espejo. Cuando la presión del aire baja a aproximadamente 60 psi, el wig-wag oscila frente a la cara del manejador.

Zapatas   Piezas que presionan contra el tambor y crean suficiente fricción para desacelerar o detener el vehículo.

"Zona no"   Zona a cada lado del camión donde no es posible ver al tráfico que se aproxima.

Zonas de obras   Caminos o autopistas que están en construcción.

Índice de Términos